盐野宏行政法教科书三部曲

行政法 I
Administrative Law

行政法总论（第六版）

［日］盐野宏／著
杨建顺／译

北京大学出版社
PEKING UNIVERSITY PRESS

著作权合同登记号　图字：01-2019-3031

图书在版编目(CIP)数据

行政法Ⅰ（第六版）行政法总论／（日）盐野宏著；杨建顺译. -- 北京：
北京大学出版社，2025.1. -- ISBN 978-7-301-35896-2

Ⅰ.D931.321

中国国家版本馆CIP数据核字第2025LU9851号

Gyoseiho Ⅰ Gyoseihosoron 6th Edition
Copyright © 2015 by Hiroshi Shiono
Simplified Chinese translation copyright © 2025 by Peking University Press
All rights reserved.

Original Japanese language edition published by Yuhikaku.
Simplified Chinese translation rights arranged with Yuhikaku,
through Hanhe International(HK) Co., Ltd.

书　　　名	行政法Ⅰ（第六版）行政法总论 XINGZHENGFA Ⅰ（DI-LIU BAN）XINGZHENGFA ZONGLUN
著作责任者	〔日〕盐野宏　著　杨建顺　译
责任编辑	焦春玲
标准书号	ISBN 978-7-301-35896-2
出版发行	北京大学出版社
地　　　址	北京市海淀区成府路205号　100871
网　　　址	http://www.pup.cn　http://www.yandayuanzhao.com
电子邮箱	编辑部 yandayuanzhao@pup.cn　总编室 zpup@pup.cn
新浪微博	@北京大学出版社　@北大出版社燕大元照法律图书
电　　　话	邮购部 010-62752015　发行部 010-62750672　编辑部 010-62117788
印　刷　者	三河市北燕印装有限公司
经　销　者	新华书店
	650毫米×980毫米　16开本　24.5印张　553千字 2025年1月第1版　2025年1月第1次印刷
定　　　价	98.00元

未经许可，不得以任何方式复制或抄袭本书之部分或全部内容。
版权所有，侵权必究
举报电话：010-62752024　电子邮箱：fd@pup.cn
图书如有印装质量问题，请与出版部联系，电话：010-62756370

作 者 简 介

盐野宏（しおの　ひろし，Shiono Hiroshi）
1931 年生。
1956 年毕业于东京大学法学部。
曾任东京大学法学部教授、成蹊大学法学部教授、东亚大学通信制大学院教授。
现东京大学名誉教授。

[**主要著作**]
《奥特·玛雅行政法学的构造》（"行政法研究"第 1 卷），有斐阁，1962 年版。
《公法与私法》（"行政法研究"第 2 卷），有斐阁，1989 年版。
《行政过程及其统制》（"行政法研究"第 3 卷），有斐阁，1989 年版。
《国家和地方公共团体》（"行政法研究"第 4 卷），有斐阁，1990 年版。
《行政组织法的诸问题》（"行政法研究"第 5 卷），有斐阁，1991 年版。
《广播法制的课题》（"行政法研究"第 6 卷），有斐阁，1989 年版。
《法治主义的诸形态》（"行政法研究"第 7 卷），有斐阁，2001 年版。
《行政法概念的诸形态》（"行政法研究"第 8 卷），有斐阁，2011 年版。
《国土开发》（现代法学全集），筑摩书房，1976 年版。
《行政法Ⅰ（第六版）行政法总论》，有斐阁，2015 年版。
《行政法Ⅱ（第六版）行政救济法》，有斐阁，2019 年版。
《行政法Ⅲ（第五版）行政组织法》，有斐阁，2021 年版。
《条解行政程序法》（合著），弘文堂，2000 年版。
《演习行政法》（新版，合著），有斐阁，1989 年版。

《行政法散步》(合著),有斐阁,1985年版。

《行政法Ⅰ》(繁体中文版),刘宗德、赖恒盈合译,台北月旦出版股份有限公司,1996年版。

《日本行政法论·行政法Ⅰ》《日本行政法论·行政法Ⅱ》(韩文版),徐元宇、吴世卓合译,韩国法文社,1996年版。

《行政法》(简体中文版),杨建顺译,姜明安审校,法律出版社1999年版。

《行政法Ⅰ(第四版)行政法总论》《行政法Ⅱ(第四版)行政救济法》《行政法Ⅲ(第三版)行政组织法》(简体中文版),杨建顺译,北京大学出版社2008年版。

《行政法Ⅰ(第六版)行政法总论》《行政法Ⅱ(第六版)行政救济法》《行政法Ⅲ(第五版)行政组织法》(简体中文版),杨建顺译,北京大学出版社2025年版。

译者简介

杨建顺，1963年生，山东招远人，中国人民大学二级教授、博士生导师，比较行政法研究所所长，中国法学会行政法学研究会副会长，北京市法学会行政法学研究会副会长，日本国一桥大学法学博士。

[主要成果]

《日本行政法通论》，中国法制出版社1998年版。

《日本国会》（编著），华夏出版社2002年版。

《行政规制与权利保障》，中国人民大学出版社2007年版。

《行政强制法18讲》，中国法制出版社2011年版。

《行政法总论》（主编，第二版），北京大学出版社2016年版。

《权力的规则——建顺微思录（一）》，北京大学出版社2017年版。

《行政裁量的运作及其监督》，载《法学研究》2004年第1期。

《论行政评价机制与参与型行政》，载《北方法学》2007年第1期。

《计划行政的本质特征与政府职能定位》，载《中国人民大学学报》2007年第3期。

《论给付行政裁量的规制完善》，载《哈尔滨工业大学学报（社会科学版）》2014年第5期。

《中国行政规制的合理化》，载《国家检察官学院学报》2017年第3期。

《论土地征收的正当程序》，载《浙江社会科学》2019年第10期。

《行政法典化的容许性——基于行政法学体系的视角》，载《当代法学》2022年第3期。

翻译日本南博方作品：

《日本行政法》（合译），中国人民大学出版社1988年版。

《行政法》（第六版），中国人民大学出版社2009年版。

《行政法》(第六版·中文修订版),商务印书馆2020年版。
《行政诉讼中和解的法理(上)》,载《环球法律评论》2001年第1期。
《行政诉讼中和解的法理(下)》,载《环球法律评论》2001年第4期。

翻译日本盐野宏作品:
《行政法》(姜明安审校),法律出版社1999年版。
《行政法Ⅰ(第四版)行政法总论》《行政法Ⅱ(第四版)行政救济法》《行政法Ⅲ(第三版)行政组织法》,北京大学出版社2008年版。
《行政法Ⅰ(第六版)行政法总论》《行政法Ⅱ(第六版)行政救济法》《行政法Ⅲ(第五版)行政组织法》,北京大学出版社2025年版。

目　录

2025年三分册中文版译者说明 ……………………………（1）
写给中国读者的话 …………………………………………（7）
新中文版三分册总序 ………………………………………（9）
合订本中文版序言 …………………………………………（11）
序言(第六版) ………………………………………………（13）
序言(第五版) ………………………………………………（15）
序言(第四版) ………………………………………………（17）
序言(第三版) ………………………………………………（19）
序言(第二版) ………………………………………………（21）
序言(初版) …………………………………………………（23）
文献简称与全称对照一览表 ………………………………（25）

第一编　行政法的基础

第一章　行政与法的一般关系 ……………………（1）
第一节　行政的概念与分类 ……………………………（1）
第二节　行政法的产生——古典模式 …………………（10）

第二章　日本行政法的基本构造 ……………………（20）
第一节　问题所在 ………………………………………（20）
第二节　公法、私法二元论及其有用性 ………………（21）
第三节　行政法学的存在方式 …………………………（40）

第三章　行政法的法源 ………………………………（46）
第一节　成文法源 ………………………………………（46）
第二节　不成文法源 ……………………………………（52）

第三节　行政法的效力 ································ (54)
第四章　日本行政法的基本原理 ························ (57)
　　引　言 ·· (57)
　　第一节　依法律行政的原理 ·························· (58)
　　第二节　行政监控体系的充实 ······················· (67)
　　第三节　法的一般原理 ···························· (68)

第二编　行政过程论

绪　论　行政过程论的概要 ···························· (72)
第一部　行政的行为形式论 ···························· (76)
第一章　行政立法——法规命令和行政规则 ··············· (76)
　　引　言 ·· (76)
　　第一节　法规命令 ································ (77)
　　第二节　行政规则 ································ (82)
第二章　行政行为 ···································· (92)
　　第一节　行政行为的概念 ··························· (92)
　　第二节　行政行为与法的拘束 ······················· (94)
　　第三节　行政行为的种类 ··························· (95)
　　第四节　行政行为与裁量 ·························· (102)
　　第五节　行政行为的效力 ·························· (115)
　　第六节　行政行为的瑕疵 ·························· (135)
　　第七节　行政行为与法律关系 ······················ (140)
　　第八节　行政行为的附款 ·························· (149)
第三章　行政上的契约 ······························· (155)
　　第一节　问题所在 ······························· (155)
　　第二节　行政上的契约之问题 ······················ (157)
第四章　行政指导 ··································· (166)
　　第一节　概　述 ································· (166)
　　第二节　行政指导与法的拘束 ······················ (171)

第三节　行政指导与救济制度 …………………………………（174）
第五章　行政计划 ……………………………………………………（177）
　　第一节　概　述 …………………………………………………（177）
　　第二节　计划与法的拘束 …………………………………………（179）
　　第三节　计划与救济制度 …………………………………………（180）

第二部　行政上的一般性制度 ………………………………………（183）
第一章　行政上确保义务履行的制度 ………………………………（183）
　　第一节　行政上确保义务履行的制度之类型 ……………………（183）
　　第二节　行政上的强制执行——概论 ……………………………（188）
　　第三节　行政代执行 ………………………………………………（193）
　　第四节　直接强制 …………………………………………………（196）
　　第五节　执 行 罚 …………………………………………………（197）
　　第六节　行政上的强制征收 ………………………………………（198）
　　第七节　其他确保义务履行的制度 ………………………………（199）
　　第八节　行 政 罚 …………………………………………………（205）
第二章　即时执行 ……………………………………………………（209）
　　第一节　概　述 …………………………………………………（209）
　　第二节　即时执行的问题 …………………………………………（210）
第三章　行政调查 ……………………………………………………（213）
　　第一节　概　述 …………………………………………………（213）
　　第二节　行政调查的问题 …………………………………………（214）
第四章　行政程序 ……………………………………………………（220）
　　第一节　行政程序的含义与功能 …………………………………（220）
　　第二节　公正程序的基本内容 ……………………………………（222）
　　第三节　行政程序法的法源 ………………………………………（224）
　　第四节　《行政程序法》(1)——总论 ……………………………（231）
　　第五节　《行政程序法》(2)——处分程序 ………………………（239）
　　第六节　《行政程序法》(3)——行政指导程序 …………………（253）
　　第七节　《行政程序法》(4)——处分等的请求 …………………（256）
　　第八节　《行政程序法》(5)——备案程序 ………………………（258）

第九节　《行政程序法》(6)——命令、计划程序 …………………（259）
　　第十节　程序的瑕疵与处分的效力 ……………………………（264）
第五章　行政信息管理 ……………………………………………（268）
　　引　言 ………………………………………………………………（268）
　　第一节　信息公开 …………………………………………………（269）
　　第二节　行政机关个人信息保护 …………………………………（289）
　　第三节　补论——行政模式的变革 ………………………………（300）

第三部　行政过程中的私人 ………………………………………（302）
第一章　行政过程中私人的地位 …………………………………（302）
　　第一节　问题所在 …………………………………………………（302）
　　第二节　私人地位的各种形态 ……………………………………（303）
第二章　行政过程中私人的行为 …………………………………（310）
　　第一节　私人的法行为与适用法规范 ……………………………（310）
　　第二节　私人的行为与行政过程 …………………………………（312）

判例索引 ……………………………………………………………（317）

事项索引 ……………………………………………………………（327）

合订本中文版译后记 ………………………………………………（335）

三分册中文版译后记 ………………………………………………（337）

2025年三分册中文版译后记 ………………………………………（341）

行政法 Ⅱ（第六版）行政救济法

2025 年三分册中文版译者说明 …………………………………… （1）
写给中国读者的话 ………………………………………………… （7）
新中文版三分册总序 ……………………………………………… （9）
合订本中文版序言 ………………………………………………… （11）
序言（第六版） …………………………………………………… （13）
序言（第五版） …………………………………………………… （15）
序言（第四版） …………………………………………………… （17）
序言（第三版） …………………………………………………… （19）
序言（第二版） …………………………………………………… （21）
序言（初版） ……………………………………………………… （23）
文献简称与全称对照一览表 ……………………………………… （25）

第三编　行政救济论

绪　论　行政救济法的观念 ……………………………………… （1）
第一部　行政争讼法 ……………………………………………… （3）
序　章　行政争讼的观念 ………………………………………… （3）
第一章　行政过程中的行政争讼 ………………………………… （6）
　第一节　行政上的不服申诉——概述 ………………………… （6）
　第二节　行政不服审查法 ……………………………………… （10）
　第三节　行政审判 ……………………………………………… （35）
　第四节　行政过程中的其他行政争讼 ………………………… （43）
　第五节　苦情处理和行政监察员 ……………………………… （47）
第二章　行政事件诉讼 …………………………………………… （52）
　第一节　沿　革 ………………………………………………… （52）
　第二节　《行政事件诉讼法》的特色 …………………………… （62）

第三节 抗告诉讼——概述 …………………………………… (66)
第四节 撤销诉讼——基本构造 ……………………………… (67)
第五节 诉讼要件 ……………………………………………… (77)
第六节 撤销诉讼的审理 ……………………………………… (123)
第七节 诉讼的终结 …………………………………………… (147)
第八节 撤销诉讼中的临时救济——执行停止制度 ………… (167)
第九节 无效确认诉讼(争点诉讼和当事人诉讼)——无效的行政
　　　　行为及其救济方法 …………………………………… (175)
第十节 不作为的违法确认诉讼 ……………………………… (187)
第十一节 义务赋课诉讼 ……………………………………… (191)
第十二节 中止诉讼 …………………………………………… (204)
第十三节 法定外抗告诉讼 …………………………………… (207)
第十四节 当事人诉讼 ………………………………………… (209)
第十五节 民众诉讼和机关诉讼 ……………………………… (220)
第十六节 裁判权的界限 ……………………………………… (231)

第二部 国家补偿法 ……………………………………………… (238)

序　章　国家补偿的观念 ……………………………………… (238)

第一章　国家赔偿 ……………………………………………… (240)
第一节 概　念 ………………………………………………… (240)
第二节 《国家赔偿法》的定位及概要 ………………………… (245)
第三节 与公权力的行使有关的赔偿责任——《国家赔偿法》
　　　　第1条 …………………………………………………… (248)
第四节 与营造物的设置管理有关的赔偿责任——《国家赔偿法》
　　　　第2条 …………………………………………………… (277)
第五节 赔偿责任者 …………………………………………… (287)
第六节 民法的适用 …………………………………………… (294)

第二章　损失补偿 ……………………………………………… (298)
第一节 概　念 ………………………………………………… (298)
第二节 损失补偿的必要性 …………………………………… (300)
第三节 补偿的内容 …………………………………………… (306)
第四节 国家补偿的稀疏领域 ………………………………… (316)

判例索引 ………………………………………………………（325）

事项索引 ………………………………………………………（343）

合订本中文版译后记 …………………………………………（351）

三分册中文版译后记 …………………………………………（353）

2025年三分册中文版译后记 …………………………………（357）

行政法Ⅲ（第五版）行政组织法

2025年三分册中文版译者说明 …………………………………………（1）
写给中国读者的话 …………………………………………………………（7）
新中文版三分册总序 ………………………………………………………（9）
合订本中文版序言 …………………………………………………………（11）
序言（第五版） ………………………………………………………………（13）
序言（第四版） ………………………………………………………………（15）
序言（第三版） ………………………………………………………………（17）
序言（第二版） ………………………………………………………………（19）
序言（初版） …………………………………………………………………（21）
文献简称与全称对照一览表 ………………………………………………（23）

第四编　行政手段论

绪　论　行政手段论的概念 ………………………………………………（1）
第一部　行政组织法 ………………………………………………………（3）
序　章 ………………………………………………………………………（3）
第一章　行政组织法的一般理论 …………………………………………（4）
　第一节　行政组织法的特殊性质 ………………………………………（4）
　第二节　行政机关——概念 ……………………………………………（16）
　第三节　行政机关通则 …………………………………………………（24）
第二章　国家行政组织法 …………………………………………………（46）
　引　言 ……………………………………………………………………（46）
　第一节　内　阁 …………………………………………………………（48）
　第二节　在内阁统辖之下的行政机关 …………………………………（57）
　第三节　特别行政主体 …………………………………………………（76）
　第四节　委任、委托 ……………………………………………………（104）

第三章 地方自治法 (110)
引　言 (110)
第一节　地方自治的基础 (111)
第二节　地方公共团体的概念 (122)
第三节　地方公共团体的事务 (137)
第四节　地方公共团体的权能 (145)
第五节　地方公共团体的机关 (167)
第六节　居民的权利和义务 (180)
第七节　国家与地方公共团体的关系 (198)
第八节　地方公共团体相互间的关系 (219)

第二部　公务员法 (223)
序　章　公务员法制的理念及其展开 (223)
第一章　公务员法制的基本构造 (229)
第一节　公务员的概念及其种类 (229)
第二节　公务员法的法源 (236)
第三节　人事行政机关 (239)
第二章　勤务关系总论 (244)
第一节　勤务关系的性质 (244)
第二节　勤务关系的变动 (245)
第三章　公务员的权利和义务 (259)
引　言 (259)
第一节　公务员的权利 (259)
第二节　公务员的义务 (271)
第三节　公务员的责任 (291)

第三部　公物法 (302)
第一章　公物法的概念 (302)
引　言 (302)
第一节　概括性公物的概念 (303)
第二节　公物法的存在形式 (304)
第二章　公物法通则 (311)
引　言 (311)

第一节　公物的要素 …………………………………………（311）
第二节　公物的种类 …………………………………………（313）
第三节　公物和交易秩序 ……………………………………（318）
第四节　公物的成立及消灭 …………………………………（320）
第五节　公物管理权 …………………………………………（323）
第六节　公物的使用关系 ……………………………………（337）
补　论　公物法论的定位及界限 ……………………………（347）

判例索引 ………………………………………………………（353）

事项索引 ………………………………………………………（359）

合订本中文版译后记 …………………………………………（369）

三分册中文版译后记 …………………………………………（371）

2025年三分册中文版译后记 …………………………………（375）

2025年三分册中文版译者说明

2025年三分册中文版的翻译，确认遵循了之前"译者说明"所阐述的相关规则，并针对新的情况确立了若干新规则。

一、为增强文章的可读性，有时将原书正文中括号内的注释移作脚注，与原书中的尾注混合排列。个别情况下，由于括号内的注释内容和正文内容的关系极为密切，就将其作为正文直接叙述，或者保持原行文风格，采取正文中括号内注释方式。

二、关于文章排序数码，按照中国现行通用的规范，一律统一为"编、(部)、章、节、(款)、一、……(一)……1.……(1)……"。

三、原文中有时在一处连标数注，为了便于参阅，按照中国现行通用的规范，全部并为一个注释，分段表示。

四、全简称对照一览表的表格化。《文献简称与全称对照一览表》，日文版中没有表格，为增强其对应直观性，根据日文版提供的信息绘制了表格；日文版中书名的简称没有用书名号，为了避免误读误解误用，特地添加了书名号。此外，部分在书中大量出现简称的文献，也将其纳入一览表。

五、强调几点特别翻译规则。精准理解、翻译日文专业书籍，需要扎实的专业基础，同时也需要多多积累一些特殊词的用法，鉴别其意思是否发生了改变。最基础的工作就是对照日文原著逐字逐句斟酌，以求翻译表述最大限度地忠实于原文，在可能的限度内修正某些翻译上的不当表述，做到用心体会，尽可能完美地理解把握。对翻译表述的修正，贯彻确认、承继和发展的方法论，遵循了以下原则：

(一)若干概念的特殊处理

『ジュリスト』，译为《法学者》——以区别于中国的《法学家》。

「情報」，译为"信息"——以与中国信息公开法制中的概念相对应。

「住民」，译为"居民"——是与「国民」相对应的概念，主要用于地方自治层面。

「弁償」，译为"赔偿"，与「賠償」通用。

(二)相关特殊词语翻译的斟酌完善

考虑到同是汉字国家的日本，有些词的用法与中国不同，翻译过程中对某些特殊词语采取了尽可能采用日文原术语表述的原则。对于更好地理解日本行政法的制度经验和研究成果来说，这实是斟酌后的更优选择。

例如，将「行政事件」译为"行政事件"，对或译为"行政案件"或译为"行政事件"的做法进行了统一；将「行政事件訴訟」译为"行政事件诉讼"，而不再译为"行政案件诉讼"；但并未采取将「事件」一律改译为"事件"的做法，而是依然使用"案件"来表述某具体案件名，如「マクリーン事件」译为"马库林案件"，「神戸全税関事件」译为"神户全税关案件"，等等。

又如，将「台帳」译为"台账"，消除了是"台账"还是"底账"的翻译困惑；将「整備」译为"整备"，用以表示「整理整頓」和「整序」这两个概念之和的同义词"整顿完备"；如《信息公开法》确立"開示制度を中心に定め"的"开示制度"所示，使用"开示"，回归本位，与"公开"并用；等等。

对某些保留使用日文词语可能不太好理解的重要概念，则采取了括注说明乃至添附原文对照的形式，如事情判决(特别情况下的驳回判决)；上乘条例(「上乗せ条例」，严于法令的条例)和横溢条例(「横出し条例」，超出法令的条例)；等等。

涉及法规范名称等专用语表述的，则充分发挥日本行政法上专业术语精准表意的优势，尽可能回归日译汉的原点，能使用日文原汉字排列的，就不予以重新排列组合。例如，将『行政事件訴訟法』由原来的《行政案件诉讼法》改译为《行政事件诉讼法》；『公文書管理法』有《公文书管理法》《公文管理法》和《公文件管理法》等译法，皆将其统一为《公文书管理法》；但并未对法规方面一律采取改译的做法，即对于某些已约定俗成的法规范名称等专用语的翻译表述，不强求回归日文原表述，尊重并坚持"习惯约束原则"，如『行政手続法』，尊重既有译法，依然译为《行政程序法》。

此外，修正了之前将「届出」或译为"登记"或译为"申报"的做法，统一引入"备案"用于对应「届出」,个别情况下根据需要保留"登记";将「差止めの訴え」译为"中止诉讼"或者"中止之诉",而没有采用所谓"禁止诉讼"或者"停止诉讼"的概念。

(三)版本和页码等相关内容的衔接调整

日文版三分册最新版的出版时间不同,分别为 2015 年、2019 年和 2021 年,前后相差六年,这给相关内容的表述和衔接调整带来挑战。为了确保相关表述的一致性、衔接信息的准确性和有效性,在翻译过程中根据需要采取了灵活应对措施。

1. 目录内容的调适。日文版三分册在每册前的目录部分,除列出各自的目录外,还列出了其他两册的目录。由于出版时间不同,所列其他分册的目录有的并非其最新版目录。考虑到三分册相互之间进行索引的有效性,翻译时将之前版本的目录全部改换为最新版目录。

2. 脚注页码的调适。日文版三分册的括注和尾注中都有涉及其他分册的内链接引用,而出版时间的差异决定了所链接的其他分册的页码中的内容不一定是其最新版的内容。考虑到 2025 年三分册中文版同时出版,为方便读者查对引用,将脚注(包括日文版中的括注和尾注)相关内容的页码调整为各分册最新版所对应的页码。在中文版脚注中,首先是尽可能查找准确对应的页码予以标示,其次是针对个别情况进行特殊处理。例如,由于最晚出版的《行政法Ⅲ(第五版)行政组织法》修改幅度较大,之前版本的不少内容被删除了,无法找到与较早出版的《行政法Ⅰ(第六版)行政法总论》《行政法Ⅱ(第六版)行政救济法》注释中所标示页码准确对应的页码,在这种情况下,就采取参见对应的相关篇章节题目的标示方法。这样处理,有些表述形式发生了改变,但其内容仍忠实于原文,确保了"内链接"的准确性和有效性,更方便读者查阅。为了节约篇幅,一律将著者信息省略为"盐野著",且未加"杨建顺译"和"北京大学出版社 2025 年版"等相关信息,以楷体进行区别。

有的注释所标示页面内容恰好对应小标题,为增强注释的提示性,就在标示页码后添加小标题。例如,参见盐野著:《行政法Ⅱ(第六版)行政救济法》,第 78 页"起诉期间"。

有的注释所标示的是之前版本中的内容,在其最新版中无法找到恰好对应的内容(这种情形是极个别的),就保留原注释内容,并添加出版社和出版时间等信息。例如,盐野著:《行政法Ⅱ(第五版补订版)行政救济法》,有斐阁,2013年版,第13页脚注(1)。

3. 注释和索引页码的调适。在日文版三分册中,有的事项所在页码与其尾注所在页码相差很多,而翻译成中文后,由于将尾注改为脚注,有时候会导致页码变动,出现将原正文和尾注两者内容并入同一页的情形。针对这种极个别情况,为了防止出现无效页码标示,进行了变通处理:将原注释、判例索引和事项索引所标示的两个页码(一个指向正文,一个指向尾注)合并为一个页码。为了使这种标示更接近原版意思,在相应页码后面添加了扩展符"—"(原来有扩展符的,保持原样不动)。

六、判例部分引用的简称及其全称如下(日文版皆用简称;中文版大多用简称,亦有用全称的情形,如《劳动判例》《讼务月报》《判例时报》和《判例时代》用全称而不是简称;此外,《行政案件裁判例集》对应的简称有《行集》和《行裁例集》,这里一并予以列出,但这套书中皆使用《行裁例集》):

《民录》——《大审院民事判决录》

《刑录》——《大审院刑事判决录》

《民集》——《最高法院民事判例集》

《刑集》——《最高法院刑事判例集》

《高民集》——《高等法院民事判例集》

《高刑集》——《高等法院刑事判例集》

《下民集》——《下级法院民事判例集》

《下刑集》——《下级法院刑事判例集》

《行集》——《行政案件裁判例集》

《行裁例集》——《行政案件裁判例集》

《劳例》——《劳动判例》

《讼月》——《讼务月报》

《劳民集》——《劳动关系民事裁判例集》

《判时》——《判例时报》

《判夕》——《判例时代》(判例タイムズ)

《判自》——《判例地方自治》

《集民》——《裁判集民事》

七、判决或者决定的简称及其全称如下（日文版大多用简称，亦有用全称的情形；中文版皆用全称。判例索引中有省略，如省略"最判""最决"等信息，进行了统一归类处理）：

最　判——最高法院判决

最　决——最高法院决定

最大判——最高法院大法庭判决

最大决——最高法院大法庭决定

最小判——最高法院小法庭判决

最小决——最高法院小法庭决定

高　判——高等法院判决

高　决——高等法院决定

地　判——地方法院判决

地　决——地方法院决定

行　判——行政法院判决

八、年代的对应

明治元年＝1868 年

大正元年＝1912 年

昭和元年＝1926 年

平成元年＝1989 年

令和元年＝2019 年

写给中国读者的话

承蒙杨建顺教授的特别厚意和尽力,拙著《行政法Ⅰ(第六版)行政法总论》(2015年版)、《行政法Ⅱ(第六版)行政救济法》(2019年版)和《行政法Ⅲ(第五版)行政组织法》(2021年版)的简体中文版将由北京大学出版社出版,这对我来说是无上的荣光,也是意外的幸福。

在中国,作为日本行政法概说书,南博方所著《行政法》(第六版)已由杨建顺教授翻译出版。拙著《行政法》(Ⅰ、Ⅱ、Ⅲ)同样是由杨教授翻译,根据我的理解,它们是作为展示其后日本行政法及行政法学之展开的一例而被选中的。此次翻译的三册教科书,基本构造维持了前著,其主要对象是以《行政不服审查法》的修订为代表的作用法、救济法、组织法、公务员法、公物法等各领域法制度的修改,以及判例和学说的展开。

日本的行政法学以欧洲尤其是德国法为模范,形成了以美浓部达吉著《日本行政法》(上卷,1936年版;下卷,1940年版)为代表的行政法学体系。在《日本国宪法》之下,美浓部行政法学一直具有强大的影响力。但是,随着行政法学将比较法的视野扩展至法国法、英国法、美国法,同时着眼于日本行政实务的现实存在方式,日本行政模式的特色得以明确。

在现代社会,随着国际交流的推进,外国行政法的比较研究越来越重要。这一点对于日本和中国来说也是完全适用的。不过,在日本和中国的比较行政法研究中,具有特征性的是法令用语及学问上的概念。也就是说,在日本法上,虽然也存在像"スポーツ"一样用英语发音的片假名来表现的情形(比如《スポーツ基本法》),但是,法令用语几乎全部是汉字和平假名。学问上的概念,通例也是以汉字来表现。因此,法令用语及学问上的概念在日本和中国相同时,有必要检讨以下问题:其作为法概念是否同义,也就是说,是"同语、同义",还是"同语、异义",进而也包括"异语、同义"情形的存在。

像这样的事情,是日本进行欧美诸国的行政法之比较研究中所不曾存在的既有难度又饶有趣味的问题,我认为,这一点也适合于中国的行政法学。

我期待拙著能够进一步激发中国和日本的行政法研究者相互的学术好奇心。

日本东京大学名誉教授
盐野宏
2021 年 6 月

新中文版三分册总序

我的行政法教科书，在日本已经历了数次改版。在中国，其最新版再次由杨建顺教授翻译成中文，即将付诸出版，这对我来说是非常荣幸的事情，也是无比喜悦的事情。

这次被翻译成中文的我的行政法教科书，在基本上维持了以往的体系的同时，全面跟踪反映了近年来日本行政法的制度和理论方面的诸多改革和发展。在日本，就行政法总论部分而言，相继制定了《关于行政机关保存、持有的信息的公开的法律》（1999年）、《关于行政机关保存、持有的个人信息的保护的法律》（2003年），并且也进行了《行政程序法》的修正（2005年）；在行政救济法部分，对《行政事件诉讼法》进行了重要的修正（2004年），国会也正在审议《行政不服审查法》的全面修正法案；从行政组织法部分来看，进行了有关行政组织的大幅度的制度改革，包括中央省厅的改革、地方分权的促进、独立行政法人法制、国立大学法人法制的整备等，为此也制定了诸多法律。在成为这次简体中文版之源的日文版中，除添加关于前述重要法令的论述之外，还从总体上关注了之后的学说、判例的展开，并对其进行了跟踪研究。

我衷心希望这套书的出版能够为促进日本和中国的学术交流有所贡献。

为将我的行政法教科书翻译成中文，杨建顺教授再度付出辛劳，在此表示深深的谢意。

盐野宏

2008年7月

合订本中文版序言

我的日本行政法教科书《行政法》第一、二、三册被翻译成中文,作为"早稻田大学·日本法学丛书"之一出版,我感到非常荣幸和高兴。

这套书是以我在东京大学法学部讲授行政法课程时的授课教案为基础写成的。第一册论述了行政法的基本原理和行政过程,第二册论述了行政救济,第三册论述了行政组织。

我认为,行政法是实现宪法价值的技术法。因此,这套书所要解决的基本问题是,在实现法治国的、民主的宪法所具有的诸价值的过程中,行政法和民事法、刑事法相比较具有什么特色及需要何种特别的法技术。在这种意义上,希望读者能够在一定程度上掌握宪法、民法和刑法等基础性法律知识。

在新宪法下,日本以实现民主主义和法治主义为目的,一直致力于近代法制度的创立和完善。这套书也试图在这一基本方向上对行政法的诸制度进行理论上的归纳整理。在整理过程中,通过对行政过程进行更加动态的、综合的考察,注意对以前的行政法学不曾论及的一系列问题展开论述,即立于行政过程论的方法。这是这套书的特色之一。

在日本,虽然行政制度上的近代化已在相当程度上展开,但是,行政的现实形态中依然存在透明性及公正性不充分的地方,并且也保留了中央集权的实际状态。因此,为了改革这种状况,近年来,日本开展了《行政程序法》《信息公开法》的制定和完善及地方分权的推进等运动,并且也开始了对公务员制度改革的探讨。在这套书中,虽然也将行政程序法作为论述对象,但是,由于现阶段信息公开、地方分权、公务员制度改革等依然处在由国会及审议会等探讨的过程中,故不能展开深入的论述。希望读者也能对日本的这些新动向予以关注。

衷心祝愿日本和中国的学术交流今后取得飞跃发展。在学术交流过程中,若这套书对中国行政法学者有一定的帮助,作为作者,我感到无上的荣幸。

盐野宏
1998 年初夏

序言(第六版)

本书自第五版(2009年)刊行以来已经过去了六年。在这期间,通过补订版(2013年)追踪法令和判例的动向,但那只是在不更改页码的前提下进行的最小限度的补充。在此次修订之际,添加《公文书管理法》《番号法》和《行政程序法》等法令的制定及修订的相关叙述,也注意应对判例和学说的进展。作为主要的内容,对有关比较法领域的大陆法系和英美法系的二元古典模式之修正进行分析。关于公法、私法二元论,补充公法上的事务管理论、公法规定的私法性效果论、公私协动论等;关于公定力论,补充违法性的承继论;关于裁量论,补充判断过程统制论;关于行政上的强制执行论,补充行政代执行中的条例根据论;关于行政程序法论,就程序的瑕疵论对判例和学说的动向进行分析,同时也注意对自己学说的补强。

此外,关于此前实现了全面修订的《行政不服审查法》,将在预定接下来修订的这套书第二册中具体展开论述。

在改版过程中,得到了有斐阁编辑部高桥均部长的关照。编辑部的青山文江女士除对涉及范围广泛的行政法令的改废给予全面把关外,还从编辑方面总体上给予非常的关照。我想借此机会向两位致以深厚的谢忱!

盐野宏
2015年5月

序言(第五版)

自本书第四版刊行以来已经过去四年。在这期间,发生《行政程序法》的修改(意见公募程序的导入),本书以补正的形式进行应对。在作为本书之对象的行政法总论层面,这件事情使得关于通则性改革法的整备进入暂且休息的状态。另外,以迄今为止的法整备为基础,在判例和学说的展开中值得重视的内容较多。于是,在追踪这些学说和判例的进展之轨迹的同时,尝试进行对自己学说的补强,决定对本书进行改版。

在此次改版之际,得到有斐阁编辑部高桥均部长的关照。并且,奥贯清先生对编辑上的详细工作付出了非常的辛劳。我想借此机会向两位致以衷心的谢意!

盐野宏
2009年2月

[补正]

补正事项:(1)误记等的修正;(2)重要法令的动向及最高法院判决的追加;(3)《行政判例百选》(第六版)的应对(引用案件编号的变更);(4)《行政法Ⅱ(第五版)行政救济法》《行政法Ⅲ(第四版)行政组织法》的应对(引用页数的变更)。对自己学说的斟酌及补强,新文献的引用,原则上没有进行。

2013年1月

序言(第四版)

本书自第三版刊行以来已经过去了两年,在这期间,经历了《行政事件诉讼法》的修改和《行政机关个人信息保护法》的制定。其中,《行政事件诉讼法》在《行政法Ⅱ(第四版)行政救济法》中集中探讨,由于其中也包含对于行政法的基础理论来说是重要修改的内容,因此,先于第二册的修订,而决定进行本书的改版。并且,通过添加《行政机关个人信息保护法》的解说,以谋求行政信息管理部分的充实。

在此次改版之际,得到了有斐阁奥贯清先生的关照,并且得到了副岛嘉博先生一如既往的编辑上的支持。在此一同深表谢意。

盐野宏

2005 年 3 月

[补正]

由于今年 6 月制定、公布了就行政立法程序作出规定的《行政程序法修改法》,因此将第二编第二部第四章行政程序的第八节定为"《行政程序法》(5)——命令、计划制定程序",其内容也根据修改法进行了记述。此外,伴随着行政程序法修改的补正,前述第八节的部分也刊载于有斐阁的网页(NEWS)上。

2005 年 9 月

序言(第三版)

本书自第二版刊行以来已过了九年。这期间,伴随着《信息公开法》的制定,作为增补版,加上了有关这方面内容的记述。可是,与《信息公开法》一起,关于行政机关保有的个人信息保护的重要性的认识提升,综合地把握这些才是适当妥帖的,也有必要应对关于行政法总论的学说、判例的进展,所以,最近公开出版第三版。

在修改之际,重新设置了称为"行政信息管理"的一章,除探讨了信息公开和行政机关个人信息保护这两个行政上的一般性制度外,关于行政行为的效力,添加上规范力来论述等,尝试着追踪包括自己学说在内的近年的学说、判例的展开。不过,本书的基本框架得以维持。

在改版之际,得到了有斐阁奥贯清先生的大力支持。此外,副岛嘉博先生则继作为本书前身的《行政法第一部讲义案》(1989年)、本书初版的编辑,此次也在编辑方面给予了支援。再次向二位表示感谢之意。

盐野宏
2003年1月

序言(第二版)

此次,《行政程序法》(平成5年法律第88号)在第128次国会上获得通过,并于平成5年11月12日得以公布。该法律自公布之日起,在一年的时间内从政令所规定之日开始施行。尽管该政令以及该法的施行令尚未制定,但是,考虑到该法律在行政法的研究和教育上的重要性,乃决定本书改版。

因此,于第二版之际,将本书修订的重点置于对成文法典《行政程序法》的叙述上,同时适当添加初版刊行后的有关新学说和判例等的信息,并对自己的学说加以补充和加强。

改版修订之际的编辑工作,得到有斐阁西尾道美女士的关照,而关于校正,则多劳烦加藤和男先生。借此机会,一并致以衷心的谢意。

盐野宏
1994年1月

序言（初版）

本书是由笔者的《行政法第一部讲义案》上、下两册（有斐阁，1989年）集结为一册而成的。借此合二为一之时，除加上有关行政法的法源一章外，还进行了全面的补充修改，同时就文献、判例添加了若干新的信息。

本书并没有改变其作为大学授课用教材之基本性质。因此，利用本书而自学的读者，若能适当地参照本书中各处所引用的判例乃至其解说，进一步加深理解，则为笔者之幸。

本书的公开刊行，得到有斐阁杂志编辑部副岛嘉博先生的鼎力支持。在这里，再次致以谢意。

盐野宏

1991 年 1 月

文献简称与全称对照一览表

序号	简 称*	全称及相关信息
01	盐野著:《行政法Ⅰ(第六版)行政法总论》	盐野宏著,杨建顺译:《行政法Ⅰ(第六版)行政法总论》,北京大学出版社2025年版
02	盐野著:《行政法Ⅱ(第六版)行政救济法》	盐野宏著,杨建顺译:《行政法Ⅱ(第六版)行政救济法》,北京大学出版社2025年版
03	盐野著:《行政法Ⅲ(第五版)行政组织法》	盐野宏著,杨建顺译:《行政法Ⅲ(第五版)行政组织法》,北京大学出版社2025年版**
	教科书类	
1	**阿部著:《行政法》**	阿部泰隆著:《行政法解释学Ⅰ》,有斐阁,2008年版
2	**今村著:《行政法入门》**	今村成和著:《行政法入门》(第九版,畠山武道补订),有斐阁,2012年版
3	**宇贺著:《行政法概说Ⅰ》**	宇贺克也著:《行政法概说Ⅰ行政法总论》(第五版),有斐阁,2013年版
4	**远藤著:《实定行政法》**	远藤博也著:《实定行政法》,有斐阁,1989年版
5	**大桥著:《行政法(1)》**	大桥洋一著:《行政法(1)现代行政过程论》(第二版),有斐阁,2013年版
6	**大浜著:《行政法总论》**	大浜启吉著:《行政法总论》(第三版),岩波书店,2012年版
7	**兼子著:《行政法总论》**	兼子仁著:《行政法总论》,筑摩书房,1983年版
8	**兼子著:《行政法学》**	兼子仁著:《行政法学》,岩波书店,1997年版
9	**《行政法大系》**	雄川一郎、盐野宏、园部逸夫编:《现代行政法大系》(全10卷),有斐阁,1983年版至1985年版

* 本栏中的简称基本上是本书中直接引用的形态,黑体字是原文所标注。——译者注
** 以上三项为译者结合第三册提供的信息,根据翻译引用的实际情况添加。——译者注

(续表)

序号	简 称	全称及相关信息
10	小早川著:《行政法》(上)	小早川光郎著:《行政法》(上册),弘文堂,1999年版
11	小早川著:《行政法讲义》(下Ⅰ)	小早川光郎著:《行政法讲义》(下册Ⅰ),弘文堂,2002年版
12	樱井、桥本著:《行政法》	樱井敬子、桥本博之著:《行政法》(第四版),弘文堂,2013年版
13	芝池著:《行政法总论》	芝池义一著:《行政法总论讲义》(第四版),有斐阁,2006年版
14	杉村著:《行政法讲义》	杉村敏正:《全订行政法讲义总论》(上册),有斐阁,1969年版
15	高木著:《行政法讲义案》	高木光著:《行政法讲义案》,有斐阁,2013年版
16	高田编:《行政法》	高田敏编著:《新版行政法》,有斐阁,2009年版
17	田中著:《行政法》(上)	田中二郎著:《新版行政法》(上卷,全订第二版),弘文堂,1974年版
18	田中著:《行政法总论》	田中二郎著:《行政法总论》,有斐阁法律学全集,1957年版
19	原田著:《行政法要论》	原田尚彦著:《行政法要论》(全订第七版补订版),学阳书房,2012年版
20	广冈著:《行政法总论》	广冈隆著:《第五版行政法总论》,密涅发书房,2005年版
21	藤田著:《行政法总论》	藤田宙靖著:《行政法总论》,青林书院,2013年版
22	美浓部著:《日本行政法》(上)	美浓部达吉著:《日本行政法》(上卷),有斐阁,1936年版
23	宫田著:《行政法总论》	宫田三郎著:《行政法总论》,信山社,1997年版
24	室井编:《现代行政法入门》	室井力编:《新现代行政法入门(1)》(补订版),法律文化社,2005年版
25	柳濑著:《行政法教科书》	柳濑良干著:《行政法教科书》(再订版),有斐阁,1969年版
	纪念论文集等	
26	《芦部古稀》	《现代立宪主义的展开》(上、下册,芦部信喜先生古稀祝贺),有斐阁,1993年版

(续表)

序号	简称	全称及相关信息
27	《石川古稀》	《经济社会与法的作用》(石川正光先生古稀纪念论文集),商事法务,2013年版
28	《雄川献呈》	《行政法的诸问题》(上、中、下册,雄川一郎先生献呈论集),有斐阁,1990年版
29	《金子古稀》	《公法学的法与政策》(上、下册,金子宏先生古稀祝贺论文集),有斐阁,2000年版
30	《川上古稀》	《信息社会的公法学》(川上宏二郎先生古稀纪念论文集),信山社,2000年版
31	《小高古稀》	《现代的行政纷争》(小高刚先生古稀祝贺),成文堂,2004年版
32	《盐野古稀》	《行政法的发展与变革》(上、下册,盐野宏先生古稀纪念),有斐阁,2001年版
33	《园部古稀》	《宪法裁判与行政诉讼》(园部逸夫先生古稀纪念),有斐阁,1999年版
34	《高桥古稀》	《现代立宪主义的诸形态》(高桥和之先生古稀纪念),有斐阁,2013年版
35	《高柳古稀》	《行政法学的现状分析》(高柳信一先生古稀纪念论集),劲草书房,1991年版
36	《田中古稀》	《公法的理论》(上、中、下Ⅰ、下Ⅱ,田中二郎先生古稀纪念),有斐阁,1976年版
37	《田中追悼》	《公法的课题》(田中二郎先生追悼论文集),有斐阁,1985年版
38	《田村古稀》	《通过"民"的行政——新的公共性之再构筑》(田村悦一先生古稀纪念论文集),法律文化社,2005年版
39	《成田古稀》	《政策实现与行政法》(成田赖明先生古稀纪念),有斐阁,1998年版
40	《成田退官纪念》	《国际化时代的行政与法》(成田赖明先生退官纪念),良书普及会,1993年版
41	《原田古稀》	《法治国家与行政诉讼》(原田尚彦先生古稀纪念),有斐阁,2004年版
42	《藤田退职纪念》	《行政法的思考样式》(藤田宙靖博士东北大学退职纪念),青林书院,2008年版

(续表)

序号	简 称	全称及相关信息
43	《水野古稀》	《行政与国民的权利》（水野武夫先生古稀纪念论文集），日本文化社，2011年版
44	《宫崎古稀》	《现代行政诉讼的到达点与展望》（宫崎良夫先生古稀纪念论文集），日本评论社，2014年版
45	《室井古稀》	《公共性的法构造》（室井力先生古稀纪念论文集），劲草书房，2004年版
46	《室井追悼》	《行政法的原理和展开》（室井力先生追悼论文集），法律文化社，2012年版
47	《行政法的新构想》	矶部力、小早川光郎、芝池义一编：《行政法的新构想》（共3卷），有斐阁，2008年版至2011年版
判例百选等		
48	《行政判例百选Ⅰ》	宇贺克也、交告尚史、山本隆司编：《行政判例百选Ⅰ》（第六版），有斐阁，2012年版
49	《行政判例百选Ⅱ》	宇贺克也、交告尚史、山本隆司编：《行政判例百选Ⅱ》（第六版），有斐阁，2012年版
50	《行政法的争点》	高木光、宇贺克也编：《行政法的争点》，有斐阁，2014年版

第一编 行政法的基础

第一章 行政与法的一般关系

第一节 行政的概念与分类

作为本书研究对象的行政法,是否在本质上具有与其他领域的法不同的性质呢?若存在构成特别体系的行政法,关于其范围又应该如何划定?对于这些问题,学说上未必达成一致的共识。① 这当然有各种各样的理由,而其中之一就是,当人们说"行政"法时,关于"行政"本身的概念及内容,存在各不相同的理解。在这种意义上,首先有必要考察关于"行政"的概念,对此存在哪方面的论争。另外,即使存在不同的论争,关于行政活动存在于国家作用之中,几乎是没有异议的,因而,全面考察存在什么样的行政,对于考察行政和法的一般关系来说,将会提供重要的素材。

一、行政的概念

谈到行政,人们可以联想起各种各样的概念,在法学领域,则通常使人联想起与立法作用、司法(裁判)作用相并列的一种国家作用。不过,值得注意的是,与这里的问题意识相关联,虽然可以说存在作为国家

---

① 参见盐野宏著:《行政法的对象和范围》,载《行政法的争点》(新版),1990年版,第5页以下;描述未来展望的,参见大桥洋一著:《行政法的对象和范围》,载《行政法的争点》,第4页以下;关于学术的体系,也请参见盐野著:《行政法Ⅰ(第六版)行政法总论》,第40页以下。

作用之一的行政，但并不能直接引出行政内容方面的定义。也就是说，我们姑且可以从功能方面下这样的定义：即立法"是制定法规范的活动"，司法"是通过一定的程序来解决法的纷争的活动"。可是，与此相对，关于是否能够给行政也下如此内容方面的定义，自古以来就存在争论，并且，放弃从内容上予以定义的学说，在日本成为多数派。这种学说将从国家作用中除去立法和司法之后的其他国家作用作为行政来认识，所以被称为控除说。

与此相对，基于如果不能积极地定义行政概念的话，就不可能存在作为独立学科的行政法学这种认识，在《日本国宪法》下，也有学者展开了积极说。即"之所以不能依据这样的消极说来定义行政，也许是因为承认行政包含各种各样复杂的作用，因而不能承认其具有整体的内在统一性的缘故。如果是这样的话，以这样的行政为基础，怎么能够构筑起称为行政法的统一的法学科呢？对此，我认为，对于行政，进行积极的概念规定不仅是必需的，而且也应该是可能的"①。基于这一前提，可以作出如下结论："近代行政，是指在法之下，受法的规制，现实中具体地为了积极实现国家目的而进行的，整体上具有统一性、连续性的形成性国家活动。"②

这种最初的前提究竟是否妥当本身就是一个问题，姑且不论这个问题，我想参照田中先生关于其定义的展开③来探讨该定义本身的问题。

首先，关于行政的裁量性。这里所说的裁量，姑且理解为没有法律的拘束，或者拘束缓和的状态。的确，行政作用中存在这种状态，这是事实。外国人的滞留许可等，法律大多委任给行政机关即法务大臣根据状况判断。④ 此外，在现行的法制度下，关于国立大学采取什么样的入学考试方式的问题，法的拘束也是缓和的。但是，另外，在行政之

---

① 田中著：《行政法总论》，第16页。
② 田中著：《行政法》（上），第5页。
③ 田中著：《行政法》（上），第5页，称近代的行政是"在法之下、受法的规制"的意思，并不是指所有的行政都是机械地实施法律，而是指"可以说，行政的特色在于，通常由法承认了其为实现目的而拥有相当广泛的裁量余地"。
④ 最高法院大法庭判决，昭和53年10月4日，载《民集》第32卷第7号，第1223页；《行政判例百选I》第80案件。参见盐野著：《行政法I（第六版）行政法总论》，第106页以下。

中,也存在限于对法律的严格执行的情形。以税金为例,征收多少税金,由法律作出严格的规定。即使在税金行政以外,也存在许多一旦法律规定的要件得到满足,行政厅便必须完全按照法律的规定采取行动(例如,许可或者登记)的情形。① 也就是说,我们可以说行政中存在许多裁量性活动,但不能说行政的本质在于裁量。进而,从对于法律拘束的实质上的自由这层意义上来说,裁量在法院的活动即司法作用中同样也能够看到。

其次,关于积极地实现国家目的。这不是行政所具有的独特特征。目前,立法作用等亦正是为了国家目的的实现。关于具体性,也许可以说行政和立法有所区别,但行政计划中也存在并非限于个别对策的指针的情形。② 另外,在行政与司法的关系上,是将保证法律的实效性的权能委任给法院,还是将首次性判断委任给行政机关,其决定是非常灵活的。例如,在某种营业规制上,即存在是让行政机关的判断介入,还是将违反行为的取缔权能全部委任给刑事裁判途径的选择,无论是行政还是司法,其职能都是以实现国家目的为宗旨的,在这一点上,二者是没有区别的。

最后,关于整体上的统一性。从表述行政应该具有的属性这层意义上说,这种观点是正确的。但是,这并不是描述行政的现实形态,或者揭示行政的本质。纵观日本的行政现实,正如人们通常所说的那样,可以发现存在有科而无局、有局而无省的状态。所谓行政的统一,如果不限于中央行政而是包括地方行政的话,那么,在《日本国宪法》下,即使在同一个行政领域,可以说,每个地方莫如保持多样性更好。另外,"形成性"这一概念的内容并不明确,为防止建筑业主和附近居民的纷争激化而采取的斡旋行为等,不能够划归"形成性"行政之中。如果说那不是此定义范畴的行政的话,那么,就没有什么好说的了,然而,也无法将其划归司法之中。

综上所述,关于行政的积极定义而展开的论述,实质上不过是将行政的特征或者倾向予以粗略的描述而已。在这一点上,我认为,德国学者关

---

① 最高法院判决,昭和56年2月26日,载《民集》第35卷第1号,第117页;《行政判例百选Ⅰ》第63案件。
② 例如,基于《男女共同参与策划社会基本法》(平成11年法律第78号)第13条的男女共同参与策划基本计划。

于行政可以阐述但不可定义的观点①,真正揭示了问题的实质②。

至此,基于上述前提,可以指出如下几点:

(一)我们说无行政的积极定义便无行政法学时,是以行政的积极定义成为可能为前提的。也许在自然科学领域,也是以自然界无秩序的现象应该存在规律性为前提而发现了该规律的。因此,若认为只有这样才是学问的话,则可能导出无行政的积极定义,行政法学便不是学问的结论。我认为,应该努力不懈地追求行政的概念。但是,另外,我也认为,坦率地承认关于行政的积极定义是不可能的,停止对行政勉强定义的做法,这本身就是做学问的态度。这取决于如何看待"学问",如果认为具有完全独立于其他领域的封闭体系才是学问的话,那么,既然称之为行政法学,也许就有必要给予行政以区别于其他概念的定义。然而,"学问"是否果真如此却存在问题。国家作用呈现出各种各样的形态,姑且将其进行大致分类并加以研讨,分析其特色,这本身不是也足以称之为学问吗?

(二)与前述内容有关,即给行政以积极的定义,不限于单纯地进行统一说明,也包括对于行政法上的个别概念,例如行政行为或者行政契约,是否也有意义呢? 仅就结论而言,这种定义与实际问题并不互为联动。行政行为的定义,向来是和行政的积极定义分别展开讨论的,事实上,关于行政定义问题的少数说的田中说,在行政行为论上一直保持通说的地位。此外,在一般形态上,也并非因为某种作用本质上是行政,由此而直接得出结论。例如,并不能因为预算在性质上是行政,而认为议会的干预存在局限性。因为议会和预算的关系,应依各国宪政体制如何而定。又如,不能因为作为暂时救济的停止执行本质上属于行政作用,所以可以完全不将其归入司法法院审查的范围。

(三)基于以上观点,我现在采取控除说。即从国家作用之中将作为法规范制定行为的立法作用,国家的刑罚权的判断作用,以及通过一定的裁判程序来判断人与人之间的权利、义务的民事司法等司法作用除去之

---

① Vgl. Forsthoff, Lehrbuch des Verwaltungsrechts, 10. Aufl., 1973, S. 1.

② 关于日本行政概念的学说史的详细情况,参见盐野宏著:《关于行政概念讨论的一点考察》(2000年),载盐野著:《法治主义的诸形态》,第3页以下。前述论文的结论是,针对某个集合体,在除去根据积极的定义所区分的集合的基础上,对残余的集合也要求进行积极的定义,这本来就是不合理的要求。

后,所剩余的一切作用即为行政作用。关于这种情况下行政具有何种特色的问题,不是学问的入口问题,而是学问的出口问题。

(四)以上所述三种分类,着眼于作用本身的性质,与承担该作用的机关无关。所以,这种概念被称为实质意义上的立法、司法、行政概念。现实中这些作用被分配给哪个机关,因具体的宪法体制的不同而各异,并且,因个别的法律不同而不同。例如,基于国会议决的预算,并不是实质意义上的法规范;同样,法院所实施的国家作用也并非全部都是司法作用。民事的强制执行等由法院实施,但是,这并不是实质意义上的司法。内阁所实施的事务中也存在实质上属于立法的事务(政令的制定)。因而,现实中分配给某个机关的作用是形式上的作用。也就是说,行政部门实施的作用,在形式上是行政作用,但是,其中也有实质上属于立法的作用(委任立法)的情形。①

(五)有人尝试从以前作为行政作用加以整理的内容中,分析提出"执政"的概念。可是,即使立足于该见解,从剩余的"行政",也并不能推导出积极的定义。②

(六)应该如何理解国家的这三种作用和地方公共团体的作用之间的关系,也成为问题。也就是说,从前关于行政概念的论争,是将国家作用从实质意义上和形式意义上进行分类的,例如,实质意义上的立法权原则上由国会行使,所以,国会制定法规范以外的立法行为,在形式意义上,属于司法权的活动或者行政权的活动。因此,政令虽然实质上是立法,但是,因为其是由内阁制定,所以是形式意义上的行政,是行政立法。可是,回到前面的问题,地方公共团体虽然制定作为实质意义上的立法的

---

① 实质上的作用在形式上被分配给哪些机关,在各国的宪法以及宪法所容许的限度内,由制定法加以规定。关于《日本国宪法》下的相关分析,参见中川丈久著:《立法权、行政权、司法权的概念的序论性考察》,载《盐野古稀》(上),第331页以下。此外,国家作用的三分类,与个别法学的领域并不一定是一致的。正如本书中所列示的民事的强制执行完全是民事诉讼法学的研究对象,而所谓司法警察,严格意义上是实质的行政作用,也是刑事诉讼法学的对象。包括控除说的问题在内,参见高木著:《行政法讲义案》,第20页以下。

② 参见盐野宏著:《关于行政概念讨论的一点考察》(2000年),载盐野著:《法治主义的诸形态》,第22页以下、第30页;岩间昭道著:《宪法解释中的行政法理论》,载《公法研究》第66号,2004年,第58页以下;今关源成著:《"行政"概念的再检讨》,载《公法研究》第67号,2005年,第160页以下。此外,行政的定义与行政活动的法的根据之所在,是不同的问题。关于这一点,参见盐野著:《行政法Ⅰ(第六版)行政法总论》,第66页脚注①。

条例,但是,由于地方公共团体的议会不是国会,所以,条例的制定不是形式意义上的立法。因此,在这里,如果按照控除说的观点来分析的话,则地方公共团体的立法在形式意义上是行政。事实上,也有将地方公共团体的条例划归行政立法之中的事例。[①] 这一问题,将在地方自治法的领域展开更加深入的探讨,但如果以《日本国宪法》的地方自治条款为基础的话,那么,由于地方公共团体是在宪法上具有直接根据的统治团体,所以,在日本,地方公共团体虽然不是行使裁判权的组织,但是应该作为行使独自的立法作用、行政作用的组织来理解。[②] 所以在这里事先声明,地方公共团体制定的条例,在本书中不在行政立法中展开探讨。

二、行政的分类

虽然给行政下定义很困难,但是,把握其大致的特征,并且,基于某种基准对其活动进行分类,作为对其进行法的考察之准备工作,并非没有意义。

然而,分类学因分类基准的不同而可能出现复数。关于行政也是一样,作为最为单纯的分类,以国家行政组织的形态为基准,可以以省厅的不同来划分。不过,这种划分并非学术研究的产物,其中存在受历史因素所左右的部分。进而,既然试图进行行政法学上的分类,理想的做法是确立在某种意义上对于法的考察有意义的分类基准。在这种情况下,也可以有各种各样的分类,并且,在进行分类之际,根据历史的状况,分类的内容以及各种范畴的比重也会出现变迁。在这里,仅就在日本比较广泛采用的规制行政、给付行政和私经济行政领域,并加上新近受到关注的类型进行考察。

所谓规制行政,是指通过限制私人的权利、自由来实现其目的的行政活动。例如,交通规制、建筑规制、经济规制等,这些都是通过规制个人及企业的活动,以维持秩序或者事先防止危险发生的行政作用。与此相对,所谓给付行政,是指设置、管理道路、公园,设置、运营社会福利设施,进行生活保护,给予个人及公众便利和利益的行政作用。在这里,通

---

① 田中著:《行政法》(上),第159页。
② 关于地方公共团体的立法作用,参见盐野著:《行政法Ⅲ(第五版)行政组织法》,第155页以下"自治立法权"。

过实施这些给付活动,目的在于确保文化的、健康的生活。最后,所谓私经济行政,是指并非直接试图实现公共目的,而是为实现公共目的进行的准备性活动。例如,政府机关和公共团体的建筑物的建设,对国有财产的财产管理,即属于此类(也可以称为准备行政)。对于行政法学来说,重要的是前两种①,在这里予以若干阐释。

(一)规制行政和给付行政,是与行政的比重之变迁或者行政法学所关心的问题之变迁相对应的。也就是说,行政法的诞生和近代国家的出现时期相同,而该时代所关心的问题在于确保市民的自由不受国家权力的干预。并且,作为理念型的国家也曾是在维持社会公共秩序意义上的夜警国家。换言之,那里的行政即警察。此外,所谓警察,在行政法学上,不仅指穿制服的警官所推行的事务,而且一般是指维持公共秩序的作用。② 当时的行政法学所关心的问题,主要是为这种意义上的国家权力干预划定界限。当然,规制行政并不限于警察领域。必须注意的是,在现代,国家不仅限于消极的目的,而是为了积极地形成良好的自然环境、生活环境,而展开了对私人的权利、自由施加制约的行政。与此相对,国家的给付活动引起人们的瞩目,其原因之一是由于社会保障领域的增加,不仅在社会保障领域,而且在更加一般的意义上,伴随生活的城市化,出现了个人的生活对于国家、地方公共团体的依存性增加的现象。这种现象是在第一次世界大战之后才显著地出现的。③

(二)与规制行政和给付行政相对应的概念,有权力行政、非权力行政。在这种情况下,有时也只限于规制行政、给付行政的另一种说法,有时则更具有技术性,即是在使用权力手段的行政和使用非权力手段的行政的意义上使用的。本书是在后一种意义上使用这组概念。与前述内容

---

① 关于规制行政和给付行政在行政法学体系中的定位,参见小早川光郎著:《规制行政与给付行政》,载《行政法的争点》(第三版),2004年版,第8页以下。

② 例如,从食品卫生的观点出发所进行的对饮食营业的规制,即属于此类。

③ 给付行政(leistende Verwaltung)本来是德国行政法学所创立的范畴,战后日本行政法学也导入了这一概念。参见盐野宏著:《介绍:埃尔斯特·福尔斯托霍夫〈给付行政的法律问题〉》,载盐野著:《公法与私法》,第291页以下;高田敏著:《德国给付行政论的问题性》(1969年),载高田著:《社会法治国的构成》,1993年版,第193页以下。对福尔斯托霍夫的给付行政论以及生存考虑(Daseinsvorsorge)论更为深入的分析,参见角松生史著:《对"现存在"的"事前考虑"》,载《金子古稀》(下),第265页以下;角松生史著:《E. 福尔斯托霍夫"Daseinsvorsorge"论中的"行政"和"指导"》,载《盐野古稀》(上),第193页以下。

相关联,所谓规制行政,是指对某种行政领域的总括性把握。例如,卫生行政,基本上作为规制行政的范畴来把握。比如说,为了保持食品卫生而采取权力性手段进行规制。① 但是,不仅如此,有时也代替权力性手段而使用非权力行政手段的行政指导。并不是说因为是规制行政便总是使用权力性手段。此外,在给付行政中,例如,在城市公园等开小卖店时需要取得许可②,要取得河川的水利权需要河川管理者的许可③等,针对具体情况,有时也使用权力性手段。④

(三)因此,并不是因为某种行政活动是规制活动,便可以直接推导出某种法效果。但是,是不是说这种分类仅仅限于说明呢? 也并非如此。例如,关于行政活动的法性质,在规制行政中,行为的权力性推定起作用;而在给付行政中,行为的非权力性推定在立法论和解释论中都起作用。此外,给付行政既然重新具有了重要性,就不能仅仅限于其分类,而且还应该对给付行政的范畴到底产生了什么样的法律问题,尤其是以既存的法原理是否能够充分控制此类行政等问题,通过给付行政这个类别来提供探讨的平台。⑤

(四)所谓私经济行政,是指行政完全处于和私企业相同立场时,这类行政全部都可以委任给民法调整。因此,以前是为了说明行政活动也存在和私人相同种类的领域,即存在可以直接适用民法的领域,而论及该私经济行政领域。但是,这样做到底是否正确呢? 例如,关于国有财产的拍卖问题,是否可以完全委任给市场原理,只要能够高价卖掉就可以呢? 关于其程序不存在特别的规范吗? 近年来,在该领域围绕这些问题展开了讨论。

(五)以规制行政、给付行政的分类无法把握的重要的行政领域,有税务行政。此外,同样是确保行政的物的手段的行政,还有公用收用。有

---

① 《食品卫生法》第17条、第21条、第22条。
② 《都市公园法》第5条第2款。
③ 《河川法》第23条。
④ 关于行政法中权力的具体表现,将在本书的后面个别地展开阐述。对此进行概括阐述并指出其问题的研究,参见盐野宏著:《行政中的权力性》(1983年),载盐野著:《公法与私法》,第251页以下;原田尚彦著:《行政上的"公权力"概念》,载《成田退官纪念》,第3页以下。
⑤ 关于这方面的实践,参见村上武则著:《关于给付行政的备忘录》,载《大阪法学》第48卷第4号,1998年,第94页以下。此外,给付行政论特别是在德国展开的,详细追踪其过程的研究,有村上武则著:《给付行政的理论》,2002年版。

时将这些形态的行政总称为筹措行政。① 还应该注意的是,确保人的手段之行政,则有人事行政。

(六)虽然存在比重的变迁,但是,关于整体的行政,在《日本国宪法》下比重也增大了。一般称之为行政的肥大化现象。与此相对,近来,作为政府的重要政策之一,规制缓和得以提出并付诸实施。伴随规制缓和政策的实施,在重要性不断增大的行政活动中,有调整行政。这是针对因规制缓和的结果而具有增大可能性的私人间的纷争,先于司法解决方式,由行政机关承担私人间的利害调整的行政。调整行政,以前也曾作为调整性行政指导②及行政过程中行政争讼的一种类型③来把握。但是,今后,伴随调整行政比重的增大,应当作为更加总括性研究对象,在行政法学上予以定位。④

(七)以对象为依据对行政进行分类,也是常用的一种分类方法。例如,警察、经济规制、公企业等。也有人将这些归纳总结起来,作为行政法各论来论述。这样,整理个别行政领域中存在的制定法,进而探究那里存

---

① 参见今村著:《行政法入门》,第 54 页;远藤著:《实定行政法》,第 3 页;小早川著:《行政法》(上),第 186 页。对于筹措行政上所必要的物的手段来说,与其采用权力性手法,倒不如采取民事性手法,这才是通例,因而,作为称呼并不一定适当、妥帖。不过,有必要注意的是,以强制取得金钱的、物的手段为目的的行政领域是存在的。与此相对,关于人的手段,除有极其例外的夫役、实物制度以外,没有强制取得的制度。
② 参见盐野著:《行政法Ⅰ(第六版)行政法总论》,第 167 页"种类"。
③ 参见盐野著:《行政法Ⅱ(第六版)行政救济法》,第 46 页以下"当事人争讼"。
④ 规制缓和、民营化,不仅涉及作为行政分类的调整行政,而且还给行政法理论整体上带来多方面影响。参见古城诚著:《公的规制与市场原理》,载《公法研究》第 60 号,1998 年,第 109 页以下;盐野宏著:《规制缓和与行政法》(1999 年),载盐野著:《法治主义的诸形态》,第 95 页以下。对规制缓和政策乃至民营化政策的对抗理论予以展开的理论,有公共性分析。参见室井力著:《国家的公共及其法的基准》,载室井力等编:《现代国家的公共性分析》,1990 年版;原野翘著:《行政的公共性与行政法》,1997 年版;晴山一穗等编:《民营化与公共性的确保》,2003 年版;晴山一穗著:《行政法的变容与行政的公共性》,2004 年版;《室井古稀》所收论诸文。进而,在国家论见地之上,为应对规制缓和、民营化政策,保障行政(Gewährleistungsverwaltung)的概念在德国公法学上得以提倡,对其介绍,进而提示将其导入日本的研究成果得以公开。作为最概括性的成果,参见板垣胜彦著:《保障行政的法理论》,2013 年版。不过,保障行政与规制行政、给付行政的分类处于不同的平面,并且,关于作为保障行政的宪法基础的国家论之保障国家(Gewährleistungsstaat)概念,在日本的宪法、行政法理论中,需要等待研究之积累的地方很多(作为从宪法学的角度进行批判性分析的,参见三宅雄彦著:《保障国家论与宪法学》,2013 年版),故而在本书中有对通过保障行政所提起的行政法的课题予以关注,但是,并没有导入保障国家(论)、保障行政(论)的概念本身。

在的正确的法原理,绝不是没有意义的。但是,从近来成为问题的环境法、消费者法、医事法的事例来看,很显然,不应当将这些领域仅作为适用行政法通则的行政各部门,在很多情况下,还应当将其作为在与宪法的关系上形成了独立的法领域的部门来把握。①

第二节 行政法的产生——古典模式

一、行政法产生的理论性前提条件

虽然给行政以积极的定义是困难的,但是,从国家或者地方公共团体的作用中除去立法、司法以外的作用(进而,承认"执政"的观念的话,也将之除去),即构成行政作用,这一点在客观上是可以认识到的。但是,并不能由此而当然地认为即存在一个相对于在私人间一般适用的民法意义上的、具有规范国家和私人之间关系的特别性质的行政法。行政法要存在,或者说行政法要成立,还必须满足如下两个条件:

其一,行政这种活动要服从法,这是不言而喻的。在绝对君主制模式中,君主可以自由地即不受法律制约而侵害私人的财产和自由,因而那里不存在产生行政法的余地。

其二,行政所服从的法,是与民事法不同的法。也就是说,行政主体要强制取得私人的财产,或者限制自由,例如,收用土地或者制约营业活动时,不是行政权的主体在恣意妄为,而是必须服从法律,那么,在那里所适用的法是否能够理解为与一般的法具有不同性质的法呢? 当然,在那里已经存在关于营业规制的法律、关于租税的法律等与行政有关的法律。存在这种意义上的行政法,并且以这种素材为前提,可以叙述实定法的状况。不过,在日本或者法国、德国,称行政法已产生或者行政法存在之情形,从前所说存在研究对象,或者说认为其具有特色,等等,均不是指以民法为基础的特别法的特色。不是这样,而是指,如果说民法是规定私人间

---

① 关于所谓行政法各论的成立可能性,参见盐野宏著:《行政作用法论》(1972年),载盐野著:《公法与私法》,第197页以下、第297页以下。此外,存在"参照领域(论)"依据德国行政法学来论述的情形(山本隆司著:《行政上的主观法与法关系》,2000年版,第458页;大桥著:《行政法(1)》,第17页以下),而其问题意识及对应的方法与先行的日本行政法学有些是相同的。

的基本规则的法,那么,说行政法存在,即意味着说私人和行政之间存在与民法不同的自律性的法体系。

并且,关于这一点,以比较法为素材,按照模式来说的话,大致可以分为大陆型和英美型两种模式。

二、大陆模式

首先,说行政这种国家作用服从立法作用,这是立宪国家中权力分立制的原理之一。① 此外,这种类型的行政采取违反法律的行动时,为了对权利、利益因此受到侵害的私人予以救济,必须由法院来纠正其违法,这也是共同的理解,而问题则与其后的法院的存在方式有关。

（一）法国

关于这一点,在法国,革命前和革命时期都是以行政权和司法权的严格分离思想为其特征的。那基本上是基于政治性理由而形成的特征,即在法国,当时掌握司法权的法官阶层,是旧制度下特权阶级的拥护者。无论从王权方面来看,还是从革命政权方面来看,司法系统的法官阶层都形成了对封建制度改革的障碍。因此,前面所指出的违法行政的纠正,不是在司法系统的法官之下,而是选择了从组织上委任给行政内部机关处理的政策。经过历史性的变迁之后,此种处理违法行政的内部机关作为裁判机构而获得独立性,确立了行政裁判制度,而立于该制度顶点的则是法国行政法院(Conseil d'Etat)。法国行政法院在组织上属于行政部门,作为终审,承担关于行政活动纷争的裁判处理职能。这样,在组织上是行政的自我统制,因而作为制度论,并非不存在不适合私人救济的方面,但现实中,对行政活动发挥着广泛的统制权能,一直延续至今。而属于法国行政法院管辖的法,作为公法,形成了独立于私法的、自律的法,即产生了独自的行政法。在这种意义上,法国被称为行政法的母国。②

---

① 参见高桥和之著:《权力分立的分析视角》(1987年),载高桥著:《国民内阁制的理念和运用》,1994年版,第313页以下。

② 参见雄川一郎著:《法国行政法》(1956年),载雄川著:《行政的法理》,1986年版,第677页以下。此外,关于法国行政裁判制度成立的主要历史原因,作为尝试新的分析的研究,有村上顺著:《近代行政裁判制度的研究》,1985年版。现代法国行政法的简明概说书,有P.威尔、D.普阳著,兼子仁、滝泽正译:《法国行政法——判例行政法的模式》,2007年版。

(二)德国

与此相对,在德国,行政法的出现在时间上迟于法国,并且,因为各个不同的领邦国家而状况各异。

在普鲁士邦,自 18 世纪初期以来,以对于君主权的诸侯诸势力的解放为目标而构成的官房司法(Kammerjustiz),曾经作为裁判行政争讼的法而存在。然而,这种制度于 18 世纪末期被废止,裁判权被划归普通法院而一元化了。但是,关于君主和私人之间的纷争,制定了许多限制普通诉讼的个别法,在这种意义上,将该时期的普鲁士邦称为关于行政案件也由普通法院行使裁判权的司法国家,并不能完全表现其实际状态。经过这样的历史过程,至 19 世纪末期,在进行地方自治制度改革的同时,设立了与普通法院不同的具有特殊性的三审制的行政法院(1885 年)。在普鲁士邦进行地方自治改革以及行政裁判制度的设立过程中,发挥了重大作用的是格奈斯特(Rudolf von Gneist, 1816—1895),他当时所强调的是确保行政的专门性和行政的独立性。

与此相对,在德国中南部,虽然因邦的不同而存在些微的差异,但是,总体而言,至 19 世纪初期,君主一方面极力避免掌握裁判权的诸侯支配君主权的执行权,另一方面为了保障人民的权利,实行在行政部门内部解决有关行政的争议。这被称为行政司法(Administrativjustiz),其中有被认为是受法国影响的部分。由于遭到信奉司法国家制度的自由主义者的反对,其结果促成了《法兰克福宪法草案》第 182 条的制定。① 但是,其后的历史并没有依照该宪法草案发展,在德国中南部诸邦,以巴登邦(1863 年)为代表,设立了近代意义上的最上级审(终审)独立于行政活动的法院。

虽然历史过程不同,但是,这样一来,德国各邦都采取了由行政部门内部承担纠正违法和不当行政活动之职能的行政法院制度。② 与此相关,在德国实定法秩序中也产生了公法和私法的区别。也就是说,司法法院管辖关于实体私法上的法律关系的案件(民事案件),行政法院管辖关于实体公法上的法律关系的案件(行政案件)。于是,学说便构成了与私

---

① 该条规定:"废止行政裁判。关于所有权利侵害,由法院来决定。"
② 详细情况参见南博方著:《行政裁判制度》,1960 年版。特别是关于普鲁士邦在与民事司法的对抗、紧张关系中所创立的行政争讼制度,参见宫崎良夫著:《法治国理念与官僚制》,1986 年版。

法不同的公法秩序体系。①

这样一来,在历史上,在法国和德国,前述意义上的行政法产生了,或者说具备了产生的条件。也就是说,依据立宪国家体制,行政活动也服从于法律。并且,在其服从法律的方式上,是有别于民法的,也不是民法中的特别体系,而是服从作为国家法秩序的、与民法相并列的公法(原理)。

(三)日本

在明治宪法之下,日本也具备了作为近代立宪国家的格局,虽然尚不充分,但已经导入了权力分立的观念。也就是说,虽然行政权被置于天皇之下,但行政也服从立法。不过,关于行政违反法律规定时的纠正方法,至明治宪法制定之前,政府的方针并不明确,曾经有一个时期让司法法院来承担对于地方行政官诉讼的处理。② 但是,在明治宪法的制定过程中,伊藤博文等有关人员下决心导入普鲁士型行政裁判制度。根据伊藤1889年所著《宪法义解》,其理由如下:即明治宪法第61条规定:"因行政官厅的违法处分致权利受到伤害的诉讼,应属于另以法律规定的行政法院审判者,不在司法法院受理之限。"对于这一点,伊藤进行了如下注释。首先,"法律已经对臣民的权利规定了一定的界限并使其稳定,即使政治机关也必须服从之。因而,行政官厅依据其职务上的处置,违反法律或者超越职权而伤害臣民的权利时,不能免除接受行政法院的判定"(第102页)。③ 这表明,行政也服从于法,如有违法的行政,就必须由法院予以纠正,在日本也建立了法治国体制。同时,关于应由何种机关来承担这样的任务,则认为应该设置与司法法院不同系统的行政法院。根据伊藤所阐述的内容,其理由可进而分为三种:其一,行政权独立的观念。他认

---

① 虽然有若干的先驱者,但是,创立以公法、私法二元论区分为前提的德国近代行政法学的,是奥特·玛雅(Otto Mayer,1846—1924)。关于将他的行政法学的构造置于德国行政法学的发展过程进行分析的研究,参见盐野著:《奥特·玛雅行政法学的构造》。关于被称为奥特·玛雅的接班人的瓦尔特·耶黎奈克(Walter Jellinek),有人见刚著:《近代法治国家的行政法学》(1993年)。此外,关于作为先驱者之一的 F. F. 玛雅,有石川敏行先生的研究。Vgl. Toshiyuki Ishikawa, Friedrich Franz von Mayer, Begründer der "juristischen Methode" im deutschen Verwaltungsrecht, 1992. 阐述现代德国行政法学基本原理的,有 E. 施密特·阿斯曼著,太田匡彦、大桥洋一、山本隆司译:《行政法理论的基础与课题——作为创立秩序理念的行政法总论》,2006年版。

② 参见行政法院编:《行政法院五十年史》,1941年版,第1页以下。

③ 伊藤博文著(宫泽俊义校注):《宪法义解》,岩波文库版,第98页。

为:"司法法院以判定民法上的争讼为其当然的职责,但没有撤销由宪法及法律委任的行政官之处分的权力。为什么呢?正如司法权要求独立一样,行政权相对于司法权也同样要求其独立"(第 102—103 页)。① 不过,伊藤也并非仅仅在观念上提倡行政权的独立,所以,作为第二个理由,即其二,则是行政责任的担保问题。"如果行政权的处置要接受司法权的监督,由法院来承担判定取舍行政的适当与否之任务的话,即行政官就不免隶属于司法官,而必将失去灵活处理社会的便利和利益及人民幸福的余地。行政官的措施,根据其职务,在宪法上有责任,因此,应该拥有除去抗拒其措施的障碍以及裁定因其措施所引起的诉讼的权力,这是固有而且必然的权力。如果没有这种裁定权,行政的效力将会麻痹、耗尽,就不可能履行宪法上的责任"(第 103 页)。② 其三,设置行政法院的理由还在于,司法法院的法官是外行,换言之,为了确保行政案件处理的专业性。"行政处分的目的在于保持公益,因此,有时为了公益而牺牲私益,这也是由事务的性质所决定的,且司法官通常对行政事务并不习惯、熟悉,若将行政事务委任给其判决,难免发生危险。因此,行政诉讼,必须配备与行政事务密切练达的人,由其听审处理之"(第 103—104 页)。③

基于该宪法的规定,分别制定了《行政法院法》和《法院构成法》。并且,模仿普鲁士,采取了列举主义,提起诉讼的事项限于法令所特别规定的事项,列举该事项的即明治 23 年法律第 106 号《关于行政厅的违法处分的行政裁判事务》。其结果,日本在东京设置了唯一的一所一审终审的行政法院。这样,行政法院只审理行政案件,即只审理法律所列举的关于公法上的法律关系的诉讼,与此相对,普通法院审理的是民事案件,即关于民法及其他私法上的法律关系的诉讼。

至此,在日本也产生了大陆法特别是德国法意义上的行政法,并且摄取德国行政法学,形成了以公法、私法二元论区分为基础的日本行政法学。④

---

① 伊藤博文著(宫泽俊义校注):《宪法义解》,岩波文库版,第 98 页。
② 伊藤博文著(宫泽俊义校注):《宪法义解》,岩波文库版,第 98—99 页。
③ 伊藤博文著(宫泽俊义校注):《宪法义解》,岩波文库版,第 99 页。
④ 关于明治宪法下的日本公法、私法论,参见盐野宏著:《公法与私法——其学说史的考察》(1970 年),载盐野著:《公法与私法》,第 1 页以下;高桥滋著:《寄语"实体公法的复权"论》,载《高柳古稀》,第 55 页以下。

三、英美模式

行政活动也服从法,在这一点上,英美法和大陆法一样。但是,英美法中却不存在大陆法意义上的行政法的产生条件,因而,虽然也同样有行政法(administrative law)领域,但是以不同的形式发展起来的,形成了英美模式。

(一)英国

在英国,没有采取大陆法那种严格的三权分立形态。特别是行政和司法的区别并不明确。也就是说,采取了在治安法官之下,通过刑事程序来实现现在所说的行政目的的担保手段。而治安法官甚至具有更加明确的行政权限,即对于私人发布命令或者赋予许可的权限。据说通过治安法官这种司法机关来实施行政的手段一直沿用至18世纪末期。在这种情况下,私人的裁判救济,有以官吏为被告的损害赔偿诉讼或者权利恢复诉讼即通过普通法院的救济和请求治安法官纠正违法行为等的救济两种形态。后者的命令或者许可等涉及治安维持上的行政活动,在大陆模式中,当然属于行政法院管辖;而在英国,因被委任给作为司法机关的治安法官,故与此相关的法院的救济,采取了所谓上级审对下级审的统制方式。由称为普通法法院的普通法院实行该救济程序,故没有产生大陆模式那样的特别的行政法院这种构想。并且,这种现象,即使行政权限被委任给治安法官以外的真正的行政机关以后,也不曾发生任何变化。①

因此,以此状态为前提,可以说在英国不存在大陆法意义上的行政法产生的基础,同时,也不存在大陆法意义上的行政法学。这只是说不存在大陆法意义上的行政法,并不是说不存在称为行政的活动,也不是说不存在关于行政的法的问题。只是因为接受普通法法院的统制,因而没有引起学者的注目而已。19世纪英国具有代表性的宪法学者戴西(Albert Venn Dicey,1835—1922),于1885年发表《英国宪法研究导论》(Introduction to the Study of the Law of the Constitution)*一书,并在此书中将英

---

① 关于以上问题,参见山田幸男著:《英美行政法序说》,载《行政法讲座》(第1卷),1964年版,第107页以下;古城诚著:《英国行政诉讼的形成》,载《社会科学研究》第30卷第3号,1978年,第9页以下,第31卷第3号,1979年,第127页以下。

* 参见〔英〕戴雪著,雷宾南译:《英宪精义》,中国法制出版社2017年版。——译者注

国的法的支配(rule of law)原则置于和法国的比较研究中来阐述,是很著名的。他指出,在法国,行政官不接受司法法院的控制,而是由特别法院控制;与此相对,在英国,官吏不具有那样的特权地位,即使官吏也要服从普通法院的控制,这就是英国的法的支配原则。① 对现实存在的国家机关的行政性活动没有关注,戴西及其他的英国学者好像都一样。这也许是因为当时英国的行政活动,并不像在大陆法中那样处于国家社会的重要地位,而仅作为普通法及衡平法的程序之一来理解就足够了的缘故。

但是,进入 20 世纪后,即使在英国,行政的活动领域扩大,也出现了行使立法权能和裁判权能的行政机关,这种现象终于受到法律学的注目。因此,关于委任立法的问题,对行政活动的救济方式、赔偿方式的论争,表明即使在英国,也有人主张行政法的存在了。但是,英国行政法,并不意味着是大陆法意义上的行政法,即不是相对于私法的、作为自律的法秩序而存在的公法和行政法。②

(二)美国

上述情况,在美国基本上也是一样。在美国,起初也并非绝对不存在行政活动。同样也有各种营业规制或者警察上的命令等行政活动。并且,在这种情况下发生的纷争之处理,则是通过普通法院进行的。至少可以说没有设置大陆法国家那样的独立的行政法院。此外,对于这样的问题,美国的学者仿佛当时并没有产生学术上的兴趣。在美国,意识到行政法的存在,始于以铁道规制为开端的各种行政委员会的设立。即 19 世纪前期建设铁道,根据其收费等规制的必要性,在州级政府设立规制委员会,发展到 1887 年,设立了联邦州际通商委员会,进而创立了以联邦交易委员会为代表的各种行政委员会。这些委员会,由议会委任其立法权(准立法权能),并且通过准同于司法程序的程序来作出

---

① 关于戴西理论的介绍和评论,参见鹈饲信成著:《行政法的历史展开》,1952 年版,第 194 页以下;杉村敏正著:《法的支配和行政法》,1970 年版,第 4 页以下、第 67 页以下。

② 古城诚著:《英国行政诉讼的形成》,载《社会科学研究》第 31 卷第 3 号,1979 年,第 143 页以下;杉村敏正著:《法的支配和行政法》,1970 年版,第 9 页以下。此外,在英国,1977 年及 1981 年的制度改革,从救济程序的观点出发,展开了区别公法和私法的论述,但是,所论述的公法和私法之区别,与日本法上的问题意识是不同的。参见冈村周一著:《英国司法审查申请的排他性——"公法"和"私法"的一个侧面》(一)至(七),载《法学论丛》第 118 卷第 1 号至第 127 卷第 5 号,1985—1990 年;冈本博志著:《英国行政诉讼法的研究》,1992 年版。

决定(准司法权能)。对应这种事态,在美国,这些行政委员会的活动逐渐引起学者的注目。① 美国的行政法,正确地说,应该是美国学者作为行政法来对待的对象,大致就是如此。因此,这种行政法与以公法和私法的二元法秩序为基础而构成的行政法、行政法学不同,这是不言而喻的。②

四、古典模式的修正

从出发点及体系性见地来看,大陆法系的行政法跟英美法系的行政法之间存在巨大差异。但是,伴随应当超越个别国家来应对的事项范围的扩大,关于行政法体系的二元区分也正在被予以修正。

(一)圈域关系

其中之一就是欧盟法(EU 法)的诞生,例如在与德国行政法的关系

---

① 参见桥本公亘著:《美国行政法研究》,1958 年版,第 36 页以下、第 88 页以下;中川丈久著:《司法法院的"思维律"与行政裁量(2)》,载《法学协会杂志》第 107 卷第 5 号,1990年,第 818 页以下;野口贵公美著:《警察权力的变迁》,载《社会志林》第 47 卷第 4 号,2001年,第 8 页以下。在这种情况下,必须注意的是,在日本,收费规制本来属于司法权作用的这种观念从来就不曾存在,与此相对,在美国,却存在起初收费规制被作为司法作用来理解,只是后来才被转移为由行政权进行规制的这种发展历程。以在美国行政组织中广泛呈现稳定性的行政委员会的活动为基础,对关于行政的专门性的美国行政法学的动向进行综合分析,以尝试明确美国行政法学之特色的研究,有正木宏长著:《行政法与官僚制》,2013 年版,第 28 页以下、第 170 页以下。此外,回溯到殖民地时代,对美国专门职自主法(作为具体事例,与医疗职集团的创立相关)的生成与展开进行检讨,对美国行政法发展过程的研究提示了新的视点,并且,以其成果为基础,争取为今后扩大行政法研究视野发挥作用的,有安田理惠著:《构成行政法的专门职自主法》(一)至(四·完),载《名古屋大学法政论集》第 248 号、第 249 号、第 251 号、第 253 号,2013—2014 年。

② 当然,英国和美国存在相当大的差异。在和英国相比较的同时,概括地阐述美国行政法的研究,参见施瓦茨著,和田英夫译:《美国行政法》(增补版),1968 年版。概说美国现代行政法的教科书,有 E. 凯尔弘、R. M. 莱文著,大浜启吉、常冈孝好译:《现代美国行政法》,1996 年版。
从出发点和体系的观点来看,大陆法系行政法和英美法系行政法具有很大的不同。但是,关于现代行政都存在共同的问题,并且,在解决方法方面也存在值得相互参考的部分。从现代行政法的观点概括论述各国行政法的研究,参见《行政法大系 1》中的"各国行政法、行政法学的动向和特色"。此外,英国也是其成员国之一的欧洲共同体的行政法之展开,本身就是令人感兴趣的问题,而其对各国行政法所产生的影响更是令人注目。这的确是形成过程的问题,关于探索其近年来状况的研究,参见大桥洋一著:《多国间规则的形成与国内行政法的变迁》,载大桥著:《行政法学的构造性变革》,1996 年版,第 314 页以下。进而,在考虑今后日本行政法的存在方式之际,也有必要对东亚诸国的行政和行政法理论的动向予以注意。关于 2002 年东亚行政法学会报告,参见《东亚行政法学会第五次学术总会提纲、配送资料集》,2002 年 11 月。

上,EU 法具有作为法源之一部分的定位。并且,EU 法中不存在一般行政程序法典,通常承担 EU 法令之施行的德国行政厅是根据德国行政程序法来处理事务的,如果个别 EU 法令上存在程序规定的话,则优先适用之,在不存在这种规定的情况下,德国行政厅则必须进行 EU 法适合解释。① 进而,规范的对象是 EU、EU 机关,而 EU 条约(《里斯本条约》)中揭示了"法的支配"(第 2 条),进而揭示了"补完性""比例性"原则(第 5 条。日语,依据《国际条约集》,有斐阁)。该条约的德文使用了如下概念:Rechtsstaatlichkeit・Subsidiarität・VerhältnismäBigkeit;法文使用了如下概念: Etat de droit ・subsidiarité・proportionnalité;英文使用了如下概念: rule of law subsidiarity proportionality。这些原则,即便在成员国内也未必形成一义性的内容,由于是历史形成的概念,所以,这些概念今后如何超越各国从前的理解而展开,是令人注目的。②

在日本所处的东亚圈域,虽然尚不存在相当于 EU 法的法源,并且我也并不认为其在不久的将来能够实现。不过,这件事情另当别论,探究东亚诸国的行政法动向,探究其共通的点,却可以说是重要的研究工作。③ 进而,在东亚诸国,在其国内行政法中,一国独自的理论及制度,德国、法国、英美的行政法概念、行政制度,看起来就像镶嵌组合那样,这些都是重要的比较行政法的对象。

(二)全球化关系

动摇法体系之分立的另一个要素,与所谓全球化相关。全球化的概念及其对各国国内法的影响是多方面的④,作为其中一例,有人指出了行政法原则之原理的普遍化、平均化、标准化、共通化,这些现象尤其是在作

---

① Vgl. Maurer, Allgemeines Verwaltungsrecht, 18. Aufl., 2011, §4 Rdnr. 59 ff. §5 Rdnr. 25. 此外,关于 EU 法适合解释的法理一般论,参见中西优美子著:《EU 权限的法构造》,2013 年版,第 178 页以下。

② 此外,关于"法治国",参见盐野著:《行政法Ⅰ(第六版)行政法总论》,第 58 页;关于"补完性",参见盐野著:《行政法Ⅲ(第五版)行政组织法》,第 200 页;关于"比例性",参见盐野著:《行政法Ⅰ(第六版)行政法总论》,第 69 页。

③ 作为其实践,蔡秀卿著:《东亚行政法的共通基本原理的形成可能性》,载《名古屋大学法政论集》第 255 号,2014 年,第 853 页以下,从中国和韩国的角度,对日本行政法学中"法治主义"的存在方式展开分析,提供了饶有趣味的成果。

④ 参见齐藤诚著:《全球化与行政法》,载《行政法的新构想Ⅰ》,第 339 页以下;大桥洋一著:《全球化与行政法》,载宇贺克也编:《行政法研究》(第 1 号),2012 年版,第 84 页以下。

为程序原则的透明性、公正性方面表现出来。① 当然，这些行政程序原则已经在各国作为所谓标准装备而得以制度化②，所以，全球化现象将带来其彻底确立乃至其运用的平均化。到那时候，大陆法系和英美法系的二元区分是否依然作为有意义的分析概念而保持意义，是个有兴趣的问题，留给今后去探讨吧。③

---

① 参见大桥洋一著：《全球化与行政法》，载宇贺克也编：《行政法研究》（第 1 号），2012年版。

② 参见盐野著：《行政法Ⅰ（第六版）行政法总论》，第 222 页以下。

③ 对于日本行政法学来说，外国法，尤其是德国行政法，曾经与其说是比较的对象，倒不如说是被表述为应当学习的母国法的研究对象。第二次世界大战后，在德国法的基础上，进而加上美国法，再进一步扩展至法国法、英国法等外国法研究的领域，作为应当学习的对象，外国法研究的色彩依然浓烈地保留着。参见德本广孝著：《关于比较行政法学的一点考察》，载《宫崎古稀》，第 77 页以下，明确了日本行政法学中的外国法研究的特色，具有参考价值。在(二)中指出的全球化，是指指国内行政法带来的影响，作为与此不同的视点，也存在国际机构或者民间组织超越国家的活动对公法理论的影响的问题。原田大树著：《全球化与行政法》，载《行政法的争点》，第 12 页以下。

第二章　日本行政法的基本构造

第一节　问 题 所 在

日本行政法,在明治宪法时代是以大陆法系的行政法,特别是以普鲁士的行政法为模式的。但是,在《日本国宪法》下,由于现代行政的发展而导致传统的大陆法系行政法发生变化,就连大陆法系行政法模式现在是否妥当,在制度上也有成为问题的余地。即《日本国宪法》第76条规定,司法权属于最高法院及其下属的法院。此时的司法权,在明治宪法下仅指民事及刑事审判权,不包括行政审判权。但是,在《日本国宪法》第76条的解释上,通说则认为该司法权中也包含关于行政的裁判。[①] 并且,特别法院的设置,依据该条第2款,也为宪法所禁止。虽然在最高法院系统下设置行政法院并不一定被禁止,但事实上并没有设置。在这种意义上,可以说大陆法系的行政法已失去了其严格意义上的存在根据。

但是,另外,关于请求纠正违法行政活动的诉讼,作为现行法,存在《行政事件诉讼法》。根据该法第1条规定,关于行政事件诉讼,除其他法律上有特别规定的情形外,应当依据该法律。也就是说,在裁判管辖的意义上,大陆法系的模式已经失去了其存在的基础;而在诉讼程序的意义上,从前的体系依然残留下来。因此,在战后日本,如下内容的所谓行政法学的概念论争一直延续下来,即从前意义上的行政法还存在吗？如果已经不存在的话,那么,行政法是以什么形式存在的呢？这种疑问也许并非建设性的,但是,从这一论争中也可以发现战后日本行政法学的特征。所以,下面简单地阐述其经过。

[①] 田中著:《行政法》(上),第10页。

第二节 公法、私法二元论及其有用性

一、公法、私法二元论

在《日本国宪法》下,有关行政法通则的具有代表性的教科书之一是田中的《行政法》(上卷)。该书将行政法定义为"有关行政的组织、作用及其统制的国内公法"(第24页)。在这里,显然与前述大陆法系的传统模式相同。事实上,在明治宪法下最标准的教科书美浓部达吉的《日本行政法》(上卷,1936年版)中也可以看到如下记述:"行政法,如果要用一句话给予其定义的话,可以说是关于行政的国内公法。成为这一观念的要素有如下三点:其一是关于行政的法;其二是国内法;其三是公法。"(第41页)虽然从明治宪法转为《日本国宪法》,司法权的概念内容发生了变化,但是,为什么仍可见如此之类似性呢?①

在讨论其意义之前,下面再稍加详细地叙述田中说的内容②:

(一)在国家及地方公共团体等行政主体参与的法律关系即行政上的法律关系之中,存在有关行政主体相互间作为行政主体的组织法上的关系,以及关于行政主体和私人之间的关系的作用法上的关系。

(二)无论在组织法上的关系中,还是在作用法上的关系中,都存在私法规范所支配的私法关系和公法规范所支配的公法关系。

(三)关于作用法上的关系,公法关系区分为支配关系和管理关系。前者是本来的关系,后者是传来的关系。进而,支配关系只适用公法;而管理关系,因为其本来的性质和私人相互间的关系没有不同,所以,除有明确规定或者存在公共性的情况以外,都适用私法。

(四)即使在支配关系中,也存在将民法的规定作为法的一般原理或者技术性约束来适用的情形,例如,权利滥用、信义诚实的原则、期间计算的约束等。

(五)在行政上的关系中,即使有特别的制定法,有的也仅仅是民法

---

① 关于日本行政法学中公法、私法二元论的学说史,参见盐野著:《公法与私法》,第1—145页所列诸论文以及盐野宏著:《行政法中的"公与私"》(2009年),载盐野著:《行政法概念的诸形态》,第83页以下。

② 田中著:《行政法》(上),第69页以下。

的特别法,而不是特别的公法,例如,《国有财产法》的诸规定等。

以上说明,实质上和明治宪法下所展开的美浓部说相同。① 当然,其根据和明治宪法下的根据并不完全相同。再就《日本国宪法》之下的田中说而言,采取这种公法、私法二元论的说明,其理由在于:《行政事件诉讼法》是以公法和私法的区别为前提制定的;在公法支配的领域和私法支配的领域所适用的法规范、法原则是不同的。因为那是优越的意思主体和作为相对人的人民之间的命令强制关系,或者是直接与公共福祉密切相连的关系,所以,具有应该与以调整私人利害关系为目的的私法关系相区别的特色。②

但是,是否真的应该这样理解呢?关于这个问题,下面从对区别公法和私法的有用性的批判,即这样说明是否具有实际必要性的角度来考察。③

二、法的适用与公法和私法——实体法上的问题

(一)概述

关于公法和私法的区别在实体法上的法解释论中的实际意义的问题,归根结底是某种关系(例如税金的课处、征收或者土地的收用等)在实体法上应该适用什么法,在这种情况下,事先将公法、私法的区别予以明确是否具有意义,用更通俗的说法讲,即为区别公法与私法是否具有意义的问题。④ 对此,可以分为如下三种情形来分析:其一是有异于一般民法规定的明文法规定的情形;其二是不仅有明文规定,而且该法是以公法概念为要素的情形;其三是没有任何规定的情形。

1. 当存在明文法规定时,只要适用该明文法即可,具体是否适用该规定,只是限于该规定的解释问题,而不是公法、私法的问题。例如,《会

---

① 参见盐野宏著:《公法、私法概念的展开》(1976年),载盐野著:《公法与私法》,第82页以下。
② 田中著:《行政法》(上),第74页。
③ 与这种法解释上的实用性的观点(技术性观点)相区别,公法和私法的区别也可以从理论上的观点来展开。二者必须明确地区别开来进行论述。参见宫泽俊义著:《关于有关公法、私法之区别的讨论——方法的反省之必要》(1935年),载宫泽著:《公法的原理》,1967年版,第1页以下;盐野著:《公法与私法》,第57页以下。
④ 关于在《日本国宪法》之下进行的关于公法、私法二元论的论争以及我本人的详细见解,参见盐野宏著:《公法与私法——日本国宪法下的学说的变迁和课题》(1983年),载盐野著:《公法与私法》,第103页以下。

计法》第 30 条规定："属于以金钱的给付为目的的国家权利,如无其他有关时效的法律规定,五年内不实施的,即因时效而消灭。关于对国家的权利,如以金钱的给付为目的的,亦同。"并且,以上述事项为前提,适用该规定的关系到底是什么关系的问题,完全可以作为该规定的解释问题来理解。

但是,从这一规定来看,并无法直接明了什么样的关系属于其规定的范围。之所以这样说,是因为如下观点也是能够成立的,即这属于国家的会计,所以,无论国家为债权人还是债务人,凡国家为当事人即适用该法。并且,现实中也存在这样的学说。不过,这样一来,如下观点也是可以成立的,也就是,即使国家买文具或者承担通常的损害赔偿责任时,也适用和民法不同的时效,因而缺乏适当性,这里本来就应该存在某种限定。从前正是采取了这样的观点,在这种情况下,认为本来这种债权限于公法上的金钱债权,这种主张成为通说。并且,正是因为这样,有主张在实体法上存在公法和私法的区别的议论。当然,详细说来,这种情形也有两种观点。一种观点认为,《会计法》上的债权本来包括国家的全部债权,但适用其他法律而不适用《会计法》的情形包括民法上即作为私人债权的一般法的民法上的债权和其他特别法的债权,结果最后剩下的只是公法上的债权。另一种观点认为,《会计法》第 30 条本来仅适用于公法上的债权,这里所说的"其他法律",是指就公法上的债权作出特别规定的法律,例如《国税通则法》第 72 条。可见,对"其他法律"的理解虽有不同,但是,两种学说都是以实定法上的公法和私法的区别为前提进行解释的,在这一点上二者并没有不同。

可是,关于这样的观点,其实证性根据则成为问题。之所以这样说,是因为上述议论虽然对于不怀疑公法和私法之区别的人来说是有说服力的,但是,对于怀疑在《日本国宪法》之下从前那种公法和私法的区别是否存在的人来说,则是没有普遍适用力的。此外,有人认为,因为有《会计法》第 30 条,所以才有公法和私法的区别;有人则批判这种主张是本末倒置的。出现这种批判不足为奇。但是,这样也就可能出现如下反论:只要是国家的金钱债权,但没有特别法,全部都适用 5 年的消灭时效,这是说不通的。对此,最高法院并没有使用公法上的金钱债权的概念来解释《会计法》,指出:"《会计法》第 30 条,关于以金钱的给付为目的的国家权利及对国家的权利,规定了 5 年的消灭时效期间,是基于国家的权利义务有必要尽早解决等行政上的权宜考虑,所以,该条5年消灭时效期间之规定,应该理解为仅适用于有上述行政上的权宜考虑之必要的金钱债权以及关于时效期间没有特别规定的权利义务。"①因为在该案中没有适用《会计法》第30条,所以,不清楚具体有哪些情况适用该条。但是,该事例表明在解释《会计法》第30条时,公法和私法的区别没有实际意义,而从前作为区别公法和私法的实际意义所列举的正是《会计法》这一规定。在这种意义上,从一般理论的角度看,该判决属于重要的判决。②

2. 在有明文规定,且是以公法概念为要素的情形下,关于该规定的适用,有必要区别公法和私法。例如,《会计法》设置了关于国家的债权中公法上的债权之消灭时效为5年的规定,那么,就必须斟酌成为问题的债权是公法上的还是私法上的。进而作为其前提,就必须明确公法和私法的区别。但是,在日本,作用法上并不存在此种规定。《行政程序法》(平成5年法律第88号)也没有明确地使用公法这一概念。③

附带说一下,在制定法上,所谓公法的用语在其他场合并没有完全未

---

① 最高法院判决,昭和50年2月25日,载《民集》第29卷第2号,第143页;《行政判例百选Ⅰ》第37案件。

② 该最高法院判决(昭和50年2月25日),作为与以公法和私法的区别为前提来解释《会计法》的判例(最高法院判决,昭和41年11月1日,载《民集》第20卷第9号,第1665页)及法制意见[恩给给予金的过失支付金之返还请求权的消灭时效(《法制局意见年报》第6卷,第70页)、前田正道编:《法制意见百选》,1986年版,第101页以下]立于不同观点的判例,而受到关注。然而,其后最高法院再度使用私法上的债权这个概念,就关于公立病院的诊疗之债权的消灭时效,加以判断(最高法院判决,平成17年11月21日,载《民集》第59卷第9号,第2611页)。该判决指出:"在公立病院进行的诊疗,与在私立病院进行的诊疗不存在本质性的差异,关于该诊疗的法律关系,本质上应该说是私法关系。"昭和50年判决跟41年判决"真正的判决理由并不是矛盾的,所以被理解为当时认为没有必要采取判例变更的程序"(柴田保幸著:《判例解说》,载《最高法院判例解说民事编昭和五十年度》,1979年版,第73页),由此可以看出,最高法院在形式逻辑上使从前的观点得以复活的同时,该案是适用比《会计法》第30条、《地方自治法》第236条的5年更为短期的3年消灭时效(《民法》第170条第1款)的事例,作出了原告(地方公共团体)主张的经营之健全性是与行政上的便宜不同的这种实质判断(参见土谷裕子著:《判例解说》,载《法曹时报》第60卷第3号,2008年,第951页、956页)。如果是这样的话,那么,引用昭和50年判决,在该案中,也可以从行政上的便宜的观点出发,主张没有必要进行与私立病院不同的会计上的特别考虑。通过平成17年判决,最高法院判决跟法制意见的说明方式的整合性再度得以保持,然而,这对于公法和私法之区别的有用性的讨论来说,并没有什么帮助。

③ 《行政事件诉讼法》第4条运用了这一概念,但因为是诉讼法的问题,留待后述。参见本节三"法的适用和公法、私法——诉讼程序上的问题"。

被使用,具体来说,若干法令上有"公法上的法人"这样的规定①,但是,这也不具有法解释学上的意义。也就是说,关于具有统治团体性质、在该范围内具有公法性质的地方公共团体,有《地方自治法》,该法第2条也有关于法人资格的规定,但是,在那种情况下,并没有采取"公法上的法人"这样的规定方法。并且,地方公共团体的作用不可能全部依照民法来处理。《独立行政法人通则法》也仅限于规定:"独立行政法人,是法人。"②应该适用何种法规范,对于该法人来说,与制定法是否称之为"公法人"并无关系。这样看来,在日本,可以说实体法上不存在明确指示公法关系的规定。

3. 关于某种特别的关系但没有特别规定时,应该适用民法还是应该在法解释之下实质上适用民法以外的法,亦成为问题。在后一种情况下,没有必要特别强调该关系属于与民法不同的公法关系。简而言之,只不过是能否合理说明不适用民法的问题。其中之一是农地收买处分的例子。基于《自耕农创设特别措施法》(自创法)的农地收买处分是否适用《民法》第177条,成为问题。并且,认为与农地收买处分相关的关系是权力关系,而作为该权力关系的公法关系不适用《民法》第177条的主张,是主张公法和私法的区别有实际意义的学说,且最高法院也采取了这样解释的态度。③ 但是,判断的关键不在于收买处分是不是公法上的行为,而在于根据规定农地收买处分制度的自创法的宗旨收买了何人的农地。并且目的不是以登记簿上的所有权者,而是以真实的所有者作为相对人来收买农地,这和自创法的宗旨是相一致的。之所以这样说,是因为在这种情况下,国家并不需要特定的土地,而是该人拥有过多的土地,或者已经不住在该村,也就是说"不在村的地主"这种主观要素是重要的。这样的话,在这种情况下,说农地收买处分是权力性的、公法性的行为,所以不能适用《民法》第177条,是有疑问的。

实质上,在另外的案件中,最高法院采取这样的观点:即不是把对公法和私法的区分作为出发点,而是按照这种法律的宗旨或者体系来

---

① 参见《港湾法》第5条等。
② 《独立行政法人通则法》第6条。关于独立行政法人的法的性质,参见盐野著:《行政法Ⅲ(第五版)行政组织法》,第79页以下。
③ 最高法院大法庭判决,昭和28年2月18日,载《民集》第7卷第2号,第157页;《行政判例百选Ⅰ》第9案件。

解释。即在国家以租税滞纳处分的形式扣押土地,国家是否属于《民法》第177条上的"第三人"成为问题的案件中,最高法院作出滞纳处分应适用《民法》第177条的判断。① 滞纳处分也是权力性的行为,为什么会得出这样的结论呢？最高法院并没有对此作出详细的说明。不过,即使是民事强制执行也可能发生同样的问题,作为在这种情况下的思考方法,是从债务人的财产责任范围之观点来考察问题,该范围被依照登记确定。并且,关于债务人的财产责任这一点,滞纳处分和民事强制执行并没有什么不同,这就是最高法院的观点,这种观点也许是正确的。如果这样的话,在这里,公法和私法的区别也将失去法解释上的有用性。②

4. 上述问题是关于某种关系之民法适用的问题,但也存在将有无宪法规定的适用与公法和私法的区别相联系来论述的情形。例如,关于自卫队基地建设用地的土地买卖契约的《日本国宪法》第9条的适用发生问题的百里基地诉讼的最高法院判决。③ 在该诉讼中,最高法院认为,像土地买卖这样国家的私法上的行为,不属于《日本国宪法》第98条第1款所说的"关于国务的其他行为",国家和私人缔结私法上的契约,原则上不适用《日本国宪法》第9条。由此可见,最高法院在解决这个问题时,最起码在言辞上使用了公法、私法的概念。但是,前者即《日本国宪法》第98条第1款的适用范围问题,与前述法条文的解释相关联,为了确定该范围,并不是必须从公法秩序和私法秩序的二元论来解释,只要回顾一下最高法院判决的逻辑就清楚了。此外,国家的行为和宪法的关系,并不是根据其行为形式④如何而引出千篇一律的解答。⑤ 例如,某种行政处分违反宪法时,并不因此而当然无效,有时关于行为有效、无效的判断,还需要有其他要件。⑥ 此外,虽然说国家或者地方公共团体的行为属于民

---

① 最高法院判决,昭和35年3月31日,载《民集》第14卷第4号,第663页;《行政判例百选Ⅰ》第10案件。
② 关于这个问题,尝试对判例、学说进行理论检证的成果,有高柳信一著:《行政处分与〈民法〉第177条》,载《田中追悼》,第303页以下。
③ 最高法院判决,平成元年6月20日,载《民集》第43卷第6号,第385页。
④ 关于这个概念,参见盐野著:《行政法Ⅰ(第六版)行政法总论》,第72页"行政过程论的概要"。
⑤ 这一点,由伊藤正己法官的补充意见所揭示。
⑥ 参见盐野著:《行政法Ⅰ(第六版)行政法总论》,第135页"行政行为的瑕疵"。

法上的契约,但并不当然免除宪法的适用。国家或者地方公共团体实施了违反《日本国宪法》第 98 条规定的行为时,那就不是区分以行政处分的形式实施的还是以契约的形式实施的问题了。

问题在于国家取得土地之际是否可以使用契约这种行为形式(不存在否定的见解),以及假设能够使用这种行为形式,此时,关于契约的效力发生要件,是否包括《日本国宪法》第 9 条的适合性? 所以说,因为是契约,故而排斥宪法规定适用的观点是不当的前提,并且,此时说契约是私法上的行为,也只不过是单纯的名称问题而已。无论如何,从前日本行政法学所一直承认的那种公法和私法的区别,在这里已不再具有解释上的有用性。①

5. 有人创立了公法上的事务管理、公法上的不当得利这种范畴。② 当然,关于事务管理,被认为在没有特别法规定的情况下应当准据《民法》来处理。现实中,关于废弃物的处理,业者方面应当负担的调查由地方公共团体实施后,在地方公共团体基于事务管理对其费用提出偿还请求的案件中,法院根据《民法》的事务管理之法理来解决,在那里并没有特别的公法原理发挥作用。③

但是,这并不意味着民法上的事务管理制度也可以原封不动地适用于行政活动。

也就是说,正如"公法上的事务管理"这个术语所明确的那样,在管理者是行政主体的情况下,该事务管理被定位为公共行政作用,这在公法、私法二元论中也是被作为前提的。在管理者是地方公共团体的情况下,事务管理则必须是在该地域的事务④范围内。从这种意义上说,在行政主体的事务管理中,始终并存他人利益和公共利益,这是其特征。⑤ 进

---

① 从宪法的视角出发进行的批判,参见高桥和之著:《私人间效力论再访》,载《法学者》第 1372 号,2009 年,第 152 页以下。
② 参见田中著:《行政法》(上),第 101 页以下。
③ 名古屋高等法院判决,平成 20 年 6 月 4 日,载《判例时报》第 2011 号,第 120 页。从该案件的案件番号[平成 20(ネ)151 号]来看,可以解释为不是作为公法上的当事人诉讼,而是作为民事诉讼来处理的。关于旧制度的判例,参见大审院判决,大正 8 年 4 月 18 日,载《民录》第 25 辑第 10 号,第 574(8)页。
④ 《地方自治法》第 2 条第 2 款。
⑤ 即便在私人间的事务管理中,管理意思与为了自己的意思并存也未尝不可。参见四宫和夫著:《事务管理、不当得利、不法行为》(上卷),1981 年版,第 17 页。

而,关于该事务管理,在个别法规定了事务处理方法的情况下,有必要对是否排除事务管理制度的适用,换言之,对是否属于个别法的先占领域(包括默示)进行检讨。①

与此相对应,关于不当得利返还请求权,在该得利的发生原因是先行的行政处分的情况下,能否直接行使不当得利返还请求权成为问题,而假设予以承认,其是公权还是私权等派生问题也存在纠结,由此提出了关于是公法还是私法的有用性的问题,成为公法和私法之区别的有用性批判的出发点之一。② 不过,其后发展为不当得利返还请求权的成立要件、关于该债权的《会计法》适用的有无、不当得利返还请求诉讼是否属于公法上的当事人诉讼这种个别问题,演绎了从公法和私法的区别论之中心课题偏离出去的过程。

6. 即使在行政上的关系中,作为法律要件的住所也往往成为问题。即使对此冠以公法上的住所之名称,也并不等于构成和民法上的住所不同的公法上统一的住所概念。最高法院判决也只是对个别法令上的住所

---

① 关于行政上的事务管理制度,迄今为止的行政法学没有进行充分讨论,而在与环境管理事务、灾害救助事务等的关联上,在地方公共团体层面,事务管理法制的适用成为讨论的对象,随后在行政法学上也开始了讨论。其先驱性成果,有铃木庸夫著:《自治体行政中的事务管理》,载《自治六法速报版》(平成27年版,第一法规),2014年;北村喜宣著:《由行政实施事务管理》(一)至(三·完),载《自治研究》第91卷第3号至第5号,2015年。上述文献也探讨了实务上的事例,具有参考意义。此外,北村论文认为,与事务管理制度的旨趣在观念上最初存在的是"利他的行动"相对应,在行政上的事务管理中,为了公益目的而实施的活动有时候也会成为有助于私人的活动,鉴于行政的管理行为给本人的自由、财产带来"侵益"作用,一般地否定行政法领域中事务管理法制的适用,只限于对私人的基本人权招致重大且具体的危险那样紧急时的应对,有时候才从条理上承认对于本人或者第三人实施伴随某种侵益结果的行政的行为(《自治研究》第91卷第5号,第59页以下、第61页以下。除此以外的情况下,可以看出否定事务管理制度之适用的旨趣)。但是,在事务管理中,正如正文中所指出的,由于可以承认利益的并存,所以,也不能说因为存在公共利益而一律否认行政上的事务管理不能成立。进而,关于法律的根据论,即便事务管理法制在行政过程中被适用,也不得违反本人的意思,单方性地为了谋求管理者的利益(公共利益)而介入本人的支配领域,由此可见,法律的保留论[盐野著:《行政法Ⅰ(第六版)行政法总论》,第60页]不能直接被适用。将民事法的法技术运用于行政主体与私人的关系之处理,毋宁说是现代行政活动中被积极解释的内容[大桥著:《行政法(1)》,第86页以下],并且,对本人的意思予以考虑,将本人与管理者的关系进行整理的事务管理制度,以比例原则等行政法的一般原理的适用为前提[盐野著:《行政法Ⅰ(第六版)行政法总论》,第35页以下],在行政法上运用,作为行政过程论,认为是可能的。

② 参见今村成和著:《行政法上的不当得利》(1957年),载今村著:《现代的行政与行政法的理论》,1972年版,第34页以下;盐野著:《公法与私法》,第118页以下、第126页以下。

在哪里进行判断,而没有将公法上的一般住所视为问题。① 当然,关于上述个别法的住所认定,最高法院判决都使用了"生活的据点"这个《民法》第 22 条的概念;在其适用之际,并没有对个别法的旨趣目的予以特别留意②,由此可见,结果是《民法》上的住所之观念,在行政法关系中也被使用。与此相对,一般而言,来自住所复数说的反论是可能的。进而,如平成 20 年判决那样判断的结果,如果原告的法律上的生活的据点在哪里都不存在的话,也会导致选举权等基本人权的否定。鉴于事情的重要性,具有采取立法上的措施之必要性是不言而喻的,而在裁判过程的场合,也被认为具有展开认定某处住所之解释论的余地。

(二)公权属性论

作为公法和私法的区别的传统问题,有公权属性论。即在私人相对于行政主体所拥有的权利中,公法上的权利即公权具有不同于私权的性质,例如,过去曾展开的不具有转让性、不能成为继承对象的讨论。对此,当制定法上有特别规定③时,当然依据相应规定。问题在于制定法上没有规定时,并非因公权而当然不具有融通性,或者不能成为继承的对象。这也是最高法院对于地方议会议员的报酬请求权的转让性所承认的内容。④ 总而言之,问题在于权利本身是否具有一身专属的性质,而不是取决于该权利一般属于公权还是私权。⑤

(三)特别权力关系论

有人认为,行政主体和私人之间存在公法上的法律关系,其中也存

---

① 关于《选举法》上的住所,最高法院判决,昭和 35 年 3 月 22 日,载《民集》第 14 卷第 4 号,第 551 页;《行政判例百选Ⅰ》第 34 案件;关于《居民基本台账法》上的住所,最高法院判决,平成 20 年 10 月 3 日,载《判例时报》第 2026 号,第 11 页;关于《国民健康保险法》上的住所(外国人),最高法院判决,平成 16 年 1 月 15 日,载《民集》第 58 卷第 1 号,第 226 页。

② 在所列的平成 20 年判决中,只是依据社会通念。

③ 例如,转让等的禁止——《厚生年金保险法》第 41 条,转让需要许可制——《公有水面填平造地法》第 16 条第 1 款,一般继承的不能——《当铺营业法》第 9 条第 2 款。

④ 最高法院判决,昭和 53 年 2 月 23 日,载《民集》第 32 卷第 1 号,第 11 页;《行政判例百选Ⅰ》(第四版)第 14 案件。

⑤ 关于生活保护受给权的继承性,最高法院大法庭予以消极的解释。最高法院大法庭判决,昭和 42 年 5 月 24 日,载《民集》第 21 卷第 5 号,第 1043 页;《行政判例百选Ⅰ》第 18 案件。基于《信息公开条例》的开示请求权也是一身专属的权利——最高法院判决,平成 16 年 2 月 24 日,载《判例时报》第 1854 号,第 41 页。

在成为特别权力关系的特别关系。具体来说,公务员和国家、地方公共团体之间的关系,监狱中在押犯人和监狱的关系(刑事设施中被收容者和刑事设施的关系),国立或者公立学校在校学生和学校的关系等,就是其例。

与这种特别权力关系的概念相对应的是一般权力关系,这是指私人基于一般国民或者居民的地位,而服从国家、地方公共团体的统治权或者行政权的关系,如纳税人、一般许可营业者的地位等。这些人相对于国家虽具有自由的地位,但为了维持公共秩序,或者为了筹措国家、地方公共团体的财政,而在一般人的地位上,其财产、自由受到限制。并且,正是以这种本来的自由地位为前提,被解释为适用依法律行政的原理以下的行政法的基本原理。与此相对,前述所谓特别权力关系,是与国家、地方公共团体立于更加密切的关系上的关系。当然,社会生活上也有相似的情况,私人企业中的雇用关系,私立幼儿园、学校等的在园、在校关系,都可以成为特别社会关系。因此,相对方指称国家、地方公共团体的情形,认为是公法上的特别关系,即特别权力关系,在这里,一般权力关系中的原则不起作用,且因与国家立于特别从属关系,在此限度内,人权也在内容上受到制约,同时,在形式上也不要求严密的法律根据,进而,裁判性救济也受到限定。这就是特别权力关系论的主要内容。①

这样的范畴,最初由德国行政法学所构成(besonderes Gewaltverhältnis),在明治宪法下被导入日本行政法学。这种与法治主义对立的概念能否在《日本国宪法》之下成立呢?这在第二次世界大战后初期就已成为问题。也就是说,虽然并不否定与一般权力关系不同的为国家、地方公共团体的特别目的而存在的特别关系,但是,问题在于是否可以像从前那样解释为否定法治主义的适用。换言之,是否因为是特别权力关系,即可以直接从内容上和形式上制约人权?即使具有内部秩序维持的必要性,若对违反其秩序的行为完全不给予裁判性救济,难道不是欠缺对人权的保障吗?进而,关于这一点,是否依然使用特别权力关系这一术语暂且不论,其相

---

① 关于明治宪法和《日本国宪法》相通的特别权力关系的详细研究,有室井力著:《特别权力关系论》,1968年版。

对化则以如下形式得以展开：一方面承认有部分性秩序①为特别关系，另一方面承认人权的制约应限于该关系的目的所必要的限度内，且此种关系涉及市民法秩序时，例如，学生的退学处分，就要接受法院的司法审查，起码应该在这种情况下只是对权力者方面的裁量予以承认而已。②

采取这样的观点，便没有必要特地建立"公法上"的特别权力关系这一范畴。因为，人权的制约分别由各个部分性秩序的性质及目的所决定，而且是否成为法院的救济对象，尤其是否成为《行政事件诉讼法》所规定的撤销诉讼的对象，并不是非事先决定该关系总体上属于公法关系就无法解答的问题。③

以上是针对公法上的特别权力关系论的内在批判，有必要注意的是，现在对于公法上的特别关系的检讨的空间缩小了。也就是说，作为行政改革的一环，将从前由国家、地方公共团体通过直辖方式来实施的业务，委任给独立行政法人及地方独立行政法人，进而采取了民营化的政策。在这种情况下，关于这些设施（独立行政法人及地方独立行政法人）与利用者等的法的关系，是应当跟从前一样作为权力关系来把握，还是应当作为契约关系的一种来理解呢？这取决于与该关系相关联的法的

---

① 最高法院判决认为，地方议会、国立大学的关系是具有自律性法规范的特殊的部分社会。最高法院判决，昭和52年3月15日，载《民集》第31卷第2号，第234页；《行政判例百选Ⅱ》第153案件。该判决是针对国立大学的学分认定作出的，引用了关于地方议会的关系的最高法院昭和35年10月19日大法庭判决（载《民集》第14卷第12号，第2633页；《行政判例百选Ⅱ》第152案件），可是，是否可以从内容上将地方议会的自律权和国立大学的自律权视为相同的自律权，这本身是成为问题的。并且，伴随着国立大学的法人化，职员被非公务员化了，在《国立大学法人法》及其相关法令上不存在对于学生的特别规定，基于此，国立大学中的在学关系被理解为一般的在学契约关系[盐野著：《行政法Ⅲ（第五版）行政组织法》，第85页。将国立大学法人和学生的关系解释为在学契约关系的裁判例，有东京高等法院判决，平成19年3月29日，载《判例时报》1979号，第70页]，因此，将国立大学中的在学关系解释为公法上的特别权力关系的制度性基础，已经不存在了。

② 参见最高法院判决，昭和29年7月30日，载《民集》第8卷第7号，第1501页；《行政判例百选Ⅰ》（第四版）第24案件。

③ 关于特别权力关系论，有的批判和本文中所述批判性质不同。即本来将这些关系视为权力关系是有疑问的，公务员和国家的关系是劳动关系而不是权力关系，国立大学的学生和私立大学的学生，与学校都是在学契约关系。室井编：《现代行政法入门》，第60页。可以说，这种批判对于问题的提起具有极其重要的意义。但是，说这些关系是契约关系，从方法论上看，本来和主张权力关系一样是没有实证性的观点，从实定法解释学来看，我认为，必须直率地观察实定法是以什么样的立场来规范这些关系的，并分别考虑各个不同的关系。

机制,例如,国立大学法人和在校学生的关系被解释为契约关系。①

(四)违反公法法规范的法律行为

在公法和私法的关系上,与以前所谈到的稍有不同的类型,有违反公法法规范的法律行为的效力这一问题。例如,关于没有《道路运送法》上的执照而从事道路运送的营业,在和顾客关系上,相关运送交易行为是否无效的问题。关于这个问题,有的判例认为,即使是违反《道路运送法》的行为,也不能当然无效。② 与此相对,关于违反法令出售属于管制物资的小熟干沙丁鱼的行为之效力,最高法院则认为无效。③ 这些都是禁止私人一定行为的法规范,在这种范围内,其不是民法法规范。但是,必须注意的是,违反该法规范的行为之效力,分别根据其禁止法规范的宗旨如何而定,其宗旨如何的问题与公法和私法的区别问题是不同的。④

(五)公法规定的私法性效果

关于公法上的规定涉及私法关系的效果,从前一直是从"公法法规范违反的法律行为"这一角度来论述的。

否定公法规定的私法性效果的古典事例,是《医师法》上规定的医师的诊疗义务(也称为应招义务⑤),学说早先认为,该规定是公法规定,故而患者在与医师的关系上不具有诊疗请求权。⑥ 在这里,公法规定和私

---

① 关于基于《国立大学法人法》的国立大学与学生的关系,参见前述东京高等法院判决,平成19年3月29日,载《判例时报》第1979号,第70页;盐野著:《行政法Ⅲ(第五版)行政组织法》,第85页以下。

② 名古屋高等法院判决,昭和35年12月26日,载《高刑集》第13卷第10号,第781页。

③ 最高法院判决,昭和30年9月30日,载《民集》第9卷第10号,第1498页;《行政判例百选Ⅰ》第12案件。

④ 关于交易的有效、无效的区别基准,最高法院使用了是强行法规范还是取缔法规范的区别基准(前述《行政判例百选Ⅰ》第13案件;最高法院判决,昭和35年3月18日,载《民集》第14卷第4号,第483页;《行政判例百选Ⅰ》第12案件)。这种区别也不是单义性的、明确的。所以,在具体情况下,只能是对该禁止规范的立法宗旨、违反行为的伦理非难程度、交易的安全及当事人间的公平、信义等诸要素综合判断作出决定(参见《行政判例百选Ⅰ》第11案件,仲地博解说;大村敦志著:《交易与公共秩序》,载《法学者》第1023号、1025号,1993年)。此外,关于个别规制法令与民法的关系进行概括性探讨的研究,参见大桥洋一、山本敏三著:《行政法规范违反行为的民事上的效力》,载《法学教室》第249号,2001年,第56页以下。

⑤ 《医师法》第9条、旧《医师法施行规则》第9条第2款。

⑥ 美浓部达吉著:《公法与私法》,1935年版,第3页以下。田中著:《行政法》(上),第88页,是将患者受到的利益视为反射性利益的典型。

法规定确实是被作为二元的存在来定位的,为论述公法、私法二元论的有用性提供了适当的素材。裁判例中也有基本上采取了这种理解的,认为"该应招义务直接是公法上的义务,所以,即便是医师拒绝的场合,那也不能直接与民事上的责任相联结"①,但是,该判例认为,该项规定也具有患者保护的侧面,因此,在拒绝诊疗不存在正当事由的情况下,有时候也产生对于患者的损害赔偿责任,在这一点上,与学说上的公法、私法二元论的整理呈现出不同。

对私人的一方当事人赋课义务,从行政的角度对其履行进行担保,也确保另一方当事人的个别利益,这种手法不仅限于包括《医师法》在内的医事法,而且作为行政的手法具有普遍性,同时也产生了同样的解释问题。不过,从公法、私法二元论的有用性讨论这种观点出发,可以看到与《医师法》上的问题不同的状况。

例如,在劳动契约法领域,从劳动者保护的见地出发而设置了关于使用者等的义务规定,根据这些规定,劳动者是否具有对于使用者等的实体法上的请求权的问题被提起了。在这种情况下,进行以劳动法令的公法效力和私法效力或者公法上的义务和私法上的效力这种公法和私法的区别为前提的问题设定,而该规定所具有的效力之判定,根据对该条款的制定经过、旨趣目的、法的机制等进行逐一检讨的结果来作出。换言之,毕竟不是根据该规定是否属于私法来推导出结论的,"私法上的效力"之有无被解释为仅限于结果的说明。在这种意义上,可以说公法、私法的区别之有用性被否定了。② 本来,在法律介入劳动契约关系的情况下,是限于使用者和国家之间的关系,还是也在使用者和劳动者之间构成权利义务关系,这是在不采取公法、私法二元论的国家也存在的普遍性课题。③

进而,关于《关于个人信息的保护的法律》(以下简称《个人信息保护法》)所规定的个人的开示请求权之有无,存在消极说④和积极说⑤的对

---

① 神户地方法院判决,平成4年6月30日,载《判例时报》第1458号,第127页。
② 参见根本到著:《劳动法规范的公法的效力和私法的效力》,载松本博之、野田昌吾、守矢健一编:《法发展中法解释的意义》,2011年版,第299页以下。
③ 参见山川隆一著:《关于劳动法的实现手法的备忘录》,载《西谷敏先生古稀纪念论集·劳动法与现代法的理论》(上册),2013年版,第75页以下。
④ 东京地方法院判决,平成19年6月27日,载《判例时报》第1978号,第27页。
⑤ 宇贺克也著:《个人信息保护法的逐条解说》(第四版),2013年版,第125页以下;藤原静雄著:《逐条个人保护法》,2013年版,第25页以下。

立,每一种学说都是以探究该法律的机制的解释方法(所谓机制解释)为共通的判断框架。进而,在该讨论中,并没有使用公法、私法这种术语,公法、私法,即便作为说明概念也没有出现。①

(六)小结

综上所述,除《会计法》有其相应的解释问题外,更应注意关于公权属性论、特别权力关系论、违反公法法规范的法律行为的效力等范畴中所论及的事情,也存在固有的解释问题,而关于这些问题的解释,好像并没有必要事先确立公法和私法的区别。② 对于这一点,依然有必要考虑如下几点反论:

1. 继续推进前述工作的话,从结果来看,有适用民法的关系和不适用民法的关系,作为对这一观点的说明,将不适用民法的法律关系从整体上作为公法关系来把握,并探究其共同性质,不是也有意义吗?我也认为,这样的工作作为理性认识的问题并不是没有意义。但是,并不能成为解释上的道具概念。

2. 当排除民法的适用时,存在是否应事先拟制好公法秩序这一"托盘"的疑问。田中说中的管理关系论③即被认为明显有此意图,其通过拟制管理关系这个范畴,即某种关系不属于纯粹的私法关系,以试图导出在解释论上排除民法的适用,与其关系实质上也适合的结果。④ 问题在于在日本是否具有设置这样的"托盘"的必要性。这在很大程度上与民法的解释、适用的方式有关。也就是说,民法学上的原理并不是僵硬的,在处理行政上的关系时,与是否承认导入必要的公共利益,以在某种程度上

---

① 此外,《个人信息保护法》第25条、第26条和第27条所规定的关于开示等来自个人的"寻求"的规定,在提交第189次国会的修正法案中被修改为"请求"(修正法案第28条、第29条和第30条),并进一步规定了诉的提起之程序要件等(第34条),以积极说是本来的立法旨趣为前提,谋求可以进行裁判上的请求这种旨趣的明确化。参见盐野著:《行政法Ⅰ(第六版)行政法总论》,第210页脚注④。

② 在判例之中,有些可以认为是以公法和私法的区别为前提,由此而推导出一定结论的情形。但是,大多数判决中对"公法"或者"私法"的谈及,有的仅限于单纯的修辞上的意思,即使在有意识地立足于二元区分论的判决事例中,也并不能视为解决问题所必需的要件。关于上述内容,参见盐野宏著:《公法与私法——判例分析》(1998年),载盐野著:《法治主义的诸形态》,第69页以下、第90页以下。

③ 参见盐野著:《行政法Ⅰ(第六版)行政法总论》,第21页。

④ 例如,田中著:《行政法》(上),第83页、第115页。

达到不同于通常私人间的判断的程度有关。关于这一点,在日本民法学上的利益衡量论中,可以解释为充分考虑了公益的要素。① 当然,与作为民事法的适用除外论的公益概念不同,必须注意的是,公益在极其多的方面与行政活动有关。行政活动必须从与公益保持一致这种最上位的一般原则出发,在行政过程的诸局面,公益也被视为问题(行政行为的撤回、裁量统制)。进而,在个别法上,制定法上公益成为要件的事例很多。② 这样,"公益"是行政法上重要的概念,但其具体的内容并不是一义性的。③ 所以,将具有各种各样内容的公益概念,无论是个别的还是从全体上,都有进行深入分析的必要性,而那种事情跟公法概念的有用性的论证没有关系。④

3. 关于通用于一般公行政的平等原则、比例原则、适正程序原则等基本原则的定位,有的见解认为这应当作为实体公法的复权来把握。⑤ 为了适用有关的原理,该关系必须是公法关系的根据,或者相反,有关条款所适用的关系是公法关系,其诉讼是公法上的当事人诉讼。这样的实定法上的根据并不明确。实体法上,即使在以公法和私法的区别为前提的德国行政法学上,也是在承认存在行政主体运用私法形式从

---

① 参见加藤一郎著:《法解释学上的逻辑与利益衡量》(1966 年),载加藤著:《民法上的论理与利益衡量》,1974 年版,第 3 页以下。

② 《土地收用法》第 20 条第 4 项、《地方自治法》第 232 条之二、《信息公开法》第 7 条及《关于公益社团法人及公益财团法人的认定等的法律》(除题名以外的各条)等。

③ 关于以上内容,参见盐野宏著:《关于行政法中的"公益"》(2009 年),载盐野著:《行政法概念的诸形态》,第 102 页以下。

④ 与个别法中的公益分析不同,作为在与行政法一般理论的关系上应当注目的公益的分类论,有共同利益(亘理格著:《共同利益论与"权利"认定的方法》,载《民商法杂志》第 148 卷第 6 号,2013 年,第 513 页以下)和凝集利益(仲野武志著:《关于不可分利益的保护的行政法、民事法的比较分析》,载《民商法杂志》第 148 卷第 6 号,2013 年,第 551 页以下)。无论哪一种都有助于《行政事件诉讼法》上的原告适格的判断,而这种分类概念,即便不以公法概念为前提也是可能确立的。并且,立法者特地从一般公益中将凝集利益切割开来,在对该利益侵害设定了特别的救济路径(行政事件诉讼)的情况下,并平行准备民事上的路径(《民事诉讼法》),这无论是在解释论上还是在立法论上都被排斥,在得出这种结论的基础上,有的见解认为"这种意义上的'公法、私法二元论',迄今为止由法令、判例所坚持,今后也将被坚持"(仲野武志著:《关于不可分利益的保护的行政法、民事法的比较分析》,载《民商法杂志》第 148 卷第 6 号,2013 年,第 571 页)。这也是对行政诉讼和民事诉讼的并行处理否定论的结论之说明,与本书作为问题的公法、私法的区别之有用性批判论没有关系。

⑤ 高木光著:《当事人诉讼和抗告诉讼的关系》,载《雄川献呈》(中),第 366 页;高桥滋著:《寄语"实体公法的复权"论》,载《高柳古稀》,第 55 页、第 70 页以下。

事公共行政活动的情形的同时,论述其基本权拘束性(所谓行政私法的概念①)。鉴于此,在日本,可以说,在论述对公行政的平等条款等的拘束时,不存在更进一步论述该关系属于公法关系的逻辑上的必要性。在日本法的现阶段,重要的不是看该关系是不是公法关系这一概念议论,而是在承认本来适用于行政的权力活动的平等条款、比例原则等也适用于全部行政活动的原则的基础上,研讨其在具体的法体系中具体以什么形式出现。

4. 公法和私法,倒不如说有必要留意的是二者被相互建立关系而成为讨论的对象这一点。其一,主要是来自民法学的问题提起,以行政法学上公共服务的民营化现象为前提,在古典的契约之外,制度性契约概念得以提倡。② 此时,本来适用于公权力的行使的平等原则和比例原则,可以不问其法的行为形式如何,而作为对公行政的拘束原理视其为妥当的。③ 在那里,对该领域中给付行政法理的尝试作出了一定的评价,并指出了残留着民间主体的服务等概念上无法覆盖的领域,不问主体如何,在制度性契约法理之下展开了介护契约、保育契约、学校教育契约等。这些契约的展开是关于行政上的契约尤其是关于给付行政中的契约的重要问题提起④,但是,问题意识本身明显地与体系性公法、私法二元论区分在本质上是不同的。⑤

其二,更加鲜明地揭示了公法、私法之关系的检讨的,是所谓公私协动论。关于这个概念本身,是存在争议的,而在这个概念之下,有时候也

---

① Vgl. Maurer, Allgemeines Verwaltungsrecht, 18. Aufl., 2011, §3 Rdnr. 9; Wolff/Bachof/Stober, Verwaltungsrecht Ⅰ, 11. Aufl., 1999, §23 Rdnr. 29 ff.; Erichsen/Ehlers, Allgemeines Verwaltungsrecht, 14. Aufl., 2010, §3 Rdnr. 78 ff.

② 内田贵著:《民营化(privatization)与契约》(一)至(六),载《法学者》第 1305 号至第 1309 号、第 1311 号,2006 年;内田贵著:《制度性契约论之构想》,载《北大法学论集》第 59 卷第 1 号,2008 年,第 79 页以下。

③ 作为实体公法的复权,主要是平等原则、比例原则、公正程序原则等实体公法的内容之宪法条款的直接适用。在日本法中,这些都存在是否适合于作为宪法条款来把握的问题,这个问题姑且不论。此外,作为重新论述"公法上"的契约概念的实际意义的见解,有森田宽二著:《建筑协定论、兼及公法上的契约论(二)》,载《自治研究》第 66 卷第 2 号,1990 年,第 52 页以下。其实际意义的宗旨在于"提示问题式的概念"这一点(参见前述论文,第 59 页)。

④ 参见盐野著:《行政法Ⅰ(第六版)行政法总论》,第 160 页。

⑤ 关于制度性契约论在行政法学上提起的问题点及与之相对应的行政法学的作用,参见原田大树著:《从行政法学看制度性契约论》(2008 年),载原田著:《公共制度设计的基础理论》,2014 年版,第 130 页以下。

与主体的次元中的公法、私法协动论并列,主张利益之次元的公私协动论。① 这种用语方法本来是受到了(即便现在也是)以作为制定法的区别之公法、私法为前提的德国行政法的启示,所以存在被解释为揭示了公法、私法之区别的有用性之复活的余地。但是,正如论者自身所承认的那样,必须注意的是,那是在承认迄今为止对公法、私法二元论批判的基础上成立的。不是与私法不同的公法的体系化,而是提示了着眼于行政法规范与民事法规范的协力、补完关系的见解。也可以整理为规范的协动。② 这样,对于民事法与行政法及其相互关系,从功能的见地来考虑这个视点,不仅在展开解释论的时候,而且在展开制度论的时候,也被认为是重要的。③ 另外,关于民法与行政法的作用,原理性分析也是不可或缺的工作。④

三、法的适用和公法、私法——诉讼程序上的问题

公法、私法二元论还从程序法上寻求日本实定法秩序上的公法、私法的区别之存在,特别是作为其素材而列举了《行政事件诉讼法》。也就是说,在明治宪法下的公法和私法的区别,并进而成为行政法学的存在根据之一的是行政法院制度,而在现行法制度之下,《行政事件诉讼法》已经取而代之。并且,该法中有"公权力的行使"和"公法上的法律关系"的概念(《行政事件诉讼法》第3条第1款、第4条),揭示了实定法上是以公法和私法的区别为前提的。但是,果真应该这样理解吗?

首先,在行政活动中,关于公权力的行使,的确适用《行政事件诉讼

---

① 参见山本隆司著:《私法与公法"协动"的形态》,载《法社会学》第66号,2007年,第20页以下。

② 山本隆司著:《私法与公法"协动"的形态》,载《法社会学》第66号,2007年,第23页以下。没有使用公私协动的概念,却立足于对共通的问题的研究,有大桥著:《行政法(1)》,第85页以下。公私协动论,通例,不是作为规范的协动,而是以关于公的、私的主体相互的存在方式进行论述。参见盐野著:《行政法概念的诸形态》,第95页以下;盐野著:《行政法Ⅰ(第六版)行政法总论》,第307页以下。

③ 民事法和行政法的关系,作为违反公法法规范的法律行为之效力如何这种古典的问题,即便在从前的行政法上也是一直被论述的[盐野著:《行政法Ⅰ(第六版)行政总论》,第32页以下],但是,有必要注意的是,这不是从前的公法、私法二元论中的相对化现象,而是民事法与行政法的多样的组合,其并不限于解释论,还涉及立法论。在这种意义上,协动论与从前关于公法、私法的中间法领域论也不相同(关于中间法领域论,参见盐野著:《公法与私法》,第94页以下)。

④ 参见宫泽俊昭著:《通过国家的权利实现的基础理论》,2008年版,第240页以下。

法》的主要规定。为此,《行政事件诉讼法》第3条第1款所说的"公权力的行使"乃至公权力的概念内容必须予以明确。然而,这并不当然地意味着必须明确公法和私法的区别,或者说《行政事件诉讼法》使用"公权力的行使"这一概念是以公法和私法的区别为前提的。《行政事件诉讼法》中所谓"公权力的行使"是指什么呢?这是《行政事件诉讼法》的解释上的一个疑难问题。而在此时,从该关系是公法关系的角度来探寻解决问题的方法,已不再被采用。①

其次,《行政事件诉讼法》第4条明确使用了"公法"这一概念。制定法一旦使用了"公法"这一概念,在法解释论上,就必须使其内容明确,并规定法适用的范围。在这种意义上,就抽象层次的实际意义而言,区别公法和私法的意义在于《行政事件诉讼法》第4条的适用上,也可以说《行政事件诉讼法》是以公法和私法的区别为前提的。② 但是,从实际意义上的有用性的观点来看问题的话,其区别程度并不是很大。《行政事件诉讼法》第4条包含了两个诉讼。

其一,是第4条前半部分,即所谓形式上的当事人诉讼。③ 典型事例是土地收用上的损失补偿之诉。④ 也就是说,一旦发生关于损失补偿的争议,便由土地收用委员会通过裁决来决定其金额。若当事人对此依然不服,可以向法院起诉。但此时不是以作出裁决的土地收用委员会为被告,而应该由当事人相互之间进行论争。例如,如果是电力公司建筑水库,便是电力公司和土地所有人之间进行论争。关于在什么情况下采取这样的诉讼形态的问题,《土地收用法》及其他法律予以个别的指定。所以,在这种情况下,即使不区别公法、私法,法的适用也是可能的。

其二,与此相对,第4条后半部分称为实质上的当事人诉讼。⑤ 在这

---

① 判例上,有时使用私法上的契约或者私法上的买卖这种术语,而在关于该行为是否属于这种性质的判断之际,成为决定因素的并不是作为整体的公法秩序概念,而是通过对成为各个行为根据的法律体系进行具体研讨而导出结论的[参见盐野著:《行政法Ⅱ(第六版)行政救济法》,第85页"法律行为的代替性行为"]。

② 高木著:《行政法讲义案》,第284页。

③ 详细内容,参见盐野著:《行政法Ⅱ(第六版)行政救济法》,第210页以下"形式上的当事人诉讼"。

④ 参见《土地收用法》第133条。

⑤ 详细内容,参见盐野著:《行政法Ⅱ(第六版)行政救济法》,第186页以下"当事人诉讼(关于无效的行政行为的公法上的诉讼"。

种情况下,关于何为其他公法上的法律关系的诉讼的问题,包括行政事件诉讼在内,制定法上没有任何规定,所以必须予以解释。可是,一方面,目前哪些应该属于这种解释并不明确;另一方面,由于没有太大意义,故一般未尝试使其内容或者界限得以明确。即关于《行政事件诉讼法》第4条后半部分的诉讼,《行政事件诉讼法》本身并没有设置单独的规定,只不过有第41条的准用规定而已。在被准用的规定之中,第23条是参加的规定,在诉讼实务上并没有多大的实质意义。第24条职权证据调查的规定,即使在与其本来的适用情形有关的公权力行使的抗告诉讼特别是撤销诉讼中,实际上也没有被使用。而关于拘束力,有的观点认为,这种效力得以准用的话,在实际上具有重大的意义,即可以充分利用作为实质上的当事人诉讼的公法上的当事人诉讼。但是,迄今为止,尚没有根据这一规定解决问题的前例。也就是说,不存在启动准用规定而有效解决纷争的前例。总之,明确公法上当事人诉讼的范围,即明确公法和私法的区别的实际应用上的意义,是极其淡薄的。①

在平成16年修改《行政事件诉讼法》之际,对于在规定公法上的当事人诉讼的第4条明确规定"关于公法上的法律关系的确认之诉"应该如何看待的问题被重新提出。确认之诉的明确记载并不是创制性的举措,该部分属于确认性规定的追加,这一点是没有异议的。在以此为前提的基础上,对于从前的公法和私法的区别之有用性带来怎样的影响则成为问题。下面探讨这个问题。

即在行政活动的推行之际,作为发生了私人方面的权利利益冲突情况下的司法解决的手段之一,预设了确认诉讼,只要存在确认的利益,确认诉讼就应当被承认,所以,其是否属于有关公法上的法律关系的诉讼,并不是本质性问题。并不是因为其是有关公法上的法律关系的诉讼,所以在修改法上就确认的利益予以规定特别的要件,也不是以存在特

---

① 石井升著:《行政契约》,载《行政法的新构想Ⅱ》,第94页以下、第108页以下,关于具体的行政上的契约,鉴于存在将其视为私法上的关系的最高法院判决[最高法院判决,平成17年11月21日,载《民集》第59卷第9号,第2611页。盐野著:《行政法Ⅰ(第六版)行政法总论》,第24页脚注②],认为有必要防止错误选择了公法上的当事人诉讼和民事诉讼的情况下产生障碍,主张谋求其区别的具体化、明确化。与公法上的实质性当事人诉讼和民事诉讼的选择相关的讨论从前就一直存在,不应当进行这样的运用,将法院的选择失误以阻碍国民的权利利益之实效的形式,归于当事人(私人)的负担。从这种意义上说,事先由学说、判例将公法关系和私法关系的辨别予以明确化的必要性是缺乏的。

别的要件为前提,确认诉讼得以特别记载。在这种意义上,确认的利益是否存在,只能等待今后的判例、学说的积累,而鉴于行政法关系的利益状况的复杂性、多样性,我认为,那并不是对于公法上的确认诉讼一般通用要件的确定,而是应对各种各样的行政法关系的利益状况的框架设定。进而,既然是有关公法上的法律关系的确认诉讼,《行政事件诉讼法》中的一定条款就要被准用,这也与其他公法上的当事人诉讼一样,从实务上看,如前所述,与民事诉讼的差异并不大。①

在这种意义上,有关公法上的法律关系的确认之诉的明确记载,并不会对公法和私法的区别之有用性问题带来诉讼法层面的新的要素,而只是在行政过程中的纷争之司法性解决之际,对确认诉讼所具有的意义进行再次确认,并且,通过确认诉讼的活用,可以期待行政过程的法的特色之解明大大推进。但是,必须注意的是,那并不意味着像从前那样,公法和私法的区别或者说实体公法论的复活。②

另外,要使公法上的当事人诉讼具有意义,就应该不限于诉讼程序法的适用,并且该法律关系在实体法上和私法关系不同自然成为其基础。不过,如前所述,在实体法上区别公法和私法是没有多大意义的。

第三节　行政法学的存在方式

关于公法、私法二元论的实际意义,有如上所述的疑问。另外,将公法、私法作为说明概念来使用,也许是可能的。例如,在不适合于纯粹的民法上的处理的情况下,如使用"公法上的"这样的概括性术语,也许更容易归纳。不过,如果在此基础上更进一步,规定行政法是有关行政的国内公法,而行政法学则是关于这样的行政法的学问,则是有疑问的。③

也就是说,最初日本之所以这样限定行政法学,是因为学习德国行政法学,将构筑与民法学相并列的独立的法解释学体系作为法解释学的使

---

① 此外,参见盐野宏著:《行政事件诉讼法修改与行政法学》(2004年),载盐野著:《行政法概念的诸形态》,第258页以下。

② 参见盐野著:《行政法概念的诸形态》,第268页以下。

③ 关于以下所述内容的详细情况,参见盐野著:《公法与私法》,第103页以下;盐野宏著:《行政法的对象和范围》,载《行政法的争点》(新版),1990年版,第5页以下;大桥洋一著:《行政法的对象和范围》,载《行政法的争点》,第4页以下。

命来考虑的缘故。因此,行政法学,非常概括地说,与民法秩序上的权利、义务的体系并列,在公法秩序上构成公权力、公义务的体系,并努力使其属性明确。同时,为与民法的法律行为论相对应而设置行政行为论,并作为民法上所没有的机制而准备了有关行政的实力行使的行政强制论,通过构筑其合法性的原理、意思优越性的原理和实效性的原理,一直强调行政法相对于民法的特殊性。① 但是,这种构筑未能充分把握现实的行政现象。

首先,行政并不仅是行政行为和行政强制,而是使用各种各样的手段来实现其目的。的确,迄今为止也有论及行政立法或者公法上的契约等行为形式的。但是,在现实的行政中,除此之外,还存在裁量基准、行政指导、行政计划、行政调查等各种行为和制度。没有关于这些行为和制度的分析,就不能论及现代的行政现象,从行政现象的法的考察这种观点来看,也不能不说有许多不足。

其次,公法、私法二元论只着眼于各种各样的行为形式(行政行为或者行政立法)的最终法效果,而没有充分考虑导致该效果发生的过程。这件事反映了现在对于成为行政法学的主要课题之一的行政程序的关心和研究,体现了明治宪法下的行政法学及《日本国宪法》初期延续下来的行政法学曾经是很薄弱的。与此相关,在从前的行政法学中,曾经着眼于将各种各样的行为形式切割开来论述其法性质,即所谓局部性考察。但是,在现实的行政中,单独使用一种行为形式的情形极少见,通常是多个行为形式结合起来使用,或者作为多个行为形式的连续而实施行政。不将这样的宏观过程置于视野的话,就不能将行政法现象作为整体来把握,并且也不能正确认识个别的行为形式的法效果。②

进而,从前的行政法学的局部性考察,存在将行政法关系看作双方的,即行政法主体和该行政的直接相对人的关系来把握的倾向。但是,现实中,除直接的相对人以外还有许多具有利害关系的人,最近人们指出了从法的角度来把握这些人的利害关系之必要性。例如,原子能发电设施设置许可情况下附近的居民,公共收费认可中的利用者等。

---

① 其典型例子是明治宪法下的美浓部达吉所著的《日本行政法》(上卷)和《日本国宪法》下的田中二郎所著的《行政法总论》和《行政法》(上卷)。

② 参见最高法院判决,昭和53年5月26日,载《民集》第32卷第3号,第689页;《行政判例百选Ⅰ》第33案件。

再进一步讲,行政,除从前范围内的公法上的方法以外,也使用所谓私法上的手段进行活动。关于这一点,公法、私法二元论也是视为当然的前提。但是,问题在于有关领域是否可以从一开始就被置于考察的范围之外。

因此引出下面的问题:行政法学应该采取何种形态呢? 即使对从前的公法、私法的问题性存在共同的理解,但是,一旦触及何为行政法的问题,则处于极缺乏统一性理解的状态。下面揭示其状况和本书的立场。

1. 其中一种观点是在试图维持以前的公法、私法二元论的基础上来应对前面指出的问题状况。①

2. 另一种见解认为从前意义上的公法、私法二元论已被克服,而公法领域和私法领域各自基干部分的基本特征依然存在,基于这种见地,从新的视角来重新把握公法概念,这成为重大课题。② 同样,也有见解认为,有必要明确在公法之下形成的制度乃至模式与在私法之下形成的模式之间在功能上的不同,以及二者的区分法。③ 此外,有的见解认为,鉴于日本的实定法制度及判例的状况,源自德国法的公法与私法的二元论是适切的。④ 具体来说,列举了"行为形式论"或者《行政事件诉讼法》中的公法上的当事人诉讼是以二元论为前提的⑤,从另一方面指出了现阶段公法与私法的区别成为"倾向性"的观点⑥,但没有进一步涉及公法与私法的区别之有用性批判。⑦

以上所揭示的见解,每一种都在相应地承认了公法、私法的相对化现象的基础上,来构想着眼于公法和私法各自核心部分的公法,在这一点

---

① 基本上,依据从前的公法、私法二元区分论的成果,例如,有市原昌三郎著:《行政法讲义》(改订第二版),1996年版;宫田著:《行政法总论》。与此相对,兼子仁著:《日本行政法学中的法逻辑》,载《高柳古稀》,第25页以下,强调要提示替代从前的"公法体系论"的现代行政"公法"的新的一般法律体系的解释性、立法论性质的构成。作为其新的公法体系而提示的,是行政处分的该当性和行政信赖保护的原则等行政主体所特有的法现象。参见兼子著:《行政法学》,第9页以下、第13页、第211页。这些都是构成行政法内容的主要构成要素,但是,并不限于这些,这一点正如本书中所示,以这些来构筑"公法"体系,是命名上的问题。

② 樱井、桥本著:《行政法》,第8页以下。

③ 大桥洋一著:《作为制度性理解的"公法与私法"》,载《阿部古稀》,第1页以下。

④ 高木著:《行政法讲义案》,第14页。

⑤ 高木著:《行政法讲义案》,第14页、第284页。

⑥ 高木著:《行政法讲义案》,第14页。

⑦ 盐野著:《行政法Ⅰ(第六版)行政法总论》,第21页以下。

上,提供了应当注目的视点。① 不过,从认为公法、私法二元论的本来意义在于其树立了与私法体系类似的公法体系这一观点来看,应当理解为公法概念自身已失去了作为法道具概念的意义。

3. 与公法、私法的名称无关,试图构筑与民事法的体系异质的行政法独自体系的各种见解,都在否定根据民事法的模式来构筑行政法关系这一点上具有共通性。其中一种观点就是在对被视为行政法的法令的执行过程进行斟酌的基础上,认为民法是以权利义务关系的发生为前提来进行其规范的法律,而行政法是以将认定法律规定的要件之权限委任给行政机关为内容的法律。② 另外一种观点认为,从前的行政法学之方法论(也包括本书)是以模仿私法的体系之形式建立起来的"主观的权利"之体系,与之相对,将客观的制度、秩序进行对比,试图描绘出与私法实体法异质的行政实体法。③ 两者都敏锐地指出了行政法相对于民法的特质,这一点得到承认,并且,论者也将其作为核心来考虑。但是,凭这种切割式把握,并不能透彻分析现在急切要求解明的行政法现象。以下记述的行政过程论的观点,跟公法、私法讨论一起,也包含对于这种自我完结的行政法学的疑问。

4. 不拘泥于公法、私法,考察行政和私人之间所发生的法现象,并探究有关行政的特有法理,这种立场是一直以来所提倡的。④ 必须注意的

---

① 关于法概念的相对化、交错现象(相互渗透现象),参见盐野宏著:《关于行政法中的"公益"》(2009年),载盐野著:《行政法概念的诸形态》,第100页,同第8页。

② 参见冈田雅夫著:《行政法的基础概念与行政法解释学》(2005年),载冈田著:《行政法学与公权力的观念》,2007年版,第269页以下、第287页。冈田认为,行政机关行使认定权的结果,发生权利义务关系(生活保护决定、补助金交付决定),那已经不是行政法,而是与民法同质的关系了。冈田著:《行政法学与公权力的观念》,2007年版,第286页。

③ 参见仲野武志著:《公权力的行使概念研究》,2007年版,第8页。这是在法的体系阶段[关于法的体系,盐野著:《行政法Ⅰ(第六版)行政法总论》,第74页脚注①],作为"公权力的行使"而形成的法律状态,通过对其自身赋予明晰的构成,由此来尝试不是以公益实现过程中对偶尔被侵害了的个别权进行保护的行政法观念,而是以获得对公益实现过程本身赋予秩序的行政法观念为课题,来推进检讨(仲野武志著:《公权力的行使概念研究》,2007年版,第11页)。不过,这里的行政法的客观秩序、制度具有怎样的内容呢? 这种秩序在全部行政活动中占有多大程度的比重呢? 这些并不明确(关于该理论的全体的评价,参见原田大树著:《公共制度设计的基础理论》,2014年版,第235页以下)。

④ 今村所著《行政法入门》(初版,1996年版)为其先驱。除此以外,还有广冈所著《行政法总论》、原田所著《行政法要论》、藤田所著《行政法总论》、室井所编《现代行政法入门》、芝池所著《行政法总论》、高田所编《行政法》、小早川所著《行政法》(上卷)等。

是，这种见解对于何为行政法的回答方法，与从前对应公法、私法的方法有着质的不同。即公法、私法论是针对提问从内容上予以回答，而这一方法是将行政法作为特有的法加以探究。但是，此探究成果，即对于作为研究结果而发现的问题，并没有以简洁的概念表述出来。也有人认为，只要没有形成这样的成果，即意味着学问尚未成熟，或其尝试并没有成功。但是，在现代社会这样变化巨大的时代，以前那种学术观念——以建立和其他学术领域不同的、独自的、自足性体系为使命，并且，只要没有独立体系，作为学术便不能成立的观念——本身也并非没有问题。现在所需要的，如前所述，是具备就出现的问题进行适当研讨的场所或者视野，并且，拟定该法现象的处理方法。

5. 本书基本上也是立于这样的观点写成的。不过，问题在于，在这种情况下，应该以怎样的姿态来考察行政法现象，并努力发现其特有的规律。仅仅是探究特有的现象，不能不说正是欠缺学术所必需的方法。并且，如前所述，从重新扩展视野的要求出发的话，以前的行政法学所欠缺的，即动态地考察行政法现象这一点是重要的。这样一来，行政法的研究对象和视角，就不是和民法相并列地构筑关于国内行政的公法，而必须从总体上动态地考察行政过程中出现的所有法现象，指出其中存在的问题点，并探究其解决的方法。① 此外，虽说是对行政过程的动态性考察，但也并不是在空白地上绘新图，迄今为止由判例、学说所形成的行政过程上的诸法概念，在去除公法、私法的表皮后，都成为检讨的基本素材。

---

① 关于这一点，虽然并不一定算是从正面讴歌，但我认为，今村的《行政法入门》（初版，1996年版）是其先驱。关于行政法学的方法论的这种观点，称为行政过程论。而这个问题也和行政法学的体系相互关联。参见盐野著：《行政法Ⅰ（第六版）行政法总论》，第72页以下"行政过程论"。

本书的基本立足点与通常的行政法教科书相同，在于法解释学。不过，动态地考察行政过程的成果，聚集于作为法概念、法命题、基本原则等结合体，并不限于现行法制的体系性记述，还对现行法制进行批判，进而有助于提出新法制度之创造的建议，在这一点上，与德国行政法理论中所说的行政法解释学类似[参见盐野宏著：《行政法概念的诸形态》（2011年），载盐野著：《行政法概念的诸形态》，第3页]。本书中有时候也涉及临时制度论，从这种意义上说，行政法学上的"法解释方法"与"制御方法"的区分是具有启迪性的（参见野吕充著：《行政法的规范体系》，载《行政法的新构想Ⅰ》，第56页以下），但两者并非能够截然分开。不过，鉴于本书作为教科书这种性质，存在谈及制度论尤其是谈及个别法制的界限（作为整理了行政法学与行政法制度设计之关系的成果，原田大树著：《公共制度设计的基础理论》，2014年版，第178页以下，具有参考作用）。

6. 这样得到的研究成果,是命名为行政法上的原理等,还是命名为公法原理等,这是命名的问题,没有理由拘泥于模仿德国行政法学的名称,维持公法和私法的区别。将以上几点与《行政法》(三分册)的体系相对照,就是由论述通用于行政法全体的基本前提之行政法的基础论及与从前的行政法总论相对应的行政过程论构成的《行政法Ⅰ》(行政法总论);论述由行政活动产生的私人方面之法的救济的《行政法Ⅱ》(行政救济法);从行政手段论的见地出发来论述从事行政活动的法的主体及其组织、人的手段和物的手段的法制度的《行政法Ⅲ》(行政组织法)。①

---

① 此外,关于与行政过程论有关系的新的行政法学动向,参见盐野著:《行政法Ⅰ(第六版)行政法总论》,第74页脚注①。
伴随着全球化的进展,行政法关系的国际化现象也成为现实的问题。包括本书在内,迄今为止,在日本的行政法学中,这一点的考察是不充分的,而齐藤诚著:《全球化与行政法》,载《行政法的新构想Ⅰ》,第339页以下,在提供有关问题的丰富信息的同时,提倡了一般行政法中国际行政法理论的构筑。

第三章 行政法的法源

第一节 成 文 法 源

一、引言

行政法的法源,是指关于行政的组织及作用的法的存在形式。行政法的法源可以分为成文法源和不成文法源两种,这对于一般的法源论来说也是适合的。不过,对于行政法来说,其中的前者即成文法源占有更重要的地位。这是因为,行政,特别是其针对私人行使侵害性作用时,要求由法律(包括条例)明确规定其要件,即使在除此以外的领域,从日本的民主统治构造来看,国会(地方议会)所制定的法广泛约束行政的组织及作用是适当的。

成文法源的形式有宪法、条约、法律、条例和命令等。

但是,从另一方面看,关于行政法,没有制定出像民法典、商法典、刑法典那样的一般性、通则性的法典。关于所谓行政法通则,不成文法源占据重要的地位。此外,即使在成文法存在的领域,由于各种情形使得人们不可能期待完全予以规范,因而不成文法也有发挥作用的余地。

二、宪法

宪法只就行政的组织、作用予以基本的、抽象的规定。在这种意义上,宪法应该成为规定行政的组织、作用的法律等的基准。但是,有时宪法也直接作为行政作用的法源而发挥作用。例如,关于行政程序,有时引用《日本国宪法》第 31 条、第 35 条、第 38 条等。① 此外,以《日本国宪法》

---

① 关于行政调查程序和《日本国宪法》第 35 条、第 38 条,参见最高法院大法庭判决,昭和 47 年 11 月 22 日,载《刑集》第 26 卷第 9 号,第 554 页;《行政判例百选Ⅰ》第 109 案件;盐野著:《行政法Ⅰ(第六版)行政法总论》,第 216 页"行政调查的要件、程序"。

第 29 条第 3 款为直接根据而发生损失补偿请求权,这也是通说和判例的观点。① 关于不成文法源的行政法的基本原理,也有通过对宪法的解释而推导出来的,例如,平等对待的原则。

三、条约

条约中关于国内行政的部分,作为行政法的法源而发挥作用。条约中有预定要制定国内法律的,在这种情况下,只有依据国内法的规定,才能成为拘束私人的规范。② 与此相对,关于有自动执行效力的条约(规定),没有特别的国内法的制定时,亦具有国内效力。③ 在这种情况下,便产生了条约和法律孰优孰劣的问题,也有以法律对条约优越作出规定的例子。④

四、法律

在行政法的法源之中,法律是最为重要的形式。但是,即使在采取成文法主义的国家,也不存在制定了和民法典、刑法典相对应的一般性行政法典的国家,日本也同样如此。⑤ 所以,行政法律通常是针对个别具体的行政作用分别得以制定的。例如,《食品卫生法》《公众浴场法》《电气事

---

① 参见最高法院大法庭判决,昭和 43 年 11 月 27 日,载《刑集》第 22 卷第 12 号,第 1402 页;《行政判例百选Ⅱ》第 260 案件。
② 例如,《保护臭氧层维也纳条约》和《关于通过对特定物质的规制等保护臭氧层的法律》。
③ 《禁止酷刑和其他残忍、不人道或有辱人格的待遇或处罚公约》第 3 条第 1 款(禁止向具有拷问之虞的国度进行遣返)便被认为具有自动执行力。参见加藤聪著:《条约与行政法规范》,载藤山雅行编:《新·裁判实务大系(25)行政争讼》,2004 年版,第 44 页以下。此外,关于条约的自动执行力的一般问题,参见岩泽雄司著:《条约的国内适用可能性》,1985 年版。
④ 《电波法》第 3 条、《邮政法》第 11 条。
⑤ 从前,在德国的波尔顿堡(ヴュルテンベルク),曾经计划制定行政法典草案。并且,日本曾经适应这种形势提倡过行政法典的制定(参见田中二郎著:《行政法中的法典性立法的倾向》《关于行政法通则的一种资料》,载田中著:《公法与私法》,1955 年版,第 305 页以下,第 329 页以下)。但是,波尔顿堡草案并未付诸实施。在德国,在《联邦行政程序法》中,只是关于行政行为和契约,作为程序法的附属部分,设置了实体规定而已。在日本也是一样,其后再没有出现制定行政法典的动向。在关于公法和私法的区别存在激烈的学说对立的日本,在制定法典之初便发生争论,这些争论要以其中任何一种观点来整理,都是困难的。与此相对,作为不是以从前的公法、私法二元论为前提,而是以宏观的行政程序为中心的行政法的法典化,在参照外国状况的基础上进行提倡的见解,山本隆司著:《行政法的法典化》,载《法学者》第 1304 号,2006 年,第 81 页以下、第 87 页以下,被认为是应当推进的方向。

业法》《电波法》等,数不胜数。不过,在若干领域已制定了通则性的法律。

关于行政组织领域,有《内阁法》《内阁府设置法》《国家行政组织法》。关于地方公共团体的组织运营,有《地方自治法》。关于公务员,有《国家公务员法》《地方公务员法》。有关政府保存、持有的信息的公开,有《关于行政机关保存、持有的信息的公开的法律》。关于个人信息保护,有《关于行政机关保存、持有的个人信息的保护的法律》(以下简称《行政机关个人信息保护法》)。在地方公共团体层面,也出现了诸多制定信息公开条例及个人信息保护条例的事例,不过,名称千姿百态。

关于行政作用,除《行政程序法》以外,还有关于行政上的强制执行的《行政代执行法》《国税征收法》等。此外,关于土地的收用,有《土地收用法》。在行政救济法的领域,关于行政争讼,已经制定了《行政不服审查法》《行政事件诉讼法》;关于国家和地方公共团体的赔偿,则有《国家赔偿法》。

关于税、财政,有《国税通则法》《地方税法》《财政法》和《地方财政法》等。①

战后日本法制上具有特色的一件事情,就是《教育基本法》《男女共同参与策划社会基本法》《消费者基本法》等近50部基本法的制定。基本法这个术语,就像《教育基本法》那样,是作为法律的题名来使用的,但是,并没有法律上的定义规定,学说上也没有定义。个别的基本法规定的内容也不一样。但是,在大多基本法上,除设置关于该法律所期待的理念,国家、地方公共团体、事业者等,国民的责任和义务,政府、地方公共团体的施策(包括计划在内),以及特别的行政机关的规定之外,还设置关于为了具体化实施法令的根据规定。例如,《学校教育法》《私立学校法》等教育行政关系法令被作为《教育基本法》的实施法来定位。所以,基本法本身通常不会规定国民的具体权利义务,故而基本法的规定(除了组织的部分)不是法律事项。在这种意义上,与实施法令大多是作为个别行政作用法的法源相对应,基本法的规定不具有严格意义上的法源性。但

---

① 关于详细情况,参见野吕充著:《行政法的规范体系》,载《行政法的新构想Ⅰ》,第45页以下。

是,在个别行政作用法的解释适用之际,会参酌基本法的规定,虽然是作为一种努力义务,通常在基本法上也规定国民的责任和义务①,如此,作为广泛意义上的行政法的法源来定位才是妥当的。并且,基本法制在英美各国不存在直接对应的概念,在这种意义上也受到注目。②

五、命令

命令,是由行政权制定的法,其形式有政令、省令、规则。在明治宪法下,作为命令之一的敕令曾发挥过重要的功能(明治宪法第8条、第9条),而在《日本国宪法》下,命令则只限于委任命令或者执行命令。③

六、条例与规则

条例与规则,前者是由地方公共团体的议会制定的④,后者是由地方公共团体的首长制定的⑤。在《日本国宪法》下,条例被限定在法律的范围之内⑥,且在其效力上也具有地域的界限。但是,条例具有不需要由法律委任,便可以独立地对地方公共团体的执行机关,广泛地授予其以制约私人的权利、自由的权限,所以,条例也是行政法的重要法源。⑦ 并且,在事实上,条例在公害对策、信息公开等领域曾先行于国家的立法。

七、行政法的解释

行政法的成文法源,是以具体条文的形式写出来的。在这种情况

---

① 《男女共同参与策划社会基本法》第10条。
② 关于基本法的概要、法的问题点,参见川崎政司著:《基本法再考——基本法的意义、功能、问题性》,载《自治研究》第81卷第8号、第10号,2005年,第82卷第1号、第5号、第9号,2006年,第83卷第1号,2007年;盐野宏著:《关于基本法》(2008年),载盐野著:《行政法概念的诸形态》,第23页以下;毛利透著:《通过基本法的行政统制》,载《公法研究》第72号,2010年,第87页以下。
③ 详细内容在行政立法部分叙述。参见盐野著:《行政法Ⅰ(第六版)行政法总论》,第76页以下"行政立法——法规命令和行政规则"。
④ 《地方自治法》第96条。
⑤ 《地方自治法》第15条。
⑥ 《日本国宪法》第94条、《地方自治法》第14条。
⑦ 关于条例的详细情况,参见盐野著:《行政法Ⅲ(第五版)行政组织法》,第155页"自治立法权"。

下,如果其语言是单义性的,法的适用就可以机械地进行。但是,在多数情况下,法律的条文未必具有单义性、明确性,因此就有必要加以解释。有关法的解释问题,是个并不限于行政法法源的难题,下面列举在行政法的解释上必须注意的几点①:

(一)对其他法领域虽也适用,但特别是在行政法领域,各个条文并不是孤立地存在着。个别条文形成了实现各个法律(如《道路交通法》《生活保护法》《河川法》等)之目的的手段的一部分。所以,在解释条文时,仅仅就该条文的言辞加以解释尚不充分,还必须充分理解该法律整体的结构,将条文作为该结构的一部分来解释。可以称这种解释方法为"结构解释"。② 总之,为了进行如此的解释,有时必须开阔眼界,对相关的法律进行考察。

(二)个别行政法律的结构,仅仅靠条文相互的技术性操作还不能充分理解。还必须注意与该法律所服务的目的乃至价值之间的关系。③ 此时,当然也应当考虑宪法的价值。

(三)所以,法解释的一般理论通常所论及的文理解释、逻辑解释、目的论解释,被作为理解个别行政法的结构时的解释方法来定位。此时,应该采用哪种解释方法,则不能一概而论。

目的论解释所服务的价值,既可以是自由主义,又可以是整体主义。在这种意义上,所谓目的论解释,这种解释方法本身是价值中立的。文理解释的功能实质上适合于为产生该行政法规范的集团利益服务。从这种观点出发,可以说文理解释也是目的论解释的一种体现。也就是说,有时是以目的论解释为目标的,同时,在其具体的实施过程中,却采取了文理解释。

(四)从以上诸点来看,在进行行政法规范的解释之际,并不是在出

---

① 对于这个问题的总括性考察,参见平冈久著:《行政法解释的诸问题》(2004年),载平冈著:《行政法解释的诸问题》,2007年版,第1页以下。

② 关于应对结构解释的具体事例的分析,参见桥本博之著:《行政判例与结构解释》,2009年版。

③ 日本的法律,特别是在行政法领域,通常是在其第1条设置"目的规定",如《信息公开法》第1条、《土地收用法》第1条、《河川法》第1条,等等,不胜枚举。在这种情况下,在对具体的条文进行解释时,"目的规定"便成为解释的指针。但是,如果太过机械地依存于目的规定,有时会使得法的适用不能适应时代的变迁。关于上述问题,参见盐野宏著:《关于制定法中的目的规定的一点考察》(1998年),载盐野著:《法治主义的诸形态》,第44页以下。

发点上决定是采取文理解释还是采取目的论解释,而应该首先明确该法律所服务的价值、目的,在此基础上,考虑关于具体条文采取什么样的解释方法才是适当的,以明确其结构。①

当解释方法的选择基准仅仅依存于解释者的主观意识时,其解释的普遍适用力便非常微弱,这是不言而喻的。

(五)无论是基于哪种解释方法,为了赋予其客观性,有时候会尝试明确包括该法律中进而具体地根据条文的制定过程在内的立法者意思。② 立法的经纬本身是能够客观地进行把握的,并且将其作为解释的参考是有意义的事情,但是,鉴于关于立法者意思,其概念规定依然是不确定的,与立法者意思相关的资料是未整备的③,现阶段被认为只限于参考资料。进而,行政法令是因公私诸利益的调整结果而得以制定,故而与目的规定同样,必须注意的是,也存在原理性的问题,即机械地限制解释者及封堵适合于现实中所产生的社会变动的解释论。

(六)即便是在行政法的解释之际,其最终解释权也在法院。但是,对于行政法,行政机关首次进行法的解释适用的情况较多。例如,基于《建筑基准法》第9条,特定行政厅作出的违法建筑物的除却命令;基于《道路交通法》第84条,公安委员会作出的驾驶许可等。进而,先于个别事例的解释适用,行政机关对该法规范的解释以通知的形式进行的情况较多[解释(基准)通知]。④ 以致从更加一般地表示政府的统一解释的观点出发,有时由内阁法制局作出解释意见(所谓"法制意见")。⑤ 必须注意的是,这些所谓政府的公定解释虽然并不能拘束法院,但是,在实际

---

① 同样的旨趣,参见平冈著:《行政法解释的诸问题》,2007年版,第4页。
② 参见最高法院判决,平成25年1月11日,载《民集》第67卷第1号,第1页。关于其他的具体裁判例,参见福永实著:《行政法解释与立法者意思》,载《广岛法学》第38卷第1号,2014年,第114页以下。
③ 参见福永实著:《行政法解释与立法者意思》,载《广岛法学》第38卷第1号,2014年,第114页以下。比照具体事例来论述关于行政法规范的立法者意思的探讨方法的成果,有阿部泰隆著:《违宪审查、法解释中的立法者意思的探讨方法》,载《变动的日本社会与法·加藤一郎先生追悼论文集》,2011年版,第71页以下。关于《行政事件诉讼法》第36条(无效确认诉讼),立案者意思与法条文的表现之间存在龃龉,解释论上产生了混乱,具体事例参见盐野著:《行政法Ⅲ(第五版)行政组织法》,第165页以下。
④ 参见盐野著:《行政法Ⅰ(第六版)行政法总论》,第85页"行政机关的行动基准"。
⑤ 参见前田正道编:《法制意见百选》,1986年版。

的法的实现过程中却有着极其重要的作用。①

第二节　不成文法源

一、引言

作为行政法的法源,成文法源虽是重要的,但是,也不能否认作为其补充的不成文法源的存在。不成文法源的种类有习惯法、判例法、行政上的法的一般原则。

这些不成文法源的概念内容,其成立要素和一般的法源论是共通的,但也有反映行政法的特殊性的特征。

二、习惯法

关于行政上的法律关系,也具有习惯法成立的余地,这种余地主要可以从公物利用权等领域发现。② 此外,关于政令的公布,有承认通过官报公布的最高法院的判决。③ 这个判决被理解为承认了法令的公布通过官报进行的惯例。

与此相对,在依法律行政的原理强烈支配的领域,则难以承认习惯法的成立。④

---

① 关于包括行政法的解释问题在内的行政法和条文的一般关系,另外参见盐野宏著:《行政法与条文》(1992年),载盐野著:《法治主义的诸形态》,第32页以下。

有人在与国家法令的关系上来论述地方公共团体的"解释权"乃至市民的"解释权",但是,这些都和行政解释一样,并不具有法源性,其事实上的通用力也不能一概而论。

② 关于水利权,参见长野地方法院判决,昭和32年5月28日,载《行裁例集》第8卷第5号,第912页以下;奈良地方法院葛城支局判决,平成11年3月24日,载《判例时代》第1035号,第190页。

③ 最高法院大法庭判决,昭和32年12月28日,载《刑集》第11卷第14号,第3461页;《行政判例百选Ⅰ》第49案件。

④ 否定了关于围绕儿童就学的法律关系和习惯法的成立的判例,参见福冈高等法院判决,平成元年7月18日,载《判例时代》第721号,第139页。

田中著:《行政法总论》,第156页,承认了行政法上的习惯法之成立,但认为其事例很少(作为事例所列举的,是本书在正文中所列示的那些)。另外,田中二郎著:《租税法》(初版),1968年版,第95页以下,原则上否定了通知的法源性,但作为习惯法的类型之一列举了行政先例法,认为"以通知所揭示的租税法的解释,长期以来由税务官厅来实施,即便在相对方人民这方面,这种做法也被无异议地承认,并将其作为正确的法的解释,提高至法的确信的情况(转下页)

三、判例法

关于个别的行政作用特别是规制行政,基于依法律行政的原理,制定了大量的法律、条例。但是,即使在这种情况下,由于由法律来规范所有事项是困难的,所以,待产生纷争时,便有委任给法院判断的余地。进而,关于行政法通则,由于还有许多尚未制定成文法典的部分,确实存在由法院的判决形成法的情形。关于判例的法源性,虽然不存在和其他法领域特别不同的地方,但是,必须注意的是,在行政法中,尽管采取了成文法主义,但判例所发挥的作用实际上是极其重要的。①

四、行政上的法的一般原则

作为行政法的不成文法源,进而有行政上的法的一般原则。具体包括依法律行政的原理、平等对待的原则、比例原则、行政程序上的诸原则(告知和听证、文书阅览、理由附记、处分基准的设定和公布等)、信义诚实的原则、禁止翻供的法理、信赖保护的原则、政府的说明责任的原则等。当然,这些行政上的法的一般原则的法的性质未必相同。信义诚实的原则、禁止翻供的法理,意味着适合于民法的一般法原则也适用于行政关系。与此相对,依法律行政的原理、比例原则,在德国行政法中,是以市民法治国家思想为背景展开的,明治宪法时代被引进日本,一直延续至今。平等对待的原则,可以从《日本国宪法》第 14 条导引出。行政程序上的

(接上页)下,在那里,作为一种习惯法的行政先例法成立"的余地是存在的。金子宏著:《租税法》(第二十版),2015 年版,第 107 页以下,在添加了对纳税者有利的场合这种限定的基础上,也承认行政先例法(习惯法)的成立。这些是以租税通知行政的现实为基础的立论,而从租税法律主义、依法律行政的原理的角度来看,被认为能够看到具体成立的只是极其有限的场合。在长期持续非课税状态的地方,重新以通知作出课税处分,其适法性受到争议的案件中,最高法院不问通知是否存在,而是通过法律的解释来认定该处分的适法性(最高法院判决,昭和 33 年 3 月 28 日,载《民集》第 12 卷第 4 号,第 624 页,老虎机球游器案件;《行政判例百选Ⅰ》第 56 案件),这被认为是对非课税状态没有承认习惯法之成立的案例。关于与通知的关系,参见盐野著:《行政法Ⅰ(第六版)行政法总论》,第 86 页。

① 即使在行政法中,作为法源之一的判例法和行政法学说,也呈现出多面的形态。其总括性的探讨,参见久保茂树著:《行政法判例和学说》,载《公法研究》第 66 号,2004 年,第 212 页以下。将两者的关系以行政法解释中的"结构解释"的界限为核心展开分析的成果,有桥本博之著:《判例实务和行政法学说》,载《盐野古稀》(上),第 361 页以下。该研究成果对于理解两者的对立问题具有助益。

诸原则,如果从《日本国宪法》第 13 条、第 31 条导引出的话,则没有必要特地作为不成文法源之一来理解。但是,如果以法治国的程序法的理解为前提的话①,则可以将其编入不成文法源之中。在已经制定了《行政程序法》的现阶段,限定在该法的适用范围内的话,行政程序上的诸原则,其根据只能从其成文法源中求得。可见,不成文法源具有对于成文法源的补充性功能。②

第三节 行政法的效力

一、时间性界限

法律从公布之日起满 20 日之后施行,但是,法律中另有特别规定时,依特别规定。③ 在实务上,通常由法律在附则中规定施行之日。在《行政程序法》上,进而规定,从公布之日起算,在 1 年的时间内,自政令规定的日期开始施行。④

关于刑罚法规,禁止溯及效力⑤;而关于民事法规,该禁止并不涉及⑥。但是,其也不是没有限定的,依据法治国原理,从法的稳定性、信赖保护的原则出发,应该认为,具有不利效果的法律的溯及适用是不能允许的。⑦

在行政法上,有的法律限定了有效期间,例如,《关于伊拉克的人道复

---

① 参见盐野著:《行政法Ⅰ(第六版)行政法总论》,第 227 页。
② 详细内容,参见第四章。
③ 《关于法的适用的通则法》第 2 条。
④ 《行政程序法》附则第 1 款。
⑤ 《日本国宪法》第 39 条。
⑥ 最高法院大法庭判决,昭和 24 年 5 月 18 日,载《民集》第 3 卷第 6 号,第 199 页;《行政判例百选Ⅱ》(第四版)第 205 案件。该案件是《自耕农创设特别措施法》上的处分的起诉期间被溯及性地缩短了的情况。
⑦ 与此意思相同的有田中著:《行政法》(上),第 66 页;杉村著:《行政法讲义》,第 32 页以下。
具有不利效果的行政法规范溯及适用禁止的原则,也有例外。具体来说,在将立法溯及适用禁止的原则作为租税法律主义的内容来论述的租税法领域可以看到,因为对于所得税、法人税等期间税来说,在年度的中途进行法律的修改时,溯及适用成为立法政策上的问题。关于租税法律主义,参见盐野著:《行政法Ⅰ(第六版)行政法总论》,第 60 页脚注①。关于这一点,裁判例也不是一律地否定溯及适用,在对其合理性、必要性、给国民生活带来的影响、预测可(转下页)

兴支援活动及安全确保支援活动的实施的特别措施法》①附则第 2 条、《过疏地域自立促进特别措施法》②附则第 3 条。在这种情况下,法律因期间的经过而当然失效。只要不是上述这种情形,那么,法律只能因其废止而失去效力。在所谓修改规定③的情况下亦同。

二、地域性界限

国家、地方公共团体的行政机关的公权力的行使,具有地域性界限。对于国家机关来说,日本国的领土、领海、领空是其地域性界限;对于地方公共团体来说,其区域就是其地域性界限。所以,日本国的行政机关不能在外国施行强制调查等。

关于法令等的立法行为,其效力分别以各个公共团体的地域为界限。不过,这种所谓属地主义的原则,在国家层面,并不具有仅对日本国内的行为才适用的限定性意义,而是只要法律行为的场所等和日本国有关联就足够了。④ 此外,在刑法上,关于国外犯的处罚设定了例外规定⑤,关于行政犯,该法规范是否有处罚在国外的行为的宗旨,也可能成为解释上的

(接上页)能性进行综合判断这一点上具有共通性,而具体的判断则各不相同。最高法院平成 23 年 9 月 22 日判决(载《民集》第 65 卷第 6 号,第 2756 页)指出,事后法的宪法适合性,应当在对该财产的性质、变更的程度、成为保护对象的公益的性质等综合地进行考虑的基础上作出判断,认为这种道理也适用于租税立法,在此基础上判定该租税修改法不违反《日本国宪法》第 84 条。

在新的法律之适用上,有必要考虑既得的利益,但是,作为与法律的溯及适用在概念上区别开来的,有既存不适格的问题。这主要是在建筑法、消防法领域一直论述的问题,而从一般化的角度来说,是指迄今为止是适法的事情,将新法的基准适用之,则成为不适格。可是,例如将既存的不适格建筑物直接予以违法化,并请求其除却,实际上是困难的,所以,《建筑基准法》设置了将既存不适格建筑物视为适用除外(其例外)的规定(第 3 条第 2 款、第 3 款)。是否将既存不适格原封不动地放置在那里,基本上是立法政策的问题,而根据既得的利益之性质,可以考虑的是也存在损失补偿成为必要的情形(参见盐野宏著:《既存不适格》,载盐野宏、原田尚彦著:《行政法散步》,1985 年版,第 299 页以下;金子正史著:《城镇建设行政诉讼》,2008 年版,第 108 页以下)。

① 平成 15 年法律第 137 号。
② 平成 12 年法律第 15 号。
③ 参见《关于人权教育及人权启发之推进的法律》附则第 2 条。
④ 与在国外的人、国外的行为等相关联的立法例,参见《外汇及外国贸易管理法》第 5 条、第 20—22 条。
⑤ 《刑法》第 2 条至第 4 条之二。

问题。关于这一点,最高法院昭和46年4月22日判决①指出,关于违反基于《渔业法》《水产资源保护法》的委任而由北海道知事制定的《北海道海面渔业调整规则》第36条的问题,该规则及其罚则也适用于日本国民在外国领海经营渔业的行为。在这种情况下,对于在外国领海内的该渔船,不能进行现场检查等行政性取缔,判决也是以这种认识为前提的。②

条例也只限于在该地方公共团体的区域内有效。如果由条例所规范的对象是区域内的行为和物的话,那么,即使行为的主体、物的权利人不是居民,条例对该人也具有效力。③ 与此相对,关于区域外的行为,条例的规定是否完全不能涉及呢? 换言之,是否承认与国外犯相对应的区域外犯呢? 关于这一点,虽然没有适当的判例、实例,但是,如果认为该地方公共团体的权能完全是针对该区域内的事项的话,那么,这个问题原则上只能进行消极的解释。④

---

① 载《刑集》第25卷第3号,第451页;《行政判例百选Ⅰ》第55案件。
② 作为从国际法上的立法管辖权、司法管辖权、执行管辖权的范围出发对本判决的分析,参见村上暦造著:《行政法规范的场所性适用范围——以渔业关系法令为素材》,载《阪大法学》第43卷第2·3号,1993年,第956页以下。
③ 参见秋田周著:《条例和规则》,1977年版,第198页。最高法院大法庭判决,昭和29年11月24日,载《刑集》第8卷第11号,第1866页,将对居民以外的人适用条例的情形,仅限于该人进入该地方公共团体的区域内时(例如,作为旅行者)。但是,我认为,即使在物理上没有进入,只要是条例所禁止行为的主体,对于该人就能适用条例(关于从区域外通过电话进行违反困惑条例的刑事案件,参见林阳一著:《困惑条例违反与法令的适用范围》,载《法学教室》第81号,1987年,第104页)。不过,强制进入住宅等的公权力的行使(假设这种行为被条例所允许),是否可以在管辖区域外进行,则是有疑问的。关于这一点,有关地方税的滞纳处分,设置了即使在该团体的区域外也能够行使的宗旨的特别规定。参见《地方税法》第68条第7款、第72条之六十八第7款、第331条第7款、第373条第8款等。
④ 例外地承认条例的效力按照属人主义而涉及区域外的情形,有该地方公共团体的职员在区域外的事务所工作时的情形(在这种情形下,有工资关系条例、惩戒关系条例的适用)。此外,《地方自治法》规定的区域外的公共设施(该法第244条之三)的条例,也可以看出区域外效果。

第四章 日本行政法的基本原理

引　言

本书并不是基于公法、私法二元论来考察有关行政的法现象的,而是通过对有关行政的这些法现象进行动态的考察,以试图明确行政与法的关系之特色。在进入具体分析之前,将首先探讨适用于行政活动的一般的法原理。

行政法,简而言之,是关于实现宪法性价值的技术的法。① 下面所要考察的行政法的基本原理,并不是行政所应追求的实体性的宪法性价值本身,而是在实现价值的过程中行政所应遵守的价值。相对于实体性价值,可以称之为程序性价值。

近代立宪国家,在将国家的基本目的置于消极的秩序维持的同时,要求国家在维持秩序时如需要对私人的自由和财产施加侵害,则必须遵守一定的规则。不过,其具体表现方法却因大陆法系和英美法系而不同。在日本,第二次世界大战前主要受德国法的影响,战后则处于受英美法系影响的状况。并且,在现代,福祉国家、社会国家的要素也给行政法的基本原理带来一定的影响。下面我们考察行政法的基本原理时,应注意上述情况。

---

① 盐野宏著:《行政作用法论》(1972年),载盐野著:《公法与私法》,第228页。
高田编:《行政法》,第59页,准同于德国的学说,将行政法视为宪法具体化法。对这件事情本身不予掺和异论,但是,这样的话,由于并未直接地描绘出与宪法相比较情况下的行政法的技术性特性,故而像正文那样记述。此外,关于宪法和行政法的关系,在奥特·玛雅的《行政法教科书》第三版(1924年)的序言中有"宪法消亡,行政法存续"的名言。关于其在德国行政法中的意义,参见盐野著:《奥特·玛雅行政法学的构造》,第289页以下。在《日本国宪法》之下,我认为应该从正文所述的那种角度来斟酌奥特·玛雅的话。

第一节 依法律行政的原理

一、内容

依法律行政的原理,是 Prinzip der gesetzmäßigen Verwaltung 的翻译术语,最初作为法治国(Rechtsstaat)中行政法的基本原理在德国得以确立。该原理在明治宪法时代被引进日本。在日本,也称之为法治主义。[①] 顾名思义,这一原理要求行政必须服从法律,所以,在有关抽象的层次,是权力分立主义的当然归宿。奠定了近代德国行政法学基础的奥特·玛雅将其以"法律的支配"这一概念来把握,进而将其内容分为三个原则:法律的法规范创造力、法律的优先、法律的保留。[②] 关于该原理的内容及这三个原则的相互关系,虽然存在各种各样的观点和意见[③],但是,我是这样理解的:所谓法律的法规范创造力,是指制定一般性规范的立法权的独占(但承认委任命令);法律的优先,是将在司法上被认为理所当然的道理,特地就行政予以明确宣告的原则;而法律的保留,则是指仅限于执行权的活动的一定对象,法律是必要条件。

这一原理在意识形态上的基础,正如权力分立那样,是自由主义的政治思想。行政服从国民议会所制定的法律,这当然符合民主主义,但归纳整理这一原理的奥特·玛雅,则完全将重点置于自由主义的要素。

然而,纵使认为该原理是自由主义性质的,却也曾具有德国立宪君主主义产物的局限性。也就是说,该原理是通过法律来防止对于自由和财产的行政侵害,但没有准备设置对于法律内容本身的防波堤。在

---

① 关于术语的由来,参见盐野宏著:《法治主义的诸形态》(1992年),载盐野著:《法治主义的诸形态》,第114页以下。

② 关于奥特·玛雅的理论,参见盐野著:《奥特·玛雅行政法学的构造》,第111页以下。奥特·玛雅的学说在日本被接受的情况并不相同。关于日本学说的分析,也参见松户浩著:《关于法律的法规范创造力的概念·续》,载《藤田退职纪念》,第141页以下;松户浩著:《行政立法与法律的根据——法律的法规范创造力的原则之意义》,载《广岛法学》第2卷第2号,2008年,第73页以下。

③ 森田宽二著:《法规范和法律的支配》,载《法学》第40卷第1号、第2号,1976年,进行了关于包括盐野宏的理解在内的奥特·玛雅的"法律的支配"观念的分析。

该限度内,曾经只是形式性的(形式上的法治国家)。与此相对,英美式的"法的支配"(rule of law)连法的内容也视为问题,也就是说,如果制定了不当地限制个人的自由及财产的法律,那就会被认为违背了作为英国宪法原则的法的支配。一般都这样来说明法治主义和法的支配的关系。但是,必须注意的是,这种说明没有对历史的发展进行反省,过分单纯化了。形式上的法治国,是从德国的法治国思想之源流中抽取的一个侧面。第二次世界大战后,德国和日本不同,克服了形式上的法治国,进入实质上的法治国,实现了德国法内部的转换,被认为也正是以这种情况为背景的。① 此外,与德国的法治国家,尤其是形式上的法治国家论极具法解释学意义上的道具概念的属性相对应,英国的法的支配,与其说是实定法性质的原理,倒不如说"作为统治机构及与之相关的法制度、法准则的指导之星而发挥作用",并且,法的支配是以保障人的尊严和自由为目标的原理,其自身并不具有实体性价值,但是,法的支配为了实现实体性价值而提供基础性规则。② 立于这种见地,将从"法的支配"推导出来的法执行的原理命名为"基于法律的行政之原理",并进而将其分为"授权执行的原则""适法处分的原则""程序正当的原则"和"裁判性救济的原则",分别进行说明。③ 在这种意义上说,日本行政法学的重要课题在于对在从前的法治主义之下构成的诸法概念的存在理由进行斟酌,看其是否与现代的自由主义、民主主义国家相适应,并对不适应的进行修正,而在其过程中,认为发挥了重要作用的是法的支配之原理,被认为是妥当的。④

对上述奥特·玛雅的法律的支配之三原则,日本行政法学从与宪法体制变革的关系上最为广泛论及的,是法律的保留。因此,下面设专项来

---

① 关于德国法治国思想的源流,参见玉井克哉著:《德国法治国思想的历史构造》(1)至(5·完),载《国家学会杂志》第103卷第9·10号至第104卷第7·8号,1990—1991年(特别是第104卷第7·8号,第341页以下);高田敏著:《法治国家观的展开》,2013年版。
② 参见大浜启吉:《法的支配和行政法》,载《盐野古稀》(上),第133页以下、第137页、第158页以下。
③ 大浜著:《行政法总论》,第103页以下。
④ 参见盐野宏著:《法治主义与行政法——在日本的展开》(2007年),载盐野著:《行政法概念的诸形态》,第133页以下。

阐述法律的保留。①

二、法律的保留

(一)问题所在

奥特·玛雅提示的、在明治宪法下日本学说也认可的观点是,并非行政的所有活动都需要法律根据,而是只有行政的一定领域,即行政侵害私人的自由和财产的行为,才需要有法律根据。这种观点,现在被称为"侵害保留的原则"。根据这种观点,例如,征收税金需要有法律根据;营业规制,只要其活动被认为属于私人的自由领域,就会构成对营业自由的侵害,因而需要有法律根据。当然,这如果以罚则来担保的话,从罪刑法定主义方面来看也需要法律根据,但是,通过行政上的强制执行来担保的话,则该原则的意义便显现出来。当国家活动基本上就是被限定在维持国家财政、维持社会秩序这种消极的作用时,这一原理的确是符合自由主义的原理。此外,在该原理得以确立的时代,基本人权也就是自由和财产,在这种限度内,也是立足于基本权思想的。但是,在该原理中,其相反的意思是,只要不侵害财产和自由,行政即使没有法律根据也是能够进行活动的。例如,发放补助金、进行福祉活动、修建道路、实施文化性诸活动等,这一系列给付行政都可以自由地进行。当然,只要这些活动需要支出国费,就需要由国会进行预算决议,但并不需要另外有法律根据。这种观

---

① 对依法律行政的原理的诸问题进行整理并简洁地展开论述的,有山本敬生著:《依法律行政的原理》,载《行政法的争点》,第 20 页以下。此外,对在依法律行政的原理之下讨论法的支配与民主制的诸问题进行考察的论稿,有中川丈久著:《议会与行政》,载《行政法的新构想 I》,第 133 页以下。

关于依法律行政的原理,《日本国宪法》上没有明示性加以规定的条文,但关于课税,《日本国宪法》第 84 条有规定,最高法院将之作为依法律行政的原理的严格化来把握(最高法院大法庭判决,平成 18 年 3 月 1 日,载《民集》第 60 卷第 2 号,第 587 页)。与此相对应,在税法学上,与依法律行政的原理被切割开来,通常是作为租税法律主义来论述的。关于其内容,有人列举了课税要件法定主义、课税要件明确主义、合法性原则、程序的保障原则、立法溯及适用的禁止、纳税者的权利保护[参见金子宏著:《租税法》(第二十版),2015 年版,第 716 页以下],而关于其范围,即便在租税法学上也并未达至一致(参见佐藤英明著:《租税法律主义与租税公平主义》,载金子宏编:《租税法的基本问题》,2007 年版,第 56 页以下)。从历史上看,租税原则,是先行于依法律行政的原理而在宪法上确立的,所以具有固有的意义,而近代立宪主义确立了与包括租税的赋课征收在内的国家公权力相对应的和国民的人权保障相关的制度,因此,租税法律主义的原则及其具体的内容也被认为有必要置于其中进行考察。

点,在理论上,意味着不能侵害国民传统意义上的自由领域,同时,这一原理出现的当时,在确保君主在这方面的活动领域这层意义上,当然适合于德国及日本那样的实质上需要国家广泛活动的国家。①

这一原理是服务于自由主义之意识形态的,至少在当时,对于行政权的民主控制,即基于民主主义理念而进行的控制是薄弱的。此外,因国家的活动领域飞跃性地扩大这一情况,在这种意义上,从前的侵害保留的原则,在《日本国宪法》下究竟是否妥当被视为问题,便是当然的事情,这一点必须再进一步诠释。要论述这一点,进而还必须从技术上明确那里的法律是指什么。之所以这样说,是因为即使具有法律这种形式,也存在多种不同性质的法律。因此,下面首先研讨这里所说的法律是指什么意义上的法律,然后研究侵害保留的原则的妥当性。

(二)法律的保留之概念和法律

一般说来,不仅形式意义上的法律,而且条例也是一样,在和行政的关系上,法律可分为三种,即组织规范、规制规范和根据规范。

首先,行政活动必须通过自然人的活动来进行。该自然人并不是以自然人的资格,而是以行政主体的机关地位作为行政机关来行动时,才能作为行政主体的行为得以评价,该自然人的行为效果才归属于国家。不过,该自然人不是一个人,所以,行政机关也是复数。因此,必须有将整个行政活动即行政事务分配给这些行政机关的规范。并且,只有在这个规范的范围内的活动才归属于国家。具体地说,现在有某人甲,从事各种各样的活动,他的行为能够归属于行政主体国家,只限于他通过国家行政组织法及乙省设置法,作为乙省大臣这个行政机关,在乙省所掌管事务的范围内活动。这样,使某自然人的行为的效果归属于行政主体的是组织规范。所以,组织规范应该在行政活动的所有领域都存在。②

其次,所谓规制规范,是指以某行政机关进行某行政活动为前提,为了确保其公正而设置的规范。《行政程序法》就是规制规范的典型,而《关于有关补助金等的预算执行的公正化的法律》(《补助金公正化法》)也是如此,该法以国家可以交付补助金为前提,而以该交付的公平公正或者接受交付方面的事业推行的公正化为目的。

---

① 参见盐野著:《奥特·玛雅行政法学的构造》,第110页以下、第114页以下。
② 关于组织规范的详细内容,参见盐野著:《行政法Ⅲ(第五版)行政组织法》,第6页以下。

最后,所谓根据规范,是指为进行某种行政活动而存在组织规范,进而,在此基础上,在进行该行为时成为特别根据的规范。换言之,是指仅有组织规范还不够,还需要有与组织规范不同的成为活动根据的规范时的规范。例如,假设关于某种疾病尚没有特别的规制,但对于患这种疾病的危险的人产生了强制诊察的必要。在这种情况下,厚生劳动省所掌管的事务有防止传染症的发生①,只要该疾病实质上是传染症,那么,它就属于厚生劳动省所掌管的事务。因此,如果解释为可以直接强制诊察的话,关于强制诊察便不需要另外的根据规范;如果这样还不够,另外还需要将进行强制诊察的权限授权给行政机关的规范的话,那么,进行该授权的规范就称为根据规范。

所谓法律的保留论,是指上述三个规范中有关根据规范的问题,这从前述规范的各个种类的说明便可以清楚。作为处理问题的态度,重要的是,要将行政在从事某种行为时,除组织规范以外还需要根据规范的情况是什么样的情况,作为探讨的对象。并且,这里作为规范的形式,当然是指形式意义上的法律。

(三)法律的保留的范围

所谓法律的保留,就是指具有上述那种意义的原则,所以,如何界定其范围,便是划定不需要议会授权的行政权的活动范围,这个问题本身在明治宪法之下就已经存在,事实上也是已广泛展开讨论的问题。在那里,极为明确地反映了论者所依据的政治思想。也就是说,在明治宪法下,强调天皇的行政权地位的独立性,广泛解释其范围的学说,曾经从个别的人权保障规定(保留条款)中求得法律的保留的范围。例如,书信的秘密,根据明治宪法第 26 条,只有通过法律才能予以侵害。② 与此相对,立足于试图广泛解释国民的自由领域的自由主义观点的学说,则解释为一般地侵害国民的自由和财产都需要有法律根据,即侵害保留的理论,这种观点即使在明治宪法下也成为通说性见解。③

---

① 《厚生劳动省设置法》第 4 条第 19 项。
② 明治宪法第 26 条规定:"日本臣民,除法律规定的场合外,书信的秘密不受侵犯。"
③ 关于明治宪法时代的状况,参见盐野宏著:《依法律行政的原理》(1964 年),载盐野著:《法治主义的诸形态》,第 105 页以下。此外,在《日本国宪法》下,条例也可以独立地成为根据规范。换言之,即使没有形式意义上的法律授权,条例也能够限制私人的权利,制约私人的自由。参见盐野著:《行政法Ⅲ(第五版)行政组织法》,第 155 页"自治立法权"。

但是,在《日本国宪法》下,实务上被解释为与以前一样依然根据侵害保留的原则。① 也就是说,一方面,关于侵害自由和财产,必须等待各个个别法律的制定,这是已经确立的原则。无论某种疾病是如何可怕,也不能允许没有法律根据而进行强制诊察,或者强制患者住院。② 现行法上,《关于感染症的预防及对于感染症患者的医疗的法律》就一定情况下的强制健康诊断、强制住院设置了根据规范(第17条、第19条)。③ 另一方面,如后所述,行政指导没有根据规范而得以广泛进行。④ 此外,关于补助金,在国家行政中也只有《补助金公正化法》这一规制规范,却没有具体的根据规范,甚至也存在仅根据预算来进行的预算补助。进而,关于计划,则有很多是没有法律根据而制定的事例。

以上述情况为前提,可以指出如下几点:

1. 本来,侵害保留的原则是自由主义意识形态所支持的观点。即对于在自由主义下的最高价值的自由和财产的侵害,必须取得市民参加的议会之赞成,此外,在自由主义之下,本来国家并不是积极活动的。然而,在《日本国宪法》之下,和自由主义一起,民主主义也成为重要的宪法原理。此外,国家已经不单是秩序维持者,而且还从各种各样的角

---

① 平成11年修改后的《地方自治法》第14条第2款,作为必要的条例事项,列举了义务赋课、权利限制行为。关于这一点,松本英昭著:《简明地方自治法》,第195页,认为这与侵害保留的原则在学说上的讨论不同,应当理解为是单纯就义务赋课行为等规定了要求条例的根据,其表现方式与《内阁法》第11条相同。不过,这里并未谈及为什么需要这样的规定的问题,并且,以《地方自治法》规定的其他的必要的条例事项,也不是地方公共团体所特有的事项。总之,需要注意的是,正如正文中所述,侵害保留理论现在并非以此便可以作为完结了的理论来主张。

② 与作为渔港管理者的町不基于法规范而强制拆除在渔港水域内不法设置的游艇系留桩的事情相关联,认为其支出是违法的而提起的居民诉讼中,最高法院平成3年3月8日判决(载《民集》第45卷第3号,第164页;《行政判例百选Ⅰ》第106案件)在整理事实关系的基础上,指出:町长"强行拆除铁桩,虽然在《渔港法》及《行政代执行法》上不能认为是合法的,但是,那是针对前述紧急事态所采取的不得已而为之的措施,即使依照《民法》第720条的法条意思",作为町,町长将其费用"作为町的经费支出是应该承认的,关于基于本案承包契约的公共资金的支出,不能承认其违法性",不能认为町长对町负有损害赔偿责任。该判决的宗旨,从正面来看,即判定没有法律根据而拆除铁桩的町长的行为是合法的,这是承认了侵害保留的原则之例外的、极其应该注目的判决。但是,如果要对这样的行政法的基本原理作出新的判断,判决的论理并不够周到,我认为,倒不如说,该判决将町长对于町的损害赔偿责任要件的违法问题置于民法的论理之下作出判断——这样理解更加合理[参见《行政判例百选Ⅰ》第106案件,大桥洋一解说;盐野宏著:《法治主义的诸形态》(1992年),载盐野著:《法治主义的诸形态》,第126页]。

③ 参见盐野著:《行政法Ⅰ(第六版)行政法总论》,第211页"即时执行和法律的根据、拘束"。

④ 参见盐野著:《行政法Ⅰ(第六版)行政法总论》,第172页"根据规范和行政指导"。

度,以各种各样的手段介入社会。这样,如果说只要不是侵害自由和财产,就可以不接受国会的控制,允许行政自由活动的话,那么,一方面,从对行政的民主控制来看是有问题的;同时,另一方面,即便不是侵害自由和财产的形态,也会导致国民的现实或者将来的生活将由行政之手所规定的局面。

2. 因此,从这样的民主主义的原理和行政的社会形成功能出发,出现了主张行政活动的全部都需要法律根据的观点,即全部保留理论。但是,这种观点不可能完全得以贯彻。这是因为,如果说只要不存在根据规范,行政就不能进行任何活动的话,就无法适应变化了的行政需要,或者为了避免这种情况发生,结果是进行笼统的授权立法。此外,这种理论作为一般理论是可以成立的,而关于民主主义的观念具体要求到何种程度的问题,却难以引出明确的回答。也就是说,在自由主义的原理之下,一方面设置自由和财产,另一方面设置侵害即强制的机会,这样便可以自然地得出答案。与此相对,在民主主义之下,难以得出在多大程度上要求法律根据的答案。如果贯彻了全部保留的话,这当然是好的,但在尚达不到这种程度时,则出现了仅以民主主义难以找到划定界限的方法这个问题。

3. 与侵害保留的原则是为了确保市民的自由领域的理论相对应,有的见解认为,从现在私人生活对国家依存性来看,倒不如说正是为了确保其分配才需要法律根据,即给付行政也需要法律根据。此种观点又称为社会保留理论。但是,这种观点依然存在如下问题,即所有的给付行政都需要法律根据吗?如果要划定界限的话,应该如何划定呢?

4. 有的见解认为,并不是行政权本身具有优越于国民的权威,所以,只要采取权力性行为形式,就全部都必须有法律根据,这被称为权力保留理论。① 但是,对于这种理论,存在如下疑问,即赋予某种行为以权

---

① 与权力保留理论类似的见解,存在先行学说。其一是已经在明治宪法下得以提倡的所谓法规范保留说。该说认为,所谓法律的保留,是由来于法律的法规范创造力的原则,"不仅是限制、侵害国民的权利、自由的场合,而且包括赋予权利、免除义务的场合"(参见柳濑著:《行政法教科书》,第24页;中川丈久著:《议会与行政》,载《行政法的新构想Ⅰ》,第128页以下)。该说尚存在如下问题,即关于法律的法规范创造力,应当如何看待否定了法律的概念中的一般性的问题;关于补助金行政等,并不是否定基于民法上的赠与契约来进行的问题;等等。参见小早川著:《行政法》(上),第122页。

在立足于民主性宪法构造论的全部保留说中,"全部"的范围未必明确,被视为权力性全部保留论的学说也是存在的。参见杉村著:《行政法讲义》,第40页以下。

力,难道仅限于前面所考察的意义上的根据规范吗? 例如,关于国家的补助金,一般来说其交付决定是以作为权力行为形式的处分来构成的,但那不是由于根据规范,而是由于作为规制规范的《补助金公正化法》上的特别规定。如果这样的话,即使从权力保留理论来看,补助金的交付也是不需要具体的法律根据的。所谓权力保留理论,从这种意义上说,混淆了法律根据的问题和权力所在的认定方法问题。① 此外,这种理论对于行政指导、行政计划以及根据民法上的契约实施的行政活动,其射程都是达不到的。在这种意义上,也存在尚未构成从正面对于侵害保留理论进行批判这个问题。

5. 如上所述,虽然存在试图补正侵害保留理论的尝试,但并不一定具有说服力。不过,如果以侵害保留理论的自由主义的功能和现实的行政需要为前提,在侵害领域维持法律保留的原则,在此基础上,关于企图规定日本国民将来的生活的活动,例如国土开发计划,与国民的法利益无直接影响关系,从与日本的民主统治构造的关系上来看,不是也可以作出需要有法律根据这样的解释吗?② 本来,这里还有关于什么是规定国民生活之具体判断的问题。但是,与其说作为概念,其本身是明确的,倒不

---

① 指出这一点的研究,参见阿部著:《行政法》,第100页。
即使都是采取权力保留说的人,对于前述疑问的回答也不一样。兼子著:《行政法学》,第59页,被认为好像在主张,关于补助金,也是忠实于权力保留理论,要求有法律根据。可是,关于国家的补助金给付,根据《补助金公正化法》,在将其作为处分来架构的同时,还设置了程序性规制,因此,作为"程序性回答",要求必须设置针对个别的补助金的根据规范,其实质性根据匮乏。藤田著:《行政法总论》,第89页认为,根据状况的不同,以组织规范、规制规范来取而代之也并非完全无法考虑,但是,其并未提示在什么样的情况下可以替代(似乎也可解读为,在国家的补助金情况下,依据正当化法便足够了),所以,权力保留论被部分地放弃了。原田著:《行政法要论》,第88页;原田著:《行政上的"公权力"概念》,载《成田古稀》,第1页以下,所论的不是立足于根据规范、规制规范之区别的立论,而是将问题意识置于在什么情况下可以认定权力性这一点上。

② 与这种观点类似的见解,有成为德国判例理论的本质性理论。该理论认为,关于行政活动,议会本身进行本质性事项的决定,不能委任给行政。并且,在这里,也被理解为与行政决定相比较之下的通过议会进行决定的公开性。这也是一方面追求对行政的民主控制的观点,另一方面试图划定其界限的尝试。不过,作为当然的事情,本质性事项所指为何这一点成为问题。若侵害保留理论也将对自由和财产的侵害看作本质的话,便会产生如下疑问,即那不是和本质性理论相同了吗? 在这一点上,我也认为本质性理论和侵害保留理论具有相同性质。不过,我认为,在本质性理论中除掉了侵害保留的框架的意义是巨大的。并且,问题在于应该在各个行政领域划定本质性决定事项的范围(阿部著:《行政法》,第102页以下,主张"重要事项保留说",被认为在内容上,二者意思是相同的)。在德国,宪法法院承担了这种作用。

如说,经济计划等重要的活动依然根据从前的理论,没有法律根据而在实际中普遍适用,这被认为是有问题的。①

---

① 关于法律的保留之争论,在日本,学说和实务的差距非常显著。并且,该争论的特色在于,这种差距由法院的判决来填补的可能性极其贫乏。例如,说补助金的交付需要法律根据,或者说行政计划的某种类型需要根据规范,而一旦涉及在裁判上如何展开争论的问题,在日本则是极其困难的。在这种意义上,和由宪法法院来担保实务和学说的相互关系的德国不同。关于以上几点,整理了日本学说的研究,参见杉村敏正著:《关于法律保留论的备忘录》,载《龙谷法学》第18卷第4号,1986年,第108页;高田敏著:《法治行政》(1984年),载高田著:《社会法治国的构成》,1993年版,第439页;山本敬三著:《依法律行政的原理》,载《行政法的争点》,第20页以下。关于德国的本质性理论,参见大桥洋一著:《法律保留学说的现代性课题》(1985年),载大桥著:《现代行政的行为形式论》,1993年版,第1页以下。关于补助金、行政指导及国土开发计划的个人观点,参见盐野宏著:《资金交付行政的法律问题》(1964年),载盐野著:《行政过程及其统制》,第91页、第191页;盐野著:《国土开发》,第233页。

芝池著:《行政法总论》,第49页以下,从作用法的授权和组织法的授权的区别之相对化的观点出发,认为两者的区别并不是很明显,"法律的规定是否可以在与成为问题的行政活动的关系上作为授权规定来把握,应当具体地作出判断"。正如在正文中所考察的那样,组织规范和授权规范在性质上是不同的,并且该说也认为,对于权利、自由具有限制的权力性行政活动,需要作用法的根据,因此,在该限度内,与侵害保留说是相同的。

此外,高田编:《行政法》,第35页以下,主张"授权原则说",将该原则的例外之立证求证于法治主义本身,在此基础上,认为通过法治行政的形式上的、严格的适用,在现代状况中陷入了手段的自我目的化,这种主张得以证明。这被看作对于全部保留理论的法治主义的补正。但是,作为补正的系数,其概念并不一定明确,也具有与前面关于芝池说的问题阐述相同的问题。

宪法学上的行政概念论争[参见盐野宏著:《关于行政概念讨论的一点考察》(2000年),载盐野著:《法治主义的诸形态》,第22页以下]和行政法学上的法律的保留论之间的关系并不明确。佐藤幸治著:《日本国宪法和行政权》(1999年),载佐藤著:《日本国宪法和"法的支配"》,2002年版,第226页以下,对行政概念论上的控除说进行批判,进而触及行政和法律的关系,认为"赋予该(行政的)具体的活动内容的应当是作为'国权的最高机关'且是'国家的唯一的立法机关'的国会",然而,其是否依据严格意义上的全部保留理论却并不明确,并且,也并未触及行政法学上的论争之积蓄。对此,高桥和之著:《日本国的"立法"和"行政"的概念》(1991年),载高桥著:《国民内阁制的理念和运用》,1994年版,第354页,虽然避开了对法律的保留理论的直接回答,但是,其后,在阶段构造的背景下使用了执行这个术语,指出,内阁当然必须在法律的范围内行动,但是,在该范围内,应当积极地推进政策(参见高桥和之、山元一著:《行政权和司法权》,载《法学研讨会》2002年9月号,第40页)。这种观点,很难理解为毛利透在《关于行政概念的若干考察》(载《法学者》第1222号,2002年,第135页)中所指出的那种行政法学上的全部保留理论。

此外,关于行政组织和法律根据的所谓组织保留论,参见盐野著:《行政法Ⅲ(第五版)行政组织法》,第6页以下"组织规范和法律根据"。

第二节　行政监控体系的充实

依法律行政的原理,即使在实体法上予以确立,也需要有为之保障的手段,并且,该手段的建立和完善,也可以作为法治国中的行政法的基本原理之一来考虑。但是,这一点在明治宪法之下是不充分的。裁判事项采取的是列举主义,也没有承认国家赔偿。① 与此相对,必须确保行政权对权利、利益的侵害的裁判上的救济,这是《日本国宪法》所要求的。具体地说,在《日本国宪法》之下,只要是针对侵害自己的权利、利益的行为,原则上都可以向法院起诉。② 进而,国家赔偿、损失补偿制度也被作为宪法上必须当然承认的制度。③ 虽然在宪法上没有直接的根据,但是,从充实行政救济的角度来看,行政监察员制度的建立、完善以及引进也成为课题。

在行政法一般理论的前提下,进而必须注意的是行政程序、信息公开等法制的建立和完善。这一点将在后述行政程序、信息公开部分详细阐述。④ 在德国及日本的传统法治国的理解中,对于行政的控制,有依据实体性法律的行政的原理和事后性救济的体系就足够了。但是,事后性救济绝对不是完全的救济。理想的做法是尽量公正地作出决定,为此,人们认识到建立和完善事前的行政程序的重要性。进而,在现代行政中,行政的裁量领域不断扩大,但是,对于其裁量,法院的事后性统制本来是不予涉及的,所以,作为对行政的监控,程序性法制的建立和完善便越来越具有了重要性。

建立和完善行政程序的出发点,正如英国的自然正义、美国的正当(法律)程序(due process)那样,因为立足于保护个人自由的观点,所以在该限度内是自由主义的原理。并且,在德国式法治国原理之下,是作为其中的程序性保障来理解的。但是,即使在这一领域,也出现了从民主要求

---

①　盐野著:《行政法Ⅱ(第六版)行政救济法》,第52页"明治宪法下的行政裁判制度"、第241页"明治宪法下的国家赔偿"。

②　这里存在统治行为另当别论的问题。参见最高法院大法庭判决,昭和34年12月16日,载《刑集》第13卷第13号,第3225页;《行政判例百选Ⅱ》第150案件。

③　《日本国宪法》第17条、第29条。

④　参见盐野著:《行政法Ⅰ(第六版)行政法总论》,第220页"行政程序"、第269页以下"行政信息管理"。

的观点出发论述参与行政过程的现象。进而,从国民主权的观点出发,在与宪法上的知情权、政府的说明责任的关系上,也出现了建立健全行政信息公开制度的问题。①

第三节 法的一般原理

民法典本来是规范私人间的法律关系的。但是,其中不仅限于规范私人间的关系,凡是法律关系便当然应当适用的法的一般原理。另外,也有特别适用于公权力的行使进而适用于进行一般行政活动的一般性原理。

一、在民法典所规定的原理中,有些是关于法技术性约束的原理。例如,关于期间计算的《民法》第138条至第143条的规定。这些规定,只要行政法规范中没有特别规定,就适用于行政上的法律关系。

二、作为民法典中所规定的、被认为表现了法的一般原理的原理,有信义诚实的原则(信义则)、关于权利滥用的禁止规定。② 此外,虽然民法典并没有予以明文规定,但是,和信义则有密切关系的禁止翻供(禁反言)的法理,也适用于行政法上的关系。法的稳定性的要求,与为法治国原理服务的市民社会的秩序维持的观念相适合,进而,这些原理在行政关系中的适用,也是为保护作为相对人的私人的利益服务的,因而,使得这些原理在行政关系中的适用得以正当化。此时,对作为一方当事人的私人也会适用③,而在行政法的层面,具有典型意义的被认为是对因为信赖

---

① 以上说明的主要是来自行政外部的监督,而行政机关成为主体,行政规范自己的诸制度越来越受到注目。参见大桥洋一著:《行政的自己制御和法》,载《行政法的新构想Ⅰ》,第167页以下;宇贺克也著:《政策评价的法制度》,2002年版;盐野著:《行政法Ⅲ(第五版)行政组织法》,第37页"行政机关关系(2)——于《国组法》上"。

② 《民法》第1条第2款、第3款。
关于行政法上的信义则的总括性研究,应当参见的有乙部哲郎著:《行政法和信义则——以判例为中心》,2000年版(关于信义则和信赖保护的关系,参见该书376页以下)。关于判例中对信义则的适用事例,包括判例的诠解方法,参见桥诘均著:《行政厅的行为和信义诚实的原则》,载藤山雅行编:《新·判例实务大系(25)行政争讼》,2004年版,第53页以下;牛嶋仁著:《行政法中的信义则》,载《行政法的争点》,第26页以下。

③ 例如,以公务员的退职请求之撤回是否属于该公务员的信义则违反这种形式成为问题[参见乙部哲郎著:《行政法和信义则——以判例为中心》,2000年版,第71页以下;盐野著:《行政法Ⅰ(第六版)行政法总论》,第314页以下"私人的行为与行政行为的效果"]。此(转下页)

行政机关的言行而采取行动的私人的保护的问题,所以,也可以将其作为信赖保护的原则来把握。

另外,这些原理的适用,有必要和依法律行政的原理进行协调。这是因为,信义诚实的原则或者信赖保护的原则成为问题的一种局面,即涉及如何保护信赖行政的违法活动而采取行动的私人。例如,关于税金,私人基于税务署职员的指导进行了申报,后来却说该指导是错误的,税务署长作出更正处分。在这种情况下,若适用信义则,就会在实质上产生违反法律的状况。相反,当在形式上适用依法律行政的原理出现欠缺具体妥当性的事态时,就应该适用信义则。所以,从重视依法律行政的原理的观点出发,其适用必须慎重进行。判例认为,在租税法律关系中,关于信义则的法理的"适用必须慎重,只有在即使牺牲租税法规范适用上的纳税人之间的平等、公平等要求,也必须免除该课税处分所规定的课税,以保护纳税人的信赖,否则就违反正义,这种堪称特别情况存在的情况下,才应该来考虑是否应该适用前述法理的问题"①。当然,依法律行政的原理和信赖保护的修正,有时候会被与个别具体的法律的结构及利益状况的关系所左右,故而有必要在更加具体化了的情况下进行检讨。②

与此相对,即使是行政上的关系,在不从正面与依法律行政的原理相抵触的情况下,私人救济的途径便是容易开拓的。③

三、信义诚实的原则乃至信赖保护的原则,是将在私人间适用的法原理适用于行政法关系的情况。与此相对,比例原则是由本来一直适用于权力行政领域的原理而构成的。该原理是从德国法引进的原理,在明治宪法下便作为警察权的界限之一而得以适用。即所谓警察,在学术上,是指为维持公共秩序而限制私人的自由和财产的权力性活动;而警察

(接上页)外,在租税关系中也有纳税人方面的信义则违反得以论述(参见乙部哲郎著:《行政法和信义则——以判例为中心》,2000 年版,第 207 页以下)。

① 最高法院判决,昭和 62 年 10 月 30 日,载《判例时报》第 1262 号,第 91 页;《行政判例百选 I》第 28 案件。

② 在租税过程中行政的信义则之适用情形,也存在各种各样的局面。关于租税关系,参见水野忠恒著:《租税法上的信义诚实原则》,载金子宏编:《租税法的基本问题》,2007 年版,第 180 页以下;关于与通知的关系,参见盐野著:《行政法 I(第六版)行政法总论》,第 87 页;关于与事前回答的关系,参见盐野著:《行政法 I(第六版)行政法总论》,第 169 页脚注。

③ 参见最高法院判决,昭和 56 年 1 月 27 日,载《民集》第 35 卷第 1 号,第 35 页;《行政判例百选 I》第 29 案件;最高法院判决,平成 19 年 2 月 6 日,载《民集》第 61 卷第 1 号,第 122 页。

比例的原则,是根据警察作用具有威胁市民自由的危险性,为抑制其权力行使而构成的原则。该原则又分为两个原则:其一,必要性的原则,即必须是为了排除违反警察的状态所必要的情况;其二,即使是必要的,目的和手段也必须是成比例的。也就是说,禁止过度规制。包括比例原则在内的警察权的界限,是明治宪法时代的学说几乎全体一致认可的。但是,关于这一点,作为实定法上的根据,却并没有提示明确的规定,只是作为法治主义的当然结果来把握。进而,虽然其出发点是警察作用,但是,也作为一般通用于行政的权力作用的原则来理解。① 在这种意义上,可以认为,比例原则,在日本很早就作为具有法治主义根据的不成文法而固定下来,并且在现行宪法之下也继承了这一原则。② 这种道理,也适用于作为事实行为的行政指导。③

四、比例原则是从行政法的一个领域即警察领域出发而发展起来的原则。与此相对,作为宪法上的原理的平等原则,则是作为行政裁量的统制方法而得以适用的。④ 进而,这个原则不仅适用于作为行政的权力性行为形式的行政⑤,而且被认为有时也适用于行政采用非权力性的行为形式的民事上的手段的情况。⑥

五、作为在近来的行政改革的过程中受到注目的行政法上的基本原

---

① 参见柳濑良干著:《警察权的界限》,载柳濑著:《行政法的基础理论(二)》,1941年版,第204页、第245页。

② 在《日本国宪法》之下,将《日本国宪法》第13条视为其根据的学说也具有说服力。参见高木光著:《比例原则的实定法化》,载《芦部古稀》,第211页以下、第228页。
比例原则本来在概念上应当视为羁束处分的适法、违法的判断基准。当然,正如正文所指出的那样,一旦比例原则的适用范围得以扩大,由行政进行具体性的行为之选择的余地扩展了,法院的统制也会变缓吧。参见高木光著:《比例原则的实定法化》,载《芦部古稀》,第231页;须藤阳子著:《比例原则的现代性意义与功能》,2010年版,第225页以下;村田齐志著:《行政法上的比例原则》,载藤山雅行编:《新·判例实务大系(25)行政争讼》,2004年版,第71页以下。

③ 参见盐野著:《行政法Ⅰ(第六版)行政法总论》,第173页。

④ 最高法院判决,昭和30年6月24日,载《民集》第9卷第7号,第930页;《行政判例百选Ⅰ》(第四版)第82案件。

⑤ 平等原则主要是在宪法学上得以论述,而作为近年来的概括性研究,有木村草太著:《无平等的平等条款论》,2008年版。此外,在平等原则的适用之际,应当将基准置于哪里常常成为问题,而在与依法律行政的关系上,关于是否允许将违法的行为作为基准来请求平等对待的问题则成为争论的对象。原则上,应该说违法行为是没有作为基准的资格的(参见乙部哲郎著:《行政的自我拘束的法理——裁量与平等原则》,2001年版,第146页以下、第248页以下)。

⑥ 参见盐野著:《行政法Ⅰ(第六版)行政法总论》,第32页、第158页。

理,有行政的公正、透明性的原则和说明责任的原则。虽然前者主要被作为行政程序法上的原则来把握,后者主要被作为信息公开法上的原则来把握①,但是,也可以更加广泛地将其视为与一般行政作用相关的向导性法理。②

---

① 盐野著:《行政法Ⅰ(第六版)行政法总论》,第233页、第272页。
② 政府的说明责任的原则,在日本,是在信息公开法的目的规定中首次予以规定的,但是,其源流在于英美法系诸国的说明责任(アカウンタビリテイー,accountability)[参见宇贺克也著:《新·信息公开法的逐条解说》(第六版),2014年版,第30页以下;小早川光郎编著:《信息公开法》,1999年版,第13页以下(长谷部恭男)]。在这些国家,政府的说明责任的原则既有被作为信息公开法制定的目的而谈及,也有在法律中加以规定的情形,而说明责任则是更加广泛地作为与政府的统治、行政活动的统制体系整体相关的原则来把握的。参见铃木庸夫著:《说明责任与行政法理论》,载《园部古稀》,第621页以下;本多滝夫著:《"行政形式"的变迁与"说明责任"》,载《公法研究》第65号,2003年,第178页以下。关于与"全球化行政法"的关系,进而参见奥津征雄著:《全球化行政法与说明责任》,载东大《社会科学研究》(网站)第65卷第2号,2014年,第57页以下、第69页以下。

第二编 行政过程论

绪 论 行政过程论的概要

在本书中,将通常称为行政法通论或者行政法总论的内容作为行政过程论来阐述。因此,下面提示本书中的行政过程论的轮廓。[①]

首先,在第一部(行政的行为形式论),行政活动的基本单位(行为形式)成为考察的对象。具体地说,即行政立法、行政行为、行政上的契约、行政指导、行政计划成为考察的对象。其中前三者在具有直接法效果的意义上,可以称之为法的行为形式。行政指导是处于行政机关地位者的意思表示即精神活动,是不具有直接的法效果的事实行为。行政计划,包括具有法效果的和从法的角度看仅是事实行为的两种类型。在此,在分析这些行为形式的法性质的同时,还要考察前面所考察的行政法的基本原理在这里是如何适用的。这些虽然在以前的行政法学的范围内也被视为考察的对象,但是,从行政过程论的观点出发,则是当然应该收入其视野之中。

其次,在第二部,行政上的一般性制度成为探讨的对象。抽象地说,即行政过程是由复数的行为形式的结合乃至连锁而构成的。但是,这些行政过程并不单纯以抽象的形式而存在,这是不言而喻的。每个行政过程,原则

[①] 行政过程论的出发点是对立足于公法、私法二元区分论的从前的日本行政法学进行方法论的反省[参见盐野著:《行政法Ⅰ(第六版)行政法总论》,第 40 页以下]。但是,由于论者的不同,其内容也并不一致。关于行政过程论的诸形态,参见盐野宏著:《行政过程总说》(1984年),载盐野著:《行政过程及其统制》,第 4 页以下;西鸟羽和明著:《行政过程论和行政手法论》(一)至(二),载《近大法学》第 35 卷第 1·2 号,1984 年,第 1 页以下,第 3·4 号,1985 年,第 89 页以下。

上是作为由个别的制定法所创立的法体系的实现过程,而具有特别的意义和内容。例如,广播电台的执照本身不过是行政行为的一种而已,但它却成为由《电波法》《广播法》所构成的广播电台许可制度这种法的体系之一部分。建筑确认也是一样,它构成了《建筑基准法》上的建筑确认制度这一系统中的一个重要部分。这样看来,所有的行为形式都具有作为某种法体系中的一部分的现实意义。在这种意义上,分别探究各个法的体系之内容,在具体的行政法解释论中是极为重要的。但是,无论是广播制度还是学校教育制度,其法体系都是在各个行政领域中形成的,不能将其全部都放在行政过程论的一般理论中展开论述。

与此相对,存在可以在各个行政领域共同运用的法的体系。这些法的体系可以称为行政上的一般性制度。在日本,这样的一般性制度有行政强制、行政罚、国家补偿、行政争讼,过去一直在行政法通则中予以阐述。不过,这些制度和行为形式的区别在以前并没有被明确地予以秩序化。此外,为什么在行政法一般理论中论述这些制度的原因也不明确。在本书中,将更加有意识地将这些行政上的一般性制度进行重新整理,作为行政上的义务履行的确保、即时执行、行政调查、行政程序和行政信息管理来论述。①

这些行政上的一般性制度,预定在各个行政领域予以运用。换言之,一般性制度也只有和个别行政领域的固有体系相结合,才能有意义。在这种意义上,由于行政领域的不同,一般性制度的内容也可能要发生一定的变化。但是,之所以将其作为行政上的一般性制度来论述,是因为存在独立于个别领域的固有价值,作为各个不同的具体制度所共同追求的价值原理来进行考察的必要。另外,对于一般性制度、个别的行为形式的构筑,也有必要活用行政领域(也可以说是参照领域)的检讨成果。

最后,在第三部,行政过程论的最后,在行政过程中发挥重要作用的

---

① 国家补偿、行政争讼,将作为行政救济论在盐野著:《行政法Ⅱ(第六版)行政救济法》中论述。

关于围绕行政过程论的讨论之综合性检讨,有山村恒年著:《行政法与合理的行政过程论》,2006年版,第3页以下。该书基本上与本书相同,立足于行政过程论,但是,在尝试导入行动科学的意思决定规范论、经济学的意思决定论、法哲学的争议规范论、合理的过程形成论之基础上,试图明确行政过程论的体系这一点上,基本上是在法解释学的框架内,而与由行为形式论和一般性制度论所构成的本书相比,该书展开更加拓展视野的行政过程论。

私人的地位及其行为成为探讨的对象。①

① 立足于行政过程论的同时,构思别的体系也是可能的。例如,一方面依据行政过程论,另一方面将行政过程分为法关系形成的前提过程(政策形成行政立法过程)和法关系形成过程来论述。参见佐藤英善著:《经济行政法》,1990 年版,第 213 页以下。

本书所立足的行政过程论,与行政法学上的方法论和体系论两个方面有关,但对于这种观点的批判很多,关于其中一部分,已经在盐野著:《行政过程总说》中有所提及。下面介绍其后的文献所指出的批判论,并予以解释。本来,行政过程论中也有各种各样的观点,以下所提示的是我自己的大致回答:

第一,有的观点认为,行政过程论"隐藏着基本上向脱离(行政的法律适合性的原则即法治主义的要求)的方向展开的可能性"(藤田著:《行政法总论》,第 133 页)。在行政过程论之中,可以说存在期望这种结果的见解。但是,笔者所考虑的行政过程论,关于法治主义的把握在逻辑上是中立的。在从前的考察方法中,通过将不能进入视野的事物作为考察对象,可以发现要求重新研讨法治主义的素材,那对于法治主义,倒不如说是最理想的。

第二,有的批判认为,行政过程论没有提示关于法解释学的解释法理体系的回答(兼子仁著:《日本行政法学中的法逻辑》,载《高柳古稀》,第 12 页)。行政过程论使从前构成公法和私法的二元区分论、特别权力关系论、行政行为论的法概念的工具概念性丧失乃至减少,并使其转化为说明概念,以正视这一现实为出发点之一。作为法解释学,并不否定构成作为工具概念的法概念是重要的工作。但是,社会利益状况的复杂性,与之相适应的立法的灵活对应,严重削弱了僵硬的法工具概念的通用力,这也是现状。因此,所关心的问题倒不如说转向法的论争所必要的信息收集,即要考虑事项的确切把握和该信息的法研讨场所的适当构筑。这从行政法学的体系出发,正如正文所述,是以行为形式论、行政上的一般性制度论、私人的地位论的形式来构筑行政过程论的。那不是单纯的罗列,这已经说明了。我不认为将解答的体系灌输给学生是大学中法学教育的目的。

第三,有人认为,行政过程论取代行政行为论来论述行政的行为形式论是可以肯定的,但作为行政法学的对象,法的体系才是重要的(参见小早川光郎著:《行政的过程和结构》,载《高柳古稀》,第 151 页以下。作为其实践,参见小早川光郎著:《行政法的存在意义》,载《行政法的新构想Ⅰ》,第 10 页以下)。此外,畠山武道著:《行政介入的形态》,载《行政法的新构想Ⅱ》,第 13 页以下,也是在行政程序法论的名称之下,对以行为形式及程序聚集起来构成的具有一定集合性的行政活动的结构为对象,施加了考察。关于行政过程论中的法体系的重要性,是本书已经充分意识到的[参见本书前述第一编第三章第一节七"行政法的解释"(体系解释);第二编绪论"行政过程论的概要"正文。此外,参见盐野宏著:《行政过程总说》(1984 年),载盐野著:《行政过程及其统制》,第 30 页以下]。不过,问题在于,在本书这样的教科书的行政法通则中,以怎样的形式、在什么程度上详细论述。在本书中,关于一般性制度,特别论述了行政作用上共通的法体系,关于许可制度等,在作为行为形式的行政行为部分适当地涉及了。充分理解行为形式,不仅仅是批判地评价、理解既存的法体系,而且对于构想新的法体系也是有意义的。

第四,有人一方面以行政过程论为基础,另一方面却进行了试图超越行政过程论的工作[大桥洋一著:《新世纪的行政法理论》(2001 年),载大桥著:《都市空间制御的法理论》,2008 年版,第 326 页以下]。行政行为论的重构(着眼于行为形式论中的实体要件论和程序论、行政准则论)等,从本书的观点来看,也是进行了令人感兴趣的工作。

第五,将行政过程作为对于从前的公法、私法二元区分论的论证来定位,将行政"诸关系"置于核心的法关系论得以提倡(参见山本隆司著:《行政上的主观法与法关系》,2000 年版,第 1 页以下、第 443 页以下)。法关系的解释,被认为是"即使在行为(可能性)之间的一种关系这种最小单位中,也表现相互性","在主体之间,行为(可能性)之间的复数的关系连续着,表现连续(转下页)

(接上页)性乃至持续性的法关系","复数的单纯法关系或者连续的法关系相互关联,表现法关系的复合"(第454页)。木村弘之亮著:《行政法体系的再构筑和扩充》,载《盐野古稀》(上),第217页以下,也脱离了从前的行政法学中所看到的行政行为中心主义,倾向于并主张对产生于多种多样的行政活动的行政法上的法律关系及基于该法律关系的请求权或者公权,进行理论构成。行政过程论也是以时间性、空间性关系的存在为前提来构成的(参见盐野著:《行政过程及其统制》,第5页以下),与其关系及关系相互的存在方式本身相比,更加重视对作为行政法关系中的形成之道具的行政的行为形式和一般的法制度的探讨。在这种意义上,我认为,即使与今后的法关系论的发展相平行,行政过程论的意义也依然存在。

第六,规制缓和、民营化是现在先进各国共通的政策,而在日本,也通过个别法中许认可制度的废止及代之以民间自主规制方式的导入、国营事业的民营化、民间与行政组织的协动论等各种手法而得以实现,将这些作为概括性的开发的概念,公私协动、自主规制、保障责任等得以论述。对应这样的环境变化,关于行政法学存在方式的方向的各种各样的讨论得以实行。其中之一是以行政过程论等从前的尝试为前提,主张从更高层次实现应对近代模式之现代变容的方法之必要性[铃木庸夫著:《行政法的体系与"生命体模式"》,载《盐野古稀》(上),第247页以下]。根据该观点,不是将行政的法体系作为自律性的来把握,而是应当从动态上来把握之,并从"社会统合性法""促进社会协调的法"的观点出发,对行政的法体系进行观察(第266页)。也有见解主张,在与行政法学的具体对象的关系上,超越从前通过直辖行政组织以公权力为中心的行政法,提示一般公共服务行政法[矶部力著:《行政体系的构造变化与行政法学的方法》,载《盐野古稀》(上),第49页以下、第65页以下]。公私协动也与行政法的范围有关系(从这种见地出发进行问题整理的,参见前田雅子著:《行政法的模式论》,载《行政法的新构想Ⅰ》,第22页以下)。进而,阻止伴随着公私协动、民营化的尝试的"市场失灵",是对国家赋课的新的作用,更具体的,在行政的作用从推行责任变化为保障责任及捕捉责任这种认识的基础上,介绍德国正在展开的保障国家、保障行政的立论,在日本也出现了主张将从这种观点出发的课题作为公法学的新的研究对象的见解[盐野著:《行政法Ⅰ(第六版)行政法总论》,第9页脚注④]。

这样,行政法学今后将以多样的形态来发展,而本书既不是最终的到达点,也不是单纯的通过点,这就是本书的自我认识。

第一部 行政的行为形式论

第一章 行政立法——法规命令和行政规则

引 言

行政机关有时以法条的形式来设置某种规定。日本行政法学过去将此分为两大类型。其分类基准是：相应规定是具有外部效果还是具有内部效果。具有外部效果的规定，即规范相对人私人和行政主体的关系，二者发生纠纷时，由法院予以适用的规定；除此以外的规定，即特别拘束行政机关相互关系，而对于私人无规范效果的，是只有内部效果的规定。前者是法规命令，后者是行政规则。有人将此两者归纳为行政立法。① 但是，行政规则不具有外部效果，在这种意义上，不是法规的制定。此外，行政规则并不只限于一般的、抽象的规范，而且也包括个别具体的规范，所以，将行政规则作为行政立法的下位概念来认识，并不一定正确。不过，关于法规命令与行政规则的区分，可以看到一定的相对化现象，命名如何暂且不论，我认为将两个制度合并起来考察是有意义的。因此，下面首先依据以前的分类，来分析其相对化的状况。②

---

① 田中著：《行政法》（上），第158页；藤田著：《行政法总论》，第293页。
"行政立法"这个用语，关于其包含的范围、术语本身，就是有争议的。参见平冈久著：《行政立法和行政基准》，1995年版，第4页以下。在《行政程序法》上，不是用"行政立法"，而是用"命令等"术语[关于立法经纬，参见白岩俊著：《行政程序法检讨会报告与修改法的比较》，载盐野宏、宇贺克也编：《行政程序法制定资料（11）》，2013年版，第61页以下]。

② 法规命令和行政规则的相对化现象，与行政规则内容方面的多样化也是相对应的。于是，现在，从各种各样的角度进行的分类工作得以尝试，然而包括用语方法在内，尚未达到学说上的统一。正文中的记述（特别是第二节），也是其尝试之一。"行政基准"这一整理也得以进行[参见大桥：《行政法（1）》，第132页、第267页]。野口贵公美著："行政立法的功能（转下页）

另外,地方公共团体的议会制定的条例,并不是国家的立法权所制定的,因而有人也将其作为行政立法来说明。但是,除基于法律的委任而制定的以外①,原则上,条例不是基于法律的委任,而是独立地具有宪法上的根据的法形式,所以,作为行政立法来把握是不妥帖的。而且,其与法律的关系,也与政令、省令等的委任命令不同,所以,下面我们讨论的行政立法不涉及条例。此外,关于作为行政立法的统制手段之一的程序性规制,将在后面论述。②

第一节 法规命令

一、含义和种类

法规命令,是指行政机关制定的关于行政主体和私人的关系中的权利、义务的一般性规范。在这一点上,其被认为与作为内部性规范的行政规则是不同的。法律直接适用于具体场合的情况当然是可能的,并且甚至可以说那才是忠实于依法律行政的原理。但是,法律规定只限于某种程度上抽象的内容。更加具体的但依然是一般性的规范,作为法规命令予以规定的法技术,就是法规命令。在这种意义上,法规命令在其后预定了具体的适用③这一点上,可以将其置于行政过程的最初阶段。所以,在判断行政行为是否符合法律时,不仅要注意其和法律本身的关系,而且还必须注意其和法规命令的关系。

关于法规命令,虽然可以从各种各样的角度进行分类,但是下面的区别是重要的:

(一)作为着眼于权限的所在进行的分类,有国家的法规命令和地方

(接上页)论"的可能性》,载《阿部古稀》,第205页以下,从功能的见地出发,尝试提出法解释准则,法律适合、达成准则,执行体制整备准则,程序、形式等整备准则的五分类。

① 例如,参见《旅馆业法》第4条,《屋外广告物法》第3条、第4条。关于法律和条例的这种关系,参见盐野著:《行政法Ⅲ(第五版)行政组织法》,第138页"事务分类";小早川光郎著:《基准、法律、条例》,载《盐野古稀》(下),第386页以下。

② 参见盐野著:《行政法Ⅰ(第六版)行政法总论》,第259页以下"行政程序法(6)——命令、计划程序"。

③ 许多情况下被称为行政行为的法的行为形式,有时也采取契约的方式。

公共团体的法规命令。国家的法规命令有内阁的政令①、内阁总理大臣的内阁府令和各主任大臣的省令②、各外局首长等的外局规则③及会计检查院、人事院等独立机关的规则④;地方公共团体的法规命令有首长和各委员会的规则。⑤

(二)就法规命令与法律的关系而言,有委任命令和执行命令的区别。所谓委任命令,是指根据法律的委任来规定行政主体和私人之间的权利、义务内容本身的规范。作为术语,在这种意义上说不是很确切,准确地说,也许应该称"被委任的命令"。例如,关于限制国家公务员的政治行为的《国家公务员法》第102条第1款和《人事院规则十四——七》的关系,就是其例。与此相对,所谓执行命令,是指与权利、义务关系的内容本身无关的,关于为实现其内容的程序的规范。例如,进行某种行为时,向行政厅申报为法律上的义务时,规定该申报的格式、式样的规范即为其例。委任命令,在概念上是需要法律根据的,而执行命令由于不是重新规定权利、义务的内容,所以被认为不需要具体的法律根据。⑥ 当然,由于委任命令和执行命令的区别并不那么明确,所以,将执行命令的范围作扩大解释是有问题的。⑦

此外,在这里,由行政权进行法规范的定立,从法律的法规范创造力的原则出发,被认为是以限定于委任命令这种方法为前提的。

二、委任立法的根据

这里所说的根据有两方面的意思。其一,法规命令这种行为形式得以使用的实质性理由。这一点是通常所论述的各国共通的行政国家现

---

① 《日本国宪法》第73条第6项、《内阁法》第11条。
② 《内阁府设置法》第7条第3款、《国家行政组织法》第12条第1款。
③ 《内阁府设置法》第58条第4款、《国家行政组织法》第13条第1款、《垄断禁止法》第76条、《警察法》第12条。
④ 《会计检查院法》第38条、《国家公务员法》第16条第1款。
⑤ 《地方自治法》第15条第1款、《警察法》第38条第5款等。
⑥ 《国家行政组织法》第12条第1款。
这种观点是通说。不过,也有的观点否定委任命令和执行命令的区别,认为所有的法规命令都要求有具体的法律根据。参见平冈久著:《行政立法和行政基准》,1995年版,第24页以下。
⑦ 在明治宪法下,存在和法律不同的、在宪法上具有独立根据的独立命令(第9条)的观念,而现行《日本国宪法》没有承认独立命令。

象,也就是国家功能的扩大和灵活性对应的必要性。进而是像独立的行政委员会规则那样,与政党内阁之间保持一定距离来实施行政的必要性。这一点,如前所述,作为国家作用的比重从立法过程移向行政过程的典型得以论述,成为英美行政法成立的一个要素。① 当然,关于这一点,在日本,应该注意的是,是否存在过分地使用委任立法方式的倾向。

其二,根据论的另一个问题是源自法的观点的问题。即在法规命令中,关于委任命令要求有法律根据,这本身是权力分立的对立物,所以,其法的正当化根据成为问题。在日本,宪法上的根据并不一定明确,但是,一般认为,《日本国宪法》第73条第6项预定了委任立法的存在。②

另外,作为法的根据论,在法律失效的情况下,委任命令的效力也成为问题。既然成为其基础的法律失效,只要法律没有特别的规定,就应该解释为该委任命令也失去效力。③

三、界限

作为委任立法的界限,有委任的方法问题和委任命令的内容问题两种类型。

(一)《日本国宪法》没有设置关于委任方法的界限问题的明确规范。④ 但是,从依法律行政的原理来看,使法律的法规范创造力失去意义的委任方法是不被允许的。突破界限的不是基于制定委任立法的行政机关,而是基于委任方法的错误,这是立法机关犯了错误。关于这个问题,最有名的是与限制国家公务员的政治行为有关的对《人事院规则》的委任。⑤ 最高法院并没有明确提示理由,便作出了合宪的判断。⑥ 但

---

① 盐野著:《行政法Ⅰ(第六版)行政法总论》,第16页。
② 根据"立法"和"行政"区别方法的不同,有人认为也存在将《日本国宪法》第65条作为根据的理论上的可能性。参见高桥和之著:《日本国的"立法"和"行政"的概念》(1991年),载高桥著:《国民内阁制的理念和运用》,1994年版,第352页以下。
③ 参见大阪地方法院判决,昭和57年2月19日,载《行裁例集》第33卷第1·2号,第118页。
④ 外国的宪法,例如德国《基本法》第80条规定,授权时"必须在法律中规定授权的内容、目的、程度"。当然,并不能因此说委任的限度得以明确限定。但是,可以说该规定提供了一个判断基准。
⑤ 参见盐野著:《行政法Ⅰ(第六版)行政法总论》,第78页。
⑥ 最高法院判决,昭和33年5月1日,载《刑集》第12卷第7号,第1272页。

是，从形式上看，仍然不得不说，难道该委任不是白纸委任吗？如果说这是合宪的，那么，我认为，这是基于以下两点：其一，规范的对象不是一般权力关系，而是公务员关系；其二，规范的制定者是人事院，是独立于内阁推行人事行政的合议体的机关。①

还有作为委任方法之一的再委任的容许性的问题。如果再委任和白纸委任一样，则另当别论，但不能说一般地不承认再委任。所以，关于再委任的问题，在一般委任的界限论的基础之上，应该对关于该委任立法的宗旨是否允许再委任予以具体的解释。

（二）虽然也是委任立法的界限，但是作为情况不同的理论，是委任命令本身违法，即被委任的行政机关超出了委任的范围，这是委任命令的内容问题。②

是否超出了委任的范围，应该考虑委任的宗旨、目的来判定。但是，此时，成为规范对象的私人的权利、利益也是重要的要素。一方面，最高法院认为，规定禁止与未满 14 岁的在押犯人会见的《监狱法施行规则》第 120 条（1991 年删除）超出了《监狱法》第 50 条（当时）的委任。③ 认为关于医药品的互联网贩卖的省令超越了《药事法》（当时）的委任范围的最高法院判决④，也属于该系列。而另一方面，最高法院却认为，《枪炮刀剑类登记规则》将《枪炮刀剑类持有等取缔法》第 14 条第 1 款的登记对象刀剑类限定为日本刀，并没有脱离该条第 5 款的委任宗旨。⑤ 我认为对于前者会见的自由和后者枪炮刀剑类的进口自由，法院

---

① 在争论现行教科书检定制度是否违反法治主义而违宪的家永教科书裁判第一次诉讼中，最高法院在认为《学校教育法》第 21 条第 1 款是检定的根据规定（该条只规定了小学校必须使用经过文部大臣检定的教科用图书）的基础上指出，由于检定规则、检定基准只不过是基于《教育基本法》《学校教育法》有关条文的明确的教科书要件的具体化而已，所以，不能说欠缺法律的委任（最高法院判决，平成 5 年 3 月 16 日，载《民集》第 47 卷第 5 号，第 3483 页；《行政判例百选 I》第 82 案件）。但是，我认为，关于在与称为检定制度的公教育的关系上，规范国家和国民之间的关系的重要的法体系，只有检定主体、检定效果以法律规定，即法的体系本身被委任给法规命令，是不能适应法治主义的要求的。

② 这个问题本身也是依法律行政的原理之当然的归结，而《行政程序法》第 38 条确认性地规定了其旨趣。

③ 最高法院判决，平成 3 年 7 月 9 日，载《民集》第 45 卷第 6 号，第 1049 页；《行政判例百选 I》第 52 案件。

④ 最高法院判决，平成 25 年 1 月 11 日，载《民集》第 67 卷第 1 号，第 1 页。

⑤ 最高法院判决，平成 2 年 2 月 1 日，载《民集》第 44 卷第 2 号，第 369 页（有少数意见）；《行政判例百选 I》（第五版）第 47 案件。

的评价分为两种,而且都是正当的。特别是后者从根本上说是因为有如下判断,即法律本身采取了原则上禁止枪炮刀剑类的持有,只是极其例外地承认其持有。也就是说,最高法院的多数意见关心的,不在于该刀剑是否作为美术品有价值,而完全在于规则所规定的刀剑类包含了作为艺术品具有价值的物品,这件事情是否逾越了裁量的范围。这样进行限定的旨趣,被解释为是为了尊重所持之原则性禁止的政策。

进而,作为应对日本法上委任立法的规范密度比较单薄的司法统制手法,最高法院有时运用了行政行为论中的裁量权的逾越、滥用的法理。① 在所谓朝日诉讼中,虽然是作为"意见",最高法院认为:《生活保护法》规定的保护基准,"需要遵守该法第8条第2款所规定事项的,归根结底必须是足以维持《日本国宪法》规定的健康且文明的最低限度的生活",由此确定了基准的范围。不过,其具体的内容被认为是委任给厚生大臣裁量,进而指出:"无视现实的生活条件,设定显著低的基准等违反《日本国宪法》及《生活保护法》的旨趣、目的,在超越由法律所赋予的裁量权的界限的场合,或者滥用了裁量权的场合,作为违法的行为,便不能避免成为司法审查的对象。"②正所谓古典的裁量统制论对行政立法统制的投影。与此相对,行政裁量论中近年的判断过程统制论③,也被运用于关于《生活保护法》保护基准所规定的老龄加算的阶段性废止的委任立法审查。也就是说,最高法院认为,保护基准所规定的老龄加算的减额或者废止是《生活保护法》(第8条第2款)的规定所预定的内容,即在委任的范围内,由于其具体化需要进行高度的专门技术性的考察及政策的判断,故而对厚生劳动大臣能够承认源自专门技术的且政策的见地的裁量权,在将专门委员会的检讨等达至老龄加算的废止之事实关系作为前提的基础上,指出:在厚生劳动大臣的"判断的过程及程序中看不出应当解释为存在错误、欠缺的事情"。④ 像在《生活保护法》保护基准那样委任的

---

① 盐野著:《行政法Ⅰ(第六版)行政法总论》,第110页"裁量权的逾越和滥用"。
② 最高法院大法庭判决,昭和42年5月24日,载《民集》第21卷第5号,第1043页。
③ 盐野著:《行政法Ⅰ(第六版)行政法总论》,第113页以下。
④ 最高法院判决,平成24年2月28日,载《民集》第66卷第3号,第1240页。关于老龄加算的废止,另外的小法庭作出了相同旨趣的判决,最高法院判决,平成24年4月2日,载《民集》第66卷第6号,第2367页。对该判决从行政裁量论的角度进行的批判性分析,有丰岛明子著:《行政立法的裁量统制手法的展开》,载《法律时报》第85卷第2号,2012年,第29页以下。

范围广泛的情况下,称为裁量统制这种形式的委任立法统制可以说是一种手法,而在本案中,虽然说是判断过程的统制,但由于限定于形式的审查①,被认为好像无法避免归根结底止于对行政权的判断之追认的批判。②

对基于《农地法》第 80 条委任的政府保有农地拍卖的认定基准,《农地法施行令》第 16 条作了规定,最高法院判决判定该条规定无效。③ 这个案件是接受委任方面(政令)违反了进行委任方面(法律)的意思,对出卖的相对方进行限制的案件,称为超越委任范围,并不是其真实情况。关于委任立法权的行使,最高法院有判决认为是以平等原则能够涉及为前提的。④

此外,《行政程序法》虽然是确认性规定,在 2005 年修改中,在对行政立法设置程序规定的同时,也设置了关于行政立法的实体性规定。⑤

第二节 行 政 规 则

一、行政规则

(一)概念

行政规则,是指行政机关制定的规范,但与国民的权利、义务不直接发生关系,即不具有外部效果的规定。所以,即使从法治主义的原则来

---

① 前述丰岛明子著:《行政立法的裁量统制手法的展开》,载《法律时报》第 85 卷第 2 号,2012 年,第 33 页以下。

② 关于作为委任立法统制手法的裁量论之导入,正木宏长著:《委任命令的违法性审查》,载《立命馆法学》第 355 号,2014 年,第 786 页以下,包括对相关判例、学说的分析,有详细论述。此外,在该论文中,作为委任立法的统制手法,参照美国的判例,提示了称为二阶段审查(其一,与上位法的适合性;其二,合理性)的分析视角。

③ 最高法院大法庭判决,昭和 46 年 1 月 20 日,载《民集》第 25 卷第 1 号,第 1 页;《行政判例百选Ⅰ》第 51 案件。

④ 参见最高法院判决,平成 14 年 1 月 31 日,载《民集》第 56 卷第 1 号,第 246 页。

委任立法的界限论,本来是从与法律的法规范创造力的关系上的法治主义的观点来立论的,所以,即使从形式上看采取的是法律委任的形式,但是在不属于严格意义上的法规范时,有必要采取与通常的界限论不同的过程。关于这一点,参见盐野宏著:《法治主义的诸形态》(1992 年),载盐野著:《法治主义的诸形态》,第 129 页以下。

⑤ 参见盐野著:《行政法Ⅰ(第六版)行政法总论》,第 261 页。

看,行政规则即使没有法律根据,也可以由行政机关自由制定。此外,关于行政规则的纷争,也不能由法院裁断。在这种限度内,某种规范如果被视为行政规则,那就被排除在行政法学的研究对象之外。即在行政法学中,行政规则论本身是不存在的,为了避免其和法规命令相混同,只要能够明确什么样的规范属于行政规则,那么,行政法学的任务也就完成了。但是,近年来,不仅日本,而且国外也是一样,展开了行政规则的研究。这种现象的由来为如下两点:其一是行政规则在现实中发挥着巨大的作用;其二是与定义相反,可以发现行政规则的外部化现象。

有必要注意的是,行政规则即使是内部性规范,其中也包括各种各样的形态,对于外部化这一问题的回答,也由于其种类的不同而各异。

(二)种类和形式

对行政规则进行各种各样的区分都是可能的。但是,大致可以分为如下五种:①关于组织的规定。例如,各省的事务组织及事务分配的规定。②关于具有特别关系的人的规定。例如,关于公务员和国立、公立学校的学生的规定。③以各行政机关为相对人,关于各行政机关的行动基准的规定。其中有规定应该依据解释基准的,也有提示有关裁量基准的。④还有关于交付补助金之际的交付规则或者交付纲要。⑤以书面形式规定对于行政相对人的行政指导基准的规定,所谓建筑指导纲要就是其例。

这些行政规则的形式并不确定。训令、通知、纲要,通常是作为行政规则来制定的。与此相对,关于告示,既存在具有作为法规命令之性质的情形,又存在具有作为行政规则之性质的情形,所以,有必要依具体情形作出判断。①

二、行政规则的外部化现象

(一)关于组织的规则

关于行政组织的规范,在行政组织法论中,规范制定权力的所在及其

---

① 前者之例,有生活保护基准(厚生省告示)。此外,都道府县知事规定的固定资产评价基准要求以告示的形式作出(《地方税法》第388条),可以认为最高法院平成25年7月12日判决(载《民集》第67卷第6号,第1255页)将其作为法规命令来解释,但对此也有异论。参见人见刚著:《基于固定资产评估准则的土地价格与公允市场价值的关系》,载《平成25年度重要判例解说》,2014年,第58页以下。作为后者之例,有与大学、大学院、短期大学及高等专门学校的设置等相关的认可之基准(文部科学省告示)。

规范化成为讨论的对象。现在,例如,在国家层面,府、省的设置根据依据形式意义上的法律,并通过政令、省令而得以细目化。进而,以内部组织规则乃至规程,将组织及其事务分担予以细分化。这些基本上是行政内部的事务分担,例如,在超越所掌管事务的范围,或者在土地管辖外采取行动,在与外部的关系上不具有法效果,从这种意义上说,其本来不具有外部效果。但是,有些时候也具有外部效果。①

(二)关于"部分性秩序"的规则

以特别权力关系中不适用法治主义这种理解为前提,作为行政规则的典型例子,有人列举了特别权力关系的规则。② 但是,对于特别权力关系这一概念本身产生了疑问,同时,特别是在与司法审查的关系上,出现了和一般权力关系的相对化。③ 所以,即使是"部分性秩序"的行为,只要接受司法审查,作为该行为的评价基准而使用的规则,在这种意义上可以说呈现出外部化现象。例如,假设国立学校的学生因违反校规而被作出退学处分,退学处分成为司法审查的对象,这在现在不存在异议,而作为其合法性审查的基准,即适用校规。在这种限度内,校规便具有了外部效果。此外,公立图书馆等的利用规则(营造物规则),对于违反行为的制裁,只要接受司法法院的控制,该规则就具有外部效果。在这种意义上,现在,将特别权力关系乃至"部分性秩序"关系的规范,从总体上解释为行政规则,不能否定其外部效果,在和法律根据的关系上,即使有依法律行政的原理所不涉及的部分,也有必要考虑在外部效果方面和行政规则作不同解释,建立与法规命令、行政规则不同的另外的范畴的意义。当然,由于设施自身的组织改变,这种行政规则被解释为作为契约约款来把握的情况越来越多。④

---

① 参见盐野著:《行政法Ⅲ(第五版)行政组织法》,第14页"组织规范的特殊性质"。
② 田中著:《行政法》(上),第166页。
③ 参见盐野著:《行政法Ⅰ(第六版)行政法总论》,第29页以下"特别权力关系论"。
④ 参见盐野著:《行政法Ⅰ(第六版)行政法总论》,第31页。

(三)行政机关的行动基准①

关于行政机关的行动基准,如果是侵害行政的话,从侵害保留的原则来看,当然有形式意义上的法律和法规命令。即使是给付行政,正像各种保险给付那样,有时以法律、法规命令来规定给付的权利。但是,在法律及其委任的方式以外,行政机关有时也制定行政规则,来作为具体场合的行动基准。由于这些完全是为了谋求行政内部的统制而制定的,所以,不需要有法律根据,并且,外部效果本来应该不具有。不过,关于是否完全不具有外部效果的问题,如下所述,具有进一步探讨的余地。

1. 解释基准

所谓解释基准,是指为了防止进行某种处分时作出各不相同的对待,确保行政的统一性,上级行政机关对下级行政机关发布的法令解释的基准。解释基准使用通知的形式,在对于下级行政机关的命令这层意义上,也是训令。解释基准制定权,在行政组织法论上,被解释为上级行政机关具有的指挥、监督权中当然包含的内容。在现行法上,《内阁府设置法》第 7 条第 6 款和《国家行政组织法》第 14 条第 2 款设置了确认性规定。①

此类作为解释基准的通知,拘束下级行政机关。但是,通知的效果只限于这一层,在与国民的关系上,不可能由法院作为基准来适用。在这种意义上,是不具有外部效果的。也就是说,依据某通知所提示的解释作出行政处分,其合法性在法院成为问题时,法院应该以独自的立场来解释、适用法令,判断处分的合法与违法,没有必要考虑,甚至无须考虑通知所提示的基准。换言之,某通知发出后,即使私人认为根据其规定将来会作

---

① 关于日本最早进行的行政规则的总括性研究,有大桥洋一著:《行政规则的法理和实况》,1989 年版。在执笔本部分内容时,受到该研究的启发。此外,这里所说行政机关的行动基准,称之为"行政基准",其详细的论述,参见平冈久著:《行政立法和行政基准》,1995 年版,第 143 页以下。就行政规则的拘束力整体参照德国的学说和判例,并进而展开探讨的成果,有宫田三郎著:《关于行政规则的拘束力》,载《朝日法学论集》第 27 号,2002 年,第 1 页以下。如在正文中所指出,关于行政规则的外部效果,作为在分析德国判例理论的同时,展开日本的解释论的成果,有渡边亘著:《行政规则、外部效果、裁量基准》,载《白鸥法学》第 14 卷第 2 号,2007 年,第 1 页以下。此外,对基准和个别具体的决定之构造性关系的详细分析,有交告尚史著:《行政判断的构造》,载《行政法的新构想Ⅰ》,第 269 页以下。

① 参见盐野宏著:《行政法Ⅲ(第五版)行政组织法》,第 32 页"行政官厅的相互关系"、第 37 页"行政机关关系(2)——于《国组法》上"。

出对自己不利的处分,私人也没有必要立即请求撤销该通知。这是因为,将来根据该通知作出不利处分之后,私人可以向法院起诉,请求法院根据法律的正确解释撤销该处分。① 当然,发出通知后,根据其规定作出行政处分的可能性实际上很大,所以,可以考虑在处分作出之前,作为事先预防将来的危险这层意义上的抗告诉讼而提起中止诉讼。② 但是,通知本身成为具有外部效果的法源,从依法律行政的原理来看,是不被承认的。③ 问题在于,鉴于通知的现实功能,是否存在该原则的形式性适用欠缺妥当性的情形。相关讨论各种各样,主要归纳为如下三类:

(1)由于通知实际上的通用力,以此为前提,私人采取行动,一旦其是广泛且持续的,就会形成以通知为基础的秩序。在这种情况下,违反通知而对私人作出不利处分的话,便会产生违反预测可能性,或者欠缺法的安定性的事态。具有典型意义的情形是租税关系。由此出发,依据通知,这件事情成为行政先例法(习惯法)或者固定下来的话,有观点认为,违反这种情况而作出对纳税人不利的处分是不被允许的。④ 不过,先例法(习惯法)的成立或者固定的判断要素是不明确的(习惯法,与依法律行政的原理不具有亲和性⑤,先例法的成立只有在其成为纳税者的利益之时才被承认,这一点也存在不合理),实际上,考虑到通过通知的公布,法的安定性、预测可能性这种保护利益便诞生了,这一见解会构成对"依通知行政"的公认。这从纳税者全体的角度来看,也可以看作租税行政上的执行之不公平。在这种意义上,认为以通知这种形式而原封不动地承认相关实行上的效果,是不被允许的。假设这样的措施是租税行政实务上不可避免的,那么,改变现在的通知形式,将其升格为法规命令,被认为对于租税法律主义来说是更加适合的。此时,亦应当对租税法令中

---

① 完全按照这一原则作出判断的有关于墓地、埋葬等的通知,参见最高法院判决,昭和43年12月24日,载《民集》第22卷第13号,第3147页;《行政判例百选Ⅰ》第57案件。

② 《行政事件诉讼法》第3条第7款。

③ 通知虽不具有外部效果,但具有内部效果。不过,内部效果的内容未必是一义性的。只要是根据通知而采取了行动,那么,该公务员就不应被追问公务员法上的职务义务违反的责任。可是,通知的不遵守,却并不当然地构成职务义务违反。由于通知所考虑的是抽象性、一般性事态,所以,在通知没有预定到的情况下,进行另外的解释、适用,作为通知的解释而得以承认。

④ 金子宏著:《租税法》(第二十版),2015年版,第621页;中里实著:《违反通知的课税处分的效力》,载《法学者》第1349号,2008年,第86页以下、第89页以下。

⑤ 盐野著:《行政法Ⅰ(第六版)行政法总论》,第52页。

委任的存在方式进行检讨。①

（2）关于有关财产评价的租税关系通知（财产评价基本通知），有判例认为，该财产的客观性的交换价格并不一定能够一义性地得以确定，而是当然地应当作为具有一定幅度的概念来理解，并且，根据评价基本通知计算的评价额，也限于包括具有一定幅度的时价之概念的一种具体的价额，即便是根据评价基本通知进行的评价方法以外的方法所计算确定的价额，当其被"时价"的概念之范围所包含时，还是该当《继承税法》第22条所说的"时价"。② 并且，也有判例认为，通知与对国民具有拘束力的法规不同。但是，在租税实务中，基于通知的整齐划一的处理得以推进，而这样的处理，从纳税者间的公平、纳税者的便宜、征税费用的节俭这种见地来看，应该说是合理的，所以，只要通知的规定比照租税法规范来看具有合理性，那么，在该租税法规范的适用之际，进行基于通知之规定的解释、运用便是适当的。③ 此外，正如在该案的上告审④中，这种解释也得以维持。前述平成5年东京地方法院判决也有同旨趣的判示。

无论是哪个判决，都是将通知的非法规性作为前提，却以通知为媒介进行课税处分的审查，脱离了应当在通知之外进行法的解释这个原则（前述）。关于评价基准的复数性的判示，有的令人想起裁量基准（后述）的审查方式，而以通知的合理性审查为媒介，对处分的适法性进行判断，与法规命令中的审查类似。但是，只要立足于法治主义，那么，便不能承认这样的审查方式，从正面承认将规定复数的评价基准乃至标准的评价基准委任给法规命令，这才被理解为是与法治主义相符合的。⑤

（3）基于通知虽然不具有作为法规范的外部效果，但对相关私人具有实际上的效果，有时候会将其存在作为法的要件来发挥作用。其一是

---

① 谋求对通知进行程序性规制的，已经有《行政程序法》上规定的意见公募程序[《行政程序法》第39条以下。参见盐野著：《行政法Ⅰ（第六版）行政法总论》，第262页以下]。但是，该程序对于租税通知来说只有在通知修改的阶段才会看到适用，在这一点上，成为半途而废的规定（《行政程序法》第39条第4款第2项）。

② 东京地方法院判决，平成5年2月16日，载《判例时代》第845号，第240页。

③ 东京地方法院判决，平成12年7月13日，载《讼务月报》第47卷第9号，第2785页。

④ 最高法院判决，平成17年11月8日，载《判例时报》第1916号，第24页。

⑤ 关于继承税评价基准的判例、学说，参见玉国文敏著：《通知课税的一侧面》，载《盐野古稀》（下），第469页以下。

关于巴西被爆者健康管理津贴不支付案件的最高法院判决。① 在该案件中,对于被告(县政府)主张原告的健康管理津贴请求权基于时效而消灭,前述判决指出,原告之所以没有行使请求权,是因为对原告等规定了失权之对待的(违法的)通知,故而被告主张消灭时效是信义则违反。这是以已经作出的通知之存在为问题的,进而还有未作出通知被作为问题的事例。这是就不能作出过少申告加算税的赋课处分是否存在《国税通则法》第65条第4款规定的正当事由产生争议的案件。最高法院指出,对于变更该所得的课税上从前的做法来说,法令上的措施是理想的,即便不是那样,发布通知也是理想的,而现实中既没有采取法令上的措施,也没有发布通知,以此为理由,判定存在正当理由。② 这些事例,虽然并非承认了通知的法源性乃至通知的外部效果本身,但是,其揭示了通知在现实的行政过程中所发挥的或者应当发挥的功能,有必要予以注目。

2. 裁量基准

如果彻底贯彻法治主义的话,在什么情况下作出什么样的处分,应该由法律规定,行政厅只是对法律规定的机械执行而已。但是,在什么情况下作出什么样的处分,被委任给行政厅判断的情况并不少见。这是行政行为的裁量问题,其详细情况如后所述。③ 在这种情况下,如果完全委托给行政随时随地判断的话,就存在恣意介入裁量决定的危险,并且,也违反预测可能性。因此,对于行政方面来说,虽然是裁量处分,有时也要事先设定裁量的基准,此外,从公正程序的观念来看,设定基准并予以公布才是理想的。④

因为这是行使裁量权的内部性基准,所以具有作为行政规则的性质,其设定不需要有法律根据。⑤ 此外,如果承认其严格的拘束性,结果便具有和委任立法相同的效果,那么,没有法律的委任是否能够实施有关

---

① 最高法院判决,平成19年2月6日,载《民集》第61卷第1号,第122页;《行政判例百选Ⅱ》第228案件。
② 最高法院判决,平成18年10月24日,载《民集》第60卷第8号,第3128页。
③ 参见盐野著:《行政法Ⅰ(第六版)行政法总论》,第102页以下"行政行为与裁量"。
④ 参见盐野著:《行政法Ⅰ(第六版)行政法总论》,第221页。
⑤ 关于与原子炉设置许可处分有关的具体审查基准,参见最高法院判决,平成4年10月29日,载《民集》第46卷第7号,第1174页;《行政判例百选Ⅰ》第81案件。倒不如说,从重视公正程序的观点来看,即使没有法律根据,也应该设定裁量基准。参见最高法院判决,昭和46年10月28日,载《民集》第25卷第7号,第1037页;《行政判例百选Ⅰ》第125案件。

行为,则成为问题。

设定了裁量基准,并且,行政厅根据该基准作出决定时,法院的审查,首先应该就该解释基准是否具有不合理的情况而展开。① 在这一点上,解释基准不是与法院的审查权限完全无关。

另外,在具有裁量权的行政厅方面,是否能够允许脱离裁量基准而随意作出决定也存在问题。最高法院有判决承认了这一点,认为,"行政厅关于其被委任的裁量事项,即使制定了行使裁量权的准则,因为这样的准则本来是为了确保行政厅的处分的妥当性而制定的,所以,即使处分违背该准则而作出,原则上也只限于产生适当与否的问题,而不能当然地构成违法"②。但是,从确保裁量权的公正行使、平等对待的原则、相对人信赖保护等要求来看,要作出和准则不同的判断,需要有使其合理化的理由。③

综上所述,裁量基准在分类上虽然不属于法规命令,但是,可以说在一定限度内具有外部效果。④

3. 给付规则(补助纲要)

这里所说的给付规则,是指关于国家及地方公共团体对私人(国家的相对方也包括地方公共团体)给付补助金等金钱或者物品的给付基准。在实务上,有的也称为补助纲要。关于资金交付行政等行政的给付活动,实务立足于侵害保留的原则,因此没有法律根据而实施的情况较多。此外,即使法律规定了给付的根据,有时也只是停留在概括性的规定。因此,在现实的给付中,通常是在内部制定规定交付基准等的交付规则。补助金等的交付,只要法律上没有具体的规定,交付给谁多少金额,的确是委任给行政主体判断,所以,这也可以称为广义上的裁量基准。这种给付

---

① 参见前述最高法院判决,平成4年10月29日,载《民集》第46卷第7号,第1174页;最高法院判决,平成11年7月19日,载《判例时报》第1688号,第123页。

② 最高法院大法庭判决,昭和53年10月4日,载《民集》第32卷第7号,第1223页;《行政判例百选Ⅰ》第80案件。

③ 关于从裁量基准脱离之容许性,换言之,关于裁量基准的拘束性的概念,学说上有共通的理解,而作为其具体性的对应则存在幅度。参见深泽龙一郎著:《裁量基准的法的性质和行政裁量的存在意义》,载深泽著:《裁量统制的法理与展开》,2013年版,第59页以下、第128页以下;常冈孝好著:《裁量基准的实体性拘束度》,载《阿部古稀》,第691页以下、第708页以下。总之,该问题是按照个别法的结构分别进行判断的程度较大,而关于其事例研究,参见盐野宏著:《日本行政过程的特色——以大学设置认可过程(平成24年)为素材》,载《日本学士院纪要》第68卷第2号,2014年,第113页以下、第127页以下。

④ 参见盐野著:《行政法Ⅰ(第六版)行政法总论》,第242页。

规则,由于没有接受法律的委任,所以,从依法律行政的原理来看,不是法规命令。所以,这只不过是给付主体应该依据的大致基准,相对人并不能以此规则为根据便具有补助金等的请求权。但是,另外,从补助金行政中所适用的平等对待原则来看,没有合理的理由而给一方给付,不给另一方给付,不也可能产生违法的问题吗?在这种限度内,也可以承认给付规则具有一定的外部效果。①

4. 指导纲要

在这里所说的指导纲要,是指为了保证住宅建筑、宅基地开发的公正,由地方公共团体(其首长)制定的行政指导的基准。因《都市计划法》《建筑基准法》不能进行充分的规制,制定条例也有问题,因此,地方公共团体才采取行政指导。在这种情况下,应当事先将该行政指导予以成文化处理。这样一来,指导纲要可以在地方公共团体层次看到实例,从概念上说,国家行政机关制定的指导纲要,也是能够成立的。

指导纲要本身所派生出的是行政指导,而不是作为权力性法行为的行政行为,所以,其性质决定了在严格意义上其外部效果性不易成为问题。不过,现实中的行政指导实际上是按照纲要实施的,所以,相对人可以将纲要作为一种裁量基准,来攻击违反该基准的行政指导。因为行政指导本身不是法行为,所以,不能提起行政指导的撤销诉讼。但是,在实际场合,行政指导具有要求最低规制之基准的功能,事实上具有在这种意义上的外部效果。另外,不服从行政指导,即出现违反纲要的状态时,作为对其制裁,是否可以拒绝例如自来水等的给付呢?这是存在问题的。并且,假设这是被允许的,那么,指导纲要便具有了拘束相对人私人这种意义上的外部效果。但是,承认这种做法,无异于承认无法律根据的纲要具有侵害权利、利益的效果,所以,从依法律行政的原理来看,这是有疑问的,在这种限度内,指导纲要从概念上被解释为只限于行政规则的范畴。②

---

① 包括受给申请人的诉讼方法,参见盐野宏著:《关于补助金交付决定的若干问题》(1990年),载盐野著:《法治主义的诸形态》,第175页以下。

② 另外,参见盐野著:《行政法Ⅰ(第六版)行政法总论》,第199页以下"给付拒绝"。
制定行政的行动基准的具体动机及其领域是各式各样的。从《行政程序法》的角度来看,该法所规定的审查基准(该法第5条)、处分基准(该法第12条),对应于有关处分的个别法的规定之宗旨,有时是解释基准,有时是裁量基准(给付规则)。参见盐野著:《行政法Ⅰ(第六版)行政法总论》,第224页"处分基准的设定和公布"。关于有关指导纲要的法性质的诸学说,包括习惯法说在内,参见三边夏雄著:《地方公共团体的开发指导纲要》,载《成田退官纪念》,第226页以下。

5. 小结

以上所指出的行政规则之外部化现象,每一种都是在裁判过程中成为法院进行判断的考虑要素,在这一点上是共通的,而其具体的功能及法的意义则各不相同。从功能上来看,存在作为行政的司法统制而发挥作用的情形(裁量基准),也有归结于行政运营的追认的情形(解释基准)。从规范性的观点出发,关于组织的规则,关于部分性秩序的规则之外部化,也是对法规范性本身的承认,假如承认解释通知的习惯法化,那就意味着通知的法规范化。与此相对应,裁量基准(包括审查基准在内)的外部化现象,由于是以法的安定性、信赖保护、平等原则为媒介的,所以,无法单就该行政规则的规范化本身进行论述。① 在这种意义上,将行政规则的外部化现象进行统一把握,并轻易加以容认的做法,被认为是不适切的。②

---

① 关于以上这些的详细情况,参见野口贵公美著:《行政立法》,载《行政法的新构想Ⅱ》,第29页以下。此外,在该论文中,认为《行政程序法》的制定赋予了审查基准等作为裁判上的基准之定位(第33页),然而,制定之初的《行政程序法》对外部效果化现象并未具有直接的影响。倒不如说是经过2005年导入意见公募程序(《行政程序法》第六章)之后,对基准等的法院评价才成为问题。参见常冈孝好著:《与裁量权行使相关的行政程序的意义》,载《行政法的新构想Ⅱ》,第255页以下。

② 有必要注意的是,在行政规则的外部化现象的基础上,民间的法主体制作的诸种基准也在行政过程中发挥一定的功能。参见高桥滋著:《行政上的规范》,载《行政法的新构想Ⅰ》,第245页以下、第252页以下。

第二章 行政行为

第一节 行政行为的概念

虽然根据法律及法规命令,私人和行政主体之间便存在抽象的权利、义务关系,但是,这种抽象的权利、义务关系向具体的权利、义务关系转化,必须通过一定方式满足有关法律要件,并不能说因为是私人和行政主体之间的关系,就具有特别的固定规则。有时由于满足了一定的客观要件,便发生私人对于行政主体的请求权,如旧地主对于政府保有农地的出卖请求权。① 此外,即使是行政主体和私人之间,有时根据契约也可以成立具体的权利、义务关系。如为满足道路用地而任意收买土地时的土地买卖契约,或者与之相反,出卖作为国有财产的土地时的土地买卖契约,都是这种情形。与此相对,在行政主体和私人之间,除契约性手段以外,常常也运用行政性精神作用来变动权利、义务。例如,假设有违反《建筑基准法》的建筑物,行政厅对建筑业主等发布拆除命令。② 据此,建筑业主等便负有具体的建筑物拆除义务。此外,在税收领域,即使满足了《所得税法》上的课税要件,也不能直接确定具体的纳税义务。在现行法上,首先由纳税人进行申报这种确定行为,当纳税人不进行该行为,或者其申报和税务署方面的调查不一致时,税务署长可作出确定租税债务(权)的决定或者对纳税人的申报进行更正的命令。根据该决定或更正命令,纳税义务人和国家之间才确定了具体的租税法律关系。③

这样,在行政主体和私人之间的权利、义务关系变动时所运用的包括契约在内的行政性精神作用,有各种各样的形态。在行政法学上,其中之

---

① 参见最高法院大法庭判决,昭和 46 年 1 月 20 日,载《民集》第 25 卷第 1 号,第 1 页;《行政判例百选Ⅰ》第 51 案件。

② 参见《建筑基准法》第 9 条。

③ 参见《国税通则法》第 15 条、第 16 条、第 24 条以下。

一就是在行政行为这一概念之下来把握,试图阐明行政行为这一概念,并明确其特征。在此,也探究有关对象限定的各种各样的方法,现在,通常是在强调与民法上的法律行为相对比的意义上使用狭义的概念①,我们在这里也按这种观点来理解。即所谓行政行为,是指行政活动之中,在具体场合具有直接法效果的行政的权力性行为。从前述事例来看,建筑物的拆除命令、租税申报的更正、租税的决定便是行政行为。

关于权力性的具体内容,我们将在后面另作考察。在这里,暂且指出如下几点:

一、行政行为本来是德语 Verwaltungsakt 的翻译,在德国,行政行为也是法律用语。② 与此相对,在日本,制定法上没有使用"行政行为"这一术语。所以,在日本,现在"行政行为"依然是学术上的用语,实质上是对德国行政法学的继受。③ 另外,必须留意的是,《行政程序法》第 2 条等、《行政不服审查法》第 1 条等、《行政事件诉讼法》第 3 条等,这些条文中有"行政厅的处分"的概念,虽然关于其周边部分有广义、狭义之分,但是,学术上的行政行为却构成其核心内容。④

二、行政行为,在前述事例中,看起来似乎仅着眼于行政主体方面的单方性行为,但事实并非如此。例如,在营业许可中,私人方面的申请先行,然后,针对该申请,才作出许可的行为。在这种意义上,即使是双方性的行为,同样可以说有行政行为存在。不过,即使在这种场合,具体的法律关系也不是基于私人的意思(申请)和行政厅的意思(行政行为)的一致而成立,而是基于被称为许可的行政行为得以形成,申请只是其前提要件。在这一点上和契约的情形不同。

三、行政行为,是使行政主体和私人之间的法律关系形成或者消灭的法行为,换个角度说,是法的道具。既然是道具,当然存在对之适合使用的领域和不适合使用的领域。并且,由于具有权力性,行政行为也许会

---

① 参见田中著:《行政法》(上),第 104 页。
② 参见德国《联邦行政程序法》第 35 条。
③ 参见冈田正则著:《行政处分、行政行为的概念史与行政救济法的课题》,载《法律时报》第 79 卷第 9 号,2007 年,第 18 页。
④ 关于《行政事件诉讼法》上的处分概念,参见盐野著:《行政法Ⅱ(第六版)行政救济法》,第 81 页"处分性"。关于"行政厅的概念",参见盐野著:《行政法Ⅲ(第五版)行政组织法》,第 17 页"行政作用法的机关概念——基于行政官厅法理的机关概念"。

被认为是只有在规制行政中才使用的方式。的确,规制私人的自由或者制约其财产的规制行政,是适合于使用行政行为的领域。与此相对,在给付行政中,例如,公营铁道、公共汽车的利用等,适合于运用与私人间同样的契约方式。但是,这并不是说在给付行政中不能使用行政行为。事实上,现实中已经在广泛的范围内使用行政行为。例如,关于道路及河川的利用关系,已经使用了行政行为的方式①,在社会保障领域,以生活保护决定(《生活保护法》第24条、第25条)为代表,使用行政行为的情形较多。对于立法者来说,如果认为使用行政行为更加便利的话,便可以使行政行为介入其中。

四、行政行为,是与法律关系的形成、消灭有关的一种法的行为形式。这可以从两个方面来理解。其一,行政主体和私人之间的法律关系绝不是仅仅依据行政行为,而是还依据其他各种各样的法律要件而变动。在这种意义上,虽然行政行为是重要的,但是,必须注意的是,它并不是在行政活动中排他性的道具。其二,行政主体和私人之间的法律关系因一个行政行为而变动,有时两者的关系也因行政行为而终止。但是,许多情况下,行政主体和私人之间的法律关系也以各种各样的形态展开,行政行为只是其中某阶段的道具。也就是说,行政行为只不过是作为行政过程的一个阶段发挥其作用而已。换言之,行政行为构成行政法上法的体系的一个部分。②

第二节 行政行为与法的拘束

行政行为被作为权力性行为的象征来把握,在这种限度内,是以将有关行政权的法的拘束作为问题的依法律行政的原理为中心的行政法的诸法理所直接适用的领域。

在与法律的保留的关系上,根据侵害保留理论,行政行为,特别是带有制约私人的权利、侵害私人的自由等限定性行政行为,可以作为主要的对象来考虑。

制定法对于作为行政行为的具体的行政决定是在怎样的程度上进行

---

① 占用的许可——《道路法》第32条、《河川法》第23条以下。
② 关于行政行为(行政处分)的概念和分类的近年来行政法学上的动向,参见人见刚著:《行政处分的概念和分类》,载《行政法的争点》,第34页以下。

规制的,即设置什么样的规制规范的问题,是不能一概而论的。行政行为虽然也有仅限于对法律的单纯执行,但是,有时法律也赋予行政厅在作出行政行为时一定的判断余地。后者即所谓裁量问题。行政活动和裁量并不限于行政行为的场合。委任命令,在委任的范围内也存在法规命令制定权者的判断余地,即存在裁量。不过,那不是以裁量的形式,而是作为委任命令的界限展开论述的。与此相对,以前作为行政裁量的最为重要的情形而论述的,是行政行为中的裁量问题,说行政裁量的话,有时仅指行政行为的裁量。

不仅制定法上的规制规范,而且作为不成文法的规制规范,原本都是适用于行政行为的。行政上的法的一般原理的主要适用情形也是行政行为。特别是比例原则,首先是在与警察处分的关系上展开讨论,然后该原则被推广于一般行政行为,进而升华为适用于一般公共行政活动的法的一般原理。

行政行为和法的拘束,与行政行为的瑕疵论也有关系。法律行为的瑕疵论之重点是意思和表示的不一致。在那里,问题是以如下形式出现的:是保护实施了法律行为的人?还是维持信赖该行为而形成的秩序?与此相对,在行政行为中进行了如下问题设定:最为基本的关心是意思表示是否符合法律,而错误本身并不一定是重要的问题。在此情况下,以合法性为基准而展开了问题的讨论。

第三节　行政行为的种类

一、概述

行政行为可以从各种各样的角度分类。[①] 例如,以作出行政行为是否需要一定的形式为基准,分为要式行为和不要式行为;以着眼于规范人还是规范物为基准,分为对人处分(驾驶执照)和对物处分(建筑确认、违法建筑物拆除命令)等。下面就以前在日本的行政行为论中所形成的重要的分类基准(行政行为的效果、行政行为的内容、效果意思、行政行为的

[①] 关于分类论的概要,参见人见刚著:《行政处分的概念和分类》,载《行政法的争点》,第36页以下。

功能等观点)展开讨论。

从法对行政行为的拘束程度的观点出发,有裁量行为和羁束行为的区别。这一点将单独列节来论述。①

二、依行为效果的分类

行政行为,依行为对相对人的法效果,可以分为授益处分和侵害处分。营业的许可、补助金交付决定等是授益处分;违法建筑物拆除命令、税金的更正处分等是侵害处分。这种区分,在考察法律的保留、撤回、裁量、听证等问题时,可以提供大致的判断基准。此外,在行政行为之中,不仅要注意和相对人的关系,还必须注意和第三人的关系。建筑确认就是其中之一,进行建筑确认,对相对人来说是授益处分,而对于其相邻的人来说则具有侵害性效果。这称为复效性处分或者二重效果的行政行为。在该情况下,第三人的地位在行政过程中应该如何定位,即是否作为听证等的对象,或者说在与撤销诉讼的原告适格的关系上应该如何定位等,这些都成为问题。②

---

① 参见本章第四节。
② 正文中所揭示的行政行为的法效果之示例,每一种都是着眼于通过行政行为而形成的私人与行政之间的基本关系的情形。例如,试图进行饮食店营业的人,通过获得都道府县知事的许可(《食品卫生法》第52条),获得许可营业者之法的地位。不过,《食品卫生法》另外赋课各州共有的营业上的规制,同时对该地位的承继也作出规定。这可以称为由基本关系所派生出来的派生关系[关于公务员任命行为中的基本关系与派生关系,参见盐野著:《行政法Ⅲ(第五版)行政组织法》,第244页"勤务关系的性质"、第259页"公务员的权利和义务"之"引言"]。进而,有时候会对许可行为附加法令以外的规定[行政行为的附款。盐野著:《行政法Ⅰ(第六版)行政法总论》,第149页]。以下所揭示的行政行为的分类,每一种都是着眼于这种基本关系设定行为的,在派生关系中也存在使用行政行为这种行为形式的情形(《食品卫生法》第54条规定的废弃、除却命令)。从前,行政行为论主要是着眼于基本关系的设定而形成的,但必须注意的是,具体的法律问题大多是与基本关系和派生关系双方相关联而产生的。

以这种状况为基础,关于行政行为的法效果,有人提倡行政行为的法效果之二元区分论,将与基本关系相关的效果称为直接的法效果,将与派生关系相关的效果称为附随的效果(中川丈久著:《行政处分的法效果是指什么》,载《石川古稀》,第203页以下)。于是,这两个概念不单纯是说明上的概念,而且还被认为对于判定原告适格的判定处分性具有意义(前书第218页以下)。这种二元区分是否作为道具概念而发挥功能尚有检讨的余地,但是,对于分析行政过程中具体性的法的结构来说,是有效的。

当然,从效果所涉及的第三人的多样性、效果本身的多样性来看,虽然说是二重效果的行政行为,但也并不能导出千篇一律的解答。参见芝池义一著:《行政决定和第三人利益的考虑》,载《法学论丛》第132卷第1·2·3号,1992年,第87页以下。

三、依行为内容的分类

行政行为,依行为的内容,通常可以分为命令性行为和形成性行为。这种区分本来是明治宪法时代所确立的观点①,在《日本国宪法》下得以继承并一直延续至今。② 这种分类基准在于,命令性行为是对人的自然自由的规范,而形成性行为是赋予人以新的权利、能力的规范。

从这种观点出发,命令性行为进而分为:下达命令,即对人的本来的自由行动作出作为、不作为的命令;许可,即关于人的本来的自由活动领域事先设置禁止,一旦具备一定的要件,基于申请而解除该禁止,即谋求自由的恢复;免除,即在一定的情况下解除作为、给付、忍受的义务。

与此相对,形成性行为是直接对相对人设定(或者剥夺)权利及总括性法律关系的行为,如公有水面填平造地的许可、公务员的任命等。此外,虽然是关于人们营业的,但有关煤气、电等公益事业,不仅仅是单纯的营业自由的恢复,而且也是一种经营权的赋予,所以,公企业的特许可以归类于形成性行为。

此外,为使私人相互间的法律行为的效果得以完成而实施的认可(农地之权利移转的许可、公共收费的认可、河川的流水占用权之转让的承认),虽然不是赋予相对人以直接权利,但是,也被作为一种形成性行为来把握。

这种分类,是以国家和社会的二元区分为前提的,在这种限度内,提示了一种精湛的见解。但是,也存在能否以国家和社会的严格区别来说明一切现象的问题。例如,关于煤气、电等公益事业和饮食店营业,有关法律的规范方法确实有不同的地方。前者以自然垄断为前提,对市场的参与予以限制(垄断或者独占的法认知),同时,采取了防止垄断弊端的一系列措施(收费等的认可制)。而后者虽然根据维持公共秩序的观点设定基准,但是,没有对市场的参与规制。并且,在明治宪法之下,存在前者的经营权由国家垄断的观念背景。但是,在现行宪法之下,不存在承认公益事业的国家经营权垄断观念的实证性根据,并

---

① 例如,美浓部著:《日本行政法》(上),第202页以下。
② 参见田中著:《行政法》(上),第121页以下。

且,从私人的营业自由观点来看,也不能区别煤气事业和饮食店营业。进而,关于是限制对市场的新参与而对企业活动设置一定限制的手段还是原则上不予规制的问题,包括参与规制的程度、行为规制的程度的多样性在内,立法者的选择幅度是广泛的。因此,关于该领域,规定一方为命令性行为,而另一方为形成性行为,分别视其为行政的不同领域,是有困难的。此处应该理解为,均是对于营业自由的规制,只是其手段不同而已。必须注意的是,在这种意义上,这种区别也相对化了。进而,在该分类中,对于所谓特许企业命令①的定位存在困难,这也是问题之一。②

四、依行为效果意思的分类

行政行为的分类,进而可依据民法的法律行为论,分为法律行为的行政行为和准法律行为的行政行为,后者又分为确认、公证、通知、受理。这也是在明治宪法下创立的一直延续至今的分类。③ 确认,是确定存在特定的事实或者法律关系的行为,如对税的申报的更正、决定,对是否享有抚恤金权的裁定。公证,是向公众证明特定的事实或者法律关系是否存在的行为,如在选举人名簿上登记。通知,是向特定或者不特定多数人告知某种事情的行为,如土地细目的公告、代执行的告诫。受理,是将他人的行为作为有效的行为而受领的行为,如各种登记表的受理。并且,这些行为的共同点在于,发生或者不发生何种效果,完全由根据法来规定,而不是依据意思表示。

行政行为内容上的区分完全是围绕法律行为的行政行为而创立的分类方法,所以,准法律行为的行政行为的范畴是与之不同的,无论如何,要原封不动地维持这种分类,是有疑问的。

---

① 《电气事业法》第 30 条以下;《煤气事业法》第 25 条之二等。
② 关于从前被归类于形成性行为范畴的行为,其历史性背景也是各种各样的。参见玉井克哉著:《从特权赋予到行政行为的历史发展》,载《盐野古稀》(上),第 306 页。
从内容的观点进行分类及命名,是学说上的做法,与个别法上的法令的用语不一致。并且,讲学上的概念本身是以典型事例为前提的,所以,在进行实定法的解释之际,有必要进行个别的检讨。参见高木光著:《认可=补充行为说的射程》(一)至(二·完),载《自治研究》第 90 卷第 5 号、第 6 号,2014 年。
③ 美浓部著:《日本行政法》(上),第 223 页;田中著:《行政法》(上),第 121 页。

就确认而言,如果其所确定的内容产生规范力、公定力的话①,将被解释为具有确定法律关系等内容的行政行为,即具有作为行政行为内容上的分类之意义。此外,关于公证,判例认为,仅仅有对于公众的证明力,还不能赋予其作为行政行为的资格。② 与此相对,关于通知行为,具体地说,有的判例将其视同命令性行为③,并没有将其作为准法律行为独立地予以定位。至于受理,当其被具体地赋予法效果时,到底应不应该将其作为和命令性行为、形成性行为不同的独立的行政行为的种类来把握,也是有疑问的。而且,《行政程序法》上也不存在受理的概念。④

五、依行为功能的分类

以前所采取的依行政行为内容及效果意思进行分类的方法,是以民法的法律行为及国家和社会的二元区分这种基本的范畴为前提的,所以曾经有其相应的意义,并且,即使现在,和其细分类的用语一起,在实务上和学说上得以广泛采用,因此,有些作为行政法学的知识依然通用。⑤ 但是,在现代,不仅存在如前所述的问题(前述三、四),而且,有人认为,此处所探讨的认可、特许等,与其说是行政行为的分类,倒不如说是对关于私人行为的规制方法的法的体系的分类。由于主张该观点的学说更具有说服力,所以,在行政行为这种行为形式阶段维持依行政行为的内容及效果意思进行分类,是不适当的。

因此,从立足于行政过程论角度的行政的行为形式论观点看,我认为,倒不如彻底贯彻功能性见解,采取如下所述的命令行为、形成行为和

---

① 关于规范力、公定力,参见盐野著:《行政法Ⅰ(第六版)行政法总论》,第116页以下、第120页以下。

② 最高法院判决,昭和39年1月24日,载《民集》第18卷第1号,第113页;《行政判例百选Ⅰ》(第四版)第68案件。

③ 最高法院判决,昭和54年12月25日,载《民集》第33卷第7号,第753页;《行政判例百选Ⅱ》(第五版)第165案件。

④ 参见盐野著:《行政法Ⅰ(第六版)行政法总论》,第242页、第259页。

与行政行为论的见地不同,今后,有必要对以行政作为前提的网络社会中的行政主体和私人之间的信息交换过程中所看到的有关通知和受理、公证的法的问题进行探讨。指出这一点的研究,参见多贺谷一照著:《通知、受理、公证》(1995年),载多贺谷著:《行政与多媒体的法理论》,1995年版,第32页以下。

⑤ 不过,作为法令用语,除此之外,还有认许、认定、认证、承认等各种各样的术语。

确定行为的三分方法更为适当。①

(一)命令行为

这里所说的命令行为,是指明显的命令私人作为、不作为的行为。这既有与自然自由有关的命令,也可以是对许可企业的企业活动的命令。前者,例如,《建筑基准法》第9条规定的违法建筑物拆除命令,构成违法建筑物规制这一法的体系的根本组成部分;后者,像《电子通信事业法》第29条规定的电子通信事业的业务改善命令那样,构成电子通信事业规制这一法体系的一部分。进而,像补助金事业的推行命令那样,成为作为给付行政的补助金交付这一法的体系的构成要素。确保行政上的义务履行制度,正是这种命令的实效性担保手段。

(二)形成行为

这里所说的形成行为,是指设定私人的法的地位的行为。最为单纯的事例,是《道路交通法》第84条规定的驾驶执照那样,作为恢复一般人开车自由的手段而使用,此外,也是作为私人营业行为的规制手段而采取的。通过这种行为,从事在法上被禁止的事业活动,在法上便得以承认。在这种意义上,形成行为成为各种营业许可制度这种法的体系的重要要素。形成行为有时像医师执照那样也用于法律上所承认的资格赋予。②《律师法》第8条规定的律师登记也是根据该登记而成为律师,故而属于形成行为。《关

---

① 关于根据行政行为的内容进行分类,在现代德国,通常分为命令、形成和确定三种(参见 Maurer, Allgemeines Verwaltungsrecht, 18. Aufl., 2011, §9 Rdnr. 44 ff.)。这里所说的命令,顾名思义,是作为、不作为的命令;形成中还包括日本的命令性行为中的许可。确定被认为和日本的确认行为相同。所以,这种分类,和日本不同,不以私人的自由领域和国家所赋予的权利之区别为前提,而是从更加技术性的角度进行的分类。但是,也正是因为这样,行政行为的功能,被认为按照其种类的不同而得以分别明确化。此外,确定行为也和命令行为、形成行为并列来把握,由此可见,在这里,准法律行为的行政行为的观念已经不存在了。本书也认为这种方法论基本上是正确的,故而予以正文中那样的整理。

宫田著:《行政法总论》,第226页,采取了规范内容的区别这种观点,确立了像本书所提示的那种三元区分方法。石崎诚也著:《关于行政处分的区分》,载《东京都立大学法学会杂志》第39卷第1号,1998年,第383页以下、第395页以下,在尝试从各种各样的角度对行政行为进行分类整理的基础上,采用行政行为的四分类方法,揭示了广义的设权处分(利益性处分)、拒绝处分、命令性处分(义务课赋处分)和剥夺权利处分,其基本的视点可以理解为与本书是相通的。此外,关于行政行为的从前的分类讨论,也包括对本书的见解进行批判,尝试进行详细分析的,有鹈泽刚著:《关于准法律行为的行政行为的概念》,载《立教法学》第82号,2011年,第331页以下。

② 《医师法》第2条、第6条。

于公益社团法人及公益财团法人的认定等的法律》第 4 条以下所规定的公益社团法人认定,也同样是形成行为。至于通过形成行为而获得基础的法的地位如何,尤其是否具有对于第三者的对抗效力的问题,则应当根据该形成行为的根据法令,个别地作出判断。例如,基于《公有水面填平造地法》而获得填平造地许可的人,便具有对于填平造地的着手、施工的妨害排除请求权。①

以前被认为是认可的事项,在其使私人间的法律行为得以完成、设定新的法律关系的意义上,可以将其包括在形成行为之中来考虑。

在使用形成行为的法的体系中,通常要等待申请才能成为许可或者登记的行为。因此,拒绝该申请,是基于程序上、实体上的理由,而不予以形成行为这种行政方面的法的判断,所以,我认为此可以理解为消极的形成行为。在形成行为中,形成持续性的法的地位的情况较多,所以,为了维持该秩序而使用使其法的地位消灭这种意义上的形成行为。②

(三)确定行为

这里所说的确定行为,是指确定法律关系的行为。租税的更正处分(《国税通则法》第 24 条),在确定应该缴纳税额的意义上是典型例子,而抚恤金权的裁定等以前被认为是"确认行为"的事项,也被归类于确定行为。在与确定性行为相关的具体的法的体系中,以私人方面的申请为前提时,其拒绝被解释为行政行为,这和形成行为相同。此外,建筑确认(《建筑基准法》第 6 条)虽然使用"确认"这一用语,但是,由于通过该"确认"使得建筑的自由得以恢复,因而属于建筑确认制度这一法的体系,所以,倒不如说将其归类于形成行为更为妥当。可见法令用语和这里的分类并不一定是一致的。③

---

① 参见神户地方法院姬路支局判决,平成 12 年 7 月 10 日,载《判例时报》第 1735 号,第 106 页。

② 这是后述行政行为的撤回问题。盐野著:《行政法Ⅰ(第六版)行政法总论》,第 144 页以下。

③ 以上的分类,是关于具有明确的行政行为性质的行为之功能性分类。但是,在现实的立法中,这一点却并不一定是明确的,所以,使行政行为分属于上述分类的某一类是否适当,有时是有问题的。例如,行政代执行制度中的告诫(《行政代执行法》第 3 条)、纳税告知(《国税通则法》第 36 条)、纳税的督促(《国税通则法》第 37 条)等。这些都与国民的权利、义务没有直接关系。但是,这些都是行政代执行或者国税征收这种法的体系的重要要素之一,如果没有了这些,相关程序便不能进行。此外,法院将这些作为《行政事件诉讼法》的处分而视为诉讼的对象。(转下页)

以上所揭示的三分方法,也是对制定法上被认为是行政行为的行为,从一定的见地(在这里是功能)出发而整理出来的,与个别法上的用语并不一致,这与从内容的观点出发进行的分类(前述三)是同样的。另外,前面揭示的从功能的观点出发进行的分类,由于是以本来被赋予作为道具概念之性格的从内容的观点进行分类的相对化现象为基础的,所以,在那里的命令、形成、确定的任何一种,具体地具有怎样的法效果,均会在个别法的结构中得以确定。在这种意义上,有必要留意的是,从功能的观点出发进行的行政行为的分类上的概念,变成了说明概念。①

第四节 行政行为与裁量

一、引言

作为行政法的基本原理,依法律行政的原理是适当的。② 但是,这并不意味着行政仅是限于法律的具体化,或是名副其实的法律执行。那虽然是法治国原理的要求,但是,要实现其完全形态是困难的。行政虽然执行法律,但在其过程中,存在有必要给予执行者以自己决定余地的情形。

(接上页)从这点出发,今村著:《行政法入门》,第70页以下、第84页以下,将这些视为行政行为的一种即程序性行为(其中的预告)。这虽然也是一种整理方法,但我认为,在其所论述的程序性行为的其他种类(公证、受理、拒绝)之中,关于公证,应该否定其行政行为的性质;关于拒绝,正如本书正文所述,只要将其理解为消极的形成乃至确定行为就足够了;关于受理,即使在《行政程序法》中也没有承认其法的存在;所以,仅将预告作为程序性行为以区别于其他行为的独立分类,我认为并不一定合适。在这种意义上,这些告诫等虽然是从《行政事件诉讼法》上救济的便宜出发赋予其处分性的行为,但是,作为行政行为的周边部分来进行定位,或者不将其置于行政行为论上的行政行为之中来把握,被认为也是不错的。此外,值得注意的是,本书所说的命令行为、形成行为的用语,不仅和从前的概念不同,而且和今村《行政法入门》中概念的内容也是不同的。例如,藤田著:《行政法总论》,第191页以下,依然从行政行为是以何种形式和私人的权利、义务发生关系的角度,对行政行为进行理论性分类,提示了命令性行为、形成性行为的二元区分论。但是,其区分正像本文所提示,不是作为行政的行为形式的行政行为之分类,而是应该作为法的体系的类别来把握的主张。参见大贯裕之著:《行政行为的分类学备忘录》,载《东北学院大学论集》第40号,1992年,第155页以下、第180页以下。作为从明确提示的"干涉的体系"这种观点出发,来论述许可制、登记性许可和特许的研究,参见小早川著:《行政法》(上),第196页以下。

① 指出行政行为的分类之"说明功能"的研究成果,参见藤田著:《行政法总论》,第207页。
② 盐野著:《行政法Ⅰ(第六版)行政法总论》,第58页以下。

当然，有关问题并不限于行政行为，而是在行政的所有行为形式下都存在。委任立法是承认行政部门制定一般性规范的行为，在行政立法时，关于制定何种内容的规范的问题，委任立法的制定权者当然具有裁量的余地。法院对行政立法的统制，在于是否超出了委任的范围，而不在于是否正确地实行了委任。① 此外，在行政计划中，法只限于揭示其所要实现的目的，而实现其目的的方法通常则委任给计划的策划制定权者决定。② 在行政指导、行政契约中也是一样，规制规范的存在感大多较稀薄。在对上位规范的关系上，说在其范围内的自由活动，也并不限于行政活动。在与宪法的关系上，有立法裁量，这是不言而喻的。此外，法院的活动也是一样，虽然说是法的发现，但实际上则是司法裁量。

这样看来，国家活动中裁量的存在是多方面的，即使限定于行政法，也存在各种各样的情况。自明治宪法时代以来，最为集中论述的是行政行为和裁量。这可以说是行政法学上的行政行为中心主义的体现，同时也具有重要的实用性意义。也就是说，在当时，对行政行为的裁判性控制曾经由行政法院进行，而行政法院仅限于对行政行为的合法性进行审查。所以，行政行为的适当与否的问题不能成为行政法院的审查对象。换言之，关于裁量的问题，行政法院的审查权限是不能涉及的。并且，在对行政行为的控制被置于司法法院下的现在，这一点也没有变化，行政行为中的裁量依然是行政法学中最具有实用性的重要课题之一。③

二、裁量的意义

行政行为中的裁量，是法律将专属于行政权判断的事项予以委任的领域是否存在以及其范围的问题。从另外的角度说，这是指法院在审查行政行为时，能够在何种程度上进行审查的问题，即法院在何种程度上必须以作出行政行为的行政厅的判断为前提来审理的问题。于是，裁量在实务上成为问题的，是以法院对行政行为的审查范围的形式出现的。

---

① 参见盐野著：《行政法Ⅰ（第六版）行政法总论》，第79页以下。
② 盐野著：《行政法Ⅰ（第六版）行政法总论》，第179页。
③ 参见《行政事件诉讼法》第30条。关于裁量的文献数量很多，对日本围绕裁量的学说、判例进行全面且认真分析的论文，有王天华著：《行政裁量的观念与撤销诉讼的构造》（一）至（五），载《国家学会杂志》第119卷第11·12号，2006年，第120卷第1·2号、第3·4号、第5·6号、第7·8号，2007年。

探究作出行政行为时的行政厅的判断过程(参见下列过程)的哪个阶段存在裁量,便是裁量论的意义之所在。①

A. 事实认定。

B. 事实认定的构成要件之适用(要件的认定)。

C. 程序的选择。

D. 行为的选择:

a. 选择何种处分(如果把处分的内容看作像菜单一样的存在,便是处分的选择;若不考虑其前提的话,就是作出什么处分的问题)②;

b. 是否作出该处分。

E. 时间的选择:何时作出处分。

三、自由裁量

(一)古典的方法——要件裁量和效果裁量的区别

裁量问题并不是现在的制度初次产生的,而是在明治宪法之下便已经作为行政法院的审查范围的问题而存在了。那时,是以行政行为在总体上是不是裁量行为,进而,其裁量是以要件的认定还是以行为的选择这

---

① 山下竜一著:《作为行政法的基础概念的行政裁量》,载《公法研究》第67号,2005年,第26页,关于行政裁量,将关于立法与行政的关系的情形视为广义的裁量,将在行政与司法的关系中来把握的情形视为狭义的裁量。作为理论上的分析基准,这是可以考虑的。进而,广义的裁量之观念,在个别立法之际(或者作为一般的制度),在提供是否应该规定该不确定概念的解释基准(通则或者个别)这种裁量的立法统制之检讨的场所,被认为具有这种开发的效果。另外,司法审查,归根结底在于立法权者确定赋予行政权的裁量之范围,行政权在其所确定的裁量权行使之际发现并适用应当遵守的法(比例原则等的实体法上的法原则及基准的设定等程序法上的法原则)。在这种限度内,司法权的裁量审查也限于由立法权对行政权的裁量权授予的范围,所以,被认为并不存在所谓广狭的问题。

② 这一点,举例来说,在关于公务员的惩戒处分中,有免职、停职、降低工资、告诫(《国家公务员法》第82条、《地方公务员法》第29条)。选择其中的哪一种,以行为选择来说明便足够了。此外,停职、降低工资也是有幅度的,以在其幅度内(比如,停职1个月或者2个月)的选择来说明也是可能的。另外,面对申请许可证和执照等的情况,除了予以许可还是拒绝申请的选择,即使承认申请,也存在像将营业区域限定在何种范围内那样对于执照的具体内容进行判断的问题。在这种场合,与其说事先存在区域的菜单,以对其选择来说明,我认为倒不如说是形成该营业执照的内容更为合适[不过,还有行政行为的内容和行政行为的附款的异同之问题,这一点留作后述。盐野著:《行政法Ⅰ(第六版)行政法总论》,第152页]。后者的更明确的体现是委任立法和行政计划的情况,将面对这些行为形式的行政厅的判断称为行为的选择,与内容是不相符合的,所以,理解为规定即形成法规命令或者行政计划的内容的行为,更为妥当。

种形式展开问题讨论的。也就是说,当时是作为要件裁量还是效果裁量的问题来讨论的。

所谓要件裁量,是指关于满足成为行政行为根据的要件,主张在行政厅具有最终认定权的情形下,该行为就是裁量行为的观点(佐佐木说)。① 那时,只要是要件的认定,前述 A 和 B 阶段就成为问题,而关于事实认定,A 阶段当然地被视为法院审理、判断的对象。因此,B 阶段,即关于是否成为处分根据的充足事实的评价部分的裁量问题,即使在佐佐木说中,仅仅是要件不确定(例如,危害善良的风俗)还不足以承认裁量,只有在仅规定行政最终目的(例如,为了公益)那样程度的要件,或者法律上根本没有规定任何要件的情况下,才承认行政厅的裁量。

与此相对,所谓效果裁量,是指是否作出行政行为,假设作出行政行为,那么应作出怎样的处分,即在 D 阶段上求得裁量所在的观点(美浓部说)。集中表述这一观点的是美浓部三原则,即"第一,侵害人民的权利,命令人民负担,或者限制其自由的处分,在任何情况下都不能成为自由裁量的行为。第二,为人民设定新的权利,为人民提供其他利益的处分,除法律特别规定给予人民所要求权利的情况外,原则上是自由裁量的行为。第三,不直接产生左右人民的权利义务效果的行为,除法律特别附加了限制的情况外,原则上是自由裁量的行为"②。其中第二原则,明显是在是否作出行为这一点上求得裁量的。而在第一原则中,实施侵害处分时,在任何意义上都不存在裁量。也就是说,关于要件的认定,无论法律使用了如何不确定的概念,法院也必须亲自解释该不确定概念,同时进行事实评价。所以,至少关于侵害处分,是不存在要件裁量余地的。③ 另外,因为效果裁量在 D 阶段承认裁量,所以,进一步分析的话,可以分为(行为的)选择裁量或者(内容的)形成裁量、决定裁量。④

佐佐木说和美浓部说,虽然在裁量是要件上裁量还是效果上裁量的问题上存在不同,但双方都是将某种行为分为裁量行为和非裁量行为两

---

① 佐佐木惣一著:《日本行政法总论》,1924 年版,第 69 页以下。
② 美浓部达吉著:《行政裁判法》,1929 年版,第 152 页。
③ 在美浓部说中,其宗旨是不是完全不承认要件裁量呢? 只根据三原则,这一点是不够明确的。不过,在前注所引用的文献之外,美浓部达吉著:《行政法撮要》(上卷,第四版),1939 年版,第 43 页,认为不确定概念的认定是羁束裁量,即不是自由裁量。
④ 盐野著:《行政法Ⅰ(第六版)行政法总论》,第 104 页脚注②。

种。另外,对其他部分的裁量,双方都是不关心的。例如,时间的裁量或者程序的裁量等,是不包括在传统的裁量论之中的。此外,必须注意的是,如前所述,关于事实认定本身,双方也都没有作为裁量问题来把握。

这些学说主张裁量的所在不同(当然,实质上重合的部分也是存在的①),但各自具有法治国的要素。在佐佐木说中,将重点置于法律规定的方法,所以,该说是忠实于依法律行政的原理的。美浓部说虽然撇开了法律规定的方法,但关于行政权对人民的权利、利益的侵害,原则上试图使其接受法院的控制,在这种意义上,该说也是具有法治国性质的。②

(二)现代的问题状况——裁量领域的扩张和控制手段的多样化

1. 裁量领域的扩张

(1)要件裁量的承认

代表古典理论的美浓部说的特征在于对要件裁量的否定。并且,最高法院也出现了采纳该学说的判决。③ 但是,有必要注意的是,战后的判例呈现出承认在要件认定上也存在裁量的趋向。例如,最高法院昭和53年10月4日大法庭判决[所谓马库林(マクリーン,McClin)案件]④,关于法务大臣行使有关外国人的居住许可裁量权时的要件的认定,指出:

---

① 一旦对效果裁量也承认法院的统制余地的话,法院的审理判断的内容将近似于要件裁量的滥用审查。在这种意义上,效果裁量和要件裁量的区别,在现行法下相对化了(参见《行政判例百选Ⅰ》第80案件,三浦大介解说)。此外,亘理格著:《公益和行政裁量》,2002年版,第315页以下,也指出了要件裁量肯定说和否定说的相对性。

② 裁量本来是与一般权力关系有关的问题。与此相对,关于所谓特别权力关系,在明治宪法之下,本来是不能成为裁判救济对象的。在《日本国宪法》之下,特别权力关系相对化了。因此,是称为特别权力关系还是称为部分性秩序的问题姑且不论,在这些关系中的行为,在教育的考虑、人事的考虑等名义下,开始作为裁量问题来处理了。所以,必须注意的是,并不是说这些事项从前被作为羁束处分来把握,现在却变成了裁量处分,而是说第二次世界大战后重新成为司法救济对象的行为,现在作为裁量处分来处理了。

在从前的行政裁量论中,经常进行如下分类,即首先将行政行为分为羁束行为和裁量行为,然后将后者分为羁束裁量(法规裁量)和便宜裁量(自由裁量)[田中著:《行政法》(上),第116页以下]。在这种情况下,羁束裁量(法规裁量)指的是什么是法的裁量,这种裁量被认为是法院能够审查的事项。在这种意义上,作为认识论暂且不论,作为法工具概念,我认为创立羁束裁量(法规裁量)的概念是没有意义的,并且,用语的语法也并不一定正确,所以,本书不使用这样的概念。

③ 最高法院判决,昭和31年4月13日,载《民集》第10卷第4号,第397页;《行政判例百选Ⅰ》第75案件。

④ 载《民集》第32卷第7号,第1223页;《行政判例百选Ⅰ》第80案件。

"法院在就法务大臣的前述判断是否构成违法进行审理、判断之际,应当将前述判断是法务大臣的裁量权之行使的结果作为前提,并就下列事项进行审理:是否由于成为其判断之基础的重要的事实存在误认等而导致前述判断完全欠缺事实的基础,或者由于对事实的评价明显欠缺合理性等而导致前述判断与社会通常理念相对照严重欠缺妥当性的事实是否明显。只限于这些被承认的情况下,才可以将前述判断作为超越裁量权的范围或者存在裁量权滥用的情形判定为构成违法。这样解释是适当的。"这被解释为其宗旨显然是就要件是否存在承认法务大臣所固有的认定权即要件裁量。①

如上所述,最高法院出现了承认要件也存在裁量的判决,但这一事实并不表示判例单纯地从美浓部说转向佐佐木说。之所以这样说,是因为佐佐木说的宗旨也不是在不确定概念上全部承认要件裁量,而是只就最终目的承认裁量,故依照佐佐木说,战后法院的要件裁量可以说显示了裁量领域扩张的倾向。此外,关于效果这一点,也存在裁量的余地。② 进而,必须注意的是,就前述最高法院昭和53年10月4日大法庭判决(马库林案件)来说,法院强调外国人在日本居住没有权利性,这是对美浓部说的观点之继承。

因此,作为承认要件裁量的根据,在前述马库林案件中,最高法院列举了出入境管理行政的特色,即法务大臣的综合性政治价值判断的要素;而在《温泉法》上,科学的、专门技术的考虑也被作为要件裁量的根据③,关于教科书检定,则指出了教育性、专门技术性判断。④ 伊方原子能发电案件的最高法院判决⑤也一样,虽然避免了使用裁量这一术语,但是,实质上出

---

① 关于承认了要件裁量的最高法院判决,此外参见最高法院判决,昭和36年4月27日,载《民集》第15卷第4号,第928页;《行政判例百选Ⅰ》(第四版)第80案件。
② 关于公务员的惩戒处分,参见最高法院判决,昭和52年12月20日,载《民集》第31卷第7号,第1101页;《行政判例百选Ⅰ》第78案件。关于对学生的惩戒处分,参见最高法院判决,昭和29年7月30日,载《民集》第8卷第7号,第1501页;《行政判例百选Ⅰ》(第四版)第24案件。
③ 最高法院判决,昭和33年7月1日,载《民集》第12卷第11号,第1612页;《行政判例百选Ⅰ》(第二版),第69案件。
④ 最高法院判决,平成5年3月16日,载《民集》第47卷第5号,第3483页;《行政判例百选Ⅰ》第82案件。
⑤ 最高法院判决,平成4年10月29日,载《民集》第46卷第7号,第1174页;《行政判例百选Ⅰ》第81案件。

于同样的考虑,被认为承认了要件裁量。① 不过,必须注意的是,关于原子炉设施的设置许可,最高法院并不是仅对专门技术性判断承认了裁量,还从行政厅的判断过程中有通常的官僚组织以外的专门集团的参与这一点上,发现了赋予裁量权的法的根据。换言之,在相关集团没有参与的情况下,无论是何种专门技术性的问题,也不能承认行政厅的裁量性。

当然,虽然说裁量也涉及要件的认定,但存在在什么阶段承认裁量的问题。也就是说,必须注意的是,在效果裁量论中,如前所述,处分要件事实是不属于裁量范围的;而在要件裁量论中,最高法院有关马库林案件的判决之裁量重点,在于对与申请人有关的事实及对外的事实的评价部分(B阶段)。相反,关于A阶段,附有形容词"全部",即要全部接受法院的审查。与此相对,这种观点是否涉及像原子能发电设施的设置许可那样科学的、专门技术的判断的情况,尚有问题。法院有时也需要就科学问题作出判断,例如,在有关医疗事故的损害赔偿案件中,关于因果关系,通常由法院作出科学的、医学的判断。与此相对,在与行政行为裁量的关系上,专门技术性判断成为问题时,情况稍有不同。也就是说,在行政过程中行政厅进行科学技术性判断,例如,在原子能发电设施的设置许可这样的情况下,不是对于结果的因果关系,而是对将来发生事项的预测,关于其预测,法律将首次性判断权赋予了行政厅,法院是对这种行政厅的判断进行审查。这种构造和通常的损害赔偿案件是不同的。并且关于这一点,判例承认了安全性这一事实问题本身的裁量。这一点,已经在关于原子炉设施的设置许可的下级审判决中体现出来②,而在伊方原子能发电案件中,最高法院本身也予以了承认。

必须注意的是,裁量问题在与法院审查的关系上采取这样的形式,使裁量和羁束的范畴区分已经有困难了,而在具体案件中,法院审查密度的程度如何成为问题。并且,关于现代行政中科学技术性的且像能源问题那样以政策性问题为背景的事项,这种功能性方法比概念的裁量和羁束的二元区分优越,这是显而易见的。但是,这种方法如何在和立法、司法、

---

① 关于这一点,参见该案件解说——高桥利文著:《伊方、福岛第二原子能发电诉讼最高法院判决》,载《法学者》第1017号,1993年,第55页。

② 高松高等法院判决,昭和59年12月14日,载《行裁例集》第35卷第12号,第2078页;水户地方法院判决,昭和60年6月25日,载《行裁例集》第36卷第6号,第844页。

行政三权分立的关系上予以正当化,却是相当困难的问题。这是因为存在如下问题,即裁量范围的问题,换个角度看的话,就是立法权对行政权的委任范围的问题,不仅仅是事实要件的评价,而且关于事实认定本身,立法权可以委任给行政权吗?关于解决纷争中的事实认定,如果依据日本通说的理解,难道不是专属于司法权的吗?否定要件裁量的美浓部说,被理解为正是立足于这样的观点。当然,说事实认定是司法权的专属权,从比较法的角度来看并不是普遍的。例如,有人作出如下说明,即在美国,在关于行政行为的司法审查中,法院只审查法律问题,对于事实问题,则不予审查,其程度有的涉及 A 阶段。① 总而言之,必须注意的是,要件裁量的容认,并且是关于专门技术性判断,从现代行政的特殊性来看也不得不予以承认,这种方向也是法院所追求的,但是,关于其法的正当化根据,作为日本法,依然无法进行具有说服力的说明。我认为,伊方原子能发电案件中最高法院判决的专门组织委任论,也没有提示对于宪法构造问题的直接解答。

(2)时期的裁量

时期的裁量,顾名思义,是指关于实施行政行为的时期的裁量问题。关于时期的裁量,日本以前并没有就此问题展开讨论,提出这个问题的被认为是最高法院昭和 57 年 4 月 23 日判决。② 这是一起与建筑纷争有关的案件,原告提出道路管理者行政厅保留对车辆限制令上的认定的时间持续数月的违法性,最高法院虽然认为认定基本上具有不存在裁量余地的确认行为的性质,但同时作出如下判定:"在认定时完全不允许对应具体情况,行使包括道路行政上比较衡量判断的合理的行政裁量,这种理解是不适当的。"由于这里的问题是认定的暂时性保留,所以其裁量是关于时间的,即作为时期的裁量而出现的。不过,行政厅行使时期的裁量,必须是作为行政厅而考虑某种事情,所以,裁量的具体内容,应该是在行使处分权时选择考虑事项的裁量。作为行政厅,既可以考虑也可以不考虑该情况。从这一点来看,在前述昭和 57 年最高法院判决中,作为时期的裁量可以考虑的事项被列举的是防止纷争

---

① 参见中川丈久著:《司法法院的"思维律"和行政裁量(2)》,载《法学协会杂志》第 107 卷第 5 号,1990 年,第 839 页、第 844 页、第 848 页。
② 载《民集》第 36 卷第 4 号,第 727 页;《行政判例百选Ⅰ》第 131 案件。

激化,但是,这是与该认定行为的根据法条无直接关系的情形,是否可以说凡一般的行政厅在实施行政行为时都具有考虑纷争回避的权限,这尚是一个问题。①

此外,以前行政法学上有关"时期"的争议问题是,相对人就行政厅不作出对于申请的处分时所提起的不作为违法确认争讼,是否经过了"相当的期间"。而且,人们认为,法院当然可以认定该期间已经过,即关于"相当的期间"的判断,是没有行政行为的裁量余地的。关于这和时期的裁量的观念是否具有整合性的问题,需要进一步研究,但是,如果以时期的裁量为轴心来考虑的话,所谓经过"相当的期间",即指裁量权限的逾越。

(3)程序的裁量

决定过程中的程序,是在有关裁量的传统理论中不曾意识到的领域。关于行政程序,本来不是明治宪法下日本行政法学所关心的事情,这在某种程度上可以说是理所当然的。与此相对,在《日本国宪法》下,成为对行政行为的统制手段,当程序不完备成为撤销诉讼中的指控目标时,行政程序作为被告行政厅的抗辩,或者有时作为法院对行政厅的支持逻辑,可以称行政厅对采取何种程序具有一定的裁量权。② 不过,这种程序选择的自由,在与具体案件的关系上,可以说出现了以前没有被视为问题的新的裁量控制手段,即程序性控制手段。下面将按照这一方向来考察。③

2. 控制手段的多样化

(1)裁量权的逾越和滥用

在《日本国宪法》下,裁量领域的扩大,特别是以承认要件裁量的形式出现,进而出现了裁量行为和羁束行为的相对化,于是,法院一方面就行政行为中的各个判断过程承认行政厅在一定限度内的裁量,另一方

---

① 知识产权高等法院判决,平成24年6月6日,载《判例时报》第2157号,第90页,关于《专利法》第133条第3款的驳回决定,认为审判长"对在何时……作出驳回该请求书的决定具有裁量权","只限于该决定比照具体的事情而存在该裁量权的逾越或者滥用的情况下,才被评价为违法"。不过,判决理由将重点置于关于该事件请求人的应对方式,对于被告所主张的"给同业的第三者等的利益带来重大的影响",并未明示地谈及,在这一点上,与前述最高法院判决是不同的事案。

② 东京地方法院判决,昭和38年12月25日,载《行裁例集》第14卷第12号,第2255页;东京地方法院判决,昭和59年3月29日,载《行裁例集》第35卷第4号,第476页。

③ 参见盐野著:《行政法Ⅰ(第六版)行政法总论》,第112页以下。

面,也试图以某种方法对之进行控制。此时使用的一般方式,即是对裁量权的逾越、滥用的统制。法院判例虽然并没有明确这二者的区别,但逾越、滥用的统制道具有如下几种①。

①重大的事实误认。这里所说事实误认,是指关于 A 阶段的事实,本来是不包含在裁量领域的,作为裁量控制,是古典的手段。② 当然,必须注意的是,有的领域因为事实审理本身相对化了,所以控制也不得不相对化。

②目的违反乃至动机违反。为了该行政行为的根据法规范所规定的目的以外的目的而行使裁量权,是违法的。③

③平等原则违反。如果严格适用平等原则的话,那么,关于行政最初的处分产生裁量的问题,而其后便成为羁束处分。因此,法院一方面承认平等原则的适用,另一方面似乎将其适用幅度进行了非常广泛的解释。④

④比例原则违反。作为裁量滥用的统制道具,有时会列举比例原则违反。⑤ 例如,在驾驶执照证书的撤销(撤回)之违法性产生争议的案件中,有的法院指出:"执照的撤销处分是为了防止将来的道路交通之危险这种行政目的而实施的处分,由于其是对驾驶员赋课在一定期间禁止汽车的驾驶,令其再度履行执照取得程序这样重大的制约的处分,所以,根据违反行为的样态,达至实施违反行为的经过、动机,违反者的违反认识之有无、程度等个别具体的事情,按照《道路交通法》及道路交通法令所规定基准实施处分,比照被处分者在道路交通上的危险性之程度,被认为严重有失过重的情况下(比例原则违反),被解释为作为裁量权的逾越或者滥用而构成违法的事情也是可能的"。这样,在阐述了一般论并进行了

---

① 关于从诉讼法的观点对裁量行为进行审理的方法,参见盐野著:《行政法Ⅱ(第六版)行政救济法》,第 131 页以下。

② 参见前述最高法院昭和 53 年 10 月 4 日大法庭判决(马库林案件)。

③ 参见东京地方法院判决,昭和 44 年 7 月 8 日,载《行裁例集》第 20 卷第 7 号,第 842 页。

④ 参见最高法院判决,昭和 30 年 6 月 24 日,载《民集》第 9 卷第 7 号,第 930 页;《行政判例百选Ⅰ》(第四版)第 82 案件。以及该案件的山下淳解说。参见乙部哲郎著:《行政的自我拘束的法理——裁量与平等原则》,2001 年版,第 199 页以下。

⑤ 参见高木光著:《比例原则的实定法化》,载《芦部古稀》,第 231 页;须藤阳子著:《比例原则的现代性意义与功能》,2010 年版,第 225 页以下;村田齐志著:《行政法上的比例原则》,载藤山雅行编:《新·判例实务大系(25)行政争讼》,2004 年版,第 71 页以下。

事实认定之后,该法院作为结论指出,"考虑到以上的事情,对于原告的本件处分,比照道路交通上的危险性之程度,应当说是严重有失过重,在本案这样的限定性事案中,被解释为作为裁量权的滥用(比例原则违反)而构成违法",容认了请求。①

在最高法院判例中,虽然没有明示地谈及比例原则,但是,关于公务员惩戒处分事案的最高法院判决②,在将是否作出惩戒处分、选择怎样的处分视为任命者的裁量的基础上,指出:"基于惩戒权者的裁量权之行使的处分,仅限于在被认为社会观念上严重欠缺合理性、滥用了裁量权的情况下,才应当判断其为违法。"假设该最高法院判决是比例原则适用事案,那么,与前述地方法院判决相比较,极其广泛地承认裁量的余地,限于所谓社会通念审查③,可以说这是应对比例原则的适用范围之扩大的判决(不过,该判决与地方法院判决同样是以效果裁量的审查为对象)。④

⑤社会观念(通常理念)妥当性欠缺。作为裁量权的逾越、滥用的判断基准,最高法院在事实的评价之误⑤及比例原则违反⑥两方面都列举了"社会观念(通常观念)上严重欠缺妥当性"。而社会观念上妥当性的欠缺这种表述是抽象的,在各种各样的案件中,无论是置于要件裁量还是效果裁量,都导致广泛地承认行政厅的裁量余地。

(2)程序性控制

作为裁量的另一种控制方式,近年得以强调的有程序性控制。

这种方式是指对行政厅的实体判断,作为裁量问题并不一定予以完全审查,而对于行政行为的程序则实行控制,以保证行政决定的公正的控制方式,可以说是纯粹的程序性控制。关于个人出租车执照,最高法院认为,执照的申请人"应该理解为具有通过公正的程序接受有关是否发给执

---

① 埼玉地方法院判决,平成 25 年 9 月 25 日,载法院主页。
② 最高法院判决,昭和 52 年 12 月 20 日,载《民集》第 31 卷第 7 号,第 1225 页。
③ 参见下文⑤。
④ 一旦对效果裁量也承认法院的统制余地的话,那么,法院的审理判断的内容将近似于要件裁量的滥用审查。在这种意义上,效果裁量和要件裁量的区别,在现行法下相对化了(参见《行政判例百选Ⅰ》第 80 案件,三浦大介解说)。此外,亘理格著:《公益和行政裁量》,2002 年版,第 315 页以下,也指出了要件裁量肯定说和否定说的相对性。
⑤ 前述最高法院昭和 53 年 10 月 4 日大法庭判决(马库林案件)。
⑥ 参见前述最高法院判决,昭和 52 年 12 月 20 日,载《民集》第 31 卷第 7 号,第 1225 页。

照的判定的法的利益的人。当行政厅根据与此相反的审查程序对其作出许可申请的驳回处分时,作为侵害前述利益的处分,应该说构成该处分违法的事由"①。可以说该判决承认了这一法理。《行政程序法》就是以该判例的法理为背景,为确保行政决定的公正而制定的②,进一步强化了裁量处分的程序性控制。③

(3)判断过程统制

古典的裁量权的逾越和滥用,在现实的裁判实务中,结果是广泛地承认了裁量权的幅度[参见(1)裁量权的逾越和滥用]。程序性控制,在纯粹的形式上,其射程范围并不一定广泛。于是,以现代行政的复杂化的状况为前提,提高法院的审查密度的尝试,通过学说和判例而得以展开。

提示了审查密度一般论的是所谓日光太郎杉案件中东京高等法院所采用的方法。关于是否存在《土地收用法》第 20 条所规定要件的认定,法院承认了行政厅的裁量(要件裁量)余地。关于其行使裁量权的方法,法院认为其"不当地、轻率地轻视本来应该非常重视的诸要素、诸价值,结果是,当然应该考虑到的因素没有考虑到,或者对本来不应该考虑的因素予以了考虑,对本来不应该给予过重评价的事项给予了过重的评价,当认为该控诉人(被告行政厅)对此的判断被这些因素所左右时,该控诉人的前述判断,即作为裁量判断的方法乃至过程有错误的判断,构成违法"④。这种观点是纯粹的程序性控制将程序的存在方式本身作为问题来考虑的情形,例如,尽量避免被怀疑考虑了不应该考虑的其他因素(他事考虑)。与此相对,在这里,也存在将行政厅所判断的材料及其判断的方法(是否确实考虑了不应该考虑的其他因素)作为问题的,因而倒不如说存在接近于实体判断的情况。

---

① 最高法院判决,昭和 46 年 10 月 28 日,载《民集》第 25 卷第 7 号,第 1037 页;《行政判例百选 I》第 125 案件。

② 《行政程序法》第 1 条。

③ 裁量处分的程序统制中,应对裁量权行使的要素存在多样的形态。参见常冈孝好著:《与裁量权行使相关的行政程序的意义》,载《行政法的新构想 II》,第 238 页以下、第 257 页以下。

④ 东京高等法院判决,昭和 48 年 7 月 13 日,载《行裁例集》第 24 卷第 6·7 号,第 533 页。关于日光太郎杉判决,亘理格著:《公益和行政裁量》,2002 年版,第 263 页以下的详细分析具有参考价值。

于是,在最高法院的判决例中,出现了采用日光太郎杉案件中高等法院判决的逻辑,同时在从前的裁量权的逾越、滥用的框架之中进行裁量审查的事例。也就是说,最高法院平成 18 年 11 月 2 日判决①[小田急高架诉讼上告审(本案)],在承认与都市设施相关的都市决定之裁量性的基础上,指出:"限于由于被视为其基础的重要的事实存在误认等,导致欠缺重要的事实之基础的情况,或者是由于对事实的评价明显欠缺合理性,在判断的过程中没有考虑应当考虑的事情等,其内容比照社会通念被认为严重欠缺妥当性的场合,将其作为逾越裁量权的范围或者滥用裁量权的情形,解释为构成违法才是适当的。"②

对于将社会观念审查和判断过程统制这两者结合起来的近来最高法院判决的理解方法,存在各种各样的评价,基于跟本书迄今为止的叙述之关联,指出以下几点③:

①像日光太郎杉判决那样,虽然没有作为一般论而定式化,但是,有谈及考虑事项(要考虑事项、他事考虑)的先行裁判例。④ 日光太郎杉案件判决,在日本裁量统制的展开中,并非导入了全新的要素。

②社会观念妥当性欠缺的有无,是行政厅的判断是否逾越裁量权的结果之表现,而法院要达至该判断,将行政厅的裁判过程也作为审查的对象,将其作为判断过程的统制而定式化,在从前最高法院判决的框架内进行处理也是可能的。

③判断过程的统制,在日光太郎杉案件高等法院判决中,是将要件裁

---

① 载《民集》第 60 卷第 9 号,第 3249 页;《行政判例百选Ⅰ》第 79 案件。
② 关于先行最高法院判决例,有最高法院判决,平成 8 年 3 月 8 日,载《民集》第 50 卷第 3 号,第 469 页;《行政判例百选Ⅰ》第 84 案件;最高法院判决,平成 18 年 2 月 7 日,载《民集》第 60 卷第 2 号,第 401 页;《行政判例百选Ⅰ》第 77 案件。其后的判决,有最高法院判决,平成 19 年 12 月 7 日,载《民集》第 61 卷第 9 号,第 3290 页等。
③ 关于这一点的文献数量很多,而从参考文献的角度考虑,参见榊原秀训著:《行政裁量的"社会观念审查"的审查密度与透明性的提升》,载《室井追悼》,第 117 页以下;正木宏长著:《关于判断过程的统制》,载《水野古稀》,第 179 页以下;山本隆司著:《从判例探究行政法》,2012 年版,第 229 页以下;高木光著:《社会观念审查的变容》,载《自治研究》第 90 卷第 2 号,2014 年,第 20 页以下。作为来自宪法的视点,有渡边康行著:《宪法上的权利与行政裁量审查》,载《高桥古稀》(上),第 327 页以下、347 页以下。
④ 关于下级审判决,《判例评论》第 178 号,1973 年,第 138 页以下,盐野宏评论;关于最高法院判决,小早川光郎著:《事实认定与〈土地收用法〉第 20 条第 2 项的要件——日光太郎杉案件》(判例解说),载成田赖明编:《城镇建设・国家建设判例百选》(别册《法学者》第 103 号),1989 年版,第 118 页、120 页;兼子著:《行政法总论》,第 159 页。

量作为对象的,而在最高法院判决中,在要件裁量与效果裁量之外,采用判断过程的统制手法,这种效果裁量中过程的统制,可以看作比例原则的缓和适用。

④考虑要素的定式之自觉的导入与社会观念妥当性的欠缺要件的维持,在裁量审查的具体场景中是如何发挥作用的,不能一概而论。这由来于本来社会通念的观念本身就不是一义性的,并且这对于行政厅的判断之评价,作为宽松的基准也是可以成立的。

不过,需要考虑事项及相反的不可考虑事项是哪些,这都是通过法的解释可以推导出来的,并且,虽然考虑事项在相互的比较衡量上存在一定的幅度,但毕竟也存在法的基准①,所以,法院的审查密度得以大幅度提高。②

此外,法院之所以能够采取这种审查方法,其根据被认为也可以从行政厅负有对基于怎样的信息、立于什么观点而作出判断进行说明的责任即政府的说明责任的原则③来求得。④

第五节 行政行为的效力

一、概述

行政行为的效力问题,构成行政行为的重要特色之一。在行政法学上讨论最多的是公定力,本书将在讨论公定力的基础上,进而对规范力、不可争力、执行力、不可变更力进行论述。⑤ 说到"力",会让人联想到某种物理上的概念,不过,下面的考察会使我们明确,这里的"力"是特别的

---

① 考虑事项,有时也会在该许可等的根据法以外予以规定。参见《环境影响评价法》第33条以下。
② 就法令本身的判断过程统制的存在方式(判断过程的规范)进行详细论述的研究成果,有仲野武志著:《公权力与公益》,载《行政法的新构想Ⅰ》,第65页以下。
③ 参见盐野著:《行政法Ⅰ(第六版)行政法总论》,第70页以下。
④ 阿部泰隆著:《行政诉讼的新体系的提案》,载《提出资料1》(行政诉讼检讨会第四回),第34页,被理解为从依法律行政的原理中推导出了该法理。此外,有人进一步提出了应当承认费用便益分析的司法审查的主张[参见福井秀夫著:《权力的分配、裁量的统制和科斯的定理》,载《盐野古稀》(上),第428页以下]。
⑤ 田中著:《行政法》(上),第133页,提示了"行政行为的拘束力"的观念,并作出"是指行政行为对应其内容拘束相对人及行政厅的效力"的说明,但是,关于公定力的根据却未触及。

法效果的意思,而没有拘泥于"力"的意思。此外,说到这种力或者效果,从一开始就以行政行为当然具备为前提,也是不正确的。因此,有必要认真考察如下问题:行政行为效力的特色具体地体现为哪些方面?进而,这些特色由何种实体法上的根据所支持,这些实定法规定具有何种实体性的理由?[①]

二、规范力

(一)规范力的概念

作为有关成为撤销诉讼的对象的行政处分的概念的指导性案例,最高法院昭和39年10月29日判决[②]认为,所谓行政厅的处分,"并不是意味着行政厅的基于法令的所有行为,而是指作为公权力的主体的国家或者公共团体所实施的行为之中,国民的权利义务通过该行为而得以直接形成或者其范围得以确定,这种效力在法律上得以承认了的行为"。换言之,与行政作用相关的立法是行政主体和私人之间的一般规范(法规范)的制定,而行政主体的活动之中的特定部分即行政厅的处分,则是在具体的场合下实施的具有直接法效果的行为。这与学说上的行政行为的定义[③]前半部分相关的内容相等。不过,从前,学说将重点置于定义后半部分的权力性上,并且,将其限定于后述公定力以下的效力上,从而带来单方性法效果这一要素埋没于定义之中,并且没有对其进行深入论述。[④]

但是,在民事关系中,通过双方的合意即契约,具体的法律关系得以形成,与此进行对比的话,没有作为一方当事人的私人的合意,能够使得

[①] 阿部著:《行政法》,第71页,认为公定力等行政行为的诸效力不过是一定制度的反映而已,却被误解为行政行为当然地具备效力,故而提议停止诸效力这种说明。宇贺著:《行政法概说Ⅰ》,第273页以下,也没有提示行政行为的效力之目录。本书的研究方法也是同样,但通过添加不产生误解的说明,也可以使日本法的学说之展开过程得以明确,服从一般的整理方法。

[②] 载《民集》第18卷第8号,第1809页;《行政判例百选Ⅱ》第156案件。

[③] 盐野著:《行政法Ⅰ(第六版)行政法总论》,第93页。

[④] 对行政行为的权力性的讨论之分析,参见冈田雅夫著:《作为方法论的行政行为概念》(1985年),载冈田著:《行政法学与公权力的观念》,2007年版,第1页以下。此外,盐野宏著:《行政中的权力性》(1983年),载盐野著:《公法与私法》,第251页,与其说对行政行为,倒不如说对更加广泛地体现于行政的权力的诸形态进行了分析,但对行政行为的规范力却并未谈及。

具体的法律关系得以形成,这就是一种力量,在本书中将这种力量表述为规范力。①

与此相对,有人以单方性法关系的形成在民事关系中也同样存在(契约的解除、基于所有权的妨害排除请求)为前提,主张规范的概念应当从权力性的要素中脱离出来的见解。该观点被认为是现在的一般性理解。② 但是,在民事关系中,这种单方性关系并不是法律行为的一般性属性;而行政行为则是作为该行为的一般性属性来论述规范力的。这里似乎可以承认行政行为的权力性。在依一方当事人行为的规范和基于双方当事人之合意的规范被承认这一点上,通常的民事关系中和行政关系中并没有不同。但是,在民事关系中,针对与契约法并列的、以单方性规范为内容的法的行为形式,不存在总括概念;与此相对,在行政关系中,作为单方性规范的行政行为这种总括概念,是被作为与行政上的契约并列设定的,可以说行政行为是作为主要的行为形式来定位的。鉴于此,在这里可以发现关于法关系变动的原理性的不同。从前的行政法学也是本就意识到这一点而进行的行政行为的概念规定,但是,将这一点置于行政行为的定义之外,通过在效力论之中作为规范力来处理,从前或许没有深入展开的行政行为的规范力之根据、界限及其他与行政行为的效力的相互关联,可以提供检讨的场所,也能关注作为规范的行政行为。③ 通过这样进行解释,对于撤销诉讼的对象和权力性行为的循环④,也可以从逻辑上予

---

① 关于给付关系,着眼于行政厅的判断的规范力的实例,有承认了劳动灾害及就学援护费支付决定的处分性的最高法院判决,平成 15 年 9 月 4 日,载《判例时报》第 1841 号,第 89 页。不过,该判决关于规范力认定的根据,存在未必明确的地方。
关于行政行为论中的从前的学说,着眼于本书所说的规范力的先行成果,有高柳信一著:《公法、行政行为、抗告诉讼》(1969 年),载高柳信一著:《行政法理论的再构成》,1985 年版,第 107 页以下。该成果现在依然富有启发性。不过,该论文的主题是对以规范力为前提的通说性理解中的公定力的批判,并且,也并未使用规范力这个术语。作为着眼于行政行为的规范,对其内容进行分析的成果,宫田著:《行政法总论》,第 216 页,是值得参考的。不过,该书中的规范,只是作为行政行为的象征来把握的,这一点是通说性处理方法。
② 参见小早川著:《行政法》(上),第 266 页;阿部著:《行政法》,第 77 页以下;高木著:《行政法讲义案》,第 121 页;人见刚著:《行政处分的概念和分类》,载《行政法的争点》,第 35 页。
③ 人见刚著:《行政处分的概念和分类》,载《行政法的争点》,第 36 页,指出了着眼于行政处分之作为规范的侧面的意义。
④ 盐野宏著:《行政中的权力性》(1983 年),载盐野宏著:《公法与私法》,第 279 页;盐野著:《行政法Ⅱ(第六版)行政救济法》,第 82 页。

以切断。①

(二)规范力的制度性根据

虽然认为行政行为具有规范力,但是,并不是说存在明确提示这种效力的规定,所以,说以在行政活动的某种形态中存在这样的效果为前提,制度得以建立,这种明确的制度性根据是难以发现的。正如昭和39年最高法院判决所提示的那样,"行政厅的处分"这个法律上的用语(当时的《行政事件诉讼特例法》),被作为意味着具有规范力的行政行为的用语来把握,这种理解进而可以追溯到明治宪法时代的行政处分乃至行政行为概念。并且,在其后的通则性法典中,也是以该行政行为概念为前提,使用了成为行政处分的术语(《行政事件诉讼法》《行政不服审查法》《行政程序法》等)。关于具体的法关系的单方性形成这种在私人之间一般不予承认的效果,认为需要有更为明确的制度性根据的见解也是能够成立的,但是,有必要指出的是,这个问题并不是仅对日本的法的体系而言的,而是也采用了行政行为这个一般性法概念的各国所共通的课题。

应当与规范力这个问题区别开来展开论述的,是具有该规范力的行政的行为即行政行为的存在这个问题。关于这一点,如前所述,从法律的法规范创造力的原理出发,不能说在具体的场合下总是需要法律

---

① 参见盐野宏著:《行政事件诉讼法修改论争管窥》(1996年),载盐野著:《法治主义的诸形态》,第321页。

在这里,规范力是着眼于法关系之变动的概念,一方面在公定力之外承认"规范"的概念,另一方面提示了将规范的内容求证于行政厅的拘束性言明的见解(参见太田匡彦著:《行政行为——关于自古存在的概念之现在应当被承认的意思》,载《公法研究》第67号,2005年,第237页以下)。所谓拘束性言明,是指该言明的撤销禁止(废弃禁止),与该言明的内容相矛盾的行动的禁止(逾越禁止),该言明不仅对法律关系的全部,而且对其中的一部分也适用。作为对应社会保障给付的具体性的法的结构而进行分析的成果,前述太田论文指出了饶有趣味的问题。但是,在正文中所指出的规范的范围也是一样,根据具体的法的结构而不同,这是当然作为前提的,社会保障给付的诸种具体事例,可以作为法律关系的变动这种抽象的言明之诸形态来进行整理(论者也是将法关系作为前提的),作为拘束性言明之内容的禁止条款,归根结底即便实施禁止违反行为,也不会给通过该行政行为而受到规范的法关系带来影响,如果是这样的话,那么,特地使用拘束性言明这个概念,便会被认为没有必要。此外,在这里,言明的单方性被从检讨的对象中剔除出去了(前述太田论文第238页),那么,便不能与通过契约进行规范区别开来。

的根据。① 这一点,作为现行法的解释论,是作为《行政事件诉讼法》的处分性问题来把握的②,所以,在这里,仅限于指出要求对是否具备了足以承认特别的规范力所要求的形式性、实质性要件进行验证这个问题。

(三)规范力的目的

具体的法关系的单方性形成这种方法,对于一定的法律关系来说,被认为是当然必要的,例如,建筑物的拆除命令、税金的赋课等即如此。此外,在撤销、撤回等与私人间的契约解除相类似的场合也是一样。与此相对,在以来自私人方面的申请为要件,通过行政行为来形成的法关系中,以契约方式进行也是可能的。不过,着眼于严格实施对于行政的法的统制这一侧面的话,从由行政厅以其责任来审理、判断申请是否满足了法的要件这一宗旨出发,将具体的法关系形成的最终判断保留给行政厅负责任地判断,承认这种规范力,可以说也是具有意义的。

进而,如果是这种程度的话,可以说承认公定力也是有理由的,即具有制度结合功能。

(四)规范力的界限

由行政行为所形成、消灭的具体的法关系,即使有对其不服者,至具有权限的机关予以撤销之前,也要维持该法的状态。这种体系是后述撤销诉讼的排他性管辖,而从行政行为的效力论来看,则是公定力。所以,在规范力不涉及乃至不能涉及这种意义上的界限时,也可以作为公定力的界限来把握。

---

① 与权力保留理论类似的见解,存在先行学说。其一是已经在明治宪法下得以提倡的所谓法规范保留说。该说认为,所谓法律的保留,是由来于法律的法规范创造力的原则,"不仅是限制、侵害国民的权利、自由的场合,而且包括赋予权利、免除义务的场合"(参见柳濑著:《行政法教科书》,第24页;中川丈久著:《议会与行政》,载《行政法的新构想Ⅰ》,第128页以下)。该说尚存在如下问题,即关于法律的法规范创造力,应当如何看待否定了法律的概念中的一般性的问题;关于补助金行政等,并不是否定基于民法上的赠与契约来进行的问题;等等。参见小早川著:《行政法》(上),第122页。此外,中川丈久著:《议会与行政》,载《行政法的新构想Ⅰ》,第130页以下,将规范力的根据求证于法律的法规范创造力,这由来于论者的法律保留的观念。当然,中川丈久著:《行政法的体系中行政行为、行政处分的定位》,载《阿部古稀》,第86页,确立了包含规范力在内的行政处分的特殊效力之观念,这本身就呈现出疑问。

在立足于民主性宪法构造论的全部保留论中,"全部"的范围未必明确,被视为权力性全部保留论的学说也是存在的。参见杉村著:《行政法讲义》,第40页以下。

② 参见盐野著:《行政法Ⅱ(第六版)行政救济法》,第82页以下。

三、公定力

(一)公定力的概念

最高法院昭和30年12月26日判决①提到过公定力的案件之案情如下:X和Y之间从前就有关于租赁权的纷争。昭和23年根据当时适用的《农地调整法》,村农地委员会作出了X有租赁权的处分(裁定)。Y对该处分不满,向村农地委员会的上级机关县农地委员会请求行政上的不服申诉(当时的诉愿)。县农地委员会一度将其驳回。但是,此后县农地委员会又再次审理此案,承认了Y的主张,撤销了村农地委员会的设定租赁权之处分。对此,X不服,其以Y为被告,向法院起诉,请求耕作权的确认等。法院指出:"诉愿裁决厅自己撤销已经作出的诉愿裁决,应该解释为原则上是不能允许的……所以,县农地委员会……将前面作出的裁决撤销进而作出支持诉愿宗旨的裁决,是违法的……但是,行政处分,即使违法,除其违法重大且明显,被认为属于使该处分当然无效的情况以外,只要没有被合法地撤销,就应该解释为完全具有其效力的行为……县农地委员会所作出的前述撤销诉愿裁决的裁决尚不能撤销,这是原判决所确定的,并且,这不能解释为当然无效的裁决。"总而言之,关于撤销诉愿裁决的裁决,只要其没有被宣布无效或者予以撤销,X就不能进行违反该裁决的主张,法院也必须以该裁决有效为前提来作出判断。

这个案件稍微复杂,而同样是农地案件,可列举一个更为单纯化的例子:当存在农地收买处分和出售处分,其中收买处分有瑕疵时,即使旧地主以出售处分的相对人为被告,在裁判上进行所有权确认的请求,只要处分没有被宣布无效或者被撤销,该请求就不被承认。换言之,无效的情况下另当别论,至处分被撤销为止,法院也必须以处分有效为前提来作出判断,所以,必须作出驳回旧地主请求的判决。这样,行政行为即使违法,至有撤销权限者予以撤销为止,无论是私人、法院,还是行政厅,任何人都不能否定其效力。行政法学通常将这种法现象表述为:行政行为具有公定力。

(二)公定力在制度上的根据

说起公定力,既然其是实定法制上的法效果,就必须有实定法上的根

---

① 载《民集》第9卷第14号,第2070页;《行政判例百选Ⅰ》第71案件。

据。这种根据可以从《行政事件诉讼法》上的撤销诉讼制度求得。即根据《行政事件诉讼法》第3条第2款,作为抗告诉讼之一的撤销诉讼,其程序在第8条以下予以规定。以农地收买处分为例,接受农地收买处分者对其不服时,可以提起撤销诉讼,请求撤销该处分。该法律中的任何条款都没有这样的规定:要否定收买处分的效力,只有通过该处分的撤销诉讼。但是,法律之所以特地规定撤销诉讼制度,不仅是基于使用该制度的便利性,而且也包含了在诉讼阶段能够直接攻击处分的只有这种诉讼的意思。这样解释更为直率。这就是近来称之为撤销诉讼的排他性管辖问题。如果以此为前提的话,除撤销诉讼以外,即使法院也不能否定处分的效力,从而承认了行政处分具有这种表示公定力的效果。[①]

此外,具有处分撤销权的,不仅限于审理该处分撤销诉讼的法院。还有处分厅本身、处分厅的上级行政厅(通说)依职权撤销的制度[②],根据《行政不服审查法》由审查厅予以撤销的制度[③]。所以,说"行政行为在被撤销之前有效"时的所谓"撤销",包括依职权撤销和通过行政上的不服申诉撤销。

(三)公定力的目的

撤销诉讼的排他性管辖,是指要通过诉讼来撤销行政行为的效力,必须通过争议其本身的特别的撤销诉讼。换言之,就是说应该攻击成为纷争根源的即引起纷争的行为本身。在民事关系中情况则不同。如缔结了有关某不动产的买卖契约,但在该契约有瑕疵的情况下,不是进行买卖契约的撤销诉讼,即不是进行关于纷争原因行为的撤销诉讼,而是相互主张成为原因的行为之前或者之后的实体法上的权利(所有权、交货请求权)。在这里,问题在于,为什么有行政行为介入时,则采取了应该攻击作为原因行为的该行政行为的制度呢? 当然,这种制度是自明治宪法下的行政法院以来就有的,但关于为什么采取这样的制度的问题,却不明确。这个问题也许必须溯及成为其模范的德国(普鲁士邦)的制度史,而从这

[①] 将公定力作为撤销诉讼的排他性管辖来说明的研究,参见原田著:《行政法要论》,第140页;藤田著:《行政法总论》,第220页;室井编:《现代行政法入门》,第154页;等等。在进入这样的制度性说明之前,关于公定力的法理论根据及其构造的研究先行的代表性研究,参见兼子仁著:《行政行为的公定力的理论》,1961年版。此外,关于公定力之后的综合性研究文献,有宫崎良夫著:《行政行为的公定力》,载宫崎著:《行政争讼和行政法学》,1991年版,第197页以下。

[②] 盐野著:《行政法Ⅰ(第六版)行政法总论》,第142页。

[③] 《行政不服审查法》第46条第1款。

种视角进行的研究并没有被进行。因此,以下所述的一部分是对现在的有关制度功能的分析。

1. 纠纷处理的合理化、单纯化功能

作为原告的私人,在撤销诉讼中,直截了当地说,假设作为原因行为的行政行为是违法的,只要请求其撤销即可。没有必要像民事案件那样将其还原为原因行为前后所存在的实体法上的权利、义务之后才进行请求。所以,撤销诉讼作为救济制度,可以说是单纯而条理分明的。

2. 纠纷解决结果的合理性保障功能

采取撤销诉讼的排他性管辖制度的话,作出争议的原因行为的人成为当事人。① 换言之,可以将该行政主体置于诉讼之中(该行政厅在裁判上也具有实施一切行为的权限②)。这一方面可以通过丰富诉讼资料而有助于法院的审理和判断;进而另一方面则可以防止行政行为所追求的行政目的在行政厅不知晓的地方被忽略。

3. 与其他制度性效果结合的功能

撤销诉讼的根本旨意在于否定行政行为的法效果,并且撤销诉讼可以使其他各种各样的效果相结合,这也是事实。例如,作为行政行为的另外的效力的不可争力,源于撤销诉讼中起诉期限这一制度。此外,在通过诉讼攻击行政行为之前,有时也采取应该先进行行政上的不服申诉的制度,即行政上的不服申诉前置③,这作为撤销诉讼提起的诉讼要件是容易结合的。进而,行政行为的执行力④也一样与此相关联:相应行政行为只要在撤销诉讼中没有被撤销,该行政行为便具有执行力。⑤

---

① 《行政事件诉讼法》第 11 条。
② 《行政事件诉讼法》第 11 条第 6 款。
③ 盐野著:《行政法 II(第六版)行政救济法》,第 80 页"不服申诉前置"。
④ 盐野著:《行政法 I(第六版)行政法总论》,第 131 页。
⑤ 森田宽二著:《关于有关行政行为的公定力论的盐野教授的问题提起》(上)至(下),载《自治研究》第 73 卷第 1 号、第 2 号,1997 年,分析了本书中关于公定力目的的记述,评论指出,其"没有达至具有关于基础性观点的体系性、整合性的路径之'发现''解明'"(载《自治研究》第 73 卷第 1 号,第 28 页)。但是,他自己却没有呈示出积极的见解。

太田匡彦著:《行政行为——关于自古存在的概念之现在应当被承认的意思》,载《公法研究》第 67 号,2005 年,第 245 页,将行政行为的公定力作为关于存续的提升了的安定性来理解。不过,公定力并不是能够阻止之后的职权撤销、依争讼撤销的效力,所以,撤销权限的集中和由法院行使撤销权限的发动程序之排他性,虽然是比较的问题,但被认为无法论述"提升了的"安定性。"提升了的"安定性,应当求证于后述的不可争力。

(四)公定力的界限

在行政过程中,撤销诉讼的排他性管辖所涉及的是怎样的情形呢?这也是问题之一。之所以提出这样的问题,是因为:其一,虽然说撤销诉讼的排他性管辖被认可,但有时其界限领域并不一定是明确的;其二,撤销诉讼的排他性管辖被作为一般行政行为共通的制度而设定,而该制度在与个别具体的行政过程的法制度或者法体系的关系上,有时是以变了样的形态表现出来的。具体地说,可以举例分析公定力的界限。

1. 公定力是与行政行为的法效果相关的。所以,只要不攻击法效果,即使该行政行为的合法或者违法在撤销诉讼以外的诉讼中成为问题,也不与公定力相抵触。从这一点看,因行政行为而受到损害者的损害赔偿请求诉讼的存在方式便成为问题。也可以创建这样的制度:首先提起撤销诉讼,请求违法确认,或者提起作为先决问题的违法确认诉讼。但是,在日本,至少不存在明确规定的这样的制度,所以,通说和判例都认为,直接提起国家赔偿请求诉讼,在该诉讼中法院审查行政行为的合法或者违法,只要行政行为违法,并满足了其他国家赔偿请求权的要件,就可以作出支持请求的判决。在国家赔偿中,审查、判断行政行为的违法性,与行政行为的效果本身没有关系,所以,并不违反公定力乃至撤销诉讼的排他性管辖的制度。①

不过,关于税金,情况则略有不同。这是因为,在这种情况下,原告所主张的,无论是税的赋课处分的撤销,还是国家赔偿,都是金钱上的问题。因此,在撤销诉讼之外承认国家赔偿请求的话,就可以免除撤销诉讼的束缚。这里有起诉期限或者不服申诉前置的问题。在国家赔偿制度上,公务员的故意、过失这一主观要件的加重,这是有问题的。②

---

① 德岛地方法院判决,昭和 31 年 12 月 24 日,载《行裁例集》第 7 卷第 12 号,第 2949 页。在这一点上,田中著:《行政法》(上),第 133 页,在与公定力的关系上,认为行政行为具有合法性的推定,这是有疑问的。此外,行政行为的合法性推定这一观念,在明治宪法时代,美浓部达吉的《公法与私法》(1935 年版)第 121 页已经存在,并被理解为是从以当时的行政裁判事项的列举主义为背景的法治主义的角度进行的说明。而现在不存在这样的情况。参见盐野宏著:《行政中的权力性》,载盐野著:《公法与私法》,第 270 页以下。

② 即使在关于有关所得税的更正处分的国家赔偿请求的最高法院平成 5 年 3 月 11 日判决(载《民集》第 47 卷第 4 号,第 2863 页;《行政判例百选Ⅱ》第 219 案件)中,只要存在违反注意义务,便存在《国家赔偿法》上的违法,其结果是不必论述过失的要件,国家应承担赔偿请求义务。如果这样的话,剩下的只有是将违反注意义务作为违法的问题还是作为过失的问题来(转下页)

2. 违法性的承继问题。例如,假设有了税金的赋课处分,接着有了滞纳处分,赋课处分作为一个独立的行政行为,撤销诉讼的排他性管辖当然也涉及。进而,在同样作为独立的行政行为的滞纳处分的撤销诉讼中,是以是否能够主张赋课处分违法因而滞纳处分也违法的形式提出问题的。或者在《土地收用法》上的收用裁决(后续处分)阶段,是否可以主张事业认定(后续处分)的违法之问题。在这种意义上,不是将该处分的效果作为直接的公定力或者导致撤销诉讼的排他性管辖的问题。进而,关于后续处分,由于当然的撤销诉讼的排他性管辖适用,所以,如果从总体上来把握由先行处分、后续处分而展开的行政过程的话,因此撤销诉讼的排他性管辖的制度目的[前述(三)之1和2]得以维持,故而违法性的承继并非与撤销诉讼的排他性管辖从正面形成对立。不过,在这种情况下,承认违法性的承继,认定其违法的话,后续处分便将被撤销,故与国家赔偿的情况不同,结果使先行处分的效果归于无。在这种意义上,与撤销诉讼的排他性管辖并不是没有关系。

与违法性的承继有关的事案之前一直存在,伴随着行政过程越来越复杂化,在学说和判例上得以广泛论述。不过,关于违法性的承继之法律

(接上页)处理的不同。有关更正处分的国家赔偿案件的特殊性,只限于原审和最高法院作出不同判断的注意义务的程度的问题,不存在勉强与撤销诉讼上的违法相区别的理论上和实务上的意义。必须注意的是,有关所得税更正处分的国家赔偿案件的问题性应该在另外方面。即假定原告不进行更正处分的撤销请求,而仅主张国家赔偿请求的情况下,如果将其损害额视为更正处分相当额的话,即使具有故意、过失(注意义务违反)的要件,实质上也能免除撤销诉讼的排他性管辖的拘束(在前述案件中,由于确定了更正处分撤销判决,因而没有产生这样的问题)。

一般地说,国家赔偿请求诉讼中处分的违法判断被认为是不违反公定力的[盐野著:《行政法Ⅰ(第六版)行政法总论》,第123页脚注①],但在行政目的完全与金钱的征收相关的情况下,撤销诉讼和国家赔偿的功能是相等的,所以,国家赔偿请求权的成立,仅有单纯的过失(注意义务违反)尚不够,还应该限定为故意或者重大过失。或者说,相关情况作为满足处分的无效要件的情形,也可以考虑完全在税务诉讼的范围内来处理[盐野著:《行政法Ⅱ(第六版)行政救济法》,第244页"《日本国宪法》下的国家赔偿"]。关于这一点,学说分为肯定说和否定说。参见人见刚著:《以金钱征收、给付为目的的行政处分的公定力和国家赔偿》,载《东京都立大学法学会杂志》第38卷第1号,1997年,第157页以下;占部裕典著:《围绕课税处分的国家赔偿诉讼的特殊性》,载《波多野弘先生古稀祝贺纪念论文集》,1992年版,第57页以下;小早川光郎著:《课税处分与国家赔偿》,载《藤田退职纪念》,第424页以下。最高法院立足于肯定说而作出了判决(最高法院判决,平成22年6月3日,载《民集》第64卷第4号,第1010页;《行政判例百选Ⅱ》第233案件。参见北村和生著:《关于金钱的给付及征收的行政处分与国家赔偿请求》,载《水野古稀》,第30页以下)。由于判决并未否定通过立法进行调整,所以基本上也可以认为,要否定私权(国家赔偿请求权),要求在民法的不法行为法的系统内进行规范。

上的定义规定并不存在,而在判例、学说上,包括用语方式在内,也都不一定是一致的。于是,在本书中,将违法性的承继作如下理解,并添附解释。①

(1)先行行为、后续行为都是处分(行政行为),这是前提。作为后续处分,在观念中设置为该行政过程的最终处分。

(2)违法性的承继的讨论,存在两种不同的局面。其一是先行处分的违法是否构成后续处分的违法这样的问题;其二是假设先行处分的违法可以视为构成后续处分的违法,是否应当一律承认违法性的承继这样的问题。以下分别对这两个问题进行说明。

其一,作为判定先行处分的违法性不构成后续处分的违法之典型事例,租税赋课处分和滞纳处分得以列举。② 不过,即便在这种情况下,一旦课税处分无效,则构成滞纳处分的瑕疵事由,故而存在先行处分和后续处分的关联性。与此相对,为清理由于对地方公务员作出违法的任用处分而产生的冗员,作出了待命处分,对于该处分之违法性的主张,有予以否定的最高法院判决。③ 在任用处分(先行处分)被作为待命处分(后续处分)的手段来使用的情况下,虽然构成违法,但是,这件事情并未导致任用行为本身的无效,所以,先行行为和后续行为的关系,根据个别行政过程的结构不同而各异。

上述的例子是违法性的承继不被承认的个别事案,而前述最高法院判决认为,"任用与待命各自是目的及效果不同的个别的行为",提示了一般的基准。关于这一点,已经有人提出了如下见解:"各行为各自姑且是以个别的法律的效果之发生为目的的独立的行为……"④当然,对于这个基准,从前就有人提出批判,认为其内容并不一定明确,但是,在行政过程复杂化了的现阶段,作为解释论,不得不承认要提示明确的一般性基准

---

① 对关于违法性的承继的学说、判例进行详细分析的研究成果,有海道俊明著:《违法性承继论的再考》,载《自治研究》第 90 卷第 3 号至第 6 号,2014 年;仲野武志著:《判例评释》(后述最高法院判决,平成 21 年),载《自治研究》第 87 卷第 1 号,第 148 页以下。这些成果皆具有参考意义。

② 田中著:《行政法》(上),第 328 页;金子宏著:《租税法》(第二十版),2015 年版,第 788 页。

③ 最高法院判决,昭和 39 年 5 月 27 日,载《民集》第 18 卷第 4 号,第 711 页。

④ 田中著:《行政法总论》,第 325 页。该叙述后来被扩展为,"应当根据相互连续实施的行为是否被引向了一个目的之实现的行为来决定"[田中著:《行政法》(上),第 147 页],旨趣是相同的。

是件困难的事情。不过,问题在于,如果着眼于在有关联的行政行为构成的行政过程中所产生这一点,那么,被认为可以进行如下整理:在该行政过程构成一个单位(或者汇总)的情况下,该单位行政过程便适合于总体性评价,违法性的承继得以承认;与此相对,在该行政过程是总括性的由复数的单位行政过程所构成的情况下,适合于按照单位行政过程分别进行评价,则是不承认超越单位行政过程之违法性的承继的结构。从该见地出发,土地收用过程是由事业认定和收用裁决所构成的单位行政过程,租税赋课处分和租税滞纳处分是构成租税债权之满足这种概括性行政过程的不同的单位行政过程,故而违法性的承继不被承认。当然,单位行政过程和概括性行政过程,以什么样的基准来进行切分,这种详细部分的判断基准确立之难易性被视为问题,但被认为作为以复杂的行政过程为对象的切分基准是妥当的。

其二,即便该行政过程被作为违法性的承继得以承认的单位行政过程来认识,关于是否可以据此而一律承认违法性的承继,尚存在与《行政事件诉讼法》上起诉期间规定调整的问题。关于这一点,鉴于起诉期间的制度是行政法关系的早期安定这样的政策性判断,并非必然地与行政行为的排他性管辖相伴随,形式上将行政行为作为适用对象,不问个别行政过程的结构如何,等等,从解释论上承认起诉期间限制制度的缓和,被认为是可以允许的。反过来说的话,这就意味着,即便是在违法性的承继被承认的情况下,也可以承认起诉期间限制制度的适用。①

关于以上所指出的其一和其二的问题,尤其是关于其二的可能性,最高法院没有揭示过明确的判断,但是,最高法院平成 21 年 12 月 17 日判决②在建筑确认申请程序中,认为在采取安全认定(都道府县知事)和建筑确认(建筑主事或者指定确认检查机关=民间)的二阶段构造的现行法下,关于两个处分的关系,"是为了达成避难或者通行的安全之确保这种同一的目的而作出的。……安全认定,是对建筑主赋予建筑确认申请程

---

① 关于这一点的先行成果,有远藤博也著:《行政行为的无效与撤销》,1968 年版,第 335 页以下、第 345 页以下;小早川光郎著:《先决问题与行政行为》,载《田中古稀》(上),第 373 页以下、第 387 页以下。此外,在小早川论文中,在违法性的承继的基础上,认为租税的赋课处分与不当得利返还诉讼的关系,也不是作为公定力的效果,而是应当作为与之不同的遮断效的问题来理解。

② 载《民集》第 63 卷第 10 号,第 2631 页;《行政判例百选Ⅰ》第 87 案件。

序中一定的地位,与建筑确认结合起来才能发挥其效果"。进而,关于与附近居民的关系,认为就安全认定,为争议其适当与否的程序性保障并未充分赋予,居民方面由于安全认定并非直接受到不利,该不利在有了建筑确认之后才会现实化,"在该阶段之前,作出不采取争讼的提起这种手段的判断,也不一定可以说是不合理的",承认了违法性的承继。在这里,最高法院是在关于先行行为与后续行为的结合关系的结构解释和权利、利益的时效性救济这两个考虑要素之下进行判断的。根据本书的记述,可以看作将其一和其二相结合。

在这种判断框架中,后者的救济程序的观点,可以期待根据事案的不同由法院作出适切的应对,可以认为具有作为判例的意义。与此相对,关于前者与违法性的承继相关的其一,是可以看作所谓事例判决的,在这里很难说是提示了明确的判断基准。不过,如果重视救济程序的观点,那么就有必要注意的是,单位行政过程切割工作存在被非常弹力性的判断的可能性。其一的判断,如前所述,并不一定是一义性地明确作出的,因为救济的观点在对先行处分的起诉可能性不被承认的情况下,会向承继被承认的方向发挥作用。

通过上述最高法院判决,关于违法性的承继相应的判断基准得以揭示,判例实务被认为是依据此基准的,但是,在两个考虑要素的关系及各个考虑要素的具体对应中,可以说有必要进行个别的判断。[1]

3. 某种行为虽然从表面上看好像与行政行为的效果相抵触,但如果从法的角度看没有形成一定的关系,则公定力的制度是不起作用的。例如,即使在自己所有的土地上,他人得到了行政厅的建筑确认,但其民法上所有权的所在也不因此被左右。所以,自己主张所有权,并不因建筑确认的公定力而受到阻却。从诉讼法的角度看,其不具有建筑确认撤销诉讼的原告适格。[2] 此外,在作出原子能发电设施原子炉的设置许可以

---

[1] 小泽道一著:《逐条解说·土地收用法》(下册,第三次改订版),2012年版,第744页以下,根据平成21年最高法院判决提示的两个基准,就《土地收用法》上的事业认定和收用裁决,在对于事业认定的实务上的处理进行详细检讨的基础上,作为结论,否定了作为原则的违法性的承继,故而具有参考价值。不过,迄今为止的下级审阶段,只有前述其一阶段的判断,容认了违法性的承继的占绝大多数,所以,在防止实务上的混乱这种意义上,采取某种制度上的措施才是理想的(前述小泽道一的《逐条解说·土地收用法》也就教示制度的采用等有所触及)。

[2] 关于抚恤金局长的裁定效果的范围,参见东京地方法院判决,昭和39年6月23日,载《判例时报》第380号,第22页。

后,不是通过许可的撤销诉讼,而是通过基于人格权、物权等民事上的诉讼,可以请求停止原子炉的设置。这是因为,在这种情况下,民事上的停止诉讼和撤销诉讼,其要件和效果都是不同的(所谓"文殊诉讼")。①

以上是行政行为与民事上权利的关系,即便在行政法上的相互关系之间,通过个别法的结构解释,有时候也能够限定该行政行为的效果之范围。例如,对基于《登录税法》第31条第2款的请求,登记机关作出的拒绝通知是行政处分,最高法院有判决认为,对于采取自动确定方式的登录执照税的返还请求权,这并不是规定了行使程序的排他性的。② 根据该观点,拒绝通知处分对于返还请求权来说,公定力不能波及。

4. 服从撤销诉讼的排他性管辖的,是具有应予撤销的瑕疵的行政行为。换言之,根据瑕疵的程度被判断为无效的情况下,即使不依据撤销诉讼,在任何诉讼中,也都可以以其无效为前提主张自己的权利。此外,只要有确认的利益,就能够提起无效确认诉讼。《行政事件诉讼法》也准备了无效确认诉讼、争点诉讼,并设置了以此为前提的规定。③ 这是因为,没有必要通过撤销诉讼的排他性管辖来保护具有无效瑕疵那样的行政厅的判断。这就产生了区分在何种情况下具有无效的瑕疵、在何种情况下仅限于应予撤销的瑕疵的问题。这个问题作为行政行为的瑕疵论,后面将专门展开论述。④

此外,即使某行政厅的判断是无效的,也有作为范畴而无效的情况。

---

① 最高法院判决,平成4年9月22日,载《民集》第46卷第6号,第1090页;《行政判例百选Ⅱ》第187案件。关于原子炉的设置,即使与撤销诉讼、无效确认诉讼并列承认民事的停止诉讼,也并不违反原子炉设置许可的公定力。设置许可,只不过是对获得许可者作出的在与国家的关系上允许进行设置原子炉这一行为而已,所以,该行为即使在私人之间的关系上不可能实行,也并不对许可处分本身的效力产生影响。此外,关于两诉讼的并存及审理的存在方式之异同,理论上是有争议的。包括相关文献介绍,参见桥本博之著:《请求原子能发电所的运行停止之假处分命令申诉事件中之主张、疏明的存在方式》,载《平成28年度重要判例解说》,2017年,第59页以下;樱井敬子著:《原子能发电诉讼管见》,载《行政法研究》第21号,2017年,第50页以下。平行承认两种诉讼,在立法政策上也许存在问题。因此,以关于原子炉的设置为例,也并不是不可以考虑将其统一于设置许可的撤销或者无效确认诉讼之中。但是,对此需要明确的法律上的规定。参见盐野著:《行政法Ⅱ(第六版)行政救济法》,第181页脚注③。

② 最高法院判决,平成17年4月14日,载《民集》第59卷第3号,第491页;《租税判例百选》(第四版)第87案件,齐藤诚解说。

③ 《行政事件诉讼法》第3条第4款、第45条。

④ 盐野著:《行政法Ⅰ(第六版)行政法总论》,第135页以下。

例如,在税金的滞纳处分中,即使扣押第三人的财产被认为是无效的。① 如果这样,此种情况可作为公定力范围之外的问题来处理。

5. 公定力或者撤销诉讼的排他性管辖是否涉及刑事诉讼的问题。关于这一点,最高法院提出了一种观点:在私人制订了开始单间浴室营业的计划后,尽管以阻止其营业为目的而作出在其附近设置儿童游乐园设施的认可(在儿童游乐园附近的一定区域不允许进行单间浴室营业,并规定了罚则),私人还是开始营业了,因而在该私人被起诉的刑事案件中,最高法院指出,以规制被告公司的营业为主要动机、目的的认可处分,具有相当于行政权滥用的违法性,对于被告公司的营业,不具有对其予以规制的效力。② 该判决不是将刑事裁判和行政行为公定力的关系予以千篇一律地考虑,而是从刑法的立场来解释具体刑事案件中的犯罪构成要件。从理论上看,问题在于犯罪构成要件的解释,我认为这和撤销诉讼排他性管辖的适用、不适用有关的有效、无效的判断是不同的。撤销诉讼排他性管辖上的有效、无效的判断,是从行政事件诉讼中私人救济的角度进行的,其和刑事裁判的判断,在逻辑上并不相契合。③

6. 关于《行政事件诉讼法》第 25 条的执行不停止的原则及排除法定外抗告诉讼(无名抗告诉讼)的原则,有时人们会论及行政行为的公定力。但是,诉讼的提起是否应该停止处分的执行,与撤销诉讼的排他性管辖问题是不同的,是由政策上的考虑来决定的问题。④ 此外,关于法定外

---

① 最高法院判决,昭和 35 年 3 月 31 日,载《民集》第 14 卷第 4 号,第 663 页;《行政判例百选Ⅰ》第 10 案件。

② 最高法院判决,昭和 53 年 6 月 16 日,载《刑集》第 32 卷第 4 号,第 605 页;《行政判例百选Ⅰ》(第四版)第 76 案件。

③ 在学说上,认为公定力不涉及刑事诉讼的观点较为有说服力(原田著:《行政法要论》,第 237 页;兼子:《行政法总论》,第 200 页;今村著:《行政法入门》,第 155 页;宫崎良夫著:《行政争讼和行政法学》,1991 年版,第 308 页以下)。但是,最高法院的判决中,有的可以认为采取了公定力涉及刑事诉讼的观点。参见最高法院决定,昭和 63 年 10 月 28 日,载《刑集》第 42 卷第 8 号,第 1239 页。在这个案件中,是否能在该刑事案件中主张过去的汽车驾驶执照停止处分的违法性成为问题。判决在形式上采取的是公定力论,但欠缺说服力(对判决的功能性批判,参见阿部著:《行政法》,第 613 页以下),需要进行更加切合于法的体系的解释。例如,关于掀裙子性骚扰行为等的规制等的法律,规定了公安委员会的禁止命令,这是行政行为,对于这一点,被认为是没有异议的。但是,对于违反该命令而进行的掀裙子性骚扰行为,科处严重的刑罚(该法第 5 条、第 14 条)。在这种情况下,由于行为规制的目的直接地在于对相对方的保护,所以,可以认为,能够以该刑事诉讼追诉程序来主张禁止命令的违法。

④ 盐野著:《行政法Ⅱ(第六版)行政救济法》,第 169 页"执行停止制度"。

抗告诉讼的容许性问题,有的理论认为,作出拒绝申请处分时,不请求撤销该处分而直接进行义务赋课诉讼,和撤销诉讼的排他性管辖相抵触。但是,关于是否应该将撤销诉讼的排他性管辖所涉及的内容进行如此拓展的问题,不应仅从撤销诉讼的排他性管辖这一制度出发,而且必须从《日本国宪法》下的行政救济制度的存在方式的角度展开论述。

四、不可争力

一旦经过一定期间,私人方面便不能在裁判上争议行政行为的效力,这称为行政行为具有不可争力。

仅仅由于时间的经过,从私人方面便不能争议其效力。如果是经过相当长期间的情况,则另当别论,当该期间只是一年或者半年那样比较短暂的期间时,要从作为时效或者失权效等一般法理的解释论上导出,则是有困难的。在这种意义上,和公定力的情况相同,只是承认不可争力,甚至比在公定力的情况下更需要有制定法上的根据。即是否承认不可争力,包括在什么程度上决定不可争的期间在内,是典型的立法政策上的问题。在现行法上,作为一般的规定,即《行政事件诉讼法》第 14 条规定的内容,《行政事件诉讼法》上称为起诉期间。① 所以,只要没有特别的规定,只要不能承认所谓违法性的承继,那么,所有的行政行为(无效的情形除外),一旦错过起诉期间,便不能攻击其效果。换言之,由行政行为所形成或者变动的法律关系,从形式上得以确定。《行政不服审查法》上也有同样旨趣的规定(《行政不服审查法》第 18 条——不服审查法上称为审查请求期间),如果提起撤销诉讼之前必须经过行政不服审查,即采取不服审查前置主义的话,审查请求期间的超过就是不可争力发生的时间点。从制度上来说,这完全是行政争讼法上的问题,而以行政行为为中心来看的话(这曾是从前行政法学的特征),也可以作为行政行为所具备的效力来说明。并且,所谓在一定期限内必须争议,作为实际问题,可以说是非常大的行政行为的特权。

此外,这是从私人方面来看裁判上不能争议的诉讼要件的问题,所以,在行政厅方面,并不妨碍行政行为的撤销。而行政厅方面也不能变

---

① 参见盐野著:《行政法Ⅱ(第六版)行政救济法》,第 78 页"起诉期间"。经过平成 16 年的修改,基于政策上的考虑,从 3 个月改为 6 个月。

动,这种意义上的不可变更力,不是《行政事件诉讼法》第 14 条所赋予的内容。

这种规定的目的在于行政行为效果的早期确定或者行政法关系的早期稳定,这是不言而喻的。不过,在这种情况下,作为立法政策,不可争力与个别具体的关系的早期确定一起,还有从更加宏观的角度对行政法关系的稳定进行的考虑。只是其直接的保护利益因场合的不同而不同:在税金的情况下,是征税事务;在土地收用裁决的情况下,直接保护的则是业者的利益。这样,起诉期间即不可争力的制度是由一定的立法政策来支持的,在期限极其短暂的情况下,作为对《日本国宪法》第 32 条规定的接受裁判的权利之侵害,有时会构成违宪。①

不可争力,是在《行政事件诉讼法》中作为撤销诉讼制度的内容规定的,所以,在现行制度上,服从撤销诉讼排他性管辖的行政上的行为即行政行为,原则上当然具有不可争性。并且,公定力通过和这种效力相结合,则具有极大的效力。

五、执行力

所谓执行力,是指违反相对人的意思,行政权以其自身的力量能够实现行政行为内容的效力。具体地说,虽然有租税赋课处分,但相对人没有按照该处分缴纳时,作为债权人的行政厅,不用像私人那样向法院起诉,行政厅可以自己实行滞纳处分,满足自己的债权。此外,行政厅发出违法建筑物的拆除命令,而相对人不服从该命令予以拆除的,行政厅可亲自或者委托第三人来实现该义务。

在明治宪法下,执行力作为国家权力的行使,被解释为行政行为当然具有的效力。关于公法上的权利,不是司法法院审理的事项,国家的公法上的权利,也不能利用民事上的强制执行,行政法院也不掌管国家的公法上的债权的执行事务,即不存在实现国家的公法上的权利的裁判上的方法。所以,除自行救济以外没有另外的执行方法。当时的理解和当时的这种实定法制也是相对应的。与此相对,在现行法下,不能说因为是国家的权利而当然地排除利用法院的途径,此外,如果必要,即可制定法律,因

---

① 参见最高法院大法庭判决,昭和 24 年 5 月 18 日,载《民集》第 3 卷第 6 号,第 199 页;《行政判例百选Ⅱ》(第四版)第 205 案件。

此,具有较高的人权侵害程度的行政行为内容的自力救济制度,需要有法律根据,关于这一点,基本上没有异议。即要承认行政行为的执行力,在行政行为的根据规范之外还需要法律根据,现行法也与此相对应。《行政代执行法》第 1 条规定,作为确保义务履行之手段的行政上的强制执行,是法律事项。这样的话,一般地说行政行为具有执行力,在二重意义上是不正确的。这是因为,其一,行政行为中本来也有不具有执行观念的情形。例如,公务员的免职处分等就是这样。其二,即使是适合于执行的事项,有的由于没有法律根据,因而也没有执行力。所以,严密地说,所谓行政行为的执行力,是指成为行政上的强制执行之前提的义务赋课效果。

这种制度的目的,在于行政行为内容的早期实现,更加抽象地说,在于行政目的的早期实现,这是不言而喻的。此外,也有减轻法院负担的目的。①

关于行政行为,适用撤销诉讼的排他性管辖和行政行为具有执行力之间,并没有直接的关系。不过,对于采取行政上的强制执行手段时的要件,现在,不是先行确定行政行为的合法性,而是仅有有效性就足够了,所以,关于其有效性的判断,由于适用撤销诉讼的排他性管辖,故而在执行阶段来争议成为其基础的行政行为已经成为不可能。在这种限度内,公定力和执行力是有关系的。在行政行为中,公定力通过和执行力相结合,使之相对于私人的特权更加明确。此外,行政行为的权力性,如上所述,在具备了规范力、公定力、不可争力和执行力之时,则最为明显。

六、不可变更力、实质性确定力

关于行政行为的某种类型,存在即使公权力方面也不能予以变更的情形,其中,首先,作出处分的行政机关即处分厅自己不能变更时,说该行政行为具有不可变更力,不仅处分厅,而且上级行政厅,进而法院,也都不能撤销、变更已经作出的行政行为,或者行政厅不得作出与已经作出的行政行为相反的行政行为,此时,人们说该行政行为具有实质性确定力。公定力、不可争力、执行力,是通过以《行政事件诉讼法》及《行政代执行法》为代表的行政上的强制执行法制,在制定法上设定的制度。与此相对,不可变更力、实质性确定力,则不是由制定法明确规定的制度,而是由学说和判例架构而

---

① 关于行政行为的执行力起作用的具体情形即行政上的强制执行,参见盐野著:《行政法 I(第六版)行政法总论》,第 188 页以下"行政上的强制执行——概论"。

成的。从这点来看,其用语方法、范围都有并不统一的地方。

从广义上解释不可变更力,也包括行政行为的撤销、撤回权的限制。即当行政行为赋予相对人利益时,从保护相对人利益的观点来限制行政行为的撤销、撤回。① 在这种意义上,这个问题完全是从与行政行为内容的关系这个角度来论述的,而人们通常所论述的不可变更力,却不是从行政行为内容的角度,而是从与其决定过程的关系这个角度展开论述的。

例子有关于对农地收买计划的诉愿作出的支持裁决,而同一个诉愿裁决厅在其后又撤销该裁决的案件②;还有农地委员会因一度制订的收买计划提起异议申诉而自己予以撤销之后,又改变观点,再次作出收买计划,因而引起争议其违法的案件③。最高法院基于不服申诉程序的特殊性即属于类似裁判判决的程序这一点,均认定其违法,并且,昭和42年判决将昭和29年判决作为先例予以引用。但是,从概念上说,昭和29年判决承认了不可变更力,而昭和42年判决承认了实质性确定力。

关于是否应该承认不可变更力、实质性确定力的有关效果,并不是没有异议。一般地说,如果彻底贯彻依法律行政的原理的话,则认为不能承认行政行为具有与民事诉讼那样的判决相类似效果的见解也是可以成立的。不过,必须注意的是,行政行为的效果,并不是仅以合法性原则就能够解决的,还有必要求得和其他诸利益的协调。④

---

① 盐野著:《行政法Ⅰ(第六版)行政法总论》,第143页"撤销权的限制"、第146页"撤回权的限制"。
② 最高法院判决,昭和29年1月21日,载《民集》第8卷第1号,第102页;《行政判例百选Ⅰ》第73案件。
③ 最高法院判决,昭和42年9月26日,载《民集》第21卷第7号,第1887页;《行政判例百选Ⅰ》第74案件。
④ 关于当作出对于申请的不许可处分时,申请人能不能不攻击不许可处分,而再次申请,请求行政厅审查其申请的问题,有以一事不再理的原则不适用于行政行为为理由而予以承认的裁判例(东京地方法院判决,昭和56年10月28日,载《行裁例集》第32卷第10号,第1854页)。当提出再次申请时,即使行政厅改变观点予以承认,也并不妨碍。在这种意义上,并不发生实质性确定力,这正如判例所说。不过,对于再度申请的拒绝处分,如果承认撤销诉讼的话,结果将使第一次处分的起诉期间的设置失去意义。这是因为,对于最初的拒绝处分,超过了起诉期间,但重新申请又接受拒绝处分时,这次若在起诉期间内提起拒绝处分的撤销诉讼,则和最初的拒绝处分经过起诉期间后承认拒绝处分是相同的。所以可以认为,对于行政厅,只要没有特别的情况,则不产生对于申请的审查义务[结论旨趣相同,小早川著:《行政法讲义》(下Ⅰ),第31页以下]。我认为,这不是实质性确定力或者一事不再理等一般理论上的问题,而是称为起诉期间这种制度性效果。(转下页)

七、小结

将前面所考察的行政行为的效力论进行归纳概括,可以列出如下几点:

(一)规范力,以从前的权力性契机来论述得很少,但是,在进入公定力以下的分析的现阶段,单方性地形成、变动具体的法关系这种行政行为的一般性属性,作为显示行政行为的权力性的要素来整理,是妥当的。撤销诉讼中处分性论,意味着围绕具有这种规范力的行政厅的行为进行具体化的作业。①

(二)像本书所提示的那样来理解规范力,便可以进行如下整理:当围绕该规范力发生纷争时,实定法所特地准备的通用力是公定力、不可争力,在法律上支撑通过规范权力来形成的法状态的强制性实现的是执行力。②

(三)在行政行为的效力中,现行法制上,规范力、公定力、不可争力,原则上是联动的,而执行力则仅限于有法律规定的场合。不可变更力、实质性确定力是特别的程序得以承认时的特别效力,在现阶段,只是例外的情形。

(四)行政行为的诸效力及其联动性,对于行政的法的活动来说,并

(接上页)

浦和地方法院平成元年12月15日判决(载《判例时报》第1350号,第57页),在对这种制度理解的前提下,认为第二次的遗属补偿年金支付请求是不合法的,但从结论上认为"一事不再理的法理"是起作用的。然而,在被称为一事不再理的法理中,包括刑事程序等多种多样的情况,并不能认为那里所论述的是统一的法原则[此外,作为没有承认关于争讼裁断的行政行为的再申请的判决,参见最高法院判决,昭和29年5月14日,载《民集》第8卷第5号,第937页;《行政判例百选Ⅰ》(第四版)第79案件]。

一事不再理的问题,也可以从在合议体中一度讨论过的事情不能再审议的一事不再议的角度来论述。这是因为,一度审议的事情,如果允许随时再议的话,则会没有终结,即合议体的意思决定便会极其欠缺安定性。特别是在议会这样的合议体中,各种外部事情对审议都有影响,如果由于外部事情使决定随时都可以被推翻的话,便会使决定失去信赖性。此外,一事不再议的原则同时也在相应程度上成为慎重审议的担保(法院虽然没有承认这一点,但是,作为合议体的一事不再议成为问题的事例,参见最高法院判决,昭和28年3月3日,载《民集》第7卷第3号,第218页)。

① 参见盐野著:《行政法Ⅱ(第六版)行政救济法》,第81页以下"处分性"。
② 盐野宏著:《行政事件诉讼法修改论争管窥》(1996年),载盐野著:《法治主义的诸形态》,第321页。

不具有逻辑上的必然性,是立法者所采用的实定法上的制度。例如,即使对某种行政上的决定承认规范力,对此进而创设否定公定力、不可争力的制度,也并不构成悖理。与此相对,在日本现行法制度下,对行政行为赋予将这些作为原则使其结合乃至联动的方法,是从政策的角度采用的。不过,必须注意的是,现在的立法者未必是将这些作为从法技术性角度探讨的结果来采用的,而是以从前的行政法理论为前提来制定的。

第六节　行政行为的瑕疵

一、应予撤销的瑕疵和无效的瑕疵之区别

撤销诉讼的排他性管辖,是指即使有瑕疵的行政行为,要在裁判上否定其效果,必须通过撤销诉讼。并且,撤销诉讼的排他性管辖和不可争力、执行力相联系,从而使行政行为和民法的法律行为相比具有较大的特权。但是,问题在于,只要形式上是行政行为,不管其瑕疵的程度如何,都能够享受该特权吗? 当然不是这样。倒不如说,为了享受特权,必须是价有所值的。应予撤销的瑕疵和无效的瑕疵,正是在这种问题意识下所设置的区别,服从撤销诉讼排他性管辖的行政行为以应予撤销的瑕疵为限度,具有无效的瑕疵的行政行为,不能服从排他性管辖。换言之,当瑕疵带来行政行为的无效时,即使在撤销诉讼以外的诉讼中,法院也可以认定行政行为的无效。[①]

这种区别,在明治宪法时代的行政裁判法中已经存在。在当时,对于行政行为的不服,只能通过行政法院审理,但是,当行政行为具有无效的瑕疵时,其无效则可以在司法法院作为先决问题予以认定。现在,行政法

[①] 本书所提示的关于行政行为的瑕疵的两个区别之通说性理解,从前曾有柳濑著:《行政法教科书》,第 108 页以下,阐述了不同的观点,而冈田雅夫著:《关于行政行为的无效和撤销的区别》(1993 年),载冈田著:《行政法学与公权力的观念》,2007 年版,第 86 页以下,在具有瑕疵的行政行为是无效的这一前提之下,主张对于违法的行政行为来说,无效和撤销的区别基本上是不存在的。从这种立场出发,《行政事件诉讼法》上无效确认诉讼的法定(第 3 条第 4 款)、争点诉讼的前提(第 45 条)在立法政策方面存在疑问,取而代之的是,提出了对经过起诉期间的行政行为进行再审的制度之建议。从教条主义的角度看,可以理解为首尾一贯的立场,但是,有必要注意的是,根据该立场却无法说明包括争点诉讼在内的现在的制定法,并且,公定力本身就是在法治主义的范围内进行法政策性判断的结果。

院被废止,司法法院审查行政行为的效力,所以,不存在这种意义上的先决问题的观念,但是,在撤销诉讼以外的诉讼中进行无效瑕疵的认定问题,却是依然存在的。并且,在明治宪法时代,关于该观念的存在,并没有明文予以承认的法律,而现在的《行政事件诉讼法》第3条第4款则从正面承认行政行为的无效确认诉讼①,所以,行政行为的无效或者无效的行政行为,成为制定法上的观念。

二、区别的标准

无效的行政行为和应予撤销的行政行为的区别问题,从行政行为方面看,是能够享受撤销诉讼排他性管辖的特权的资格问题。与此相对,着眼于作为相对人的私人的话,是对于本来应该在起诉期间内提起撤销诉讼而没有提起的人,是否开拓救济途径的问题。即关于来晚了而没有乘上定期公共汽车的人,是否承认特别救济的问题。因此,无效的行政行为和应予撤销的行政行为的区别标准,是考虑到关于该制度利用的两方面的情况而决定的。在这种意义上,确实是应该从目的的角度来判断的问题。关于其标准的判例和学说的动向,有下述诸种。

(一)重大明显说

一直支配判例和学说的观点,有重大明显说。即无效的行政行为,是指具备存在行政行为所内在的瑕疵而违反重要的法规范,瑕疵的存在是明显的这两个要件的情形。② 在这种情况下,瑕疵的存在是以主体、内容、程序和形式等各种要素来阐述的。

这种学说明确地、有意识地确立了区别无效和应予撤销的意义,所以其方法本身是正确的。但是,在现行制度下,是否能够仅以该学说而解决一切问题,则是有问题的。也就是说,行政行为的瑕疵是否重大,是关于该行政行为的合法要件的重要性的解释问题。所以,具体判断有时会不同,而行政行为的瑕疵作为概念是明确的,具有可以成为判断基准的性质。此外,行政行为如果有重大瑕疵的话,强制采取正式途径(撤销诉讼)的意义也是贫乏的,这是常识性问题。

---

① 盐野著:《行政法Ⅱ(第六版)行政救济法》,第177页。
② 其代表是田中著:《行政法》(上),第140页。最高法院判决,昭和34年9月22日,载《民集》第13卷第11号,第1426页;《行政判例百选Ⅰ》第85案件。

与此相对,所谓明显性,作为概念本身不一定明确。其一是关于什么是明显的瑕疵这一问题。必须注意的是,这里存在"瑕疵就是瑕疵的明显性"和"存在瑕疵的明显性"之区别。① 此外,还有瑕疵的明显性是对于谁来说是明显的这一问题。关于这一点,大致分为外观上一眼就能看出的明显说②和客观上明显说=调查义务违反说③的对立。

进而,要求瑕疵的明显性的一个重要原因,是无效确定权者是撤销诉讼的法院以外的法院。在明治宪法之下,司法法院要审理判断行政行为无效,需要瑕疵是明显的,因为如果不是达到一定程度的瑕疵,在司法法院和行政法院的权限分配上就是不合理的。④ 可是,在没有司法法院和行政法院区别的现在,这样的考虑是不必要的。此外,关于无效的行政行为,有人说是由于谁都具有无效认定权,所以要求明显性。⑤ 而从法的角度来看,是否无效存在争议时的认定权者成为问题,无论如何最终都是法院,所以没有将私人的认定权作为问题的余地。

(二)明显性补充要件说

如果以论述行政行为中无效的瑕疵的意义为前提的话,即使瑕疵的重大性成为其要件,是否科处其他某种加重要件呢？最高法院判决提出,由于利益状况的不同而不能一概地作出判断。也就是说,最高法院虽然基本上立足于外观上一眼就能看出的明显说,但并没有机械地适用这种学说。关于所得税法上的有关转让所得的课税处分的案件,即将自己的土地未经许可采取转让给妻子的妹妹夫妇的形式,进而将其转让给第三人的案件,税务署长认为该行为产生土地、房屋的转让,对其妹妹夫妇实施了课税。最高法院认为:"考虑到课税处分是仅存在于课税厅和被课税人之间的,没有必要考虑保护信赖处分之存在的第三人等,该处分中内容上的过错是关于课税要件的根本性错误,即

---

① 东京地方法院判决,昭和35年4月20日,载《行裁例集》第11卷第4号,第872页。
② 最高法院判决,昭和36年3月7日,载《民集》第15卷第3号,第381页;《行政判例百选Ⅰ》(第四版)第91案件。
③ 只要行政厅尽到其调查义务的话,就可以发现该错误的情况,也视为满足明显性的要件。东京地方法院判决,昭和36年2月21日,载《行裁例集》第12卷第2号,第204页。
④ 指出这一点的研究,参见雄川一郎著:《[介绍]田中二郎著〈行政行为论〉及其他四篇》(1956年),载雄川著:《行政争讼的理论》,1986年版,第608页以下。
⑤ 参见田中著:《行政法》(上),第140页。

使考虑到征税行政的安定及其顺利运营的要求,依然以由于不服申诉期间的超过而发生不可争的效果为理由,让被课税人忍受前述处分带来的不利,当存在被认为严重不当的例外的情况时,因前述过错导致的瑕疵,解释为使该处分当然无效,是适当的。"①并且,关于该案,认定了根本性瑕疵即重大的瑕疵,而对于明显性,并没有特别论及,进而,关于该案的情况,鉴于纳税人完全不知,征税行政上也并不产生特别的障碍,该案中对真实的转让所得人课税也是可能的等,撤销了认为不是无效的原审判决并发回重审。

这一案件是在稍微特别的情况下发生的,所以不能说最高法院就一般情况否定了明显性要件的必要性。此外,当存在有利害关系的第三人时,明显性的要件被加重,这也是该案判决暗示的。例如,在农地收买处分的无效成为问题的诉讼中,通常有第三人即接受出售的人,从保护该人利益的观点来看,对于收买处分无效的要件,便会要求明显性。不过,如果制度的宗旨在于只要有处分就应该尽量在起诉期间内提起撤销诉讼的话,在重大以外,还可以考虑根据具体情况的利益衡量要件的加重。在这种意义上,我认为,将明显性的要件作为补充性加重要件之一来考虑是适当的。②

三、瑕疵的治愈、违法行为的转换

行政行为虽然从当初就有瑕疵,但试图维持其效力的技术,就是这里所说的治愈、转换。这里的问题是,即使当初行政行为有瑕疵,与其予以撤销而作出同样的处分,倒不如维持当初的行政行为的效力,从法的稳定性的观点来看也是理想的,并且,在防止行政浪费的意义上,也有助于行政经济。

---

① 最高法院判决,昭和48年4月26日,载《民集》第27卷第3号,第629页;《行政判例百选Ⅰ》第86案件。

② 最高法院平成16年7月13日判决(载《判例时报》第1874号,第58页),原封不动地以前述昭和48年最高法院判决为前提,在瑕疵外观上并非客观的、明显的案件中,以原告方面不存在以处分的不可争的效果之发生为理由而令其忍受不利这件事情被认为是明显不当的例外的情况为由,排斥了处分的当然无效的主张。所以,作为逻辑构造,可以看出,最高法院与本书正文所提示的明显性补充要件说,恰好将例外和原则进行了颠倒,并且严格地进行了例外的认定。不过,法院从案件的经过出发,也承认了处分厅的认定具有其相应的合理性,所以,在这种意义上,我认为,将其理解为进行了符合案件的综合性评价的判决,也是可能的。

(一)瑕疵的治愈

所谓瑕疵的治愈,是指行政行为作出后,进行追加、补充其所欠缺的要件——通常是程序性及形式性的要件,其结果确实是出现瑕疵消除的情况。① 当瑕疵轻微,并且存在第三人的既存利益时,有承认治愈的余地,而在其他情况下,从依法律行政的原理来看,不应该轻易承认治愈。

此外,关于瑕疵轻微而不值得以撤销诉讼作出撤销判决的情况,有人也在瑕疵的治愈中予以说明。② 不过,严格地说,这不是治愈,而应该将其视为不属于应予撤销的瑕疵的瑕疵。③

(二)违法行为的转换

所谓违法行为的转换,是指某种行政行为虽然没有满足法令的要件,但是作为另外的行政行为来看,却满足法令的要件的,作为另外的行政行为来维持其效力的技术。在农地收买计划中,按照当初适用的根据条款,是违法的,而根据其他根据条款却被认为是合法的④,就是其典型事例。

有的观点认为,从依法律行政的原理的观点看,问题在于行政行为客观上是否合法,所以,与作出行政行为的行政厅的主观意图无关,只要作为另外的行政行为是合法的,那么,即使承认违法行为的转换,也不违反依法律行政的原理。但是,产生违法行为的转换这一问题,通常的情况下,在作出行政行为的行政厅方面,试图以转换的理论来维持行政行为的有效性,而其相对人则主张行政行为的瑕疵。所以,从试图排除公权力对权利、利益的侵害的法治国原理来看,可以说,应该限定违法行为的转换之适用。

此外,作为和违法行为的转换相似但其性质不同的制度,有理由的替换。所谓理由,是指成为处分基础的事实及法的根据。所谓理由的替

---

① 关于后来制定了换地预定地的临时换地指定换地计划的情况,大阪高等法院判决,昭和57年6月9日,载《行裁例集》第33卷第6号,第1238页。关于在对农地收买计划的诉愿裁决作出之前推行收买程序,其后作出诉愿驳回裁决的情况,最高法院判决,昭和36年7月14日,载《民集》第15卷第7号,第1814页;《行政判例百选Ⅰ》第88案件。关于追加、补充法定的事由附记的事例,最高法院判决,昭和47年12月5日,载《民集》第26卷第10号,第1795页;《行政判例百选Ⅰ》第89案件——但是,在该案件中,关于理由的追加、补充,法院没有承认治愈。
② 田中著:《行政法》(上),第142页。
③ 最高法院判决,昭和49年12月10日,载《民集》第28卷第10号,第1868页;《行政判例百选Ⅰ》第123案件。该判决没有使用治愈论,而是认为该瑕疵轻微,因而不属于撤销事由。
④ 最高法院大法庭判决,昭和29年7月19日,载《民集》第8卷第7号,第1387页;《行政判例百选Ⅰ》第90案件。

换,是指日后在诉讼阶段变更这种意义上的理由的制度。这种情况在理论上和违法行为的转换不同,前提是处分确实是同一的,其中是否允许理由变更则成为问题。①

进而,即使处分违法但依然维持其效力的制度有《行政不服审查法》第40条第6款的事情裁决(特别情况下的驳回裁决)和《行政事件诉讼法》第31条的事情判决(特别情况下的驳回判决)。这是指处分虽然违法,但如果予以撤销,便会给公共利益带来严重危害的,在(裁决或者判决的)正文中宣告其违法但驳回请求的制度。② 在以相对人的不利来维持行政行为所形成的状态这一点上,这和治愈、转换是共通的。不过,二者的区别在于,治愈、转换是作为实体法上的制度,作为行政行为论的一环来把握的,而事情判决等是争讼法上的特别制度。

第七节 行政行为与法律关系

一、概述

行政行为,从效果乃至效力方面看,确实具有相对于法律行为的特色;但是,在使法律关系变动、消灭或者如拒绝申请处分那样不变动法律关系这一消极意义上,都是有关法律关系的形成、消灭的,这与民法上的法律行为相同。并且,在何时看作变动法律关系,或者通过行政行为成立的法律关系在何种情况下消灭,这一点是行政行为的效力论之后的问题。

关于这一点,以前的行政法学一直是完全以行政行为为中心来考虑的,该问题是以行政行为的成立、效力的发生、效力的消灭的形式展开论述的。此外,在立法实践中也是一样,例如,不是以营业地位的存续期间的形式,而是以营业执照的有效期间这种形式创建制度。③ 因此,本书在确认行政行为是法律关系变动的一种道具的基础上,也从行政行为的侧面进行考察。

---

① 关于在撤销诉讼阶段的理由变更,参见盐野著:《行政法Ⅱ(第六版)行政救济法》,第144页"理由的替换"。

② 盐野著:《行政法Ⅱ(第六版)行政救济法》,第161页"事情判决(特别情况下的驳回判决)"。

③ 例如,《警备业法》第5条第4款。

二、行政行为效力的发生

由于行政行为而产生权利变动,是以对于相对人发生行政行为的效果乃至效力为前提的。而行政行为的效果乃至效力的发生,只要没有特别的规定,根据意思表示的一般原则,始于行政行为到达相对人之时。也就是说,行政行为生效始于相对人实际知晓,或者行政行为的作出被置于相对人应该知晓的状态之时。①

与此相对,关于效力发生时期,法律设置特别规定的,服从该特别规定。例如,《税理师法》上关于税理师的惩戒处分的效果,从惩戒处分确定之时发生。②

关于送达相对人的方法,没有通则性的规定。《行政程序法》上也没有设置关于送达的规定。因此,当行政行为的相对人是特定的且住所明确时,通过邮寄等通常的手段实施行政行为的送达。与此相对,当相对人的住所不明时,便产生采取何种措施予以送达的问题。现在,行政法上不存在一般性规定,可以参照《民法》第 98 条的规定,在法院的告示板上张贴告示进行公示送达。不过,对相对人的行政行为中包括从权利限制到权利赋予的内容,其性质也各种各样,所以,一般地说,认为不能采取这种方法,或者相反,认为只能允许这种方法的理解,都是不合理的。总之,这是采取何种方法才可以从法律上认为行政行为已送达相对人的问题,所以,我认为,应该将《民法》第 98 条理解为在不存在其他合适的方法时可以采取的一种方法。而内阁法制局的意见则认为,依据(修改前的)《民法》第 97 条之二进行送达是当然能够做的事情。③ 个别法律规定公示送达的,当然依该规定。但是,公示送达,是相对人的住所、居所等不明的情况下所采取的简易送达的方法,是一种简便方法,所以,关于其要件,有必要予以严格规定。④

---

① 最高法院判决,昭和 29 年 8 月 24 日,载《刑集》第 8 卷第 8 号,第 1372 页;《行政判例百选 I》(第四版)第 63 案件。最高法院判决,昭和 57 年 7 月 15 日,载《民集》第 36 卷第 6 号,第 1146 页;《行政判例百选 I》第 59 案件。最高法院判决,平成 11 年 10 月 22 日,载《民集》第 53 卷第 7 号,第 1270 页;《行政判例百选 I》第 61 案件。
② 最高法院判决,昭和 50 年 6 月 27 日,载《民集》第 29 卷第 6 号,第 867 页;《行政判例百选 I》第 62 案件。
③ 参见前田正道编:《法制意见百选》,1986 年版,第 121 页。
④ 关于认为欠缺《特许法》第 191 条规定的公示送达要件的事例,参见最高法院判决,昭和 56 年 3 月 27 日,载《民集》第 35 卷第 2 号,第 417 页。

如果行政行为的要件得以满足,行政厅作出意思决定并向外部表示的时间即理解为行为成立的时间①,则可以在行政行为的效力发生时间之外架构行政行为的成立观念。此时,如果在行政行为成立的时间以后,行政厅便不能变更行政行为的话,这种区别就更具有意义。当行政厅是独任制时,不能承认有关的自我拘束,而合议体中的一事不再议的原则,可以说是在内部性意思决定的阶段产生的。②

三、行政行为效力的消灭——撤销、撤回

法律关系根据行政行为而形成、消灭(在拒绝申请的情况下,则是使法律关系不能形成的确定)的,有时又会根据某种事情出现而产生使该法律关系复原的必要。在这种情况下,行政法学从行政行为中心主义的角度,以形成该法律关系的行政行为的撤销或者撤回予以说明。下面也将采取这种说明方法。③

(一)撤销

1. 概念

行政行为的撤销,是指由于行政行为而形成、消灭法律关系时,该行政行为具有瑕疵,因而撤销该行政行为,以使法律关系恢复原来状态。在这种情况下,撤销这种行为本身也是行政行为,这被作为当然的前提。然而,从使法律关系复原这种观点来看,使其形成、消灭的是行政行为,所以,予以复原的也应该是行政行为。撤销,其意义在于使法律关系复原,所以,如没有可以作为复原的法律关系存在的行政行为,撤销的概念便不涉及。例如进口许可,根据该许可,私人方面作为事实行为的进口行为得以实施,效果便告完成,是没有撤销之余地的。

撤销,有处分厅或者监督厅依据撤销职权进行撤销的情形和依据私人的不服申诉的争讼进行撤销的情形。因为后者是行政争讼性质的,所以,在这里,只讨论依职权撤销的问题。

---

① 参见最高法院判决,昭和29年9月28日,载《民集》第8卷第9号,第1779页;《行政判例百选Ⅰ》(第四版)第61案件。

② 田中著:《行政法总论》,第321页,区别行政行为的成立和对相对人的拘束力,认为,只要成立了,根据行政行为的性质,行政行为便产生不可变更力。

③ 包括德国法的状况在内,关于立法例、判例、学说的综合性研究,有乙部哲郎著:《行政行为的撤销和撤回》,2007年版。

2. 依职权撤销的法的根据

行政行为的撤销,从概念上讲,是以行政行为有瑕疵为前提的。并且,如果是违法的瑕疵,当然存在违反依法律行政的原理的问题,此外,如果出现违反公益的状态,便产生违反行政目的的问题。也就是说,行政行为的撤销的实质性根据,在于合法性的恢复或者合乎目的性的恢复。从这一点看,在行政行为的撤销不需要法律的特别根据上,学说是一致的。不过,在这种情况下,对此存在不同的理解:有人认为这是当然事理[1];有人认为撤销权的根据包含在原行政行为的根据法中[2];有人则认为此源于不成文的法理[3]。我认为这是法治国原理的要求。[4] 此外,还有上级行政厅的监督权的行使,是否当然具有以职权进行撤销的权力的问题,通说认为有这种权力,但也存在不同的见解。[5]

3. 撤销权的限制

撤销行政行为,即恢复依法律行政的原理,所以,行政厅当然应当撤销。但是,在现实中,作为撤销在行政主体和处分相对人之间成为问题的典型事例,有授益性行政行为的情形。即在作出授益性行政行为的情况下,行政厅事后知道有瑕疵而欲撤销之;与此相对,授益性处分的相对人即私人却主张,这样一来违背了私人方面对行政的信赖,或者说有害于法的稳定性。因此,抽象地说,依法律行政的原理和私人的信赖保护这两个利益冲突了。这里便产生了称为撤销权的限制的问题。撤销行政行为的利益和保护私人信赖的利益相对立,并不限于授益性处分,在复效性处分的情况下也可以看到。进而,如农地收买处分和出售处分那样,处分相重合时,撤销收买处分的利益和出售处分的相对人的利益是对立的,所以也可能成为撤销权的限制问题。

学说认为,对授益性行政行为的撤销应赋课一定的限制[6],如果以现代社会中私人对行政的依存性为前提的话,则必须承认存在应该保护相对人及有关私人的信赖的情况。这个问题是极具利益衡量性质的问

---

[1] 田中著:《行政法》(上),第151页;原田著:《行政法要论》,第190页。
[2] 兼子著:《行政法学》,第139页。
[3] 远藤著:《实定行政法》,第137页。
[4] 同样观点,芝池著:《行政法总论》,第167页。
[5] 盐野著:《行政法Ⅲ(第五版)行政组织法》,第32页"上下关系"。
[6] 田中著:《行政法》(上),第151页。

题,所以,在具体的情况下应划定什么样的界限,是个困难的问题①,虽然关于抽象的利益衡量原则已经形成了判例法②,但是,尚没有形成类型化了的判例积累。③ 不过,作为一般论,问题的焦点在于足以否定依法律行政的原理的相对方及利害关系者的保护之必要性是否被承认,由此来看,利益保护的对象是与财产的价值(金钱或者物品的给付)有关系的(反过来说,与资格等的地位赋予相关的情况,只要欠缺公益上的必要之要件,那么,撤销权的限制便不适用)。对因撤销权行使的结果而蒙受相对方的不利之具体的状况、导致当初的行政行为之瑕疵的原因(是否归于相对方的责任)等利益进行比较,应当根据与该受益的处分相关的法律的结构来作出判断。④

4. 撤销的效果

行政行为的撤销,是以行政行为当初就有瑕疵为前提的,所以,一般认为,撤销的效果溯及既往。不过,在授益性行政行为的情况下,作为利益衡量,具有只面向未来撤销行政行为的效果的余地。⑤ 此外,虽然说营业执照被撤销了,但不能当然地说从当初就进行了无照营业,因而适用罚则。还有虽然采取了撤销的形式,但其实质上是无效确认之类的情形,例如,对于通过雇枪手参加考试而取得资格的人作出撤销处分的,无资格者的行为能够成为处罚的对象。

(二)撤回

1. 概念

行政行为成立时没有瑕疵,即没有瑕疵而成立的法律关系,由于其后的事情而发生了继续维持该法律关系是不妥当的情况时,使该法律关系

---

① 强调个别具体性的研究,有远藤著:《实定行政法》,第 183 页。
② 最高法院判决,昭和 28 年 9 月 4 日,载《民集》第 7 卷第 9 号,第 868 页;《行政判例百选 Ⅰ》第 91 案件。最高法院判决,昭和 33 年 9 月 9 日,载《民集》第 12 卷第 13 号,第 1949 页;《行政判例百选 Ⅰ》(第四版)第 102 案件。最高法院判决,昭和 43 年 11 月 7 日,载《民集》第 22 卷第 12 号,第 2421 页;《行政判例百选 Ⅰ》第 92 案件。
③ 关于学说、判例的详细情况,参见乙部哲郎著:《行政行为的(职权)撤销论之展开》(2004 年),载乙部著:《行政行为的撤销和撤回》,2007 年版,第 366 页以下。
④ 非常明了地揭示了这样的判断过程的判决,参见东京高等法院判决,平成 16 年 9 月 7 日,载《判例时报》第 1905 号,第 68 页。
⑤ 不过,东京地方法院判决,昭和 57 年 9 月 22 日,载《行裁例集》第 33 卷第 9 号,第 1846 页,没有承认这种法理。

消灭的行政行为,对此,以前的行政行为论是作为行政行为的撤回来说明的。① 此外,制定法上采取这种法律构成的也较多。例如,《旅馆业法》第8条规定:"都道府县知事,当营业者违反本法律或者基于本法律的处分时……可以撤销第3条第1款的许可,或者规定期间,命令营业的停止。"必须注意的是,和许多立法例一样,在这里,法律条文上是"撤销",但其属于行政法学上所说的"撤回"。② 法律规定撤回原营业许可,采取了使营业者丧失地位的构造。但是,公务员的任命根据任命令的交付进行,而免职处分不说任命令的撤回或者任命行为的撤回。可见,立法上的规定并不一定是统一、一致的。总之,有必要确认的是,事情的性质是面向未来消灭法律关系。从这一点看,行政行为中明显存在本来就不适合于撤回的观念。即撤回是以既存的法律关系的消灭为前提的,所以,行政行为之中,那些不形成法律关系的,便没有产生撤回问题的余地。例如,关于公务员的免职处分,由于勤务关系已经消灭,所以,如果再次将其恢复原状,则不是行政行为的撤回问题,而是应该通过实施复职这种另外的行政行为,以求得问题的解决。此外,归化的许可也不存在撤回的余地。

撤回是由于使该法律关系存续已经不妥当而采取的措施,其目的并不在于对相对人的行为进行非难或者惩处这种意义上的裁判。③

---

① 像芝池的《行政法总论》第175页所论述的那样,我认为,存在即使关于违法行为,也不是进行职权撤销,而是以后发的事情的发生为理由可以撤回的情况。作为用语方法的约定,否定成立时没有瑕疵的行政行为的效力的是撤回。将当初的行为违法的情况理解为其应用,是妥当的。

② 平成16年的《民法》修改(平成16年法律第147号),使"撤回"成为民法上的法令用语(《民法》第521条、第527条、第530条、第540条、第550条等)。

③ 在与正文2所论述的撤回的法的根据论的关系上,在撤回作为制裁的手段而被使用的情况下,有的观点认为需要法律根据,驾驶执照的停止即属于此类(今村著:《行政法入门》,第153页)。制裁这个概念具有多义性,但是,将其理解为对义务违反进行非难和惩处这种意思的话,我认为其不是撤回的目的。从与道路交通法的关系上来说,那种意义上的制裁另外还有罚则的规定,撤回则是将义务违反者从该执照制中排除出去,或者准备排除出去的制度以服务于秩序维持,抑制义务违反,确保适法性(后述最高法院昭和63年6月17日判决的案件,原告的医师接受了基于原《优生保护法》第14条第1款的指定,由于该医师其后的行为,作为指定医师的适格性欠缺得以明确)。有时,对于建筑师等法律上的有资格者,执照、登记等的撤销是以惩戒为目的而进行的(《建筑师法》第10条、《公认会计师法》第31条),这些都是作为各种各样的资格赋予立法制度中的惩戒制度来规定的结果,而由于义务违反的一般撤回,则并不是以惩戒为目的而实施的。同样宗旨,小早川著:《行政法》(上),第244页。早坂禧子著:《关于撤回法理的一点考察》,载《盐野古稀》(上),第577页,在进行判例分析的同时,对这个道理进行了详细论述。关于制裁的观念,另外参见盐野著:《行政法Ⅰ(第六版)行政法总论》,第187页脚注①。

2. 撤回的法的根据

通说、判例,都采取了将撤回的根据置于行政行为的公益适合性上,采取了不需要个别的法的根据的观点。① 与此相对,也有的学说认为,授益性行政行为的撤回是侵害行为,所以撤回需要有法律根据。② 我认为,因为后者的学说把握了撤回是法律关系的消灭这一点,所以更好。并且,现在,要使某种法律关系消灭,即剥夺因该法律关系所具有的利益,根据侵害保留的原则,也好像可以解释为需要法律根据。但是,有必要注意如下问题,即侵害保留的原则是作为防止行政权对宪法上所保障的传统的基本权的侵害的防护装置而确立的。与此相对,需要探讨的撤回问题是,基于私人的申请进行授益性行政行为形成了和行政主体之间的法律关系之后,何种情形可使该法律关系消灭。从另外的观点看,授益性行政行为是执照制、许可制等的构成要素之一;而撤回是执照制、许可制等法体系的构成要素之一。在这种情况下,要使该法律关系消灭,并不是无论在什么情况下,都当然地需要有个别法的具体的法律根据。如果主张这一点,我认为,则有必要确立和侵害保留的原则不同的理由。这时候,可以列举出基于法治国原理的法的稳定性、既得权的保护等。但是,这不能理解为主张一般撤回权都需要法律根据。法的稳定性、既得权的保护,被认为从限制撤回权的角度来考虑是适当的。如果立足于这种观点的话,可以认为,关于具体的撤回不需要有个别的法律根据,只要有执照、许可等授权法律就足够了。

3. 撤回权的限制

在撤回的情况下,与相对人既得利益相对抗意义上的依法律行政的原理并不像在撤销的情况下那样起作用。所以,法律关系成立之后,没有发生任何事由,而以对私人带来不利的形式使其消灭,是不能允许的。与此相对,对相对人赋课义务,或者课处其他不利时,原则上可以自由地撤回。

以撤回行政行为的事由来考虑的典型事例,是接受授益处分的人(许可营业者、建筑师等资格者)违反该授益处分的根据法所规定的义务,作

---

① 田中著:《行政法》(上),第 155 页。最高法院判决,昭和 63 年 6 月 17 日,载《判例时报》第 1289 号,第 39 页;《行政判例百选Ⅰ》第 93 案件。但是,该判决好像也将直接的法根据从处分权限规定求得。

② 杉村著:《行政法讲义》,第 250 页。

出授益处分时对申请人方面所要求的执照、许可要件事后消灭(像欠缺资格事由那样的消极要件的情况,则为其事后发生)的情形。关于这些,设置撤回根据的法律较多。①

关于撤回权,个别法上有规定时,实际行使撤回权的要件便成为该个别法的解释问题。与此相对,个别法上没有任何关于撤回的规定时,在发生上述事由的情况下是否允许撤回?假设允许,那么,有没有界限?这些都成为问题。在这里,应该考虑的要素,就是这些问题都和依法律行政的原理具有密切的关系。这明确体现在处分要件的事后消灭。虽然事前已经发生,却由于没有注意而作出处分,则是职权撤销的案件。此外,说持照人等违反义务,是指引起违法状态,为了清除这种状态,或者为了防止这种状态重复出现,而使该法律关系消灭(撤回执照等),从依法律行政的原理来看,可以说是被赋予许可权的行政厅的义务即权限。② 这里就存在与没有被赋予任何法律上权限时应该适用的侵害保留的原则的不同。③

当然,当发生前述撤回事由时,并不是当然地可以撤回,而是必须考虑相对人情况等,进行适当的利益衡量。此外,当个别法上存在根据规定时,其属于必要的撤销(撤回)还是处于裁量(效果)的撤销(撤回)的问题,变成该根据规定的解释问题,从撤回权的限制的原则来看,必要的撤销权制度的存在,应当进行限定性解释。④

撤回成为问题的另一个事例,是完全从公共利益的必要上考虑进行

---

① 关于违反义务,有《公众浴场法》第7条、《药剂师法》第8条第2款;关于执照要件等的事后消灭,有《当铺营业法》第25条第1款第2项、《药剂师法》第8条第1款等。

② 芝池著:《行政法总论》,第179页,对于不需要法律授权的事例,列举了基本要件事实的事后消灭,并从法治主义的观点赋予根据。其宗旨被认为也适合于持证人等违反义务。

③ 有的观点认为,如果撤回不需要法律根据的话,则与法律根据被视为当然必要的执照的停止之间出现不协调,因此主张撤回也需要有法律根据(参见芝池著:《行政法总论》,第179页)。正如本书正文所指出的那样,从许可制中排除违反义务者,可以看作许可权的另一方面,而关于其他还应设置何种违反义务的抑制制度,则被委任给许可制度的设定者(立法权者)判断,其手段比撤回重还是轻,与需要不需要法律根据是没有关系的。

此外,现行法上,对于某种义务违反,一般采取的是停止还是撤销(撤回)的手段选择制度。该行为的选择制度虽然适合于惩戒处分等,但以违法行为的抑制效果为目的时,首先使短期的停止处分先行,然后作出最终处分(停止或者撤回),这种制度被认为是更加合理的。这尤其是与《行政程序法》采取辩明程序和听证程序的选择制这件事相关联的[参见盐野著:《行政法Ⅰ(第六版)行政法总论》,第252页]。

④ 关于基于《风俗营业法》第8条进行的撤回的事例,参见东京高等法院判决,平成11年3月31日,载《判例时报》第1689号,第51页。

撤回的情况。正像无线电台执照中的波段分配、行政财产的使用许可那样,存在公共资源提供给比现在的许可利用者更具有公共利益性的人使用(其中包括行政的自我使用)的情况。在这种情况下,侵害保留的原则显然不能原封不动地起作用。对此,如何认识相对人的既得地位成为问题。在这种情况下,通常由法令或者附款来规定期间,如果该期间是以保障该期间的地位为宗旨的,那么,期间内的撤回,没有法律的规定是不能允许的。我认为这样理解是妥当的。① 在没有期间规定的情况下,公共的资源也不能无限期地利用,所以也产生撤回的问题。此外,即使承认撤回,也另外存在是否需要补偿的问题。②

4. 撤回权者等

撤回权只有处分厅能够行使。这是因为,撤回权和处分权完全立于相反的关系上,并不当然地包括在监督权的范围之内。所以,对于监督厅来说,作出撤回的命令是其限度。

撤回,根据事情的性质,只面向未来发生效力。

以相对人的义务违反为理由进行的撤回,是因为法律关系的继续将违反公益,从功能上看,具有抑制相对人的违法行为的功能。或者,行政厅具有撤回权,能够确保相对人履行义务。在这种意义上,撤回制度作为确保义务履行的手段而发挥作用。

四、其他的法律关系消灭事由

由于行政行为而成立的法律关系,有时也根据行政行为以外的事由而消灭。

(一)期限的到来

由于一定期限的到来,根据行政行为而成立的法律关系便告消灭。例如,驾驶执照,在接受驾驶执照的适合性测验之日后第 5 次生日过后(未满 70 周岁的情况下),当然地失去效力。③ 期限,有时不是以法律的形式,而是以行政行为的附款的形式来加以规定的。④

---

① 法律规定的事例,有《电波法》第 71 条,《国有财产法》第 18 条、第 19 条、第 24 条。
② 最高法院判决,昭和 49 年 2 月 5 日,载《民集》第 28 卷第 1 号,第 1 页;《行政判例百选 I》第 94 案件。
③ 《道路交通法》第 92 条之二。
④ 参见盐野著:《行政法 I(第六版)行政法总论》,第 149 页"行政行为的附款"。

即使在有期限的规定时,也存在试图严格设定的情形和预定了更新的情形,所以,有必要按照各个具体的法律来判断其采取的是哪种制度。①

(二)相对人的情形

也存在将行政行为相对人的情形作为法律事实,使根据行政行为而成立的法律关系消灭的情况。《国家公务员法》第38条所规定的欠格(欠缺资格)事由在其后发生的,例如,被处以管制以上的刑罚时,该公务员便当然地失去职务(该法第76条)。此外,在像旅馆业那样着眼于设备的许可制度的情况下,如果旅馆因火灾被烧毁,许可是否当然地失去效力,亦产生问题。②

第八节 行政行为的附款

一、附款的概念和功能

(一)概念

对于某执照营业申请人仅仅作出"许可营业"的行政行为的话,营业人的义务由法律及基于法律的命令规定。换言之,通过许可而成立的法律关系的具体内容,被委任给法令的规定。在这一点上,与私人间的法律关系的内容基本上由当事人的意思即契约决定不同。但是,即使在由行政行为形成法律关系时,有时也承认其具体的内容在法令以外的行政行为中规定,即承认附加法律既定事项以外的事项。行政行为的附款,实质上正是和该法制相对应的,而之所以称为附款,是因为起初德国行政法学

---

① 关于广播电台的执照,参见最高法院判决,昭和43年12月24日,载《民集》第22卷第13号,第3254页;《行政判例百选Ⅱ》第180案件。关于《河川法》规定的河川占用地上的高尔夫球场的占用,参见横滨地方法院判决,昭和53年6月26日,载《行裁例集》第29卷第6号,第1197页。

② 该行政行为的效果是否根据行政过程的展开而消灭的问题,在作出了《食品卫生法》上的许可的建筑物因为违反《建筑基准法》而被通过代执行除却的场合等其他情况下也能零星见到,以这样的行政过程上的法现象为背景,认为应当构成行政行为的效果之撤回、撤销以外的"效力消灭的法理"的研究成果,有田村泰俊著:《撤销、撤回理论的再构成之视点》,载《阿部古稀》,第45页以下。

导入了德国民法学上的 Nebenbestimmung 观念,在明治宪法下的日本行政法学以其为模范,几乎原封不动地充作日本行政行为论的一部分。从前附款的代表性定义是:附款"是指为了限制行政行为的效果而在意思表示的主要内容上附加的从属性意思表示"①,这本来也是由来于民法的表现。但是,从行政过程中的法律关系和行政行为的关系这种视角来看的话,必须注意的是,事情正如前面所指出的那样,是法律既定事项之外的附加。②

立足于这种观点,便会产生对确立法定附款概念③的疑问。这是因为,只要法律规定了,那就拘束私人和行政厅的相互关系,特地以附款来论述是没有意义的。

但是,附款并不是法律既定事项外规范的全部,这一点也是有必要注意的。即在行政行为中不承认效果裁量(特别是选择裁量、形成裁量)的情况下,行政行为的附款确实与法律既定事项外规范的范围相等。与此相对,在承认形成裁量的情况下,该裁量权行使的结果,归根结底是法律既定事项外规范。此时,附款和作为形成裁量结果的行政行为内容的分界线,则并不一定明确。在从前的附款论中,这被作为"意思表示的主要内容"和"从属性意思表示"的区别来把握,而在那种情况下也存在同样的问题。附款作为法律既定事项外的规范,只要将其统一把握,该区别不过是单纯的说明上的问题而已,但由于有时也导致法效果的不同,所以,在具体的情况下有时需要判断是行政行为内容的问题还是附款的问题。④

(二)功能

如果说附款是法律既定事项外的附加,那么,其在行政活动中所发挥的作用,一般地说,可以认为其开拓了行政的灵活对应可能性。也就是说,当仅有法律既定事项,行政厅在作出许可、发放执照等而犹豫不决

---

① 田中著:《行政法》(上),第 127 页。
② 同样的观点,参见广冈著:《行政法总论》,第 149 页;藤田著:《行政法总论》,第 214 页以下。此外,包括关于这一点的藤田宙靖论文、晴山一穗论文等的先驱性成果在内,详细情况参见盐野宏著:《关于附款的一点考察》(1985 年),载盐野著:《行政过程及其统制》,第 146 页以下。
③ 田中著:《行政法》(上),第 127 页。
④ 盐野著:《行政法Ⅰ(第六版)行政法总论》,第 153 页"撤回权的保留"。

时,也可以通过附加附款来对应该事态。在这种意义上,可以称之为附款的状况适合性功能。① 此外,附款虽然在法形式上采取行政厅方面单方附加的形式,但是,实质上并不一定是这样的。期限等有时是由申请人事先在申请时写入申请书之中的,负担也可能是作为和申请人交涉的结果而附加的。

二、种类

关于附款,以前所列举的是条件、期限、负担、撤回权的保留。但是,从前述附款的概念来看,并不限于这些种类。此外,作为法令用语,"条件"这个用语被作为包括全部附款的概念来使用(参见《公众浴场法》第2条第4款、《农地法》第3条第3款等)。

(一)条件

和民法上的条件同义,条件是指使行政行为效力的发生、消灭与尚未确定发生的事实相关的附款。以公司成立为条件而许可公司的发起人占用道路,或者发给广播电台的执照,是停止条件的事例;以在一定期间内不开工便失效为条件,作出原子炉发电设施的设置许可,是解除条件。

(二)期限

和民法上的期限同义,期限是指使行政行为效力的发生、消灭与确定发生的事实相关的附款。例如,从某年某月某日许可占用流水,这称为始期;至某年某月某日止许可占用道路,这称为终期。不过,在行政法关系中,有时是否能在个别的制定法中附加期限也成为问题。例如,现行《国家公务员法》及《地方公务员法》上,没有明确规定有关公务员的附限期录用,那么,在该法制之下,能不能在没有特别的法律(例如《关于一般职的附任期的职员的录用及工资的特例的法律》)的情况下,实行限定期限

---

① 关于附款的功能论的重要性,参见盐野著:《行政过程及其统制》,第155页。芝池著:《行政法总论》,第191页以下,从功能论的角度出发,提示了为了拒绝处分的回避的附款、独立行政行为的附款、预告性附款、计划法性附款这四种类型。此外,森稔树著:《行政行为的附款的功能》,载《早稻田法学会志》第46卷,1996年,第111页,对于附款的基本功能,列举了"行政厅和相对方的利害的一致""行政实务的柔软性""相对人的利益和第三人的利益乃至公益的调和"。实现开通了行政厅的状况适合性判断之可能性的途径的立法例,有《环境影响评价法》第33条以下。

录用公务员呢?①

(三)负担

负担,是指附加法令所规定的义务以外的义务(作为、不作为)的附款。在实践中,基于申请的许可证、执照等,在对相对人赋予权利、利益的授益处分中经常见到。从前,参照民法上的规定,负担被认为"是指附带在主要的意思表示上,对于行政行为的相对人,命令与此相伴随的特别义务的意思表示"②。在民法上,负担是只在有关赠与契约中才存在的观念,在其他情况下,契约当事人的义务全部成为契约的内容。与此相对,在行政行为的情况下,与补助金的交付决定相关的补助条件(作为附款的负担)确实与民法上的附带负担的赠与契约③相当,但并不仅仅限于此。在作出集团示威游行的许可时,规定不允许跑步,也是与不作为义务相关的负担。此外,在道路占用许可时命令缴纳一定数额的占用费,是与作为义务相关的负担。④

对于负担的违反,并不与行政行为的效力有直接关系。除了行政厅可以通过行政上的强制执行来强制其履行,违反负担义务只不过成为行政行为的撤回事由。与此相对,例如,在营业许可的区域设定不是被作为附款(负担)而是被作为形成裁量的结果时⑤,如果在区域外进行营业活动,则被作为无照营业来处理。关于营业时间的限制,也产生同样的问题。假定这样的话,是违反附款还是违反行政行为的内容,是法律上的重要区分。特别是上述问题,是与对于申请的处分相关的许可证、执照等的制度相联系而发生的。但是,关于这一点,尚没有形成学说、判例,制定法上的对应也并不明确。关于无照经营行为,通常认为,可以考虑科处刑事罚制裁,但必须根据相应法律制度分别作出判断。

此外,可以附加作为负担之一种的负担保留的观念。负担保留,是指

---

① 最高法院判决,昭和38年4月2日,载《民集》第17卷第3号,第435页;《行政判例百选Ⅰ》第95案件:在一定条件之下,承认了这一点。
② 田中著:《行政法》(上),第128页。
③ 《民法》第553条。
④ 负担,在概念上并未被限定为受益处分。包括关于负担的存在意义的考察在内,参见菊井康郎著:《行政行为的负担》,载《田中追悼》第219页以下、第244页以下。
⑤ 这样理解的判例,有关于净化槽污泥收集搬运业的区域设定的福冈高等法院判决,平成3年8月22日,载《判例时代》第787号,第148页。

事先预告不是和行政行为同时而是在其后附加负担。制定法上的事例,有《河川法》第 75 条的例子。

(四)撤回权的保留

撤回权的保留,是指在作出行政行为时,以事先宣告可以撤回为内容的附款。当然,现实中行使撤回权时,仅仅提出撤回权的保留条款是不充分的。如果这样的话,那只能是为了规避适用撤回权的限制原则而使用撤回权的保留。在这种意义上,可以说,撤回权的保留并不具有多大的实际意义。①

与此相对,在是否满足了许可要件并不明确,保留撤销权而作出许可的情况下,撤销权的保留之附款是否存在,也可能成为问题。关于即时完结的行为,撤销权的保留本来是不可能成立的,从依法律行政的原理看,一般对此也不能承认。但是,设定持续性法地位(例如,广播电台的执照)并采取更新制度,更新前不久发生了违法等行为,这被作为更新时的考虑事项的话,从更新制度的宗旨来看,可以理解为存在附加保留撤销权附款的余地。

三、附款的容许性和局限性

将附款的问题作为法律既定事项外规范来考虑时,附款的容许性,就是在该行政行为的根据法中,是否完全允许行政行为规定法律所规定的事项以外规范的解释问题。也就是说,在具体的情况下,如果法律规定可以附加附款(法令用语是条件)的话,则依据该规定,如果没有规定的话,有必要考虑该行政行为的性质等来具体地解释法律规范到怎样的程度。所以,在自由裁量行为的情况下,可以附加附款的情况较多。但通常并不是当然地可以附加附款。例如,基于《国籍法》的归化许可是法务大臣的自由裁量,但对其附加附款,从事务的性质上是不能承认的。此

---

① 与以前的附款相类似,但应予以区别的事项:其一是作为附款的一种所列举的法律效果的部分除外。这也可以作为行政行为的内容性规范乃至内容性限制来整理。其二是应该解释为变更处分的事项,例如,关于集团示威游行的许可,指定与申请中所提出的行进路线不同的行进路线而作出处分。关于这一点,法令上有的是作为负担的一种来整理的(东京都《关于集会、集团游行及集团示威运动的条例》第 3 条),集团示威游行中的行进路线,属于申请部分的核心,换言之,属于行政行为最为重要的内容,所以,这不是负担,而应该作为行政厅方面变更了申请而作出处分的变更处分来把握。

外,关于附款的容许性问题,从法律行为的行政行为和准法律行为的行政行为之区分来看,对后者,被认为没有附加附款的余地①,但是,如前所述,行政行为的这种区分本身是有问题的。②

即使可以附加附款,那里也存在一定的界限。有明确规定其界限的事例。例如,《都市计划法》第 79 条规定:"对于根据本法律规定的许可、认可或者承认,可以附加都市计划上必要的条件。在这种情况下,该条件不得对接受该许可、认可或者承认的人课处不当的义务。"但是,从作为行政上的法的一般原则的比例原则的宗旨来看,也可以作同样解释,所以,这被理解为一种确认性规定。③ 此外,以该法律目的以外的目的附加附款,也不允许。例如,从都市景致的观点出发,在适用《关于风俗营业等的规制及业务的公正化等的法律》时,通过附款来指定酒馆等霓虹灯的色彩,是不能允许的。

四、附款瑕疵的效果

当附款有瑕疵时,该瑕疵涉及无效的情况暂且不论,只要不涉及无效,那么,附款也是行政行为的一部分,所以,属于撤销诉讼的排他性管辖。因此,首先应该提起仅限于附款的撤销诉讼乃至附款的无效确认诉讼。不过,在客观上可以说如果没有该附款便不会作出该行政行为的情况下,不仅限于该附款,而且应该理解为行政行为整体都带有瑕疵。所以,在这种情况下,仅限于附款的撤销诉讼是不能允许的。

此外,在行政行为的内容性规范的情况下④,当对该规范不服时,可以提起拒绝其一部分申请的撤销诉讼。进而,就变更申请处分⑤来说,这是对申请的拒绝处分和对变更申诉的支持处分的结合,所以,相对人有不服时,应该通过拒绝处分的撤销诉讼来解决。

---

① 田中著:《行政法》(上),第 129 页。
② 盐野著:《行政法Ⅰ(第六版)行政法总论》,第 99 页。
③ 参见东京地方法院判决,昭和 42 年 5 月 10 日,载《下刑集》第 9 卷第 5 号,第 638 页。
④ 盐野著:《行政法Ⅰ(第六版)行政法总论》,第 150 页。
⑤ 盐野著:《行政法Ⅰ(第六版)行政法总论》,第 153 页脚注①。

第三章 行政上的契约

第一节 问题所在

　　私人和行政主体之间的权利变动,并不是仅通过行政行为这种法的行为形式来进行的。实际上,在相当广泛的范围内使用契约这种手段。例如,为了建设道路、公园、水库而需要用地,为取得该土地,实践中不是依据《土地收用法》通过作为行政行为的收用裁决(第47条之二),而是几乎全部通过任意收买即民法上的买卖契约进行的。此外,自来水的供给适用《自来水法》,而在《自来水法》上,即使供给主体是地方公共团体,也采取供水契约这种方法(第15条)。交通事业也是一样,公营电车、公共汽车也和民营的一样,在法律上都是根据运送契约进行的。进而,国家及地方公共团体的政府建筑物等建筑工事,通过民法上的承包契约来进行。有时其任意性在裁判上成为问题,但对于建筑确认及宅基地开发的许可,由建筑业主等缴纳负担金。这是赠与契约的一种。

　　这些是现实中采取契约这一手段的事例。与此不同,现行法制究竟是不是这样暂且不论,其他通过契约的形式也并没有什么不妥的事项,有公务员的录用、国立大学和公立大学的学生入学等。① 此外,可以将行政行为的附款单独剥离出来,从理论上作为行政主体和私人之间的合意即委任契约的一种形态来考虑。

　　这样一来,无论是现实中还是观念上,契约手段的适用领域都广泛存在。但是。在日本,行政上所见到的契约理论,作为行政法上的一般理论,并没有得到多少发展。这并不是没有缘由的,并且,从这里也可以看出日本行政法学的特色。

　　一、行政上存在契约这种行为形式,在明治宪法下也是为一般人所周

---

① 现行法上,国立大学法人与学生的关系也被作为契约关系来理解。参见盐野著:《行政法Ⅰ(第六版)行政法总论》,第31页脚注①。

知的。但是,那时,关于所有的事情,都以公法和私法的区别为前提,一般将公法关系中是否能够使用契约这一行为形式,即公法上的契约之容许性这一概念上的问题,亦作为当时所关心的事情。

二、明治宪法以来日本的通说,对于各种国营、公营服务业,例如,交通、邮政、电话、自来水等的利用,只要没有特别的制定法上的规定,就作为民法上的契约来理解,因此这些供给契约的法理没有能够在国内公法即行政法内部得到发展。此外,政府机关土木的承包当然地被理解为民法上的事项。在日本,即使在行政主体成为一方当事人的情况下,也广泛存在由民法上的契约所支配的领域。

三、某种关系,不是作为民法上的关系,而是作为公法关系来处理时,该关系的设定是契约还是行政行为的问题,成为当时所考察的对象。任命官吏行为的性质如何等,就是其中一例。与此相对,公法上的契约的一般法理却没有出现相应的展开。

四、在《日本国宪法》下,提出了对公法、私法二元论的批判,公法上的契约之一般理论的存在本身成为疑问。

五、对于学说的发展来说不可欠缺的素材之判例的积累,在该领域,包括实体法和程序法两个方面,都是非常少的。①

综上所述,在日本,曾经缺乏将行政契约作为公法上的契约来把握,并将其视为一个范畴的素材。但是,行政主体以各种各样的形式和私人或者其他行政主体进入契约关系,这种现象迄今为止却是广泛存在的,并且,在规制缓和、民营化之下,伴随其领域的不断扩大,该领域也出现了重要的法律上的问题。因此,下面将不以公法上的契约②之形式,而

---

① 通过外国法研究,进行了将其成果引进日本或者说供日本参考的尝试,参见滝泽正著:《法国法中的行政契约》(一)至(五·完),载《法学协会杂志》第95卷第4号至第7号、第9号,1978年;国井义郎著:《法国的行政契约缔结过程统制》,载《阪大法学》第58卷第3·4号,2008年,第827页以下;石井升著:《行政契约的理论和程序》,1987年版;大桥洋一著:《行政契约的比较法考察》(1992年),载大桥著:《现代行政的行为形式论》,1993年版,第161页以下;岸本太树著:《行政契约的法理论》(一)至(五·完),载《北大法学论集》第52卷第4号至第53卷第2号,2001—2002年;木村琢磨著:《港湾的法理论与实际》,2008年版,第176页以下。

② 指出了在和公益密切相关这一点上与私法上的契约不同的行政上的契约的存在的研究,有三好充著:《宅地开发指导纲要与开发负担协定的性质》,载《上川古稀》,第691页,不过,具体的法效果不明确。此外,关于与公法和私法的区别的一般关系,参见盐野著:《行政法Ⅰ(第六版)行政法总论》,第36页。

是以行政上的契约①之形式,广泛地指出问题的所在。②

第二节　行政上的契约之问题

一、准备行政中的契约

在实施公共行政时,完善、充实其物的手段之行为称为准备行政。在该领域,日本传统上是依据民法上的手段进行的。土地的取得也偶尔才有基于《土地收用法》而通过收用裁决的形式来进行的情形,通常是基于民法上的买卖契约来进行的。政府机关使用的建筑物则是基于承包契约。此外,用于政府机关事务的各种各样的物品,在法律上也都是以买卖契约来筹措的。当然,关于国有、公有的财产管理,为了保证其公正,也制定了特别的法律,如《会计法》《国有财产法》《物品管理法》和《地方自治法》。这些基本上作为行政内部的规范,具有内部法的意义,并且,即使是具有外部关系的规范,那也被作为民法特别法来处理。也就是说,与准备行政有关的契约,并没有作为公法上的契约而形成和民法不同的特别的法理。③

---

① 从这样的角度出发,指出其动向和问题点的研究成果,有安达和志著:《行政上的契约、协定之法的性质》,载《行政法的争点》,第 42 页以下,尝试对行政上的契约的实态进行综合分析;碓井光明著:《行政契约精义》,2011 年版。这样的处理方法是通例,即便是对公法概念持积极态度的学说也不采取"公法上的契约"这个概念。樱井、桥本著:《行政法》,第 129 页以下;大桥著:《行政法(1)》,第 237 页以下。

② 由于规制缓和而导致契约方式领域的扩大,并不限于对行政上的契约论的问题提起,而且也对民法上的契约法理带来巨大影响。将这一点从契约法的观点来把握,分析公法的提供契约之特色,提倡制度性契约论的研究成果,有内田贵著:《民营化(privatization)与契约》(一)至(六),载《法学者》第 1305 号至第 1309 号、第 1311 号,2006 年。对于已经在法的结构之观念下进行分析的行政法学来说,也富有启发性[参见盐野著:《行政法Ⅰ(第六版)行政法总论》,第 36 页]。

③ 参见碓井光明著:《公共契约的法理论和实际》,1995 年版,第 2 页以下。当然,这并不意味着在该领域根本就不存在成为研究对象的法律问题。即使基本上依据民法的法理得以解决,也存在特别制定的法律之解释问题,此时,就不得不承认因为是公共财产而进行利益衡量的必要性(参见山田卓生著:《行政上的契约》,载《成田退官纪念》,第 751 页以下)。此外,从前虽然局限于内部问题,但是,在地方公共团体层面,通过居民诉讼,财务会计法的解释适用已经由法院作出,出现了财务会计法规范的外部化现象。从这种意义来看,研究的必要性也增大了。其开拓性研究成果之一,有碓井光明著:《公共契约的法理论和实际》,1995 年版。

这种观点是将该领域行政活动的基础置于民法,换言之,其在否定行政主体不合理的特权地位方面具有值得肯定的价值。但是,契约当事人在形式上的平等并不一定能够保障公正的结果,并且,鉴于其必然地伴随公共资金的支出,为了确保公正,对民法上的契约法理进行修正或者适当的补正,在立法论和解释论上便成为必要。①

二、给付行政中的契约

关于给付行政,只要没有特别规定,契约方式的推定就起作用。并且,在该领域存在制定法积极采用契约方式的倾向。② 但是,必须注意的是,在法律的特别规定之中,有时并不是预先规定了契约,而是预先规定了通过行政行为进行权利变动。关于国家的补助金,根据《补助金公正化法》,其交付决定被解释为行政行为的方式。③ 此外,关于地方公共团体的文化会馆等公共设施的利用关系,根据《地方自治法》第244条之四的

---

① 碓井光明著:《公共契约法精义》,2005年版,发展了碓井前述《公共契约的法理论和实际》,对于公共契约法的基本原理,揭示了经济性原则、竞争性原则、公正性原则、透明性原则等(第18页以下)。并且,在地方公共团体的首长将特定的建设业者从竞拍参加者提名中排除出去的违法性成为问题的案件中,高松高等法院判决,平成12年9月28日,载《判例时报》第1751号,第81页,在将承包契约视为私法(民法)上的行为的基础上,指出,之所以委任给予《地方自治法》上所承认的提名相关的地方公共团体的首长广泛的裁量权,是为了期待能够使适当的契约缔结,进而有助于居民全体的经济性利益,当违反该宗旨时,属于裁量权的逾越或者滥用,构成违法。这作为与行政法上的裁量权统制的手法相近的实例而受到注目。最高法院平成18年10月26日判决(载《判例时报》第1953号,第122页;《行政判例百选I》第99案件),针对同类案件,也将《地方自治法》第234条等的规定解释为谋求竞拍中机会均等、公正性、透明性、经济性之确保的规定,在该案件中,认为基于主要营业所不在村内等情况,作出形式上该村外业者的判断,仅以这件事为理由,不问其他条件如何,大凡对一切工程,在平成12年度以降便采取了完全不提名上告人、不让其参加竞拍的措施,如果真的是这样的话,那就是没有充分考虑应当考虑的事项,只是重视限于一个考虑要素的是村外业者这件事情,在这一点上是极其不合理的,不得不说是社会通念上严重欠缺妥当性。这样,对于法院作出判断这件事情,提出如下观点也是可能的,即提名回避措施本身不是处分,但其应当为《国家赔偿法》第1条的公权力的行使,由于其违法性成为问题,所以,适合于行政法的一般法理的适用。

② 参见滨西隆男著:《"行政契约"私论(下)》,载《自治研究》第77卷第9号,2003年,第56页。

③ 石井升著:《行政契约的理论和程序》,1987年版,第130页,认为即使在《补助金公正化法》之下也承认补助金契约的存在,但是该法至少是将补助金的交付作为决定来构成,并赋予其处分性[参见该法第6条、第17条、第18条、第21条、第25条等。此外,参见盐野宏著:《关于补助金交付决定的若干问题》(1990年),载盐野著:《法治主义的诸形态》,第175页以下]。当(转下页)

规定,被解释为应当采取行政行为的方式。① 进而,关于社会保障的给付等,基于事务处理的大量性、整齐划一性的要求,制定法上广泛采用的不是契约方式,而是行政厅的裁定这种方式(《国民年金法》第16条、《厚生年金保险法》第33条)。另外,必须注意的是,在福祉服务的领域,在进行某种具体的服务之提供时,关于行政主体、服务提供者和服务利用者的关系,出现了行政行为、契约、基准设定等行为形式得以混合使用的法的体系(基于《看护保险法》的诸种给付)。②

在给付行政中,即使在法律被解释为采取了契约性手段的情况下,在日本,也不存在特地作为"公法上的"契约来把握的实际需要。当然,也许有的观点认为,在提供服务时的平等对待原则的适用、供给义务的赋课等课处特别义务上,公法上的契约这一概念构成是有意义的。但是,一般地说,关于公行政,无论行为形式如何,原则上被理解为应当适用平等原则。③ 并且,有的裁判例一方面将国立大学和学生的关系作为在学契约来理解,另一方面,将合格、不合格的判定视为司法审查的对象,在此基础上,从《国立大学法人法》的旨趣出发,认为合格与否的判定通过他事考虑来进行的情况该当裁量权的逾越、滥用,像这样的情形,在这里也是适用行政行为的裁量统制之手法。④ 这可以认为是在行政上的契约之范围扩张的过程中,明确公正行政的原则,开启司法统制之道路的裁判例。

(接上页)然,关于法律是否能够对通过契约来规定补助金的具体内容予以排除,这个问题并不明确,但是,可以认为,合理化法好像规定通过交付决定和附款来形成补助金法律关系(参见该法第7条)。此外,从理论上看,关于由行政行为所设定的关系,通过契约来规定其具体细目;相反,关于由契约所设定的关系,以行政行为使其消灭或者变更其内容等,可以设想行政行为和契约关系的交错(参见小早川光郎著:《契约和行政行为》,载《岩波讲座基本法学4》,1983年版,第126页以下)。

① 此外,参见盐野著:《行政法Ⅲ(第五版)行政组织法》,第195页以下。
② 参见原田大树著:《福祉契约的行政法学分析》,载《法政研究》第69卷第4号,2003年,第109页以下。关于保育所利用关系中契约与行政行为的存在状况,参见亘理格著:《保育所利用关系中合意的拘束力》,载《田村古稀》,第208页以下。
③ 同样观点,芝池著:《行政法总论》,第244页;滨西隆男著:《"行政契约"私论(下)》,载《自治研究》第77卷第9号,2003年,第39页。此外,关于由契约所设定的补助金关系,参见盐野宏著:《关于补助金交付决定的若干问题》(1990年),载盐野著:《法治主义的诸形态》,第202页以下。
④ 东京高等法院判决,平成19年3月29日,载《判例时报》第1979号,第70页。

进而，对于生活所必需的服务赋课供给义务等的必要性，并不是仅限于服务主体是国家及地方公共团体的时候，即使是在私人企业的情况下，当其成为垄断性的服务提供者时，情况也是相同的。因此，在规制这些事业的法律中，通常都赋课供给义务。① 此外，假设没有这些规定，作为个别的事业规制法的解释论来展开，也被认为是可能的。② 对此，我认为对于契约的解除要件也是适用的。

此外，在给付行政中，也存在不是由行政主体直接进行，而是委托给民间来实施的服务。此类委托也是契约，在这种意义上，亦可以论述给付行政中的契约方式之存在。③

根据制度性契约论④，给付行政的广泛领域，可以通过包括行政上的契约在内的制度性契约及在那里想定的个别的制度性契约事例来进行研究。不过，关于民法的个别制度性契约关系的内容，应用行政法的法技术之积蓄是当然地被预想的，并且，在将特定的服务作为行政服务来提供之际（例如学校教育），立法者实行特别的规范，被解释为也并不是制度性契约论所否定的。

三、规制行政中的契约

在规制行政中，和给付行政不同，适合采用行政行为的方式。此外，在依法律行政的原理强烈支配的领域，例如在税务行政领域等，基于当事人的自由意思的合意缔结契约这种行为形式，可以说，原则上是不能使用的。但是，这并不是说在规制行政中契约方式从理论上讲完全不可能，而是必须放在各个领域分别检讨。

在规制行政领域采用契约方式的事例，有公害行政领域的公害防止协定。公害防止协定，从历史上看，是在公害法制不健全的时代，地方公共团体和企业缔结协定，以补充公害规制的欠缺；公害规制法得以健全以

---

① 《电气事业法》第 18 条、《电子通信事业法》第 25 条、《煤气事业法》第 16 条、《自来水法》第 15 条。

② 例如，关于基于《家畜改良增殖法》由县营家畜人工授精所进行的人工授精用精液的提供拒绝事例，最高法院平成 13 年 12 月 13 日判决（载《判例时报》第 1773 号，第 19 页）并未谈及提供关系的法的性质，而是明确地从法的旨趣、目的出发，对提供拒绝事由进行了限定解释。

③ 参见石井升著：《行政法和私法》，1998 年版，第 224 页；盐野著：《行政法 I（第六版）行政法总论》，第 162 页"行政主体与民间事业者间契约"。

④ 参见盐野著：《行政法 I（第六版）行政法总论》，第 36 页。

后,作为对企业方面课处在制定法上没有规定的部分义务,或者课处其内容比制定法的规定更为严厉的义务之手段而得以使用。在这种情况下,如果严格适用依法律行政的原理的话,如下论断也是可以成立的:在法律没有规范的情况下,法的宗旨在于否定即使以契约方式对企业活动进行规制,或者说,法律作出一定的规范,通过契约方式进行比该规范更严厉的规制,也违反依法律行政的原理。但是,在这种情况下,可以理解为不是关于精神自由而是关于企业的经营活动的限制,由企业自己衡量,自我放弃企业活动的自由的一部分,所以,该协定不能直接被视为无效。[1] 最高法院有判决是以公害防止协定的有效性为前提的。[2] 不过,公害防止协定的内容,虽然有作出比法律规定更严厉的规制,同时规定地方公共团体的职员进入现场检查权等的事例,但不能通过契约对其违反行为科处刑罚,并且,也不得对行政厅方面承认通过实力的行使进行进入现场检查权。也就是说,不能承认通过契约来创设公权力的做法。因为那是法律或者条例的专管事项。在这种意义上,其实效性只能通过民事方法来保障。

近年来,不仅限于公害防止这种观点,而且与整个地域环境整备相关联的地域整备中的契约方式也受到注目。此时,在该领域具有特色的是,这里的契约不限于当事人是行政主体和地域居民这种形式,也包括由行政厅对私人间的协定予以认可这种手段(建筑协定→《建筑基准法》第69条以下;绿地协定→《都市绿地法》第45条以下)。在这种意义上,必须注意的是,在这里有必要超越行政上的契约这一范畴来进行考察。

规制行政上所能够考虑到的契约类型,在德国有交换契约。这是约定行政方面对私人实施许可等的授益性行政行为,而私人方面负担一定债务的契约。行政方面对建筑业主约定给予建筑法上的特别免除(车库建设义务的免除),建筑业主则约定支付给市政府为建设停车场所需费用的一定金额。[3]

---

[1] 有的判决认为,公害防止协定的受益者是该地域居民,而这些居民仅是属于该地方公共团体,而不是处于可以亲自代替行使基于公害防止协定由地方公共团体所拥有的权利之地位。参见札幌地方法院判决,昭和55年10月14日,载《判例时报》第988号,第37页。

[2] 最高法院判决,平成21年7月10日,载《判例时报》第2058号,第53页;《行政判例百选Ⅰ》第98案件。

[3] 德国《联邦行政程序法》在一定的条件下从正面承认了这种契约(交换契约)(该法第56条)。此外,关于详细情况,参见大桥洋一著:《现代行政的行为形式论》,1993年版,第168页以下。

在日本,以前有补偿契约,与这种契约有些类似。① 现在,宅基地开发许可和开发协力金或者负担金的缴纳契约,被认为实质上和这种契约是相对应的。② 为了进一步确定相对人的地位,将许可和缴纳作为一体来把握,我认为可以考虑交换契约方式的可能性。但是,对此必须注意的是,契约是否维持了相互的权利、义务的平衡。此外,对于行政方面不履行义务,即不实施行政行为时的强制方法,在日本,有必要考虑制度上的对应。总而言之,只要立足于下述观点:像宅基地开发许可那样,即使可以称之为裁量权的行使,也不是和相对人交涉的结果,而是应该独自根据公益判断来确定是否许可(并且,我认为这是日本的一般性观点)的话,那么,有关契约形式就需要有法律的授权。③

四、行政主体与民间事业者间契约

准备行政契约,通常被想定为承包业者等民间事业者与行政主体间的契约,而公共用地的取得等与一个私人的契约也包含其中,所以,一方当事人并不一定被限定为民间事业者。与此相对,从民间资金的活用、公共服务的改革这种观点出发,将焦点聚集于行政主体与民间事业者间的契约的横断性法制度得以整备。

(一)民间资金的活用——PFI(Private Finance Initiative)

根据《关于通过民间资金等的活用促进公共设施等的整备等的法律》[平成11年法律第117号,通称《民间资金活用法》(PFI法)],在

---

① 补偿契约是地方公共团体和煤气业主之间缔结的契约。地方公共团体约定给予煤气业主以占用道路的许可、不征收占用道路费等,而企业方面约定向地方公共团体支付一定的补偿金,服从地方公共团体的特别监督,地方公共团体方面提议收买时,服从其收买等。作为公法上的契约的一种,其效力成为问题。但是,现在已经看不到该契约的缔结了。

② 负担金的缴纳契约,是伴随着建筑确认,在业主和地方公共团体之间缔结的协定之中的一个项目(参见三好充著:《宅地开发指导纲要与开发负担协定的性质》,载《上川古稀》,第685页以下),存在其任意性在裁判上成为问题的事例,一旦其任意性被否定的话,负担金返还请求权和国家赔偿请求权就有可能成立。参见宇贺克也著:《纲要和开发负担》,载《判例时代》第639号,1987年,第60页以下。此外,参见盐野著:《行政法Ⅰ(第六版)行政法总论》,第174页。

③ 行政的法的行为形式,也存在于"契约""行政行为"之外。例如,关于《都市计划法》第32条的开发许可的公共设施管理者的"同意",最高法院平成7年3月23日判决(载《民集》第49卷第3号,第1006页;《行政判例百选Ⅱ》第163案件)否定了其处分性,但是,由于对"同意"赋予了法效果,所以它不是单纯的事实行为。

日本也引进了参照英国法制的 PFI 法制。这种方式的特征在于,像从民间资金活用的观点出发进行公共设施的建设之个别承包契约、政府机关大楼管理的委托契约、给付行政中的公共设施的管理委托契约①那样,公共设施的设置、管理不是以分割性形式,而是采取从设计到管理一揽子委托给民间事业者的理念。

在《民间资金活用法》(PFI 法)本身,关于公共设施的管理者和民间业者(选定事业者——该法第 2 条第 5 款)的关系,虽然没有明确予以规范的规定,但是,以前的所谓外部委托是根据民法上的契约来进行的,并且预定了公共设施等的管理者和选定事业者之间的协定之缔结(该法第 10 条),由此可以认为,包括选定在内,是以处于契约关系为前提的。② 进而,在《民间资金活用法》(PFI 法)上,设置了关于选定事业者的行政财产的特例借贷制度③,在这种限度内,采用了契约的手法。

(二)公共服务的改革

《关于通过导入竞争推进公共服务改革的法律》(简称《公共服务改革法》),设置了与公共服务④相关的关于官民竞争投标及民间竞争投标的规定⑤,关于在民间事业者成为中标者的情况下契约的缔结、变更、解除等规定⑥,明确了国家与民间事业者的关系是契约(委托)关系,在这一点上与《民间资金活用法》(PFI 法)不同。此外,除另外设置民间事业者的服务实施义务、事业者(职员)的秘密保守义务之外⑦,对行政机关的进入现场检查权、指示权等的监督权也有规定⑧,由契约的行为形式和规

---

① 参见《地方自治法》第 244 条之二。该条在一定的要件之下承认了这种形式。
② 关于《民间资金活用法》(PFI 法),围绕与个别公物管理法、《地方自治法》(公共设施)的关系,存在复杂的法律问题。关于包括这些问题在内的《民间资金活用法》(PFI 法)的整体问题,参见小幡纯子著:《关于公物法和 PFI 的法的考察》,载《盐野古稀》(上),第 765 页以下;关于实务性的问题,参见柏木升监修、美原融等编:《PFI 实务的精髓》,2005 年版。此外,参见盐野著:《行政法Ⅲ(第五版)行政组织法》,第 109 页。
③ 《民间资金活用法》(PFI 法)第 11 条之二以下。
④ 《公共服务改革法》第 2 条第 4 款。
⑤ 《公共服务改革法》第三章。
⑥ 《公共服务改革法》第四章第一节。
⑦ 《公共服务改革法》第四章第二节。
⑧ 《公共服务改革法》第四章第三节。

制行政的行为形式复合性地构成,这些都是其特色所在。①

这样,无论是《公共服务改革法》,还是《民间资金活用法》(PFI法),都在行政过程中广泛导入契约,通过不断积累其具体的运用,在日本也可以期待该领域契约法理(没有必要特地声称公法上的契约)的生成。不过,在与公共服务的利用者的关系上,由于哪个法律都没有设置直接的规定,故而,在与利用者的关系上,行政法的基本原理如何得以适用的检讨,也可以考虑在这些法律的解释之外另外推进。

五、行政主体间的契约

即使在行政主体之间,有时也能够成立纯粹民法上的契约关系。例如,向地方公共团体出售作为国有资产的土地,就是其例。② 与此相对,行政主体之间契约的独自形态,如为了地方公共团体事务的共同处理而采用契约手段的制度,有事务委托制度。③ 例如,A 町的儿童居住的村落离 B 町的学校较近,在 B 町的学校接受教育更具有合理性。在这种情况下,只要满足一定的要件,即可创造使 A 町享有让 B 町承担 A 町儿童教育之形成权的机制。但是,现行法上,在这种情况下,采取基于成为当事人的地方公共团体相互间的合意,进行教育事务委托的方法④,于是,这种方法被称为事务委托。必须注意的是,这里所说的委托,和民法上所说的委托不同,事务处理的权限全部移交受委托者,只要委托了,委托的公共团体就不再具有任何权限。所以,这意味着依据法律进行权限

---

① 关于《公共服务改革法》,桥本博之著:《关于〈关于通过导入竞争推进公共服务改革的法律〉案——从公私协动、契约手法的导入这种观点出发》,载《自治研究》第 82 卷第 6 号,2006 年,第 35 页以下,从与行政法理论的关系的角度进行了分析;小幡纯子著:《公共服务改革法与官(公)民作用分担》,载《地方自治》第 711 号,2007 年,第 2 页以下,对该法的意义从总体上进行了分析。

② 根据所谓《地方分权总括法》对市町村进行法定外公共物的让与制度[参见盐野宏著:《法定外公共物法制的改革》(1999 年),载盐野著:《法治主义的诸形态》,第 492 页以下],也可以理解为是通过契约的手法进行的。

③ 地方公共团体事务的共同处理的方式,在《地方自治法》上,有地方公共团体的组合(该法第 284 条以下)、地方公共团体的协议会(该法第 252 条之二以下)、委员会等的共同设置(该法第 252 条之七)等,这些组织的设立是共同行为。

④ 关于地方公共团体之间的一般事务,参见《地方自治法》第 252 条之十四;关于学校教育,参见《学校教育法》第 40 条。

分配的变动,因而需要法律根据。①

六、小结

　　如以上所考察,行政上的契约是多种多样的,无法从其中发现共通的强行性法原理。不过,关于在广泛意义上被定位于行政作用法的准备行政中的契约、给付行政中的契约、规制行政中的契约,则分别存在论述现代行政中普遍原理(法律根据,透明性、公正性的确保,平等原则)的场所,从这一角度看,横断性地对行政上的契约进行检讨的视点也是重要的。②

---

　　① 同样的观点,参见广冈著:《行政法总论》,第 152 页。关于社会保险诊疗报酬支付基金和保险人的支付委托关系,参见最高法院判决,昭和 48 年 12 月 20 日,载《民集》第 27 卷第 11 号,第 1594 页;《行政判例百选Ⅰ》第 3 案件。此外,该判决将基金规定为公法人,将委托契约规定为公法上的契约,可是,并没有进行为何是公法人、公法上的契约之特别说明,并且,这并不能直接推导出解答。

　　② 从这种角度进行整理的研究成果,有石井升著:《行政契约》,载《行政法的新构想Ⅱ》,第 98 页以下。

第四章 行政指导

第一节 概 述

一、概念

作为表示行为之一的行政指导,有人认为在明治宪法下即已作为行政的行为形式使用过。不过,在以构筑完全和民法并列的公法学体系为目标的当时的行政法学中,并不存在关于行政指导的学术性框架结构。并且,进行行政指导的方面自不必说,即使接受行政指导的方面,也没有将其作为法律问题来认识。但是,自昭和30年代后期开始,行政指导及其功能受到世间的关注,并且,行政指导本身虽然是不具有法的效果的事实行为,但是,在现实的行政运作上已发挥着重要的功能,同时,法院已开始出现与行政指导相关联的裁判案件,行政法学也开始讨论这个问题。所以,行政指导这个术语本身本来不是学术上的用语,也不是法令用语,曾经只是大众媒体或者行政实践中的用语。因此,即使在行政法学上论述行政指导时,也存在各种各样概念规定的方法。① 在综合考虑学说动向的基础上,平成5年的《行政程序法》对行政指导作出如下定义:"是指行政机关在其职权或者所管辖事务的范围内,为实现一定的行政目的,要求特定的人为一定的作为或者不作为的指导、劝告、建议以及其他不属于处分的行为"(该法第2条第6项)。关于在具体场合下的行政活动是否属于这种意义上的行政指导的问题,有必要进行个别判断,即使在法律上有规定的情况下,也必须按照相应制度来理解。②

这种意义上的行政指导,在日本,广泛应用于行政的所有领域。这

---

① 参见千叶勇夫著:《行政指导的研究》,1987年版,第3页以下。
② 对《生活保护法》第27条第1款的指导指示的详细分析,参见太田匡彦著:《关于〈生活保护法〉第27条的一点考察》,载《盐野古稀》(下),第595页以下。

虽然可以认为是由于行政主体和私人双方所认可的温情主义,即与正式的行政行为相比更喜好非正式的这种行为形式之日本的传统观念等影响的结果,但是,必须注意的是,另外,行政指导也具有现代性意义,即为了获得当事人的理解,灵活地处理相应事务,行政主体避免使用正式的行为形式——行政立法、行政行为、行政上的契约等,而采用正式行为以外的非正式的手段。在这一点上,行政指导被认为在某种意义上具有普遍性的性质。①

二、种类

行政指导,从其功能来看,可以分为规制性行政指导、助成性行政指导和调整性行政指导。

(一)规制性行政指导,是指以规制作为行政相对人的私人企业等的活动为目的而进行的行政指导。有为维持居住环境而进行的行政指导②、围绕提高收费问题而进行的行政指导③等。规制性行政指导,有时也会在不存在规制法律的情况下进行,但大多是作为行使法律的正式规制权限的前阶段来使用的。

(二)助成性行政指导,是指对私人提供信息,以助成私人某种活动的行政指导。例如,对欲将农作物从稻谷转换为蔬菜等的农户,进行技术性或者农业经营性建议的指导。这首先应该和作为单纯服务的信息提供区别开来。在前者的情况下,该信息的提供是实现政策目的的手段,而后者则是以直接为私人的活动提供便利为目的进行的服务活动。

---

① 关于德国的现象形态,参见高桥正德著:《西德"非正式行政作用"的法之统制》,载《冈山大学法学会杂志》第38卷第1号,1988年,第147页以下;大桥洋一著:《行政指导的比较法研究》(1990年),载大桥著:《现代行政的行为形式论》,1993年版,第103页以下;藤田宙靖著:《关于行政指导的法位置的一点试论》,载《高柳古稀》,第167页以下。关于美国的情况,参见中川丈久著:《美国行政法中非正式的行政手法论的系谱》,载中川著:《行政程序和行政指导》,2000年版,第332页以下;正木宏长著:《行政过程中的"交涉"与美国行政法理论》(一)至(二·完),载《自治研究》第78卷第5号,2002年,第89页以下,第9号,2002年,第119页以下。不过,其现象形态、法学上的关心所在以及对应的方法都有所不同。

② 最高法院判决,昭和60年7月16日,载《民集》第39卷第5号,第989页;《行政判例百选Ⅰ》第132案件。东京地方法院八王子支局判决,昭和59年2月24日,载《判例时报》第1114号,第10页。

③ 最高法院判决,昭和57年3月9日,载《民集》第36卷第3号,第265页;《行政判例百选Ⅰ》(第四版)第109案件。

(三)调整性行政指导,是指作为解决私人间纠纷的手段而使用的行政指导。如对建筑业主和附近居民的建筑纠纷进行调整就是其中之一。

以上三种分类并不一定相互排斥。例如,建筑的行政指导大部分是对于建筑业主的规制性行政指导,而从其关系人全体来看,则是调整性行政指导。此外,即使是助成性行政指导,也具有从行政的立场进行的朝一定方向的诱导,不能说没有规制性的一面。①

---

① 在行政过程中所看到的表示行为之中,应当受到关注的行为形式,还有教示、确约和回答。此外,还有称为协议的手法。

第一,这里所说的教示,是指行政主体为了私人而提供信息的活动。这与助成性行政指导相类似,但是,助成性行政指导尽管是助成性的,却被作为了特定的行政目的而诱导行政客体的行为的活动来理解,与此相对,教示则完全以对私人提供信息为目的。

将这种教示予以制度化的事例,有对于一般民众的,基于《气象业务法》由气象厅实施的气象预报(在预报中,有时也会包含助成性行政指导),基于《独立行政法人国民生活中心法》由中心进行的信息提供(关于行政救济法上的教示,参见《行政不服审查法》第 57 条、《行政事件诉讼法》第 46 条)。此外,关于对作为关系人的个人存在的教示的义务,则是在社会保障关系行政过程中来论述的[关于所谓永井诉讼,大阪高等法院判决,平成 5 年 10 月 5 日,载《判例地方自治》第 124 号,第 50 页;《法学者》第 1053 号,1994 年,第 76 页以下,又坂常人解说;《社会保障判例百选》(第四版)第 106 案件,神桥一彦解说]。

关于教示,必须在所掌管事务的范围内进行限定,倒不如将其理解为,作为现代社会中的行政当然的服务功能,其实施即使没有根据规范也应予以承认。关于教示的具体的法律问题,有被请求教示而给予了回答,由于该回答有错误而产生的损害赔偿请求得以承认的事例。参见鸟取地方法院判决,昭和 55 年 1 月 31 日,载《行裁例集》第 31 卷第 1 号,第 83 页。

第二,这里所说的确约,是指在作出正式的决定(由于需要一定的程序、形式等,因而要花费时间)之前,通过向相对人告知将实施处分等,以有助于相对人的利益保护的行为。正如有人所指出的那样,确约是"行政厅就将来可能实施的公法性行为,以自我拘束为意图,对相对人进行的意思表示"(菊井康郎著:《行政行为的存在法》,1982 年版,第 132 页),或者"行政所进行的单方地制约将来自己的行为或者不作为的、自我义务设定的言行"(乙部哲郎著:《行政上的确约的法理》,1988 年版,第 258 页)。

确约的概念是在德国发展起来的,在联邦行政程序法典中也作出了规定(德国《联邦行政程序法》第 38 条),在日本也存在主张应该积极地引进该概念的见解(参见前述菊井康郎和乙部哲郎的著作。此外,参见乙部哲郎著:《行政法和信义则——以判例为中心》,2000 年版,第 55 页以下,第 179 页以下;乙部哲郎著:《行政的自我拘束的法理——裁量与平等原则》,2001 年版,第 264 页以下)。但是,在日本,虽然法院对确约有所谈及,对采用确约法理的当事人的主张予以回应,但是,尚未达到承认作为独自的法概念的确约的阶段。我认为,这也是因为,在日本不存在于信赖保护的原则之外,请求行政厅行使处分权限而适合于适用确约的事例的缘故(东京地方法院判决,平成 3 年 8 月 27 日,载《判例时代》第 777 号,第 221 页,这是认为原告所主张的确约法理本身并不欠缺,而是其前提欠缺的事例)。(转下页)

三、行政过程和行政指导

关于行政指导,规制性行政指导、助成性行政指导和调整性行政指导中的任何一种行为形式,都可以单独使用。但是,有时也被置于和其他行为

(接上页)

第三,这里所说的回答,是指私人就自己的事业活动等是否成为具体的行政法令的适用对象(例如,不利处分的对象)而照会行政机关,行政机关对此作出答复的行为。这样一种行政服务本身,是从前就一直实施的行为,而现在出现了更加制度化实行的动向。关于一般性制度,有内阁决定(平成13年3月27日)《关于由行政机关进行法令适用程序事前确认程序的引进》,这主要是以与民间企业的事业活动相关的法令为对象的,也成了各府省进行回答的指针。关于府省的回答制度得以健全化的事例,有国税厅的"对于事前照会的文件回答程序"。这是根据《国税厅长官对于各国税局长等的通知》(平成14年6月28日)而制定的,曾经是仅针对与多数的纳税人有关的情况的回答,平成16年3月29日以降,与特定的纳税人的个别事情相关的事前照会也成为回答程序的对象。

对于事前照会的回答之对象、要件等,可以预测由于各种各样的行政作用而有所不同,但是,当其作为"事前(照会)回答程序"(以下简称"事前回答")而被构成为一种机制时,从行政法一般理论的角度来看,目前有以下几点成为问题。

首先,现在,事前回答没有特别的法的根据,以根据阁议决定的形式,在各府省通过通知等付诸实行。由于事前回答不侵害照会者的权利利益,所以,根据侵害保留的原则,没有特别的法律根据也是可能的。

其次,在实行了事前回答的情况下,则存在这样的问题,即实行该回答的前提要件没有变更,能否基于与回答不同的解释作出处分?关于这一点,前述国税厅长官通知[6(1)イ(イ)]指出,即使在进行对照会意见无碍这样的回答的情况下,也应该记载如下宗旨:"回答内容只是以与照会有关的事实关系为前提,当在具体的事例中出现不同的事实时,可能产生与回答内容不同的课税关系。"对此进行逆向解读的话,则可以清楚的是,只要不存在事实关系的变更,即使前面的回答存在法的解释上的错误,也不应实行与回答不同内容的课税处分。这可以视为行政法的一般原则的信赖保护的原则或者行政的自我拘束的原则的适用例。不过,必须注意的是,信赖保护的原则之适用,本来有必要就个别的事情进行考虑,因而不适合于通知所提示的那种一般性处理,并且,关于对租税关系的信赖保护的适用,最高法院科处了严格的要件[盐野著:《行政法Ⅰ(第六版)行政法总论》,第68页]。

综上所述,可以说,要针对回答一律承认制度性的行政的自我拘束,有必要进行法律上的技术处理。在这种情况下,虽然不能考虑来自回答的相对方的违法的主张,但是,其明显成为会计检查院中进行的合规性审查的对象(如果在地方公共团体实施这种事情的话,则成为居民诉讼的对象)。

进而,实行了与照会意见不同的回答时,即使照会者对此不服,由于回答不是行政处分,所以也就不能提起撤销诉讼。但是,关于具体的案件,由于是税务当局作出了具体性判断,所以,作为照会者,在根据自己的意见进行纳税申报的同时,还可以请求将来的课税处分的中止,或者提起租税债务不存在的确认之诉,并且,在修改后的《行政事件诉讼法》之下,也可以理解为具有满足诉讼要件的余地。(转下页)

形式处于某种关系的状态下使用,在该限度内,便成为行政过程的重要构成部分。例如,在实施侵害性行政行为之前,通过行政指导事先予以警告,在相对人依然不服从的情况下,才实施法律上的侵害性行政行为。此外,即使在授益性行为中,也是在相对人申请前进行行政指导,使其提出符合行政主体意向的申请书,其后才实施许可、颁发执照等行政行为(所谓事前指导)。

(接上页)

第四,从第一到第三所揭示的,与行政指导同样,都是着眼于行政方面的行为的情形。与此相对,在双方性这种意义上,跟行政契约类似的,有行政与他人进行协议这种行为形式。当然,此时的他人,即便是限于国家法令所表述的范围内,也是多种多样的,有行政(主体、机关。《都市计划法》第23条第1款,《地方税法》第731条,《地方自治法》第245条第2项、第250条)、私人(土地所有者等。《土地收用法》116条)、私人(纳税义务人。《国税通则法》第74条之九第2款)、私人(开发许可申请人。《都市计划法》第32条)等。即便是在地方公共团体,在所谓城镇建设条例中,也存在导入了协议会方式、事前协议方式的事例。即便没有法令的特别根据,在申请—许可处分之际,作为行政指导的一环,要求实施事前协议,在实务上有很多(关于综合地把握协议,尝试对其进行分类整理的先驱性研究,有碓井光明著:《行政法上的协议程序》,载《明治大学法科大学院论集》第10号,2012年,第159页以下。此外,关于城镇建设条例中的协议会、事前协议方式,有碓井光明著:《都市行政法精义Ⅱ》,2014年版,第440页以下、第458页以下;对事前协议相关法的问题展开论述的,包括协议关联文献参照,有田尾亮介著:《关于协议的程序》,载《法律时报》第87卷第1号,2015年,第30页以下)。

这样,协议,无论是在法令上,还是在实务中,都被多方面使用的情形,关于"协议"的统一的定义规定在法令上并不存在,并且,即便在个别法的层面也被认为不存在定义规定。在行政法学上,对应协议的场所之多样性,也是在行政组织法(宇贺克也著:《行政法概说Ⅲ》,2012年版,第71页以下)、地方自治法[宇贺克也著:《地方自治法概说》(第六版),2015年版,第366页、第371页、第392页]和都市行政法(碓井光明著:《都市行政法精义Ⅱ》,2014年版)中分别成为个别的对象。

从行政的行为形式论的见地来说,成为将私人作为相对方的许认可的前提的事前协议的存在方式存在问题,而在其作为行政指导的一环来实施的情况下,协议便被关于行政指导之存在方式的讨论所吸收,而对于这种做法,却没有成为问题(前述最高法院昭和60年7月16日判决,就是协议实际上得以实施的事例)。与此相对,未经协议的申请是否成为许认可的拒绝事由,此时事前协议制度的法令上的根据之有无是否成为问题,关于法定的协议,行政方面不应对时有哪些救济方法,等等,则是对协议本身进行论述(参见田尾亮介著:《关于协议的程序》,载《法律时报》第87卷第1号,2015年,第33页以下)。每一个都是饶有趣味的论点,而此时从协议的性质的角度来看,其特征在于实体法、程序法上的适法、违法的问题未被论述。

鉴于这样的事情,在行政过程论(行政作用法)中,协议没有像行政契约、行政指导那样作为行为形式从正面给予定位。但是,正如在近来的研究中所看到的,条例中协议(会)方式的采用较多,鉴于实务中事前协议的现实功能,关于协议,被认为也应当作为一般论来论述准同于行政指导程序的程序性规范的可能性(田尾亮介著:《关于协议的程序》,载《法律时报》第87卷第1号,2015年,论述了关于城镇建设条例的协议程序的规范化。此外,虽然是政府间协议,《地方自治法》第250条就协议的方式设置了准同于《行政程序法》第35条的规定)。

行政指导有时也成为抑制地价暴涨的关于土地的权利等之移转等的登记制(《国土利用计划法》)这种法体系的一个要素(该法第 24 条)。

一旦行政指导构成行政过程或者法体系的一部分,行政指导本身虽然不具有法效果,但是,其存在对于评价作为法的行为形式的行政行为来说,是有影响的。《建筑基准法》上的建筑确认保留即可作为其例证之一:建筑业主和附近居民之间发生了纠纷,行政机关进行规制性及调整性的行政指导,在此期间保留了对相应建筑进行确认,针对这个案件,最高法院作出如下判断:至建筑业主表明对相关行政指导不予服从的明确意思为止,保留确认是不违法的。① 也就是说,在这里,行政指导的存在将确认保留这种本来构成违法的行为变为合法的行为。并且,基于《医疗法》的病院开设中止劝告虽然是作为行政指导来规定的,最高法院有判决却判定其该当行政处分。② 在这种意义上,必须注意的是,虽然说行政指导是事实行为,也不能将其置于行政过程论的视野之外。进而,在私人间的损害赔偿案件中也是一样,一方当事人曾经服从了行政指导,被视为请求权成立的要件。③

第二节　行政指导与法的拘束

行政指导虽然是事实行为,但是,由于其被作为公行政的一种手段来使用,所以,有必要从其与依法律行政的原理的关系这个角度展开探讨。

一、组织规范和行政指导

某自然人的行为要想作为国家、公共团体的行为得到评价,该自然人就必须处于国家或者公共团体行政机关的地位,并且,其行为必须在该行政机关所掌管事务的范围之内。规定这种行为的归属关系的规范称为组织规范。④ 这种道理也适用于行政指导,《行政程序法》第 2 条第 6 项的定义,就是将这种当然的法理在法条款中明确化的规定。因此,行政指导

---

① 前述最高法院判决,昭和 60 年 7 月 16 日,载《民集》第 39 卷第 5 号,第 989 页。
② 最高法院判决,平成 17 年 7 月 15 日,载《民集》第 59 卷第 6 号,第 1661 页;《行政判例百选Ⅱ》第 160 案件。参见盐野著:《行政法Ⅱ(第六版)行政救济法》,第 93 页以下。
③ 因为行政指导而导致建筑确认的延迟,在私人间的诉讼中成为问题的事例,参见最高法院判决,平成 5 年 4 月 23 日,载《判例时代》第 823 号,第 137 页。
④ 盐野著:《行政法Ⅰ(第六版)行政法总论》,第 61 页"法律的保留之概念和法律"。

一旦超出了该范围,则不能作为行政指导来评价。此外,有人认为,行政指导只要具有行政机关设置法上的根据即可,这种观点并不一定正确。因为设置法不是为某种行为提供根据的根据规范,而是划定行政机关行为界限的规范。①

二、根据规范和行政指导

行政指导是事实行为,对于行政相对人没有直接的强制力,因而,依据侵害保留的原则,行政指导不需要法律根据。在建筑确认时进行的行政指导,最高法院也认为不需要有法律上的具体性根据。② 鉴于行政指导在立法尚不一定完善的阶段是能够随机应变地适应行政需要的行政手段,认为原则上不需要法律根据,是有其合理性的。③

但是,是否能够据此认为行政指导一般不需要法律根据呢？这是有疑问的。即使立足于侵害保留的原则,例如在建筑确认时进行的行政指导,由于具备了确认保留这一事实上的担保手段,在客观上可以预测其具有事实上的规制作用的情况下,换言之,在客观上不能期待相对人服从的任意性的情况下,法律根据便成为必要了。④

在行政指导中,最为制度化地进行的领域之一是与建筑、土地开发有

---

① 松户浩著：《行政指导的根据》(一)至(三),载《广岛法学》第29卷第4号,2006年,第1页以下,第30卷第2号,2006年,第27页以下,第30卷第3号,2007年,第47页以下,关于行政指导与法律根据,不限于日本,也在对德国的学说判例进行涉猎分析的基础上,认为存在行政机关对所掌管事务的规定,才能作出行政指导,所以这可以认为构成了行政指导的根据规定,在所掌管事务规定仅被视为单纯的框架规定的情况下,行政机关则无法回答为什么能够作出行政指导这个提问(载《广岛法学》第30卷第3号,2007年,第71页)。在行政指导以所掌管事务规定(组织规范)为前提这一点上,与正文的结论相符,所以,虽然是理论上的说明问题,本书的立场认为,一般行政事务属于内阁(《日本国宪法》第73条),地方公共团体具有执行行政的权限(《日本国宪法》第94条),这样规定的实定宪法规范是具有说明的根据的。

② 参见最高法院判决,昭和60年7月16日,载《民集》第39卷第5号,第989页;《行政判例百选Ⅰ》第132案件。

③ 有时,行政指导的不作为之违法性也成为问题,参见东京地方法院判决,平成4年2月7日,载《判例时报临时增刊》平成4年4月25日号,第86页。

④ 关于学说,另外还有像判例那样认为不需要法律根据的学说及原则上要求法律根据,只是例外地承认没有法律根据的行政指导的学说等,并未达成意见的一致。关于其详细情况,参见千叶勇夫著：《行政指导的研究》,1987年版,第39页以下；松户浩著：《行政指导的根据》(一)至(三),载《广岛法学》第29卷第4号,2006年,第1页以下,第30卷第2号,2006年,第27页以下,第30卷第3号,2007年,第47页以下[关于日本的论述,尤其是(一)]。

关的行政指导。在这些领域,行政指导通常是基于地方公共团体所策划制定的建筑指导纲要或者土地开发指导纲要而展开的。这些指导纲要的策划制定者是地方公共团体的首长,而其形式却不是《地方自治法》上的正规法形式,即不采取规则的形式,在这种意义上,指导纲要不具有法规范的性质,而具有作为行政指导基准的行政规则的性质。所以,即使在行政指导纲要中规定了对不服从行政指导的人予以拒绝供水等制裁措施,也并不能因此而使拒绝供水的行为合法化。①

三、规制规范和行政指导

作为关于行政指导的通则性规定,《行政程序法》不仅对程序性规制,也就实体性规制设置了若干的规定。这是行政指导这种行为形式在日本得以活用的反映,也出现了由个别的法律进行规范的情形。②

当制定法上对行政指导设置了一定的实体性及形式性规范时,是否只能进行所规定的正式的行政指导呢？这是由各个不同的制定法的解释所决定的。例如,《国土利用计划法》第 24 条规定了在有关土地权利转移等的时候进行有关该契约中止的劝告制度。在进行这种劝告时,需要具备该条所规定的要件,并且,还必须按照该法的规定,听取土地利用审查会的意见。但是,这种规定是否当然地否定了在更加缓和的要件下进行更加简易的行政指导,是有疑问的。③ 行政指导的特色在于其非形式性,作为正式的侵害处分前阶段,通过形式更加柔和的行政指导来实施警告,这正是行政指导的典型事例。并且,立足于一般可以实施行政指导这一前提的话,可以说,实施与制定法所规定的正式的行政指导不同的行政指导是可能的。总而言之,这是委任给将该制度的立法宗旨考虑进去的个别解释论的事情。④

---

① 最高法院判决,平成 5 年 2 月 18 日,载《民集》第 47 卷第 2 号,第 574 页;《行政判例百选 I》第 103 案件。即使以条例作出规定,在与《自来水法》的关系上,其效力也成为问题。
② 关于根据《行政程序法》进行规范,盐野著:《行政法 I（第六版）行政法总论》,第 232 页以下。包括程序性规范在内,总括性地检讨了行政指导的法的统制手法的研究成果,有太田匡彦著:《行政指导》,载《行政法的新构想 II》,第 180 页。
③ 原田著:《行政法要论》,第 203 页,对此予以消极的解释。
④ 基于《生活保护法》第 27 条第 1 款的指示之内容,从该法施行规则第 19 条的规定旨趣来看,被限定为记载于书面上（最高法院判决,平成 26 年 10 月 23 日,载《判例时报》第 2245 号,第 10 页）。此外,关于指示的法的性质,参见盐野著:《行政法 II（第六版）行政救济法》,第 148 页脚注⑤。

与制定法的宗旨、目的相抵触的行政指导是不能允许的。问题在于具体情况下制定法和行政指导的关系。关于《垄断禁止法》和形成价格的行政指导,最高法院认为,即使是有关法律即《石油业法》上"没有直接根据的价格的行政指导,当存在需要该指导的情况时,只要是为处理该情况而采取社会通常观念上认为是适当的方法进行的,并且实质上与'确保一般消费者的利益,同时促进国民经济民主而健全的发展'这一《垄断禁止法》的终极目的不相抵触的话,就没有理由判其为违法"①。

除制定法以外,作为法的一般原则的平等原则、比例原则等,被解释为也适用于行政指导。所以,例如,超过限度的指导、劝导和奖励等,有时也可能构成不法行为。关于公务员的退职劝导和奖励,最高法院也承认这个道理。② 此外,与行政指导是非权力性的手段有关,不得胁迫相对人同意服从该指导,破坏服从的任意性。这一点也是最高法院所承认的③,《行政程序法》则从制定法上确认性地明确了这一点(第32条、第33条、第34条)。在与实施行政指导的结果的关系上,有时也适用作为法的一般原则的禁止翻供的原则乃至信赖保护的法理,这种情况特别适用于对信赖助成性行政指导而采取行动者。④

第三节 行政指导与救济制度

一、行政争讼

行政指导,与行政行为不同,是作为事实行为的表示行为,所以,即使行政指导违法,原则上也不承认私人为请求其撤销而提起撤销诉讼。这是因为,行政指导和行政行为不同,不具有直接的法的效果,所以,不属于

---

① 最高法院判决,昭和59年2月24日,载《刑集》第38卷第4号,第1287页;《行政判例百选Ⅰ》第101案件。
② 最高法院判决,昭和55年7月10日,载《劳动判例》第345号,第20页。
③ 关于在公寓建筑时进行的与教育设施费负担金缴纳有关的行政指导,最高法院认为该行为"是超过行政指导限度的违法的公权力的行使"。最高法院判决,平成5年2月18日,载《民集》第47卷第2号,第574页;《行政判例百选Ⅰ》第103案件。
④ 参见最高法院判决,昭和56年1月27日,载《民集》第35卷第1号,第35页;《行政判例百选Ⅰ》第29案件。

《行政事件诉讼法》第3条所规定的行政厅的处分。① 这一点,行政上的不服申诉也是同样的,行政指导不能成为《行政不服审查法》上的异议申诉、审查请求的对象。但是,鉴于其实际的效果,从前就一直检讨应该通过某种形式来规定行政过程中的救济方法,在《行政不服审查法》修改之际,修改了《行政程序法》,设置了承认对于行政指导的不服申诉(中止等的请求)。②

二、损害赔偿

解决与行政指导相关联的纠纷的通常方法,不是直接攻击行政指导,而是采取请求填补采用行政指导这种行为形式的行政过程中的私人损害,或者排除不利状态的方法。例如,根据行政指导停止了物品的销售,而该行政指导是基于错误的法解释作出的③,根据基于指导纲要进行的行政指导而缴纳了开发协力金及教育设施负担金,而那是强制要求捐助的违法指导的情况④,就是以行政指导本身为其原因的不法行为案件(国家赔偿)的事例。此外,也有从关于行政指导的信赖保护的角度进行救济的。⑤

与此相对,关于行政指导进行中的建筑确认处分的保留的纠纷事例,行政指导虽然成为契机,但直接的保留处分的违法成为问题,所以,纠纷的解决方法便是以确认保留的违法为事由而进行损害赔偿请求诉讼、不作为的违法确认诉讼。此时,确认保留之所以违法,不是因为行政指导是违反相对人的意思而进行的,而在于无视这种状态而进行确认保留这一点上。同样,以不服从行政指导为理由而拒绝供给自来水,作为诉讼的形式,也是以拒绝供水的违法为事由的损害赔偿请求诉讼,或者直截了当地说是请求缔结供水契约的诉讼。此时,如果采取以不服从行政指导为

---

① 不过,最高法院对基于《医疗法》第30条之七(现行法第11条)的病院开设中止劝告,承认了处分性。参见盐野著:《行政法Ⅰ(第六版)行政法总论》,第170页。
② 《行政程序法》第36条之二。盐野著:《行政法Ⅰ(第六版)行政法总论》,第256页。
③ 参见东京地方法院判决,昭和51年8月23日,载《判例时报》第826号,第20页。
④ 关于开发协力金,参见大阪地方法院堺支局判决,昭和62年2月25日,载《判例时报》第1239号,第77页。关于教育设施负担金,参见最高法院判决,平成5年2月18日,载《民集》第47卷第2号,第574页;《行政判例百选Ⅰ》第103案件。
⑤ 关于工厂诱导政策的变更,参见最高法院判决,昭和56年1月27日,载《民集》第35卷第1号,第35页;《行政判例百选Ⅰ》第29案件。

理由而拒绝供水本来不为《自来水法》所承认的解释方法,那么,行政指导的合法、违法就不成为问题。与此相对,如果制定了作为确保行政指导实效性的手段而承认停止供水措施的法律,那么,作为该措施的违法事由,是否可以说行政指导是违法的,便可能成为问题。

相反,行政指导的不行使,会以是否该当《国家赔偿法》上的违法的公权力的行使这种形式被视为问题(伊莱萨诉讼)。① 关于这种类型的诉讼,新导入的行政指导的请求制度②具有对申诉人有利发挥作用的可能性。

---

① 东京高等法院判决,平成23年11月15日,载《判例时报》第2131号,第35页以下。
② 盐野著:《行政法Ⅰ(第六版)行政法总论》,第256页。

第五章 行 政 计 划

第一节 概 述

计划这个词本身是日常性的,作为法律用语,有都市计划、国土利用计划、全国综合开发计划、男女共同参与策划基本计划等,而国土利用计划、都市计划也作为法律的题名而使用。并且,关于其计划的要素,可以列举出目标设定和手段的综合性。例如,某城市的公共下水道的普及率为 5 年内达到 50%,这是目标(目标并不一定限于用数值来表示),为实现该目标所需要的事业费和应该取得的用地、顺序等便是手段。也就是说,所谓行政计划,是指行政权为了一定的公共目的而设定目标,综合地提出实现该目标的手段的活动。① 这样,关于称为计划的手段及其要素的存在,是没有异议的。但是,关于其在行政法学上占据何种地位的问题,却不能一概而论。② 这不仅反映出计划的独特性,而且同时也与计划存在各种各样的种类有关。

也就是说,从法效果这一点来看,例如,关于都市计划决定的市街化区域、市街化调整区域的区别,对私人的土地利用具有规制效果。③ 与此相对,《高速汽车国道法》第 5 条的整备计划,在与私人的关系上不具有

---

① 关于行政计划的定义,参见宫田三郎著:《行政计划法》,1984 年版,第 15 页以下;西谷刚著:《实定行政计划法》,2003 年版,第 5 页以下。

见上崇洋著:《行政计划》,载《行政法的新构想Ⅱ》,第 51 页以下,姑且将正文所提示的行政计划是目标设定、手段的综合性提示这种记述作为前提,进而对土地利用计划、福祉计划、一般废弃物处理计划、消费生活基本计划等进行功能分析,将计划的功能视为"前提、确认功能"(第 66 页),将行政计划定义为:"在具有某种目标的行政过程中,为了实施后续作用而进行前提的确认或者作出决定的行为。"虽然是抽象度很高的记述,但是,作为宏观的行政过程中行政计划的定位,该定义受到注目。

② 本来,关于计划的行政法学的探讨的真正展开,对其法的定位进行分类研究,是进入 20 世纪 70 年代以后的事情。参见见上崇洋著:《行政计划和行政法学的存在方式》(1980 年),载见上著:《行政计划的法的统制》,1996 年版,第 3 页。

③ 《都市计划法》第 7 条、第 29 条以下。

拘束性,但拘束其他行政主体或者行政机关。男女共同参与策划基本计划①是直接对国家的相关各府省的行动指针的提示,根据事项的不同,规定由各府省对地方公共团体、私企业等进行支援、协力的要求。所以,在这里并不存在法技术性意义上的拘束性要素。在这种意义上,不能将计划一般地区分为法的行为形式或者事实行为。

此外,关于和其他行为形式的关系,"行政计划,虽然也有和行政行为等行政手段相提并论的,但是,和这些手段(进而包括事业的实施等事实行为)是不同层次的观念。行政计划,是先行于这些手段的适用、实施而规定的,使该适用、实施成为有计划的适用、实施的手段"②。这一点必须注意。也就是说,其他行政的行为形式,被作为实现计划的手段来定位,法律有时也是作为实现计划的手段来使用的。③ 但是,行政计划本身,当其对外部具有直接法效果时,便产生将其视为行政立法还是行政行为的问题。此外,面向外部的指针性计划,可以进行规制性或者助成性的行政指导(或者其基准)的分类。总而言之,行政计划,确实在和其他行为形式的关系上不能相提并论,但是,从另外的观点来看,也具有可以分别归类于以前的某一种行为形式之中的性质。

从上述观点来看,不能将行政计划千篇一律地归入某一种既存的行为形式之中。但是,如果仅仅限于将其分别置于以前的行为形式之中来论述,不适合于探讨成为现代行政的重要手段的行政计划,从而有必要对行政计划进行专题考察。④

---

① 《男女共同参与策划社会基本法》第13条。
② 芝池义一著:《行政计划》,载《行政法大系2》,第338页。
③ 例如,第四次全国综合开发和《多极分散型国土形成促进法》的关系。
④ 关于行政计划的分类,西谷刚著:《实定行政计划法》,2003年版,第53页以下,根据内容、效力进行了整理,对于把握行政计划的全体形态提供了便利。
   最近被活用的行政的行为形式,有基本方针[例如,《文化艺术振兴基本法》第7条的基本方针,《民间资金活用活》(PFI法)第4条的基本方针]。一般说来,基本方针本身不具有直接法的效果,但是,在现实的行政过程中被视为发挥着一定的功能。在这种意义上,即便从行政过程论的见地出发,也需要进行包含了与行政计划之异同的检讨[关于基本方针一般问题的先驱性成果,有小幡雅男著:《"基本方针"的功能——在个别行政法中被多用的实态》(上)至(下),载《自治实务研讨会》第40卷第9号、第10号,2001年;碓井光明著:《基于法律的"基本方针"》,载《明治大学法科大学院论集》第5号,2008年,第1页以下]。进而,除此以外,也有对"施策的大纲"之制定作出规定的例子(《少子化社会对策基本法》第7条、《自杀对策基本法》第8条),其间的区别在法政策上是否具有意义,留下了分析的课题。

第二节　计划与法的拘束

一、根据规范和行政计划

当计划具有规制私人行为那样的外部效果时,例如,在都市计划中决定市街化区域、市街化调整区域等,需要有法律根据。反过来说,正是因为具有法律根据,这些区域设定才具有对外部的规制效果。

问题在于,无论是对内部还是对外部,计划都具有指针性意义,但在该限度内仅限于事实行为的计划,这应该如何考虑呢?在这种情况下,考虑到对于政府内外的实际上的效果,有时会从政策上有计划地赋予其法律上的根据(男女共同参与策划基本计划①)。在基本法上,为了该基本法的政策实现,而就计划制定设置总括性规定,这是通例。② 这方面的问题姑且不论,立足于侵害保留的原则的话,是不需要法律根据的。但是,是否能够一律这样考虑,则是有问题的。另外,仅因为是行政计划,就要求法律根据,其理由也同样是贫乏的。所以,对此应该分不同的领域进行具体判断。就作为此种事例之一的国土开发计划而言,如果将那里的多种多样的计划作为计划来看而着眼于其指针性意义的话,也许就会得出不需要法律根据之结论。但是,从完善成为国土开发计划的核心的公共事业关联计划、土地利用计划、综合计划等国土开发计划的整个体系,并按照该整个体系来推行计划行政而言,问题就不同了。即使各个计划只是指针性的计划,一旦它对将来的国土的存在方式从总体上指出方向并作出规定的话,从日本的民主性统治构造来看这个问题,则当然应该认为需要有法律根据。③

二、行政计划与裁量

对计划的策划制定权者承认广泛的裁量,这是行政计划的重大特征。④ 此时,法律规定其目标,或者规定策划制定时应该考虑的要素。但

---

① 《男女共同参与策划社会基本法》第 13 条。
② 参见盐野宏著:《关于基本法》(2008 年),载盐野著:《行政法概念的诸形态》,第 30—31 页。
③ 参见盐野著:《国土开发》,第 233 页。
④ 关于与都市计划的关系,参见最高法院判决,平成 18 年 11 月 2 日,载《民集》第 60 卷第 9 号,第 3249 页。此外,参见盐野著:《行政法Ⅰ(第六版)行政法总论》,第 113 页。

是,具体内容的形成则被委任给计划的策划制定权者。① 在指针性计划中,有时考虑要素本身是非常抽象的②,有时甚至只是揭示了目标。③ 也就是说,在行政计划中,按照行政行为裁量存在的阶段的分类来说,重点被置于效果裁量中的形成裁量。在这种意义上,和委任立法有类似的地方,就此而言,为了实现行政计划内容的公正化,对行政计划的程序性规制便具有重要的意义。④

除程序之外,为了谋求计划的实体性统制,在该行政计划的策划制定之际,要求履行与其他横断的、纵向的计划之间的调整义务,于是计划间调整、整合性的原则便得以论述。⑤ 作为行政的特征之一,行政的统一性被列举⑥,而计划的整合性的原则也可以作为其一端来定位。但是,在通过国家、地方而使得多种多样的计划得以乱立的情况下,计划全体的调整、整合性并不被期待。所以,能够谈论整合性的原则,应该是法令上规定了该旨趣的场合⑦,计划间存在上下关系或者广狭关系的场合。此外,即便是在这种场合,来自实体的整合性之考虑要求也会是多种多样的,如果在后者的限度内的话,也可以将其置于从前的裁量统制的框架中来定位。

第三节 计划与救济制度

一、行政诉讼

关于行政计划的纠纷类型之一,是对行政计划的策划、制定的不服。在这种情况下,存在对计划的具体内容的不服和对计划的策划制定本身的不服。总而言之,从行政计划的多样性来看,其解决的方法也是不能一概而论的。一般地说,关于撤销诉讼的对象性的最高法院的模式的适

---

① 参见《都市计划法》第 7 条、第 13 条。
② 《男女共同参与策划社会基本法》第 13 条第 2 款。
③ 《关于人权教育及人权启发之推进的法律》第 7 条。
④ 盐野著:《行政法Ⅰ(第六版)行政法总论》,第 263 页"计划程序"。
⑤ 大桥著:《行政法(1)》,第 163 页以下;西田幸介著:《行政计划的实体性统制与整合性的原则》,载《阪经法论》(大阪经济法科大学)第 64 号,2006 年,第 15 页以下。
⑥ 盐野著:《行政法Ⅰ(第六版)行政法总论》,第 2 页。
⑦ 《都市计划法》第 13 条。

用,指针性计划和行政指导一样,欠缺撤销诉讼的对象性。所以,例如,不能通过撤销诉讼来攻击全国综合开发计划。① 但并不是说,因此上位计划(所谓基本计划)在另案成为问题的可能性便被全部否定了。②

与此相对,《土地区划整理法》上的土地区划整理事业计划、《都市计划法》上的用途地域,都不是仅限于指针性计划的,最高法院对这些也都否定了其撤销诉讼的对象性(处分性)。③ 但是,关于土地区划整理事业计划,最高法院变更判例,承认了处分性。④ 围绕这种计划的救济方法,这被认为是适切的判断。关于《都市计划法》上的地域指定,也应当作出同样的判断(这些计划是阶段性行为的一种⑤)。更进一步说,从立法上整备关于这些计划的裁判性救济才是适切的。⑥

---

① 关于新产业城市建设基本计划,参见大分地方法院判决,昭和54年3月5日,载《行裁例集》第30卷第3号,第397页。
② 参见西谷刚著:《基本计划》,载《盐野古稀》(下),第778页以下。
③ 最高法院大法庭判决,昭和41年2月23日,载《民集》第20卷第2号,第271页;《行政判例百选Ⅱ》(第五版)第159案件。最高法院判决,昭和57年4月22日,载《民集》第36卷第4号,第705页;《行政判例百选Ⅱ》第160案件。
④ 最高法院判决,平成20年9月10日,载《民集》第62卷第8号,第2029页;《行政判例百选Ⅱ》第159案件。
⑤ 关于其处分性的详细情况,参见盐野著:《行政法Ⅱ(第六版)行政救济法》,第81页以下。
⑥ 鉴于这一点,《行政程序法研究会(第一次)报告》(载《法学者》第810号,1984年,第44页),对于土地利用规制计划制定程序、公共事业实施计划确定程序双方,认为可以将计划本身作为诉讼的对象来争议其效力。
第1113条
(1)省略。
(2)计划的效力,只有通过关于规定的争讼提起期间及专属管辖的规定才能进行争议。
(3)通过计划的撤销判决,计划的效力对外部得以统一决定。
第1123条
(1)省略。
(2)计划的效力,只有通过关于规定的争讼提起期间及专属管辖的规定才能进行争议。
(3)当计划确定裁决产生不可争力时,计划的中止、公共设施的拆除、变更或者其使用的中止,通过任何诉讼都不能进行争议。
(4)当发生在计划确定裁决当时没有能够预见到的损害时,可以以计划确定裁决厅为被告,提起请求采取预防手段或者中止执行的诉讼。
以上所述是关于作为计划的一种类型的土地利用计划、公共事业实施计划的内容。可是,由于计划有多种多样的形态,有必要对个别法分别进行探讨。参见行政诉讼研讨会著:《行政诉讼研讨会最终汇总——探讨的经过和结果》,附属参考资料《行政计划的司法审查》6"结语"。其实证性研究,有田村达久著:《关于行政计划之处分性的一点考察》,载《宫崎古稀》,第153页以下。

二、损害赔偿

行政计划纠纷的另外一种类型,是关于行政计划的变更或者中止的纠纷。计划大多预定其实施,并且是长期性的。不过,在这期间,政治、经济形势等发生了变化,当初的计划便不得不变更或者中止。毋宁说变更、中止是计划的"生理现象"。当然,当法律上规定了计划变更、中止的要件时,或者属于裁量权的滥用时,有时也产生违法的问题。但是,对于根据相应计划所提出的内容而行动的私人来说,有时会由于该变更、中止造成其到目前为止的投资等都是徒劳的,导致对私人不利的现状。故而,这便产生了若承认计划变更本身,就不能对因此给私人带来的危险置之不理的问题。

关于这一点,可举下例:市政府制定了公营住宅建设计划,企业对市政府的计划予以协作,按照该计划进行公众浴场的建设。可是,之后由于市长的交替变换等,住宅建设计划被中止,公众浴场的建设也成为不必要。对于此案,熊本地方法院玉名支部昭和 44 年 4 月 30 日判决①认为,计划中止本身是合法的,以市政府和公众浴场建设业主之间成立的协助、互惠的信赖关系为基础,住宅建设的废止,只要没有采取某种补偿措施,就是对信赖的严重破坏,是由于合法的行为导致了不法行为。此外,在另一案件中,业主因响应村政府的工厂诱导措施而进行了工厂建设的准备,之后由于该措施的变更(计划的变更)不得不放弃工厂建设,最高法院昭和 56 年 1 月 27 日判决②也作出了与前案宗旨基本相同的判断。对此,与其将事情的性质说成不法行为,倒不如对之适用基于合法行为的损失补偿法理。③ 但是,如果根据损失补偿理论来把握的话,其实定法的根据又成了问题。所以,判例是将之作为以信赖保护的原则为基础的不法行为来架构和处理的。④

---

① 载《判例时报》第 574 号,第 60 页。
② 载《民集》第 35 卷第 1 号,第 35 页;《行政判例百选Ⅰ》第 29 案件。
③ 认为应该作为损失补偿来处理的见解,参见原田著:《行政法要论》,第 132 页。
④ 此外,关于该问题的判决,还有是否有必要建立在德国行政法上所议论的计划担保责任乃至计划保障请求权这种独自的法概念的问题。日本的判例至今没有使用这样的概念(关于计划担保责任、计划保障请求权,参见手岛孝著:《计划担保责任论》,1988 年版,第 1 页以下;宫田三郎著:《行政计划法》,1984 年版,第 277 页以下)。

关于包括撤销诉讼的可能性在内的行政计划的救济制度,参见见上崇洋著:《行政计划和救济》(1991 年),载见上著:《行政计划的法的统制》,1996 年版,第 349 页以下。

第二部 行政上的一般性制度

第一章 行政上确保义务履行的制度

第一节 行政上确保义务履行的制度之类型

在行政主体和私人的关系中,应如何确保私人方面履行义务的问题,在理论上并没有解决。不过,一般地说,行政主体和私人的关系,在具有与私人和私人的关系相同的法性质的情况下,行政主体也和私人之间的权利实现一样,应该依据民事上的强制执行程序。在这里,禁止自力救济的原则发挥作用,因此,私人必须通过法院之手来实现权利,即使国家成为一方当事人的情况也是一样,例如,在民法上土地所有权的归属成为问题的情况下,依据通常的不动产执行来实现。

确保履行特别的行政上的义务的手段成为问题的是,关于与这些私人之间的权利义务关系不同的义务。在这种情况下,并不是所有的国家都存在共通的普遍的制度,而是各国都有不同的做法。但其主要方式大致可分为司法性执行和行政性执行。

司法性执行,是指在确保行政上的义务履行时让法院以某种形式介入的执行。即使是行政上的义务,也可以考虑采取由法院进行强制执行的程序,对于义务的不履行,也有通过法院侮辱罪(藐视法庭罪)来惩罚的方法。进而,也可以制定对不履行义务的罚则,以确保履行义务。与此相对,行政性执行,是指非借助法院的力量,而承认行政主体方面自力救济的方法。

司法性执行和行政性执行,并不是相互排他性的。对于某种义务来说,有时司法性执行和行政性执行可竞合存在,即预设了刑事罚和行政性执行两方面手段的情形。此外,关于某种义务,虽然只承认其中之一的手段,但是,从各国法上的制度总体来看,两种制度是混合在一起的。概而言之,将重点置于司法性执行的是美国法,将重点置于行政性执行的是德国法。[1]

在日本,明治宪法下也曾存在对于行政上的义务违反的刑事罚,在此之外,行政性执行的体系几乎是以完全的形式存在的,这是很有特色的。也就是说,关于公法上的金钱债权,广泛适用《国税征收法》[2],关于除此以外的行政上的义务,《行政执行法》[3]则一般地、无遗漏地规定了确保履行的方法。进而,反过来说,关于公法上的义务(从行政主体的角度看是公法上的权利),被解释为不能适用民事上的强制执行程序。此外,在日本,在确保行政上的义务履行时,不曾采用法院侮辱罪(蔑视法庭罪)的制度形式来设置司法性执行制度。

《行政执行法》同时还是即时执行、行政调查的一般法,其在这些方面也具有强有力的强制手段,所以,实践中,《行政执行法》在运用过程中被认为涉及侵害国民的权利自由的情形较多。因此,在《日本国宪法》下,昭和 23 年《行政执行法》被废止,且之后并没有创设取而代之的概括性的行政性执行制度,应如何规定行政性执行的问题,被委任给个别的法律规定。其结果是,关于可代替性作为义务,于昭和 23 年《行政代执行法》设定了一般性制度;关于其他义务,则真正委任给个别立法规定。但是,第二次世界大战后的立法也没有导入法院侮辱罪(蔑视法庭罪)等与司法性执行有关的新的制度,在这种意义上看是缩小了司法性执行的范围,可以认为明治宪法下的行政性执行制度依然残存着。[4]

其结果是,在日本,确保行政上的义务履行的特别制度由如下三部分构成:作为行政性执行的行政上的强制执行制度;公布制度等新的制度;

---

[1] 关于以德国为中心的各国行政上的强制执行制度,参见广冈隆著:《行政上的强制执行的研究》,1961 年版。
[2] 明治 30 年法律第 21 号。
[3] 明治 33 年法律第 84 号。该法作为资料刊载于《行政判例百选Ⅱ》。
[4] 参见盐野宏著:《"行政强制论"的含义和界限》(1977 年),载盐野著:《行政过程及其统制》,第 209 页。

行政罚制度。①

这些行政上的义务履行确保的三种制度,其本来的目的是不同的。作为行政性执行的强制执行制度,以实现义务履行的状态为目标,是义务

---

① 本书采取了应对行政上的一般制度之目的的构成,也有学者着眼于由行政权进行实力的行使这种要素,与行政上的强制执行和即时强制(本书中的即时执行和行政调查)并列,而确立行政强制这样的框架[例如,田中著:《行政法》(上),第168页以下]。与行政法学的体系论不同,另外着眼于行政权的强制之要素,基于这种视点的研究也具有意义[立足于这种观点的共同研究成果,虽然时间比较早,有雄川一郎等著:《行政强制——行政权的实力行使之法理和实态》,载《法学者增刊》,1977年。盐野宏著:《"行政强制论"的含义和界限》(1977年),载盐野著:《行政过程及其统制》,第202页以下,收录了基于该共同研究之成果的序文。关于行政强制的概念史,须藤阳子著:《"行政强制"与比例原则》,载须藤著:《行政强制与行政调查》,2014年版,第137页以下,进行了详细的分析]。

严格说来,这里还要加上民事上的强制执行制度。也就是说,在法律上没有规定特别的确保义务履行程序的情况下,行政主体是否被允许进行民事上的强制执行呢? 关于这一点,在明治宪法下,行政主体能够利用民事上的强制执行制度,仅限于其立足于私法上的法律关系的情况,这是与概括性的行政性执行体系相对应的。与此相对,现在不存在这种情况。本来,作为立法政策,民事执行仅限于纯粹的民事关系,也是可能存在的,但我认为,仿佛没有理由这样限定性地领会现在的《民事执行法》[相同精神,田中著:《行政法》(上),第178页以下]。在这种情况下,并不是因为是行政行为就直接适用民事执行程序,而是行政厅必须在法院获得债务名义(对基于这样的条例的建筑禁止命令的不履行,判例承认了地方公共团体以私人为对手所申请的禁止继续进行工事的假处分,同时审查了命令的违法性。大阪高等法院决定,昭和60年11月25日,载《判例时报》第1189号,第39页。但是,因为命令的公定力起作用,法院的审查被解释为仅限于命令的有效无效。参见雄川一郎等著:《行政强制——行政权的实力行使之法理和实态》,载《法学者增刊》,1977年,第193页)。当然,由于义务的性质不同,也存在不适合民事执行制度的情形,这一点在民事关系中也是一样的。关于详细的理论构成或者具体的适用范围的讨论另当别论,在日本,行政主体作为确保私人的行政上的义务履行的手段,也可以利用民事上的强制执行制度。对于这一点,几乎是不存在异议的。参见中野贞一郎著:《民事执行法》(增补新订六版),2010年版,第123页以下;雄川一郎等著:《行政强制——行政权的实力行使之法理和实态》,载《法学者增刊》,1977年,第18页以下;小早川著:《行政法》(上),第241页以下;阿部泰隆著:《行政上的义务之民事执行》,载阿部著:《行政法的解释》,1990年版,第322页以下;细川俊彦著:《公法上的义务履行与强制执行》,载《民商法杂志》第82卷第5号,1980年,第641页以下。并且,正如这些文献所提示的那样,也有下级审判例的积淀。

与此相对,最高法院平成14年7月9日判决(载《民集》第56卷第6号,第1134页;《行政判例百选Ⅰ》第115案件)指出,国家或者地方公共团体完全作为行政权的主体,对国民请求行政上的义务履行的诉讼,是不合法的。其论据在于不属于法律上的争讼这一点,而法律上的争讼本来是以限定于私权的保护为前提的。由于这一点与法律上的争讼的概念相关,在这里不予深入探讨[详细情况参见盐野著:《行政法Ⅱ(第六版)行政救济法》,第234页以下],不过,如此片面地把握法律上的争讼,则存在根本的问题,同时,假如认为这样的理解是成立的,并且对日本的行政上的义务履行确保制度的历史性、比较法角度的考察也能充分进行的话,能够推导出现行法承认了由行政主体利用民事诉讼的可能性这个结论,所以,在这种意义上,我认为(转下页)

履行的强制制度。与此相对,新的义务履行确保制度之中,正如公布的本来目的之一是向公众提供信息,而课征金的某种类型则像吸收得利那样,包含不同的目的。行政罚,是对于过去行为的制裁。不过,共通点在于通过这些制度的存在可以期待对于义务不履行的抑制效果。当然,具有抑制效果的制度,除此之外,有自古以来一直存在的作为制度的行政行为的撤回。进而,环境税等虽然不以私人方面的义务不履行为前提,但是,其目的也在于对实施特定行为的抑制效果。

综上,为了确保某种法目的的实现乃至实效性,而发挥制止私人行为

(接上页)最高法院的这一判决在二重意义上存在疑点,对于战后日本的行政上的强制执行体制的展开之意义,完全没有提示理解[关于司法性司法执行,将其分为还原型司法性强制和直截型司法性强制,包括该案裁判判决(从原审判决的角度)的分析在内,进行详细论述的研究成果,有冈田春男著:《行政处分的履行强制》(1991年),《行政上的义务之司法性执行》(2008年),载冈田春男著:《行政法理的研究》,2008年版。齐藤诚著:《自治体的法政策中的实效性确保》(2002年),载齐藤著:《现代地方自治的法的基础》,2012年版,第401页以下;南川谛弘著:《行政上的义务之履行确保与民事诉讼》,载《小高古稀》,第63页以下,作为也添加了立法政策性视角的探讨,具有参考价值]。当然,最高法院平成21年7月10日判决[盐野著:《行政法Ⅰ(第六版)行政法总论》,第161页],基于公害防止协定,对产废处分场的使用中止请求作出正式立案审理,关于这个问题的最高法院的判例理论是欠缺明确性的。

假设以最高法院平成14年7月9日判决为前提,并且在罚则及其他担保手段没有得以准备的情况下,便构成义务履行确保手段的欠缺。于是,在这种情况下,概念上,便会产生是不是不该当义务这样的疑问。前述最高法院在那种情况下也并未否定行政上的义务本身,并且,没有担保手段的行政上的义务(不过,并没有否定民事诉讼的可能性)之存在,即便在立法实务上,也是被作为《行政程序法》的处分概念来论述的,从理论上来说,是积极地进行解释的(仲正著:《行政程序法的全部》,1995年版,第109页以下)。关于这一点,行政行为的规范力与执行力等其他的制度被认为是不同的制度,所以,作为规范力的发现之一种形态,义务赋课力被理解为是独立存在的。从实务上看,与其将之理解为行政指导而攻击其违法性,倒不如干脆请求义务之不存在的确认或者义务赋课行为的撤销,来得更加简明。作为将这个问题溯及学说史研究上进行考察的研究成果,神桥一彦著:《行政法上"义务"的概念·再论》,载《藤田退职纪念》,第5页以下,具有参考价值(不过,对处分性进行了消极性判断,这一点不同)。

在与这一点的关系上,在制定法上规定了确保行政上的义务履行手段的情况下,是否与此并行承认民事上的强制执行,便成为问题。最高法院的判例不承认民事上的强制执行,这被解释为适合于立法宗旨(参见最高法院大法庭判决,昭和41年2月23日,载《民集》第20卷第2号,第320页;《行政判例百选Ⅰ》第114案件。此外,关于所谓旁路理论,参见前述雄川一郎等著:《行政强制——行政权的实力行使之法理和实态》,载《法学者增刊》,1977年,第19页)。

与上述情况不同,对于都市公园及道路、河川等公物上的不法占据者,基于该公物管理法的排除措施和基于公物主体的所有权、占有权等的权利根据的妨碍排除请求对双方都起作用[关于基于占有权的妨害排除请求权,参见最高法院判决,平成18年2月21日,载《民集》第60卷第2号,第508页。此外,参见盐野著:《行政法Ⅲ(第五版)行政组织法》,第335页以下]。

之功能的制度,呈现出各种各样的形态,在行政法学上如何将这些制度进行分类并定位,并非能够一义性地决定。① 另外,如何配置这些多种多样的制度,是立法、行政的实务上重要的作业,而明确各州共有的制度之异同、结合之可否(例如,刑事罚与课征金的二重赋课之是非曲直②),也是行政法解释学的重要课题。③

---

① 从前,义务履行确保制度的内容,包括古典的行政上的强制执行制度和行政罚两方面,认为以前者作为强制的制度,以后者作为制裁的制度,这样整理便足够了[田中著:《行政法》(上),第168页以下]。伴随着新制度的出现,作为行政上的强制执行以外的制度之上位概念,在制裁的观念之下来论述的事例多了起来[今村著:《行政法入门》(初版),1996年版,第19页;原田著:《行政法要论》,第235页以下;小早川著:《行政法》(上),第244页以下;宇贺著:《行政法概说Ⅰ》,第238页以下;高木著:《行政法讲义案》,第145页以下;山本隆司著:《行政制裁的基础性考察》,载《高桥古稀》(上),第255页以下;山本隆司著:《对于行政制裁的权利保护的基础性考察》,载《宫崎古稀》,第236页以下]。先行于这些研究成果,在刑事法学中,很早就存在确立行政制裁的概念来论述强制执行以外的义务履行确保诸制度的立场(佐伯仁志著:《制裁论》,2009年版,第7页以下);在租税法学上也是一样,租税制裁法得以提倡(佐藤英明著:《逃税与制裁》,1992年版,第7页以下)。不过,关于制裁的语义,由于论者的不同而并不一定是一致的。关于制裁的范围(是否包含行政行为的撤回),也是同样的[参见宇贺著:《行政法概说Ⅰ》,第238页以下;盐野著:《行政法Ⅰ(第六版)行政法总论》,第147页以下]。进而,刑事制裁的基本原则直接类推适用于行政制裁(佐伯仁志著:《制裁论》,2009年版,第17页以下)是否妥当,也成为问题。在这些新的履行确保中,像二重处罚的禁止原则那样,存在刑事法的原理之适用的问题,这是事实。不过,更加一般地来看,应当作为行政法上的一般原则(依法律行政的原理、比例原则等)的适用问题来处理,这样才被认为是适切的[通过比例原则的适用来进行处理,论者也承认了。参见盐野著:《行政法Ⅰ(第六版)行政法总论》,第203页]。行政法学上的行政制裁论,归根结底,是从这样的角度出发来论述行政上的强制执行制度以外的个别的行政上的义务履行确保制度的,所以我认为,"行政制裁"作为开发概念也未必是适切的。

② 盐野著:《行政法Ⅰ(第六版)行政法总论》,第203页。

③ 尝试对行政执行过程的相关法政策进行综合性检讨的研究成果,有北村喜宣著:《规制改革时代中行政执行过程的课题》,载北村著:《行政法的实效性确保》,2008年版,第312页以下;市桥克哉著:《围绕义务履行确保的司法权与行政权的相克》,载《室井追悼》,第37页以下;西津政信著:《行政规制执行改革论》,2012年版,第1页以下;增和俊文著:《行政法执行体系的法理论》,2011年版,第1页以下、第291页以下;《关于应对地方分权进展的行政实效性确保之存在方式的检讨会报告书》(一)至(二),载《自治研究》第89卷第7号,2013年,第141页以下、第8号,2013年,第145页以下;西津政信著:《对于行政上的义务违反的制裁》,载《行政法的争点》,第98页以下。进而,从刑事法学的角度进行研究的成果,有佐伯仁志著:《制裁论》,2009年版,第7页以下。

第二节　行政上的强制执行——概论

一、概念和种类

行政上的强制执行,是对应于民事上的强制执行而言的,是义务人不履行行政上的义务时,作为权利人的行政主体,通过自己的手来谋求实现义务履行的制度。这里所说行政上的义务,在明治宪法下是指公法上的义务,而现在实施行政上的强制执行全部需要法律根据,所以,即使不返回公法、私法的区别,只要通过对该根据法的解释来确定其范围也是可能的。

作为行政上的强制执行的种类,代执行、执行罚、直接强制、行政上的强制征收是传统的类型。分类基准并不统一,强制征收完全是与金钱债权有关的,除此以外,代执行是关于可代替性作为义务的制度,执行罚并不具有义务的性质,而是对于相对人的不履行所赋课的金钱上的负担,即着眼于间接强制手段的制度。直接强制在对相对人的身体、财产施加直接强制这一点上和执行罚区别开来,但和代执行在概念上的异同却并不明确。这是因为,代执行也对相对人的财产行使直接强制力。倒不如说,直接强制是从关于物理性强制的制度中除去代执行后的制度,这样理解更为妥当。[①]

二、存在理由

在司法性执行之外设置行政上的强制执行,承认行政主体的自力救济,是为了尽快实现符合行政上的目的的状况。也许有这样的判断,即在私人相互间的关系上,有禁止行使私人力量的前提,立于其上,不仅限于权利的确定,而且关于其实现,都交给法院来处理才是适当的。但是,对于行政来说,有时执行的方式本身之中需要行政性判断。例如,土地收用中的撤出土地,应在何种范围内、在何时、如何进行?违法建筑物的拆除应何时进行?这些问题都非常需要行政性判断。此外,委任给法院的话,不但浪费时间,而且也存在给法院增加过重负担的问题。进而,在理

---

① 参见广冈隆著:《行政代执行法》(新版),1981年版,第20页。

论方面,即使承认国家行使实际力量,那也不是行使私人的力量,其本身已经是公共力量,其行使不属于作为自力救济的弊端所指责的对和平、秩序的侵害。因为国家的权利本身是为了保持社会秩序而由法律赋予的,在该限度内,实际力量的行使,同样具有为维持社会秩序进而增进公共福祉服务这种正当化根据。所以,即使是国家,也不能单纯地承认实际力量的行使,而在法律的范围内,在一定的要件之下,作为公权力的行使,从正面予以承认,则是可能的。①

三、行政上的强制执行制度和法的拘束

(一) 规制规范

对于行政上的强制执行,法律的优位的原则也当然地起作用,所以,只要有包括程序规定在内的规制规范,就必须遵循该规范,这是不言而喻的。此外,该规制规范并不限于制定法上的规范,普遍适用于行政过程的基本原理,例如比例原则,在这里当然也适用,有时制定法上也设置这种规定(参见《行政代执行法》第 2 条、《关于新东京国际空港安全确保的紧急措施法》第 3 条第 8 款)。

(二) 根据规范

行政上的强制执行,是从物理上拘束私人的自由或者侵害其财产权,所以,从侵害保留的原则来看,当然需要有法律根据。不过,问题在于,在何种阶段需要法律根据? 也就是说,问题在于:行政上的强制执行是首先对私人赋课义务,在该义务不被履行时所采取的手段,但是否有关于该义务赋课行为的法律根据即可执行呢? 还是并非如此,在此基础之上还需要有关于行使实力的法律根据呢? 例如,对于违反《建筑基准法》的建筑物作出了拆除命令,这意味着侵害建筑的自由及财产权,所以需要有法律根据,现行《建筑基准法》第 9 条上有根据规定。但这是否可以认为其作为实际进行行政上的强制执行的根据已足够了呢? 还是应当认为,如果实际进行行政上的强制执行,需要另外有法律根据呢?

---

① 关于国家和自力救济的关系,参见盐野宏著:《"行政强制论"的含义和界限》(1977 年),载盐野著:《行政过程及其统制》,第 203 页以下。此外,畠山武道:《行政强制论的将来》,载《公法研究》第 58 号,1996 年,第 166 页以下、第 172 页以下,主张不是作为病理现象,而是应该作为生理现象来把握行政强制。这种观点是正确的。

关于这一点,在明治宪法下,只要有关命令有法律根据,原封不动地执行命令就足够了。这是通说性见解。对此有这样一个前提,即基于公权力的国家意思本身即具有执行力。此外,关于行政主体的公法上的权利不能使用民事上的强制执行程序的观点,使得命令在制度上当然具有行政性执行这种理解更加容易形成。不过,以什么、怎样保障原封不动地实施命令呢？在这一点上是存在不同见解的,有认为是代执行的见解,也有认为是直接强制的见解。但是,无论哪种观点,由于当时《行政执行法》作了全面规定,所以,这种不同见解只不过是在观念意义上的见解对立而已。

与此相对,在《日本国宪法》下,赋予对私人方面创制义务的权限的根据规范和将该权限实际施行的行政的行为之根据规范是层级不同的问题,被解释为应该各自具有另外的法律根据。① 在现行法之下,关于确保行政上的义务履行,利用民事上的强制执行制度也是可能的,对于行政上的权利,在其实现时,如果赋予其比民事上的权利特别的地位,就应该特别地制定法律。这样来理解才是合理的。这一点,从人权保障的彻底性的角度也可以这样说。②

当然,在关于法律根据的理论性问题之外,现在于制定法上建立了行政上的强制执行需要法律根据这样一种制度,即《行政代执行法》第1条规定:"关于确保行政上的义务履行,除另外以法律规定者外,依本法律之规定。"并且,在《行政代执行法》中,仅就代执行作出规定,关于其他确保行政上的义务履行的手段,要求另外有法律的规定。

与这一点相关,《行政代执行法》第1条中的"法律"是否包括条例,也是有问题的。与在第2条中特地言及条例(后述)相对比,认为第1条中的"法律"不包括条例的解释,也许更符合情理。所以,在条例之中,除《行政代执行法》第2条所承认的代执行以外,不能规定确保行政上的义务履行的手段。当然,此时,便产生了不能以条例规范的确保行政上的义务履行的手段,是仅限于作为传统上的行政强制执行手段的直接强制、执行罚,还是包括理论上可以考虑的确保行政上的义务履行的所有

---

① 田中著:《行政法》(上),第172页;广冈隆著:《行政上的强制执行的研究》,1961年版,第410页以下。
② 关于其与行政行为的执行力的关系,参见盐野著:《行政法Ⅰ(第六版)行政法总论》,第131页"执行力"。

手段的问题。这是因为,最近,除传统手段以外,还出现了给付拒绝等新的确保义务履行的手段。①《行政代执行法》大概没有预想到这些新的手段,并且,如果广泛解释《行政代执行法》所说确保义务履行的观念,根据地方公共团体的自主性判断来执行法的余地就变得过于狭窄,这被解释为违反宪法上保障地方自治的宗旨,所以,新的手段不包含在《行政代执行法》第1条的确保义务履行的手段之中,这样理解才是合理的。

此外,《行政代执行法》第2条关于作为代执行要件的命令,揭示了法律根据②,该法律"包括基于法律委任的命令、规则以及条例"。从文理上说,这里的条例是指委任条例,不基于个别的法律之委任的条例(自主条例)不包含其中,这样解释是率直的。这样解释,与前面所述行政上的强制执行制度的缩小这种第二次世界大战后的立法政策也是相吻合的。但是,这样的话,在与地方自治的本来宗旨条款(《日本国宪法》第92条)的关系上存在理念性问题,同时从自主条例的实效性之确保这个角度来看也有问题。这一点,在实务上是从战后较早时期便被提出来了。有这样的行政实例,针对《行政代执行法》第2条的条例"不仅指基于法律的个别性的委任的条例,而且也包含基于《地方自治法》第14条第1款及第2款的规定所制定的条例吗"这个提问,作出了"正如所推测那样"的回答。③ 这个问题并不限于实务,以前就在行政上的强制执行论上开始探讨了。④

在现在的实务上,关于自主条例所规定的代替性作为义务,较多出现了依据行政代执行的事例⑤,从所管辖的相关省厅也没有对此提示异议这件事情来看,这虽然不是内阁法制局的法制意见,上述行政实例似乎在提供其理由的同时,也成了实务上的依据。当然,所谓依据法律之委任的条例,通例是指委任条例,鉴于此,行政实例中所看到的那种概括的委任不包含其中,倒不如说,认为《行政代执行法》第2条规定的"法律的委

---

① 参见盐野著:《行政法Ⅰ(第六版)行政法总论》,第199页"给付拒绝"。
② 盐野著:《行政法Ⅰ(第六版)行政法总论》,第193页"代执行的要件"。
③ 《针对福冈县议会事务局长的行政课长回答》(昭和26年10月23日),载《地方自治关系实例判例集》(第14次改订版),2006年版,第32页。
④ 参见雄川一郎等著:《行政强制——行政权的实力行使之法理和实态》,载《法学者增刊》,1977年,第16页以下。
⑤ 例如,关于空巢之家对策条例,参见北村喜宣编著:《行政代执行的手法与政策法务》,2015年版。

任"这种术语,不能与后续的"条例"相关联,这种解释也是有力的①,实务上也被认为是比照这样的学说动向来进行应对的。

有人认为《行政代执行法》是第二次世界大战后改革立法的产物,在对该法进行解释之际,不应当单纯根据文理解释,还应当将地方自治的本来宗旨这种要素添加上,采取目的论解释。不过,从"以及"被作为表示并列性关系的确定的法令用语这件事情来看②,要对与"、"号的关联状况进行操作,作为解释论是存在困难的。于是,回归昭和26年的前述行政实例所依据的《地方自治法》第14条的构造来看,可以指出如下几点(在行政实例发出时和现行制度之间,存在随着行政事务的废止等而出现条款及用语变化的情况,但其基本的构造是相同的,故而按照现行法来阐述):也就是说,该法第14条第1款及第2款是就一般条例作出的规定,第3款是就条例之中的罚则规定作出的规定,而在现在的地方自治法论中,对于规范的类别,考虑到《日本国宪法》的规定,将第1款及第2款解释为规制规范(作为少数说,也有所管事项指定说),将第3款解释为根据规范(作为少数说,也有规制规范说)。③ 但是,在用语上,第1款和第3款从最初就都是"可以"的规定。进而,关于委任条例、自主条例的区别,没有特别触及。也就是说,本来第14条的规定是在关于地方自治的规范解释讨论中得以反复进行的以前的立法,即便在《行政代执行法》中,也有必要注意那的确是战后改革立法这一点。从以上几点来看,关于《行政代执行法》第2条所说的"委任",似乎也可以说并不一定要求严密的文理解释。亦即自主条例和委任条例都是基于《地方自治法》第14条的条例,双方都包含在《行政代执行法》第2条所说的基于法律之委任的条例中,这样解释被认为也是可以成立的。不过,总而言之,《行政代执行法》第2条的规定方法,在理论上和实务上都是存在疑问的,故而没有必要等待法院的判断,被认为应当及早着手进行修改。④

---

① 原田著:《行政法要论》,第230页。
② 参见山本庸幸著:《实定立法技术》,2006年版,第343页。
③ 参见盐野著:《行政法Ⅲ(第五版)行政组织法》,第157页以下。
④ 主张应当采取立法上的措施的见解,也包括关联文献,参见齐诚诚著:《自治体的法政策中的实效性确保》(2002年),载齐藤著:《现代地方自治的法的基础》,2012年版,第401页以下、第415页以下。

第三节　行政代执行

一、代执行的概念

代执行,是指当私人方面的可代替性作为义务不被履行时,行政厅自己实施义务人应该实施的行为,或者委托第三人令其实施该行为,并从义务人那里征收实施该行为所需费用的制度。①

关于代执行,《行政代执行法》是其一般法,对于其适用,该法是创制可代替性作为义务的根据法,不需要个别指示。如果是可代替性作为义务,只要另外没有特别的规定,当然适用《行政代执行法》。

此外,除《行政代执行法》以外,《建筑基准法》第 9 条第 12 款、《土地收用法》第 102 条之二第 2 款等,对代执行的要件、程序还设置了若干不同的规定。

二、代执行的要件

（一）存在义务的不履行

《行政代执行法》第 2 条将义务人不履行"由法律……直接命令的或者由行政厅基于法律而命令的行为",作为代执行的要件。

在这里,根据义务成立过程的不同,有两种义务。其一是根据法律直接成立的义务②;其二是行政厅命令实施的行为,即相当于通过行政行为所创设的义务③。

义务要存在,义务赋课行为必须有效。反过来说,除了具有无效瑕疵的情形,只要没有经有权机关撤销有关义务赋课行为,代执行程序即作为有义务的程序而进行。在这一点上,行政行为的公定力和执行力在制度上合为一体。

能够进行代执行的,是可代替性作为义务。所以,政府机关建筑物的

---

① 关于行政代执行的基本性文献,有广冈隆著:《行政代执行法》(新版),1981 年版。
② 例如,《火药类取缔法》第 22 条。
③ 例如,《建筑基准法》第 9 条的拆除命令,《河川法》第 31 条的恢复原状命令。包括基于条例的行政行为。

腾出及退出的义务,不能成为代执行的对象。① 不过,有些行为虽然抽象地说是可代替的,但有时在具体情况下要辨别是否可代替则是有困难的。例如,关于公害防止设施的设置需要专门技术等情形。②

(二)其他要件

《行政代执行法》第 2 条又加了两个条件,即通过其他手段确保履行有困难的;若放任该不履行,被认为严重违反公共利益的。我认为,这反映了尽可能地控制实施权力性事实行为的立法政策。不过,关于前者,应该以何种手段作为先行于代执行的手段,并不是容易确定的事情。在这里,也许应该解释为包括行政指导等法外的手段,这样的话,我认为适用比例原则就足够了。此外,关于后者,在义务的不履行不能直接满足《行政代执行法》的要件这一点上,拘束行政厅。但是,并不能因为具体法律没有这样的规定而对义务的不履行当然地承认行使代执行权,我想这里同样也适用比例原则。在这种意义上,这一规定的法律意思并不明确。

此外,一旦满足了法律上的要件,在行政厅方面便产生代执行的权限。该权限应该在何时如何行使的问题,属于行政厅的(效果)裁量。③

三、代执行的程序

行政代执行,应规定履行期限,进行"告诫",相对人依然不履行义务的,通过代执行令书通知应实施代执行的时间等事项,然后才进行实际执行。④ 在无法确知义务者的情况下,则可采取公告这种简式的方法。⑤

通过告诫和通知,并不能在义务赋课处分以上赋课新的内容的实体法上的义务,但是,告诫和通知具有使代执行合法地开始和进行的法效果。

代执行的本体是物理性力量的行使,但是,由于本来是针对可代替性作为义务进行的,所以,其本身并不具有对义务人身体的强制力。不过,一旦义务人对代执行实施物理性抵抗的话,其物理性排除便成为问

---

① 大阪高等法院决定,昭和 40 年 10 月 5 日,载《行裁例集》第 16 卷第 10 号,第 1756 页。
② 参见广冈隆著:《行政代执行法》(新版),1981 年版,第 106 页以下。
③ 参见东京高等法院判决,昭和 42 年 10 月 26 日,载《高民集》第 20 卷第 5 号,第 458 页。
④ 《行政代执行法》第 3 条。
⑤ 参见《河川法》第 75 条第 3 款、《都市计划法》第 81 条第 2 款。

题。对此,《行政代执行法》没有从正面承认物理性排除的权限。因此,关于代执行所伴随的行为,有的学者承认一定程度的实际力量的行使①,但实务上有时依据《警察官职务执行法》第4条和第5条,当抵抗的方式满足公务执行妨害罪等构成要件时,便依据现行犯逮捕的程序来处理。但是,关于权力的行使,当存在不得已而为之的必要时,一方面应该从正面承认之,同时,另一方面应该明确规定其要件及程序,这样做才是其本来的存在方式。②

四、代执行和救济制度

《行政代执行法》第3条第1款代执行的告诫和第3条第2款通过代执行令书的通知,都不是赋课新义务的程序,但是,两者都构成行政代执行程序的重要一环,并且,是认定《行政代执行法》上要件的程序,所以,被解释为撤销诉讼的对象。③ 此外,义务赋课行为和代执行程序中的行为,不承认违法的承继,所以,不能在这些诉讼中主张义务赋课行为的违法。

在行政代执行终结后,撤销代执行的告诫已经失去意义,所以,告诫或者令书的通知的撤销诉讼,便不存在诉的利益。因此,关于救济方

---

① 广冈隆著:《行政代执行法》(新版),1981年版,第175页。

② 由于《行政代执行法》所规定的要件及程序难以应对现场的必要性,所以,有时会采取对于私人的物件等的事实上的排除行为。渔港内的铁桩拆除案件(最高法院判决,平成3年3月8日,载《民集》第45卷第3号,第164页;《行政判例百选Ⅰ》第106案件),车站地下通道中生活者的纸箱撤除案件(最高法院决定,平成14年9月30日,载《刑集》第56卷第7号,第395页;《行政判例百选Ⅰ》第107案件),就是其例。前者作为损害赔偿案件,被否定了违法性,即町长"强行拆除铁桩,虽然在《渔港法》及《行政代执行法》上不能认为是合法的,但是,那是针对前述紧急事态所采取的不得已而为之的措施,即使依照《民法》第720条的法条意思",作为町,町长将其费用"作为町的经费支出是应该承认的,关于基于本案承包契约的公共资金的支出,不能承认其违法性",不能认为町长对町负有损害赔偿责任。后者则肯定了威力业务妨害罪的构成要件该当性。两个案件都是以无法采取基于《行政代执行法》的程序这种情况为前提而进行了民事法、刑事法上的处理,行政法上的义务履行确保的问题却被遗留下来了。此外,参见盐野著:《行政法Ⅲ(第五版)行政组织法》,第296页"刑事责任"。关于现在的代执行程序的问题之详细情况,参见福井秀夫著:《行政代执行制度的课题》,载《公法研究》第58号,1996年,第206页以下;黑川哲志著:《行政强制、实力行使》,载《行政法的新构想Ⅱ》,第119页以下;西津政信著:《行政规制执行改革论》,2012年版,第57页以下。

③ 承认代执行的通知、告诫的处分性的事例,有东京地方法院判决,昭和48年9月10日,载《行裁例集》第24卷第8·9号,第916页;东京地方法院判决,昭和41年10月5日,载《行裁例集》第17卷第10号,第1155页。此外,东京地方法院决定,昭和44年6月14日,载《行裁例集》第20卷第5·6号,第740页,否定了告诫的处分性。尚没有出现最高法院的判例。

法,可以根据国家赔偿请求诉讼。这是从前的观点。

第四节 直 接 强 制

直接强制,是指对义务人的身体或者财产行使直接力量,实现和义务履行相同状态的作用。行政法上,应该通过直接强制来实现的义务,包括作为义务和不作为义务。不过,由于是对身体或者财产直接行使实际力量,所以,即使在《行政执行法》上,也仅限于通过代执行、执行罚都不能实现目的的情形或者有急迫的情况时(第5条第3款)。①

也许是鉴于直接强制曾经侵害人权的经验,现行法并没有像《行政执行法》那样将直接强制作为行政上的强制执行的最后的一般性手段来定位。② 不仅如此,而且也没有制定关于直接强制的一般法。对此全部委任给个别法规定。并且,规定直接强制方法的现行法律是极其少数的,明确规定了的只有可数的几个,如《关于确保学校设施的政令》第21条、《关于新东京国际空港安全确保的紧急措施法》第3条第8款。③ 所以,特别是当不作为义务等不能适用《行政代执行法》时,没有直接强制方法的情况较多。例如,即使违反停止营业的命令,也不允许封锁其门口,不准其营业。此外,即使违反禁止制造的命令,也不允许对机器进行封存等。在这些情况下,确保该义务的履行,完全依据刑事罚。④

如上所述,直接强制在制定法上未被承认,这源于人权保障的考虑。

---

① 关于行政执行法上直接强制的概念规定,参见须藤阳子著:《"行政强制"与比例原则》,载须藤著:《行政强制与行政调查》,2014年版,第13页以下。

② 从前,在民事执行上,直接强制是最为直接且最具效果的手段,执行几乎全部都通过直接执行来完成,在不能依据直接执行的情况下,才依据代替执行或者间接强制,并且,这被认为是适合于尊重债务人人格的理想方式[参见中野贞一郎著:《民事执行法》(增补新订六版),2010年版,第11页。不过,该书将其批判为空虚的形式论]。与此相对,在行政法上,直接强制倒不如说是被作为最后的手段来考虑的,这是因为,民事执行,除金钱债权的实现以外,仅限于土地、房屋的腾出,物的转让,而行政法上直接强制成为问题的是,除对人体实施直接的实际力量外,对于物,其破坏等表现形式也呈现出猛烈性[关于对物的直接强制的事例,美浓部著:《日本行政法》(上),第337页指出"命令撤除风俗上有害的绘画店牌,当不履行该命令时,政府机关代替撤除之,称为代执行;而用涂料将店牌涂抹毁损之,则是直接强制。命令打捞成为航行障碍的沉没船,当该命令不被履行时,行政机关代替实施打捞,称为代执行;而用爆破物粉碎之,则是直接强制"]。

③ 参见东京高等法院判决,平成2年11月29日,载《判例时报》第1367号,第3页。

④ 关于利用民事执行的余地的问题,参见盐野著:《行政法Ⅰ(第六版)行政法总论》,第185页脚注①。

并且,这还被解释为基于这样一种设想:为确保义务履行,完全可以采取科处行政罚这种间接的手段,同时可让法院介入。人们认为这样做才是合理的。这一政策看似非常严格地得以维持。但是,必须注意的是,实际上同样的目的在即时执行这种方法中也得以运用。① 从这种意义上说,或许有必要对直接强制法制进行再思考。②

关于直接强制,着眼于先行于事实行为的命令,提起撤销诉讼是可能的。直接强制的根据,不能以条例来设定。③

第五节 执 行 罚

执行罚中使用了"罚"字,但不是行政罚,而是在民事执行上也存在的间接强制的方法④,是针对义务的不履行,通告赋课一定数额的过错罚款,间接地督促义务人履行义务,如其依然不履行义务时,则强制征收该项过错罚款,以确保义务履行的制度。执行罚,在《行政执行法》下,是对不作为义务、不可代替性作为义务的不履行而一般承认的手段(该法第5条第1款第2项),《行政执行法》被废止后,没有作为行政上的强制执行制度而制定执行罚的一般法,并且,即使个别法,现在承认该制度的也只有《防沙法》第36条。理由在于其效果甚微这一点。也就是说,第二次世界大战后,作为确保不履行作为义务等的方法,刑事罚得以广泛导入。⑤ 因此,在与刑事罚的关系上,执行罚的过料(过错罚款)数额必须与之均衡,这样的话,与刑事罚相比较,执行罚被认为抑制效果甚微。但是,另外也出现了这样的观点:从和公害规制的关系来看,执行罚直至现实履行,可以反复实施,此外,在数额这一点上,也不存在要和罚金求得均

---

① 参见盐野著:《行政法Ⅰ(第六版)行政法总论》,第209页以下"即时执行"。
② 须藤阳子著:《"行政强制"与比例原则》,载须藤著:《行政强制与行政调查》,2014年版,第40页以下,在斟酌直接强制"过度残酷性"的基础上,指出了探讨其程序性整备的方向;西津政信著:《行政规制执行改革论》,2012年版,第121页以下,分析德国的制度,进行了日本直接强制制度的再评价和立法政策的提案。
③ 参见《行政代执行法》第1条。
④ 《民事执行法》第172条、第173条。
⑤ 日本的执行罚制度是导入德国的强制金(Zwangsgeld)制度而建立的,关于德国制度的变迁及战前、战后执行罚制度的详细情况,参见西津政信著:《间接行政强制制度的研究》,2006年版,第32页以下。

衡的当然要求,所以,在某种程度上作为赋课高额的过料(过错罚款),可以说是有效确保义务履行的手段。① 进而,在与规制缓和政策的关系上,作为事后制约规则的一环,也有论述作为间接行政强制制度的执行罚制度之再导入的见解②,如何活用执行罚制度是今后的检讨课题之一。在《民事执行法》上,作为司法制度改革的一环,通过平成15年的修改,间接强制的补充性得到部分缓和③,对此也有必要予以留意。

此外,执行罚也不能以条例来赋课。④

第六节　行政上的强制征收

关于国家对私人所拥有的金钱上的债权,在其发生的法律上的原因与私人和私人之间相同的情况下,依据民事上的强制执行手段(参见《民事执行法》第43条以下)。但是,租税债权等,鉴于其大量发生,并且需要迅速、有效地满足权利,设置了行政权独自的征收制度。关于对国家的何种债权承认特别的自力救济的强制征收程序,存在各种各样的方法。可以考虑的方法有,将国家的债权分为公法上的债权和私法上的债权,对于前者,概括性地承认实行特别的强制征收制度。但是,日本的现行制度没有这样做,而是制定《国税征收法》作为国税的一般法律,关于除此以外的需要特别的征收程序的国家的金钱上的债权,以个别的法律规定,采取《国税征收法》上规定的滞纳处分。⑤ 所以,在日本,不存在关于实现公法上的债权的方法的一般法典,从这一点看,在解释论上,也不存在区别公法和私法的实用性。

《国税征收法》规定的强制征收是直接强制的一种,但采取财产的扣押(该第47条以下)、财产的折抵(原则上通过公开拍卖处分。该法第89条以下)、折抵资金的分配(该法第128条以下)这种过程。行政上的强

---

① 参见吉野弥生著:《行政上的义务履行确保》,载《行政法大系2》,第245页以下。
② 参见西津政信著:《间接行政强制制度的研究》,2006年版,第173页以下。
③ 参见中野贞一郎著:《民事执行法》(增补新订六版),2010年版,第11页以下。
④ 参见《行政代执行法》第1条。
⑤ 关于地方税,《地方税法》按照各种不同的税规定了依据《国税征收法》上规定的滞纳处分之例(第48条、第72条之六十八第6款)。此外,其他如《行政代执行法》第6条、《国民养老保险金法》第95条等,关于各自金钱债权的征收,都规定依据国税滞纳处分之例。

制执行也要适用与行政有关的基本原理,适用比例原则,这种适用规则由禁止超过限度扣押及无益的财产扣押条款(该法第 48 条)提示。①

扣押、公开拍卖处分,都成为撤销诉讼的对象。

第七节　其他确保义务履行的制度

一、给付拒绝

这里所说给付拒绝,是指从行政方面来看,当私人的相应行为欠缺适当性时,拒绝自来水、电等生活必需的服务供给,以谋求私人纠正其相应行为,或者通过保留该手段,试图事先规制私人的行为的制度。有时并不以私人方面存在义务不履行为其前提要件,所以,并不是严格意义上的确保义务履行的制度。不过,给付拒绝也尚未作为确保义务履行的制度,明确地在制定法上获得其定位。在《关于确保都民的健康和安全之环境的条例》中,知事从防止公害的角度出发,对于工业用自来水事业者、自来水事业者,就违反命令的工厂,可要求停止供给用水(第 104 条)。但是,条例上并没有规定服从该要求的工业用自来水事业者、自来水事业者的行为,在《工业用自来水事业法》《自来水法》上是合法的。此外,关于行政指导规定给付拒绝制度的,有地方公共团体规定的建筑指导纲要。但问题在于,纲要本身不具有法规范性。

因此,在现阶段,如果论述给付拒绝制度的话,问题在于,当在制度上没有明确规定时,实际上进行给付拒绝的行为,其在法律上应如何评价。最终问题便是《自来水法》《工业用自来水事业法》等所规定的供给拒绝事由中,是否包括对基于条例的要求、建筑指导纲要进行的行政指导的不服从,违反《建筑基准法》等其他法令。具体地说,《自来水法》第 15 条第 1 款规定:"自来水事业者,接受事业计划所规定的供水区域内的需要者的供水契约申请时,只要没有正当的理由,不得拒绝之。"并且,从依法律行政的原理来看,《自来水法》第 15 条中不包括违反根据条例的要求和行政指导,以及违反《建筑基准法》那样的与都市环境有关的其他法令

---

① 在《国税征收法》上,设置了详细的程序规定,关于这些,参见税法学的文献,例如,金子宏著:《租税法》(第二十版),2015 年版,第 902 页以下。

等。《自来水法》虽然与都市环境有关,但是,其是通过整备自来水管道,以期整备都市环境的法令,而不是纠正侵害都市环境行为的法令。拒绝供水,虽然不是权力性行为形式,但其在事实上具有非常强大的力量,所以,对承认行使该权限的范围作限定性解释,是符合法治主义原则的。从这种观点出发,《自来水法》第 15 条所说的"正当的理由",作为供给者方面的问题,是指事业运营上供水有困难时;对于相对人来说,则是指其不缴纳水费的情况,即应该限定于《自来水法》固有的问题。① 所以,以不服从行政指导为理由,自来水事业者拒绝缔结自来水的供水契约,或者停止供水,被解释为不能允许。②

以立法论来考虑给付拒绝制度,当然也是可能的。承认这种立法论,被认为并不能直接以侵害生活权为理由而成为违反宪法的问题。但是,在现代生活中,给付拒绝制度具有比直接强制更有效的效果,所以,如何构成其行使的时期、程序,是极其困难的问题。

另外,作为这种情况下的救济方法,由于在这期间没有作为公权力行使的处分,极端地说,提起请求缔结供水契约等的民事上的诉讼,也是可能的。此外,如果因拒绝供水而受到损害,还可以请求损害赔偿。

二、公布违反事实

这里所说的公布违反事实,是指相对人存在义务的不履行或者对于行政指导不服从时,将该事实向一般公众公布。例如,《国土利用计划法》第 26 条规定:"都道府县知事,在根据第 24 条第 1 款的规定进行劝告后,接受该劝告的人不服从该劝告时,可以公布不服从劝告的事实及该劝告的内容。"③

公布违反事实,其本身可以作为信息公开制度的一环来定位,而通过和违反行为的纠正劝告等相结合,则发挥着确保劝告实效性的作用。在这种意义上,严格意义上的侵害保留的原则是不适用的,但是,在制度化

---

① 最高法院判决,平成 11 年 1 月 21 日,载《民集》第 53 卷第 1 号,第 13 页;《行政判例百选Ⅰ》(第五版)第 96 案件,在供水契约的申请不能通过公正且合理的供给计划来应对的情况下,也承认正当事由。

② 最高法院决定,平成元年 11 月 8 日,载《判例时报》第 1328 号,第 16 页;《行政判例百选Ⅰ》第 97 案件。

③ 此外,参见《国民生活安定紧急措施法》第 7 条第 2 款。

之际,特别是在将制裁性意义上的公布违反事实予以制度化之际,设置法令的根据,则是适合于法治主义的。此外,公布违反事实,不属于传统的行政上的强制执行的种类,不包含在《行政代执行法》第1条所说保留给法律的确保义务履行的手段中,因而,通过条例来创设制度,也是能够承认的。

由于公布违反事实,自己的权利利益受到侵害者,进行损害赔偿请求是可能的。即使认为对于公布违反事实不能承认其处分性,但是,可以考虑公布违反事实的事前中止或者先行的行政指导的违法确认等。①

三、违反金

在这里,所谓违反金,是指为了确保规制私人行为的法规范之实效性,针对该法规范违反的行为赋课的金钱上的不利(不是法令用语,也不是学问上固定下来的用语)。由于不是直接谋求义务履行之实现的作用,所以与作为行政上的强制执行的行政上的强制征收不同。对此没有统一性的规范,只是在个别法令中创建了与各自的法目的相对应的制度。

(一)加算税

税法上有加算税制度。② 这是指纳税义务人不履行申报、缴纳等法律上的义务时所赋课的(根据违反义务的状况,有过少申报加算税、无申报加算税、不缴纳加算税和重加算税之区别)由税务署长的赋课决定来确定的纳税义务。③ 设置这种制度,始于采用申报纳税制度的昭和22年,所以说,和其他手段相比较,其导入时间较早。④ 虽然使用了"税"的名

---

① 参见川神裕著:《法律的保留》,载藤山雅行编:《新·裁判实务大系(25)行政争讼》,2004年版,第15页以下。
② 《国税通则法》第65条以下。
③ 《国税通则法》第32条。
④ 加算税是以谋求税收的确保为目的的,因此构成租税制度的一环,近年来,在德国等外国则出现了作为实现特定的环境政策、都市政策的方法而利用租税的情形。这种做法在日本尚未达到采用的程度。日本处于包括介绍外国制度在内的立法论的阶段。一般而言,从经济学的角度进行的考察较多,日本从租税法的观点进行的考察,可参见中里实著:《关于经济性手段的法统制的笔记》(上)至(下),载《法学者》第1042号,1994年,第121页以下,第1045号,1994年,第123页以下。对德国讨论的介绍,有木村弘之亮著:《作为政策规制的生态学税制的创设》,载《金子古稀》(上),第51页以下。此外,以新的经济性手段的引进为契机,将其作为与义务履行乃至确保实效性的手法不同的法的结构即"诱导",提示了应当在行政法总论中定位的观点。参见中原茂树著:《行政上的诱导》,载《行政法的新构想Ⅱ》,第203页以下。

称,但不是本来的税,而是为了确保纳税义务的履行,谋求在第二次世界大战后导入的申报纳税制度的巩固而设置的制度①,故而可以归类于违反金的范畴。最高法院也是将追征税(加算税的前身)作为"基于提高纳税的实效性的宗旨的行政上的措施"来理解的。②

(二)课征金

课征金虽然是法令用语,但有广、狭两种意思。其一是《财政法》第3条所说的课征金,是指基于国家权力所赋课的金钱义务的总称。这种概念是广义上的概念,包括罚金、税金等。

与此相对,还有在和《财政法》不同意义上使用的课征金。其中一例是《国民生活安定紧急措施法》第11条第1款的课征金。该款规定:"主务大臣认为,销售了特定品种物资的人,其销售价格超出了与所销售物资相关的特定标准价格时,对于该人……必须命令其向国库缴纳相当数额的课征金。"成为对象的是以超过特定标准价格的价格进行销售的行为,该行为本身并不直接构成违法,所以,该课征金制度不是义务履行确保制度,将不当的利益予以吸收是其制度目的,通过准备将利润予以消除的制度,期待对于以不当的价格进行销售的行为的抑制效果。

《垄断禁止法》的课征金也是其行为本身受到违法的评价,课征金的水准当初被限定为与不当得利的没收相当的金额,故而在以不当得利的吸收为制度目的这层意义上,是与《国民生活安定紧急措施法》上的课征金类似的。但是,鉴于那样的话无法充分地发挥抑制效果,通过平成17年的修改,课征金的水准提升为不当得利相当额以上的金额,算定比率从销售额的6%提升为10%。③

使用了课征金这个名称的违反金,进而有《金融商品交易法》(旧

---

① 金子宏著:《租税法》(第二十版),2015年版,第765页。
② 最高法院大法庭判决,昭和33年4月30日,载《民集》第12卷第6号,第938页;《行政判例百选Ⅰ》第119案件。关于重加算税,也与此同旨趣。此外,参见《行政判例百选Ⅰ》第119案件,川出敏裕解说。
③ 《垄断禁止法》第7条之二第1款。关于这一点,在平成17年前后,对《垄断禁止法》上的课征金的性质是否有了变更存在争议,在这里不进行深入讨论。参见白石忠志著:《垄断禁止法》(第二版),2009年版,第496页以下;山本隆司著:《对于行政制裁的权利保护的基础性考察》,载《宫崎古稀》,第260页以下。

《证券交易法》)规定的课征金。① 这是对内部交易等《金融商品交易法》违反所课处的,鉴于其金额是以通过该违反行为可能获得的得利为基准这件事情,可以说相当于平成17年修改前的《垄断禁止法》上的课征金制度。②

(三)违反金制度的问题点

违反金制度并非基于首尾一贯的法政策论,而是具有应对个别行政领域的要求而进行制度整备的经纬。并且,作为行政法一般理论,关于违反金制度的综合性检讨并未展开。但是,违反金制度的适用领域扩大了,其作为行政上的义务确保手段的重要性增加了,所以,对于行政法学来说,是应当更加从正面来应对的课题。③ 姑且指出问题点如下:

1. 无论是加算税,还是课征金,都存在被论述是否制裁的情形,而加算税有时被作为租税制裁法的一部分来说明。④ 并且,制裁分为刑事制裁和行政制裁,也有人尝试将违反金编入行政制裁的范畴。⑤

从前,在行政法一般理论上,制裁主要是在与行政罚的关系上使用的用语,也广泛作为对义务违反者赋课不利来使用。⑥ 从后者的用语方法来看,违反金也可以称为行政制裁金。

2. 解释论上古典的问题是,像加算税及课征金那样,对同一的行为规定刑事罚则,这是否该当《日本国宪法》第39条所规定的二重处罚的禁止?关于这一点,最高法院在早期采取了不构成宪法违反这种立场,即便是现在,依然维持该见解。其指导案例是关于追征税(加算税的前身)的,最高法院认为无法否定追征税具有制裁意思,但是,逋脱犯是着眼于逃税者的不正当行为的反社会性乃至反道德性而作为对其进行制裁所赋课的,而加算税是行政上的措施,以此为理由,判定其不该当二重处罚的禁止。⑦ 立法实

---

① 《金融商品交易法》第172条以下。
② 参见《渡边国务大臣答辩第69回国会参议院财政金融委员会会议录》第15号,第3页;大来志郎、铃木谦辅著:《课征金制度的重新审视》,载《商事法务》第1840号,2008年,第31页。
③ 参见山本隆司著:《对于行政制裁的权利保护的基础性考察》,载《宫崎古稀》,第260页。
④ 参见佐藤英明著:《逃税与税制》,1992年版,第7页以下。
⑤ 参见佐伯仁志著:《制裁论》,2009年版,第11页以下。
⑥ 盐野著:《行政法Ⅰ(第六版)行政法总论》,第187页脚注①。
⑦ 前述最高法院大法庭判决,昭和33年4月30日,载《民集》第12卷第6号,第938页。关于《垄断禁止法》上的课征金,依据其判决的,有最高法院判决,平成10年10月13日,载《判例时报》第1662号,第83页;《行政判例百选Ⅰ》第120案件。

务也以该判例的存在为前提,被认为采用了违反金制度。不过,根据这样的形式性基准的话,关于行政过程中的不利对待,全部都会是合宪的,所以,二重处罚的问题也有必要从该不利是否实质上也达到了该当刑罚的程度这种观点出发来进行思考。① 进而,不是将这个问题作为二重处罚的问题,而是作为对于实效性之确保手段的行政法上的一般原则之比例原则的适用②之一种场面来处理,被认为是更加适切的。③

3. 加算税、课征金等的违反金,是应对税法、经济法等个别法的必要性而创建的,并且在各自的领域被作为讨论的对象。所以,虽然本来的立法理由并不一样,但是还可以说,正在作为抑制法令违反,换言之,作为谋求确保法执行之实效性的制度来汇集。不过,必须注意的是,在日本,并未达至将违反金制度作为行政上的义务履行确保的一般性制度之一予以普遍化的程度,而是限定于不当的经济性得利之抑制,的确是以特别的应对来推进的。在这种意义上说,要将违反金制度作为普遍性的制度进行法制上定位的话,尚须就其与秩序罚④的关系,进而包含依条例进行违反金制度的活用可能性在内,在进行检讨的基础上,推进与违反金(行政制裁金等,名称可能是各种各样的)相关的法制上的整备,才是妥当的。在那之前,跟迄今为止一样,被认为有必要根据个别具体的作用法,来分别检讨违反金的必要性、算定额。⑤

---

① 小早川著:《行政法》(上),第252页,也是从同样旨趣的观点出发,对重加算税和刑罚的并科提出了疑问。
② 盐野著:《行政法Ⅰ(第六版)行政法总论》,第187页脚注①。
③ 参见高木光著:《垄断禁止法上的课征金之根据提供》,载《NBL》第774号,2003年,第24页;佐伯仁志著:《制裁论》,2009年版,第128页;山本隆司著:《对于行政制裁的权利保护的基础性考察》,载《宫崎古稀》,第250页。
④ 盐野著:《行政法Ⅰ(第六版)行政法总论》,第207页。
⑤ 高木光著:《垄断禁止法上的课征金之根据提供》,载《NBL》第774号,2003年,第20页以下,作为课征金的根据提供,认为理论上是"为了确保垄断禁止法的实效性",在此基础上,主张课征金的普遍性(此外,该论文虽然未触及加算税制度,但是,加算税也能够成为既存的制度之一)。作为今后的方向性,课征金能够成为选项之一,但是,对于个别法的结构之一般化来说,被认为需要与之相当的准备工作。

第八节 行 政 罚

一、概念和种类

对于行政上的义务懈怠进行制裁①,广泛地称为行政罚。行政罚具有确保义务履行的功能,也可以说具有此种目的,但在对过去的行为科处制裁这一点上,和传统的行政上的强制执行不同。行政罚分为两大类:

第一,行政刑罚,是指使用刑法典上的刑名进行制裁的处罚。

第二,行政上的秩序罚,是指对于违法行为,不是科处刑法上的刑罚,而是科处过料(过错罚款)的制裁。

进而,除此以外带有"罚"字的还有执行罚,但是,如前所述,这不是对过去的行为的制裁,而是试图面向未来实现义务的保障手段。② 有时也称惩戒处分为惩戒罚,但其根据、目的不同于刑事罚。

二、行政刑罚

(一)行政刑罚的特殊性

关于行政刑罚,以前行政法学上有说服力的见解是强调行政罚乃至行政刑罚的特殊性。例如,认为"与刑事罚实质上是对侵害法律利益的犯人的恶性进行的处罚相对,行政罚形式上是对侵害行政法上的目的的非法者不遵守行政法规范的行为进行的处罚"③,因此主张关于刑法总则的适用应作特别处理(关于过失犯等)。④ 但是,刑事罚和行政罚的区别是相对的,其差别并没有达到可以从解释论上排除刑法总则的规定之适用的程度。应该说,关于所谓行政犯,以适用刑法总则为前提,但通过《刑法》第8条但书的"特别规定"的解释,来适应行政犯的特征,这样才是妥

---

① 制裁这个概念具有多义性,参见宇贺克也著:《行政制裁》,载《法学者》第1228号,2002年,第50页以下;盐野著:《行政法Ⅰ(第六版)行政法总论》,第145页脚注③、第187页脚注①。

② 盐野著:《行政法Ⅰ(第六版)行政法总论》,第197页"执行罚"。

③ 田中著:《行政法》(上),第186页。

④ 田中著:《行政法》(上),第191页。

当的(这是通说、判例的观点)。①

法人也被认为具有犯罪能力②,现实中,以《垄断禁止法》(第95条)为代表,以两罚规定的形式规定法人处罚的立法例为数不少。③

(二)行政刑罚的程序

关于行政刑罚,原则上适用刑事诉讼法。但是,有时制定法上也设定特别的制度。其中之一是规定了关于《道路交通法》上的犯罪的特别程序的交通案件即决裁判程序(法)。这从法的性质来看,是刑事诉讼特别法,其制裁与罚金均没有变化。与此相对,更具行政法性质的执行方法,有《道路交通法》上的违反交通规则金制度(该法第125条以下)及《国税犯则取缔法》上的通告处分制度(该法第14条以下)。前者是对于违反《道路交通法》的行为,通知缴纳违反规则金,违反规则者缴纳该款项的,不会被提起公诉;不缴纳的,则转为通常的刑事程序。后者与违反间接国税规则的案件有关,程序的基本构造和违反规则金相同(此外,关于关税的违反规则案件,在《关税法》第137条以下有规定)。在这些程序之中,对应通知或者通告所缴纳的金钱,不是刑法上的罚金,在这种意义上,从概念上说不属于行政刑罚,而是违反金的一种。但是,不缴纳的情况下便转为刑事程序,所以,刑事程序和行政程序的关系便成为需要研究的问题。在对通告处分等不服的情况下,不是通过处分的撤销诉讼,而是应该通过刑事程序主张无罪,这是判例的观点。④

---

① 参见东京高等法院判决,昭和54年9日20日,载《高刑集》第32卷第2号,第179页。田中利幸著:《行政和刑事制裁》,载《行政法大系2》,第287页。

② 田中著:《行政法》(上),第191页以下。

③ 作为对于行政法违反行为的抑止力,法人处罚得以多用,而关于其理论根据等,是从前就存在争议的领域,从刑法理论出发来探讨问题的研究,有樋口良介著:《法人处罚与刑法理论》,2009年版。作为行政法上的义务履行确保的手段,法人处罚等应当如何定位,立足于行政法的见地进行的研究,是今后的课题。

④ 最高法院判决,昭和57年7月15日,载《民集》第36卷第6号,第1169页;《行政判例百选Ⅱ》第169案件。

该判决认为,一旦以自由意思缴纳了违反规则金,为了请求返还该金额提起诉讼,除错误等情形外,是不能允许的。与此相对,关于害怕刑事追诉而缴纳者,有的观点认为应该承认其有通过另外的途径请求返还的余地(参见《行政判例百选Ⅱ》第169案件,古城诚解说)。但是,如果将这些案件理解为本来应该通过刑事程序来处理,违反规则金制度是基于案件的大量处理和当事人的方便而特别承认的特别制度,则无论如何也要解决案件的人,可以利用这种制度,所以,根据相关精神一度缴纳后,就不能取回了。

(三)行政刑罚和行政上的强制执行

行政刑罚和行政上的强制执行,从确保行政上的义务履行这一点来看,处于相辅相成的关系。并且,在战后的日本,对于违反行政上的义务,通过作为司法性强制执行的一种形态的刑事罚来处理的事例很多。不过,另外还有一个问题是,由于是刑罚,其适用过于慎重,有时导致对义务的不履行放任不管的结果,此外,罚金在程度上并不一定具有抑制力。因此,并不是没有对行政上的强制执行制度重新评价的问题。但是,此时,对于程序,需要更加慎重地处理,必须注意避免草率地扩大行政上的强制执行。

三、行政上的秩序罚

行政上的秩序罚,是指对具有给行政上的秩序带来障碍的危险的违反义务行为所科处的处罚。例如,《居民基本台账法》规定对违反该法有关登记义务行为所科处的过料(过错罚款①)。此外,地方公共团体也可以根据条例或者规则的规定科处过错罚款。② 由于不是刑法上的处罚,所以不适用《刑法》总则规定和《刑事诉讼法》。对于违反国家法律的秩序罚,由应该被处以过错罚款的人的住所地的地方法院科处③;对于违反地方公共团体的条例、规则的,由该地方公共团体的首长科处,不缴纳时,依据地方税的滞纳处分之例,即《国税征收法》所规定的滞纳处分之例处理。④

在性质上属于行政上的秩序罚的,并不限于在法律上以"过料"(过错罚款)命名的情形。《道路交通法》(平成 16 年法律第 90 号)第 51 条之四所规定的放置违反金,也是被作为具有行政上的秩序罚之性质的情形而得以法制度化的,但设置其征收程序、与违反规则金的关系规定等,采取了与"过料"不同的机制。⑤

---

① 该法第 51 条第 2 款。此外,参见《垄断禁止法》第 97 条。
② 《地方自治法》第 14 条第 3 款、第 15 条第 2 款、第 228 条第 2 款。
③ 《非讼事件程序法》第 119 条以下。
④ 《地方自治法》第 255 条之三、第 231 条之三。
在行政上的秩序罚之外,还有为了维持诉讼上的秩序的过错罚款制度(《民事诉讼法》第 209 条,《刑事诉讼法》第 137 条、第 150 条、第 160 条等)。
⑤ 参见宇贺克也著:《道路交通法的修改》,载《自治研究》第 80 卷第 10 号,2004 年,第 115 页以下;北村博文著:《关于违法停车对策的制度改善》,载《警察学论集》第 57 卷第 9 号,2004 年,第 19 页以下。

行政上的秩序罚和行政刑罚,在制度上有明确的区别。对此,过错罚款和行政刑罚是可以并处的。这是判例的观点。[①] 不过,秩序罚和行政刑罚的区别,实质上并不一定明确,所以,关于并处的立法上的合理性,是存在疑问的。[②] 在实际上的立法事例中,两者的区分标准也并不明确。[③]

[①] 关于诉讼上的秩序罚和刑罚的并处,最高法院判决,昭和39年6月5日,载《刑集》第18卷第5号,第189页;《行政判例百选Ⅰ》(第四版)第123案件,认为由于两者的目的、要件及实现的手段不同,所以并不妨碍并处。

[②] 参见前述《行政判例百选Ⅰ》(第四版)第123案件,京藤哲久解说;田中利幸著:《行政和刑事制裁》,载《行政法大系2》,第276页以下。

[③] 在日本,并没有关于秩序罚法制的统一性法典,并且,虽然存在《道路交通法》上的放置违反金等新的法规范之立法,但是,个别法的程序也并没有得以完善。包括比较法的见地在内,这是今后需要进行综合性研讨的领域(作为涉及这点的研究,参见西津政信著:《间接行政强制制度的研究》,2006年版,第201页以下;市桥克哉著:《行政法上的强制执行——关于行政法上的秩序罚制度改革:从程序法的视点出发》,载《法律时报》第58卷第12号,2013年,第32页以下)。

第二章 即时执行

第一节 概　　述

　　这里所说的即时执行,是指没有对相对人赋课义务,行政机关直接行使实际力量,以实现行政目的的制度。这种制度在《日本国宪法》之下一直作为即时强制的一部分来论述。所谓即时强制,"是指为排除目前紧迫障碍的需要,而不是为了强制履行义务,在没有命令义务的余暇时,或者在其性质上通过命令义务难以实现其目的的情况下,直接对人民的身体或者财产施加实际的力量,以实现行政上必要状态的作用"①。该定义所指的内容也许并不明确,但是,从这个定义后续说明来看,可以认为包括两种不同的制度。其一,现场检查及进入现场时所采取的行政调查手段,这属于定义的后半部分。其二,像强制隔离、截断交通那样,其本身关系到行政目的的实现的制度,被认为对应于定义的前半部分。并且,基于这两者都不是义务先行而后行使实际力量促使其履行这一共同点,故将其归于即时强制这一概念之中。但是,从行政上的一般制度的角度来看,这里存在目的截然不同的两种制度,即与行政调查有关的制度和与实现行政目的有关的制度("调查"和"强制"这种要素,是不同次元的②)。如果认为行政调查应该作为独立的制度来论述的话③,其剩余部分被认为应有更加明确的表示该制度特色的命名,才是理想的,故可单独称之为

---

　　① 田中著:《行政法》(上),第180页。
　　在明治宪法之下,即时强制的概念,曾经在作为行政法各论的警察法上来论述,伴随着战后警察法制的改革,被作为行政强制的下位概念,与行政上的强制执行并列进行论述。参见盐野宏著:《"行政强制论"的含义和界限》(1977年),载盐野著:《行政过程及其统制》,第201页。关于更加详细的概念史,有须藤阳子著:《"即时强制"的系谱》(2007年),载须藤著:《行政强制与行政调查》,2014年版,第43页以下。
　　② 高木著:《行政法讲义案》,第184页。
　　③ 参见盐野宏著:《行政调查》(1973年),载盐野著:《行政过程及其统制》,第215页以下。

即时执行。①

即时执行,没有对相对人赋课义务,而是通过实际力量来创造对应行政目的的状态。在这种情况下,有人认为,相对人负有对应的忍受义务,并存在与该忍受义务有关的下达命令行为。② 但是,我认为没有必要勉强进行这样的法律构成。在这种意义上,可以说是通过物理性的行为形式构成了一种制度。

关于即时执行的要素,有人列举了其行使的急迫性(参见前述即时强制的定义),而现实的立法事例并不仅仅限于和狭义的目前紧迫性相对应的情况(健康诊断的强制、外国人的退去强制等)。即时强制乃至即时执行的"即时",与其说将时间的紧迫性作为问题,倒不如说应该在不介入相对人的义务的意义上来理解。

第二节　即时执行的问题

一、即时执行和直接强制

即时执行,不以义务的不履行为前提,是对人或者物行使实力的制度。在这种意义上,与以私人方面的义务(作为、不作为)的存在为要件的直接强制不同。与这种概念上的问题不同,还有一个实际上的问题,即直接强制不得以条例为根据③,即时执行却没有这样的限制。进而,是依据直接强制妥当,还是采取即时执行更好,该判断也能够成为立法政策上的问题。④

---

① 近来,在正文所提示的理解之下,出现了以从前的即时强制论中包括两个不同的制度为前提,对行政调查进行独立论述,而关于其余的部分,却不是以即时执行来论述,而是依然使用"即时强制"这一术语的事例[广冈著:《行政法总论》,第179页;芝池著:《行政法总论》,第208页;小早川著:《行政法》(上),第192页;等等],用词方法并没有固定下来。

② 广冈隆著:《行政强制和临时救济》,1977年版,第144页。

③ 盐野著:《行政法Ⅰ(第六版)行政法总论》,第197页。

④ 《关于感染症的预防及对于感染症患者的医疗的法律》第19条规定的强制住院措施是即时执行,而其理由被认为,作为直接强制的要求发布命令,将会不利于从感染症蔓延的观点出发及时采取措施(感染症研究会编:《详解关于感染症的预防及对于感染症患者的医疗的法律》,2000年版,第71页)。命令→强制的手法,一般说来,被认为并不一定是绕远的,但是,在该法中,将基于书面通知的劝告置于强制住院措施之前(该法第19条、第23条),这也许是得出这种结论的原因之一吧。

当然,制定法上所采用的实力的行使,是属于直接强制,还是属于即时执行,有时也未必是明确的,而在被作为问题的情况下①,虽然分别属于不同的形态,但并非会导致业务推行上的不同。不过,在根据条例的情况下,如前所述,则遗留下是否属于条例事项的问题。

二、即时执行和法律的根据、拘束

　　即时执行,是行政机关行使实际力量,对私人实施强制,令其忍受的制度。所以,从侵害保留的原则来看,当然需要法律根据。例如,关于与传染病有关的强制住院,立足于《关于感染症的预防及对于感染症患者的医疗的法律》第19条第2款的防止感染症蔓延的观点,而采取截断交通等的措施,其法律根据有该法第33条;关于食品等的废弃,其法律根据为《食品卫生法》第54条;关于外国人的强制收容、强制出境,其法律根据为《出入国管理及难民认定法》第39条、第52条;关于拆除道路上的工作物等,其法律根据为《道路交通法》第81条第2款等。这类例子比直接强制要多得多。鉴于其与直接强制在功能上的类似性,与关于直接强制的立法者的抑制性态度无关,好像有要求以即时执行的形式取代直接强制的倾向,必须注意避免对其草率利用。② 因为即时执行是典型的公权力的行使,所以当然应适用比例原则。并且,因为即时执行不是行政上的强制执行,所以也可以根据条例规定进行。③

---

　　① 例如,《道路交通法》第51条第5款规定的放置车辆的救险车移动,以违反《道路交通法》第44条为前提,该停车本身是不作为义务违反,将救险车移动作为该不作为义务的履行确保来考虑的话,便成为直接强制的一个事例(参见关根谦一著:《行政强制和制裁》,载《法学者》第1073号,1995年,第62页。在明治宪法之下,对于法令上的不作为义务违反的实力之行使,曾经被理解为直接强制。参见须藤阳子著:《行政强制与行政调查》,2014年版,第54页)。与此相对,若将该制度作为以紧急除去道路的危险状态为目的的制度来考虑的话,则成为即时执行[同样的观点,参见小早川著:《行政法》(上),第193页]。不过,在这种场合,即使说有不作为义务的赋课,那也是法律,所以,无论依据哪种形态,其业务推行进而行政争讼上的处理都不会有所不同。关于直接强制与即时执行(即时强制)的辨别,进而参见黑川哲志著:《行政强制、实力行使》,载《行政法的新构想Ⅱ》,第125页以下。
　　② 认为《铁道营业法》第42条第1款赋予了铁道管理员退出强制权限的,是最高法院的判决,对此也有反对意见(参见最高法院大法庭判决,昭和48年4月25日,载《刑集》第27卷第3号,第418页;《行政判例百选Ⅰ》第104案件)。
　　③ 原田著:《行政法要论》,第243页,鉴于行政上的强制执行法律主义,认为即时强制基本上也是原则法律主义较为妥当。

三、即时执行程序

在作为行政的权力性活动的即时执行中,从人权保障的观点来看,有必要要求程序的公正化。但是,关于这一点,制定法的状况极其不完备。只有在《警察官职务执行法》第 3 条进行的保护超过 24 小时的情况下,需要有简易法院法官的许可状,其他都没有将法官的令状作为行使权限的要件。此外,关于事前的听证等程序,也没有设置特别的规定。这是因为,即时执行是行政程序,在立法实务上,被认为不直接适用《日本国宪法》第 31 条以下的规定,并且,从对应紧急事态的必要性来看,没有余暇来采取特别慎重的程序。但是,在宪法的直接规定之外,从人权保障的观点来看,存在考虑是否要求法官令状的余地,并且,对于其他的程序之采用也是一样,应该针对各个不同的即时执行制度分别进行研讨。关于这一点,就基于《关于感染症的预防及对于感染症患者的医疗的法律》所采取的强制住院的措施,采用了以书面形式进行通知予以前置的方法。

四、即时执行和救济

在即时执行之际,作为事前的救济,有即时执行的中止之诉。[①] 如果行使实际力量是持续性的,请求排除该状态的事实行为的撤销诉讼能够被承认。《行政事件诉讼法》虽然没有明确规定事实行为的撤销诉讼,但是,通说认为是承认这一点的,并且,在这种情况下,应该认为,起诉期限的规定是不起作用的。[②] 与此相对,像强制健康诊断或者破坏性消防那样,在目的即时得以完成的情况下,由于撤销诉讼不能发挥作用,所以,该即时执行违法的话便成为根据《国家赔偿法》第 1 条进行国家赔偿的问题,适法的话则是通过损失补偿进行救济的问题。[③]

[①] 《行政事件诉讼法》第 2 条第 7 款、第 37 条之四。

[②] 关于以上内容,参见盐野著:《行政法Ⅱ(第六版)行政救济法》,第 93 页"事实行为(物理性行为)"。

[③] 关于制定法予以承认的例子,有《消防法》第 29 条。一般论,参见盐野著:《行政法Ⅱ(第六版)行政救济法》,第 303 页。

第三章 行政调查

第一节 概　　述

　　行政机关作出某种决定时，需要一定的信息，而该信息又需要通过一定的方法来收集。也就是说，调查是必要的。和没有理由的行政决定是不存在的一样，可以说没有调查先行的行政决定是不存在的。为了实现依法律行政的原理，行政厅具有调查的义务。当然，调查和具体行政决定之间的关系并不一定是相同的。例如，以国家总体状况调查为代表的各种统计调查，是极其重要的调查，虽然被用于公职选举的定员等（《公职选举法》别表第一），但并不直接和具体的行政决定相结合。另外，税务调查大多却是和具体的税务处分相关联而进行的。关于作为行政过程论来论述的行政调查的范围应该规定为何种程度，可以有各种各样的观点。① 不过，在这里，不是论述行政调查的一般制度，而是论述直接先行于具体处分的行政调查。②

　　即使这样限定行政调查，在那里，也依然存在盘问、进入现场、检查、

---

① 从政策课题调查到行政处分调查的概括性行政调查研究，有山村恒年著：《行政法与合理的行政过程论》，2006年版，第201页以下。进而，当成为收集对象的信息是个人信息时，有必要另外从个人信息保护法制的角度进行探讨。参见盐野著：《行政法Ⅰ（第六版）行政法总论》，第289页"行政机关个人信息保护"。此外，关于行政调查和信息的关系，参见增和俊文著：《学习行政法总论》，2014年版，第359页以下；滨西隆男著："行政调查"私论（上）》，载《自治研究》第76卷第1号，2000年，第68页以下。

② 本书是将行政调查作为行政上的一般性制度来把握的，但是，有的见解认为，倒不如说应该将其作为准同于行为形式的、补充完善行为形式的制度来定位。参见滨西隆男著："行政调查"私论（上）》，载《自治研究》第76卷第1号，2000年，第71页以下、第76页。如后所述，从包括行政调查制度的精细和粗糙在内的多样性来看，作为一般性制度，其内容尚显贫乏，这是可以承认的，但是，将其作为准同于行为形式的制度来看待，我认为，由于行政调查中存在多样的行为形式，因而是不够适当的。这一点也是行政调查的特色，论者对此也予以承认，并且，那种多样性与计划中的行为形式的多样性的意思不同。

撤除等各种各样的形态。进而,从行政行为类型论的角度来看,这些属于事实行为。而就其和相对人的关系来看,却是多种多样的,有属于单纯的事实行为的调查(所谓任意调查),也有通过刑罚来担保其实效性的调查,还有承认行使物理性实际力量的调查。

第二节　行政调查的问题

一、行政调查和法律根据

行政调查时,为排除相对人的抵抗,行使实际力量,需要有法律根据,这是不言而喻的。此外,试图通过罚则来防止妨碍调查的行为时,也需要有法律根据。与此相对,关于取得相对人的任意协力而进行的行政调查,无论依据侵害保留理论,还是依据权力保留理论,都不需要有具体的法律根据。

关于任意调查,存在在何种程度的范围内可以实施的问题。关于这一点,最高法院将警察官对携带物品的检查行为,作为基于《警察官职务执行法》第 2 条第 1 款的职务盘问所附带的任意手段来把握,并认为,根据具体情况,有时即使没有取得携带人的同意而进行检查也是被允许的。[①] 在这种情况下,是因为《警察官职务执行法》上有关于盘问的规定,所以可以允许在携带人不同意的情况下对其携带物品进行检查,还是因为从携带物品检查的性质上看有时在一定程度上违反相对人的意思也是可能的呢? 关于这一点并不明确。另外,最高法院关于汽车盘查提出了作为组织规范的《警察法》第 2 条第 1 款,在以求得任意协力的形式且以不至于不适当地制约汽车利用人的自由的方法、形态进行的限度内,认为这种做法是可以承认的[②],对汽车盘查的要件作了稍微严格的解释,所以,这也意味着在携带物品检查中,可以从称为《警察官职务执行法》的作用法中寻找一定联系。但是,任意手段偶尔具有法律根据和其行使的程度问题没有直接的关系,所以,二者的区别并不一定具有说服力。总

---

① 最高法院判决,昭和 53 年 9 月 7 日,载《刑集》第 32 卷第 6 号,第 1672 页;《行政判例百选Ⅰ》第 112 案件。

② 最高法院决定,昭和 55 年 9 月 22 日,载《刑集》第 34 卷第 5 号,第 272 页;《行政判例百选Ⅰ》第 113 案件。

之,我认为,现在的实务状况未必与法治主义的原则相对应。

虽然说有法律根据,但并不能因此而当然地认为法律承认实际力量的行使。在盘问那样的情况下,从该事项的性质来看,行使实际力量是不被允许的。此外,现行法对拒绝进入现场检查的人,大多规定了罚则①,但是,这种情况被解释为法将调查实效性担保完全归于该规定,并没有承认在排除抵抗意义上的实际力量的行使。② 当然,当没有这种罚则时,并不一定当然地承认行使实际力量,而是需要另外的解释。③

二、调查义务

有人主张调查义务的存在。④ 从没有调查的决定是不存在的这种观点出发,调查的义务是被作为行政调查的当然的前提的。不过,由于调查不充分的缘故,根据通过调查所收集的信息,无法为该行政决定提供相应的基础,判明这种情况时,不是作为调查义务违反,而是作为要件事实欠缺,构成行政行为的撤销乃至无效的事由。在这种意义上,一般情况下,不会有调查义务违反独立地被视为问题的情况。⑤ 所

---

① 《食品卫生法》第 28 条、第 75 条,《土地收用法》第 11 条、第 143 条第 2 项。

② 参见神长勋著:《行政调查》,载《行政法大系 2》,第 303 页;前田正道编:《法制意见百选》,1986 年版,第 228 页。但是,广冈隆著:《即时强制》,载《行政法大系 2》,第 306 页,承认了因为紧急的必要性而行使实际力量的可能性,而兼子著:《行政法总论》,第 136 页以下认为,存在人身保护目的的紧急必要性的情况下,也承认实际力量的行使。

此外,由于以罚则予以担保,使得相对人的任意性受到削弱,因而税法学上将其称为"伴随间接强制的任意调查"[参见山田二郎著:《税法讲义》(第二版),2001 年版,第 198 页;金子宏著:《租税法》(第二十版),2015 年版,第 1001 页],这也是不适当的。硬要为其命名的话,称其为间接强制调查[小早川著:《行政法》(上),第 307 页]才是适当的。

③ 此外,关于与法官的令状之间的关系,参见盐野著:《行政法 Ⅰ(第六版)行政法总论》,第 217 页脚注③。

正如同样是关于进入现场的规定,《警察官职务执行法》第 6 条第 1 款被认为承认了实际力量的行使,而第 2 款却被认为并不承认实际力量的行使这种解释一样。

④ 远藤著:《实定行政法》,第 181 页以下;山村恒年著:《行政法与合理的行政过程论》,2006 年版,第 281 页以下;增和俊文著:《行政调查论再考(2)》,载《三重大法经论丛》第 5 卷第 2 号,1988 年,第 62 页以下。以申请程序过程为中心但涉及行政调查义务全部的研究,有薄井一成著:《申请程序过程与法》,载《行政法的新构想 Ⅱ》,第 273 页以下。

⑤ 参见野下智之著:《撤销诉讼中违法性的内容》,载藤山雅行编:《新·裁判实务大系(25)行政争讼》,2004 年版,第 278 页。与此相对,薄井前述论文(载《行政法的新构想 Ⅱ》,第 283 页以下)则认为,在立证责任之外,程序过程中行政厅的调查义务之懈怠是造成被告之败诉的原因。这被认为是彻底坚持了行政厅的调查义务论的立论。

以,调查义务违反直接成为问题的,只限于如下场合:完全没有进行调查的场合①;法律从形式上具体地指示了调查的方法,却怠于该调查的场合;调查不充分足以认定该过程的违法性的场合②。此外,在与作为裁量处分的统制手段的政府的说明责任的关系上,也可以考虑探讨调查义务懈怠的问题。③

三、行政调查的要件、程序

行政调查有各种各样的形态,所以,要一般地论述其要件是有困难的。不过,以没有调查的决定是不存在的为前提的话,只要是依据任意性手段,特别论述关于进行调查的要件是没有意义的。当然,该调查必须和所掌管事务有关系。④ 与此相对,当该行政调查通过罚则进行保障,或者涉及实际力量行使时,什么情况下可以行使该调查权这一点,便成为要研究的问题。对此,最高法院判决认为,《所得税法》中盘问检查权的行使是以具有客观的必要性为要件的。⑤

由法律赋予的调查权限,必须用于需要调查的行政决定。因此,将此用于犯罪搜查,本来是不被允许的,但有的法律对此作出确认性规定。⑥ 与此相对,基于《国税犯则取缔法》进行违反规则调查所取得的资

---

① 关于更正处分,参见名古屋高等法院判决,昭和48年1月31日,载《行裁例集》第24卷第1·2号,第45页。

② 从调查义务违反的角度出发,将选举时登记全部归于无效的最高法院昭和60年1月22日判决(载《判例时报》第1144号,第67页),就是这样的事例。所以,该判决的射程未必很广泛。滨西隆男著:《"行政调查"私论(上)》,载《自治研究》第76卷第1号,2000年,第76页,也指出了这一点。

③ 参见盐野著:《行政法Ⅰ(第六版)行政法总论》,第115页。

④ 例如,在请求基于信息公开法公开之际,就请求者的姓名、住所等法定事项以外的事项进行调查,收集信息,被解释为超过了所掌管事务的范围。

⑤ 最高法院决定,昭和48年7月10日,载《刑集》第27卷第7号,第1205页;《行政判例百选Ⅰ》第110案件。

⑥ 《国税通则法》第74条之八。
当然,在具体情况下适用这个法理,并不是很单纯。最高法院平成16年1月20日决定(载《刑集》第58卷第1号,第26页;《行政判例百选Ⅰ》第111案件)认为,即使可以预想到其后将作为犯则案件的证据来利用,也不得直接作为犯则案件的调查或者手段来行使(原审观点相反)。进而,对该法理本身及关于与之具有密切关联性的《日本国宪法》第35条、第38条的旨趣的详细的学说、判例的分析,有笹仓宏纪著:《行政调查与刑事程序》(一)至(二),载《法学协会杂志》第123卷第5号、第10号,2006年。

料,用于课税处分,是被允许的。这是判例的立场。①

关于程序,首先是关于刑事程序的宪法上的规定是否也适用于行政调查程序的问题。具体地说,《日本国宪法》第35条规定的法官令状主义、第38条保障的供述拒绝权,是否涉及作为行政调查的盘问检查呢? 就行政调查而言,关于《国税犯则取缔法》第2条、《关税法》第121条、旧《证券交易法》第211条中规定的现场检查、搜索、扣押,要求有法官的许可状,这和刑事案件是有联系的。因此,在纯粹的行政程序中对此应该如何考虑便成为要研究的问题。最高法院认为,在与《所得税法》的盘问检查权的关系上,《日本国宪法》第35条并不是排他地仅适用于刑事程序,而是对于行政程序也有适用的余地,但是,该条规定的法官令状主义不适用于《所得税法》的盘问检查权。② 认为不适用的宗旨在于,其目的不是刑事责任的追究;其资料也不是当然地用于刑事程序;只限于间接强制,换言之,不是行使直接的实际力量;从征税目的来看是必要性极高的情况等。关于《日本国宪法》第38条,基本上也是一样的。以这一判决为前提的话,即使是行政调查程序,只要涉及实际力量的行使,就认为需要有法官的令状的观点是正确的。③

其次,关于更加具体的程序的状况,最高法院判决在广泛的范围内承认行政厅的裁量,认为"关于实定法上没有特别规定的实施细目……有盘问检查的必要,并且,在将其和相对人的私人利益的衡量上,限于社会通

---

① 最高法院判决,昭和63年3月31日,载《判例时报》第1276号,第39页。
② 最高法院大法庭判决,昭和47年11月22日,载《刑集》第26卷第9号,第554页;《行政判例百选Ⅰ》第109案件。
③ 要求行政调查有法官的许可状的事例,有《出入国管理及难民认定法》的违反调查(第31条)、《关于儿童虐待防止等的法律》第9条之三等。在这种情况下,被解释为也允许行使实际力量。与此相对,在即时执行领域,《警察官职务执行法》第6条第1款被解释为承认行使实际力量的宗旨。尽管如此,却没有要求法官的许可状,大概是基于紧急性的要素。进而,《国税征收法》第142条规定了没有法官之令状的征收职员的搜索权限及其方法,学说将其解释为承认了基于该条进行搜索之际的实力之行使[田中二郎著:《租税法》(新版),第305页以下;金子宏著:《租税法》(第二十版),2015年版,第889页]。这件事情与最高法院判例的整合性成为问题,而田中二郎著:《租税法》(新版),第306页列举了如下事项:该搜索权不是以刑事责任追究为目的的程序;对于滞纳处分来说是必要的;强制的程度虽然比较强,但是,由于其不过是以谋求租税债权的实现为目的,故而侵害基本人权的程度比较小;在同种类的强制执行中强制官的执行并未将令状视为必要。不过,国税征收程序是所谓国家债权的自力救济程序,所以这些都不具有说服力。鉴于最高法院判决,可以理解为,对于国税征收行政调查来说,执行官的共助等某种辅助措施是必要的。

常观念认为相当的限度内,是委任给有权限的税务职员合理选择的"①。根据这种观点,调查日期、场所等的事前通知,调查理由等的告知,当然是不必要的。由于行政调查是多种多样的,有的不适合于进行千篇一律的规定②,但是,在特别以罚则担保的情况等调查涉及强制那样的情况下,比例原则被解释为严格涉及,进而,只要不成为调查目的的阻碍,有必要留意事前的通知或者调查时的理由公开等。③

四、行政调查的瑕疵和行政行为的瑕疵

当行政调查违法时,对以该调查为基础实施的行政行为有何影响,是值得研究的问题。④ 行政调查,一般地说,是作为行政方面的信息收集而进行的。其结果,或者是作出行政行为,或者以并不实施行政行为而告终。在这种限度内,行政调查和行政行为是相对独立的制度,所以,可以说调查的违法并不当然构成行政行为的违法。不过,行政调查和行政行为构成了一个过程,所以,从公正程序的观点来看,行政调查存在重大瑕疵时,经过该行政调查而作出的行政行为也可以解释为带

---

① 前述最高法院决定,昭和48年7月10日,载《刑集》第27卷第7号,第1205页。

② 《行政程序法研究会(第一次)提案》,关于调查程序,也仅仅设置了确认性的三条:第0301条规定:"行政厅,依据职权,调查事实关系。"第0302条规定:"关于调查的方法及范围,必须考虑关系人的利益,并限定在相当的限度之内。"第0303条规定:"由行政厅进行进入现场检查及其他调查的权限,不得解释为为了犯罪搜查的权限。"载《法学者》第810号,1984年,第46页。

③ 关于行政调查,迄今为止,在税法学领域,研究得以积蓄的结果,通过平成24年《国税通则法》的修改,就国税的调查设置了一章(第七章之二),就盘问检查、事前通知等设置了统一的规定(该法第74条之二以下。参见小幡纯子著:《关于税务程序的整备》,载《法学者》第1441号,2012年,第88页以下;手冢贵大著:《租税程序法的解释与立法》,载《自治研究》第89卷第8号,2013年,第85页以下,第89卷第9号,2013年,第86页以下)。此外,《垄断禁止法》领域也在推进关于调查的通则法的制定之检讨[参见《关于垄断禁止法审查程序的恳谈会报告书》(平成26年12月24日),内阁府网站主页;宇贺克也等著:《垄断禁止法审查程序的论点》,载《法学者》第1478号,2015年,第14页以下]。此外,虽然尚没有通则性规定,但是,在卫生关系等领域,大概可以设想不同的规范。在这种意义上说,姑且不是通用于行政作用全体的调查程序,而是应当按照个别行政领域,分别来探求调查的通则性存在方式。

④ 关于调查义务违反的场合,参见盐野著:《行政法Ⅰ(第六版)行政法总论》,第215页"调查义务"。

有瑕疵的行为。①

---

① 关于这一点,在与税务调查的关系上,有若干下级审判决,而其判断并不一致。有将行政调查的违法和税务处分的违法严格区别开来的见解(大阪地方法院判决,昭和59年11月30日,载《判例时报》第1151号,第51页),还有像正文所示,姑且将行政调查和行政行为区分开来,当行政调查的违法性达到违反公序良俗的程度时,才导致行政行为的瑕疵的见解(东京地方法院判决,昭和48年8月8日,载《行裁例集》第24卷第8·9号,第763页;大阪地方法院判决,平成2年4月11日,载《判例时代》第730号,第90页),也有将行政调查和行政行为分割开来,认为通过有重大违法性的调查所获得的资料,不得作为处分的资料使用的见解(东京地方法院判决,昭和61年3月31日,载《判例时报》第1190号,第15页)。与此相对,虽然看不到将自己的判断直接予以明确的判决,但是,最高法院判决认为作出如下判定的仙台高等法院平成7年7月31日判决(载《税务诉讼资料》第213号,第372页)是正当的:"调查程序只限于触及刑罚法规范,违反公序良俗,或者超越社会通念上相当的范围,构成滥用等达到重大的违法,受到等同于没有进行任何调查便作出更正处分之评价时,将该处分解释为具有撤销原因才是相当的"(最高法院判决,平成8年3月5日,载《税务诉讼资料》第215号,第803页,LEX/DB28030235)。此外,参见盐野著:《行政法Ⅰ(第六版)行政法总论》,第215页"调查义务"。

第四章 行政程序

第一节 行政程序的含义与功能

一、含义

行政程序,是指某种具体的行政决定的过程,其本身构成一种制度。对应行政的行为形式的种类,可以分为行政立法程序、处分(行政行为)程序、行政指导程序,进而,就行政上的一般制度而言,也可以考虑分为行政上的强制执行程序、行政调查程序。与将行政行为的行政上的不服审查称为事后程序相对,作出行政行为时所应采取的程序,可以称为事前程序。在这种情况下,行政法学上主要关心的是调整和私人的关系即外部关系的程序。更加具有内部性的程序,如被称为日本行政决定中的特色性制度的禀议制等,则是行政学的研究对象。

如果将作为全体的行政过程称为宏观过程的话,那么,行政程序便可以作为微观的过程来把握。[①]

二、功能

这里所说的行政程序的功能,正确地说,应该是整备行政程序的意思。整备行政程序这种构思,在明治宪法下并没有发展起来。即使这样,依法律行政的原理本来也是妥当的。但是,其着眼点在于通过立法权来控制国家权力对私人自由的侵害,当行政权违反该立法性控制时,从裁判上予以纠正。问题在于,仅有这种实体法原理的充实,能否从实质上保护国民的权利和利益。对此进行具体分析,可以作如下

[①] 小早川著:《行政法讲义》(下Ⅰ),第4页,则以个别的行政过程、连续的行政过程之区别来对应。

理解：

（一）裁判上的救济,特别是行政行为的撤销诉讼,是对已经作出的行为予以纠正的制度。的确,通过这种诉讼,从观念上可以回归处分前的状态。但是,即使通过这种诉讼,也并不能够完全恢复至以前的状态。而损害赔偿要得以承认,须具备一定的要件,并且,即使得以承认,也只是限于金钱上的填补而已。

（二）裁判上的救济费用高,负担不起该费用的人便难以利用。

（三）一旦通过行政行为或者行政活动变更了现状,便会形成相应的秩序。因此,由于事后该秩序被破坏而造成的损失,有时是非常大的。《行政事件诉讼法》第31条设置了事情判决(特别情况判决)这种制度,这表明,该法本身承认了撤销诉讼功能的局限性。

（四）裁判上的救济所能涉及的,仅限于处分的违法性。关于处分的不当性,只要该不当没有达到逾越、滥用裁量权等的程度,法院就不能予以撤销。[①]

这样看来,仅有通过实体法进行规范和事后的裁判上的控制这种机制,在救济个人的权利、利益这一点上是有局限性的。因此,除实体法的规范之外,还可以考虑通过使其程序公正化来实现依法律行政的原理及其背后存在的法治国原理。并且,与明治宪法相比较,在可以期待法治国原理得以更加充实的《日本国宪法》下,实现公正程序成为重要的课题,这是不言而喻的。

此外,行政决定中或多或少具有裁量的余地,为了公正地行使裁量权,使程序公正、透明,也是重要的。

进而,在某种意义上,与作为行政的现代化问题来处理的问题点不同,在现代行政中,这些都不限于单纯的行政主体对私人、公益对私益这种二元对立,其利益状况非常复杂。在这种情况下,要求关系人参加,在其程序中事先取得同意,便成为重要的了。这和民主主义的要求也是相对应的。这样,即同时从如下两个侧面提出了整备行政程序的要求:源于保护国民的权利、利益的法治国家的要求和源于国民乃至居民参与的民主国家的要求。但是,必须注意的是,在宪法的原理及其历史发展过程

[①] 盐野著:《行政法Ⅰ(第六版)行政法总论》,第103页。

中,两者并不是同时并行的。①

行政程序,以行政决定之前和之后为标准,分为事前程序和事后程序。作为行政过程中的程序,有必要综合来考察两者。② 但是,由于后者可以作为行政救济法的一环来把握③,所以,下面以事前程序为中心来考察。

第二节 公正程序的基本内容

关于行政程序中公正程序的内容,虽然以各国及地区的实情为背景,但是,许多共同的原则是由判例进而是由制定法予以具体化的。其中告知和听证、文书阅览、理由附记、处分基准的设定和公布,可以说作为公正程序四原则而得以普遍化,令人注目。

一、告知和听证,是指作出行政处分之前,将处分的内容及理由告知相对人,征求其意见,以担保处分的合法性、妥当性,保护国民的权利、利益不受公权力侵害的制度。作为行政程序法上的原则,这是最具有普遍意义的。在英国,作为自然正义(natural justice)的内容,任何人不能成为与自己有关的案件的法官,必须对双方听证的法理,一直是适用的。在美国,告知和听证被作为公正程序(due process)的重要内容。在德国《联邦行政程序法》上,法定听证(rechtliches Gehör)也被作为重要的程序原则之一予以规定。此外,在法国,作为制裁性处分中防御权的法理,听证在判例上得以展开。韩国《行政程序法》则就处分的事前通知及意见听取设置了规定。中国台湾地区的"行政程序法"也将告知和听证作为听证程序进行了规定

在日本,虽然关于其法根据应该从哪里求证的问题存在不同的见解④,但是,对于将告知和听证作为行政程序上最为重要的原则来定

---

① 关于在美国两者的关系,参见小高刚著:《居民参与程序的法理》,1977年版,第139页以下。在德国也是一样,法治国的程序参与和民主主义的参与被分别论述(Erichsen u. Ehlers, Allgemeines Verwaltungsrecht, 13. Aufl., 2006, S. 376 ff., 497f.)。

② 其具体的尝试,参见山田洋著:《事前程序与事后程序》,载《行政法的新构想Ⅱ》,第219页。

③ 盐野著:《行政法Ⅱ(第六版)行政救济法》,第6页"行政过程中的行政争讼"。

④ 盐野著:《行政法Ⅰ(第六版)行政法总论》,第224页"行政程序法的法源"。

位,则是没有异议的。①

二、文书阅览,是指在听证时,处分的相对人就案件阅览行政方面的文书等记录的制度。通过告知,相对人可以知道以什么理由作出处分,而通过文书阅览知道该处分是由怎样的证据支持的,当事人在听证阶段才能更加确切地陈述意见,所以说,文书阅览是使听证得以实质化的制度。

从这种意义上,德国《联邦行政程序法》及韩国《行政程序法》将文书阅览予以成文化了,而美国《信息公开法》的前身是美国《联邦行政程序法》中关于向当事人公开文书的规定。与此相对,在日本,即使在个别法中,也没有就事前行政程序中的文书阅览作出规定的事例,也不存在判例,但学说很早以前就指出了其重要性。②

三、理由附记,是指在作出处分时,将其理由附带记录在处分书上,以告知相对人的制度。有时也以口头形式陈述理由,所以,连这种形式也包括在内的话,就是理由的提示。任何意思决定都必定有某种理由。关于这一点,无论是私人的决定,还是行政的决定,都是一样的。不过,对于私人来说,从契约自由的原则出发,基于何种理由作出意思决定,原则上是私人的自由,其理由是否告知相对方,也是自由的。与此相对,在行政处分的情况下,根据依法律行政的原理,理由本身必须符合法律的规定,这是最起码的要求;进而,其理由应该附记便可能成为问题。也就是说,关于理由附记,从功能性的角度来看,法院提出了抑制恣意功能或者确保慎重考虑功能、不服申诉便宜功能③,还可以列举出对相对人的说服功能、公开决定过程功能。这些正是试图确保行政程序的公正,提高其透明度的功能。

理由附记,有时也被作为行政行为形式的问题来把握。鉴于其功能,其具有作为行政程序的重要原则之一的意义。从这种观点出发,在德国、美国、法国、韩国及中国台湾地区,理由附记都被作为行政程序法制上

---

① 关于现行法,参见盐野著:《行政法Ⅰ(第六版)行政法总论》,第246页以下"听证程序"、第251页以下"辩明程序"。

② 《行政程序法研究会(第一次)纲要案》第0801条,载《法学者》第810号,1984年,第51页;《第二次研究会报告纲要案》第0601条,载《法学者》第949号,1990年,第117页。关于现行法,参见盐野著:《行政法Ⅰ(第六版)行政法总论》,第248页以下"文书阅览权"。

③ 最高法院判决,昭和60年1月22日,载《民集》第39卷第1号,第1页;《行政判例百选Ⅰ》第129案件。

的原则之一来把握。①

四、处分基准的设定和公布,是指不问是基于申请的处分,还是不利处分,都要设定行政厅作出处分时应该依据的基准,并事前予以公布的制度。

这种基准有时是解释基准,有时是裁量基准②,其设定和公布,可以给予当事人以预测可能性,同时也具有防止行政决定恣意、武断的效果。

关于这一点,在美国行政法中,作为制定规章(rule making)问题的一环,形成了判例法。并且,在日本,关于基于申请的处分,最高法院已经在与个人出租车执照的关系中,以《道路运送法》的解释之形式指出:关于内部基准的设定及基准适用上的必要事项,应该赋予申请人主张和提出证据的机会。③

上述四个原则,以各国及地区的历史情况为背景,具体表现为何种形式,因国家及地区的不同而千差万别。此外,其根据也并不完全相同。但是,各国及地区基本上都是以从程序上对国民的权利、利益予以保护为共通理念的。在这种意义上,上述四个原则在日本法之中处于何种地位的问题,便成为立法论、解释论上重要的研讨课题。④

第三节　行政程序法的法源

一、宪法

虽然可以从法制建设的角度来论述整备行政程序的必要性,但是,围绕行政程序法上的法原理具有宪法上的根据还是通常的法律阶段的立法论问题展开研究,无论作为认识论还是作为实践论,都具有重要的意义。

---

① 关于现行法,参见盐野著:《行政法Ⅰ(第六版)行政法总论》,第 243 页、第 247 页。
② 关于这两种基准,参见盐野著:《行政法Ⅰ(第六版)行政法总论》,第 85 页以下。
③ 最高法院判决,昭和 46 年 10 月 28 日,载《民集》第 25 卷第 7 号,第 1037 页;《行政判例百选Ⅰ》第 125 案件。关于现行法,参见盐野著:《行政法Ⅰ(第六版)行政法总论》,第 241 页"审查基准的设定和公布"、第 247 页"处分基准的设定和公布"。
④ 各国及地区有关公正程序四原则的状况——关于美国,参见宇贺克也著:《美国的行政程序》(上)至(下),载《法学者》第 976 号、第 977 号,1991 年。关于德国,参见海老泽俊郎著:《行政程序法的研究》,1992 年版,第 154 页以下;高木光著:《西德行政程序法》(一)至(三),载《自治研究》第 64 卷第 2 号至第 4 号,1988 年。关于法国,参见多贺谷一照著:《法国行政程序法》(一)至(三),载《自治研究》第 64 卷第 5 号至第 7 号,1988 年。关于韩国,参见尹龙泽著:《关于行政程序法的重要内容和特色》,载《盐野古稀》(上),第 645 页以下。

不过,关于这一点,学说和判例都没有达成一致,并且,即使是在提出宪法上根据的情况下,在与宪法的具体条文的关系上,也存在不同的见解。

(一)学说

1.《日本国宪法》第31条说

这种见解认为,宪法所规定的公正程序,不仅适用于刑事程序,而且也适用于或者准用于行政程序。

2.《日本国宪法》第13条说

这种见解认为,既然应在国政上尊重国民的权利,那么,这就意味着不仅应该在实体上,而且也应该在程序上尊重国民的权利。

3.《日本国宪法》第31条、第13条并用说

4. 程序性法治国说

这种见解认为,不是根据宪法的具体条文,而是在《日本国宪法》中法治国原理的程序法的理解之下,从程序上保障国民的权利、利益,这才是宪法上的要求。

(二)判例

与此相对,关于公正程序,判例虽然提示了一定的理解,但并不是从《日本国宪法》第31条直接推导出具体的行政程序法理。特别是最高法院的判决呈现出如下特征:

1. 在与告知和听证的机会的关系上,最高法院就《关于新东京国际空港安全确保的紧急措施法》第3条第1款规定的禁止使用工作物命令指出:"《日本国宪法》第31条规定的法定程序的保障,虽然是直接关于刑事程序的规定,但是,关于行政程序,仅以其不是刑事程序为理由,而判断所有的行政程序都当然地在根据该条保障的范围之外,是不适当的。"但鉴于行政程序和刑事程序在性质上当然具有差异,对应行政目的有多种多样的行政程序,最高法院同时认为,行政程序并不一定总是要求赋予告知、辩解等机会,即使禁止使用命令没有关于公正程序的规定,也并不构成对《日本国宪法》第31条的违反。① 这虽然是关于侵害处分的判

---

① 最高法院大法庭判决,平成4年7月1日,载《民集》第46卷第5号,第437页;《行政判例百选Ⅰ》第124案件。相同旨趣,最高法院判决,平成15年11月27日,载《民集》第57卷第10号,第1665页(象棚诉讼)。不过,在该判决中,也谈及了土地所有者等在法律上被赋予了陈述意见的机会。

断,但关于申请许可程序的有关原子炉设置许可处分程序的判决①,关于教科书检定程序的判决②,也都参照了这种判断。

但是,当制定法代替听证程序规定了以公开听证会为内容的咨询程序时,基于规定公开听证会的制定法的宗旨,最高法院揭示了强调确保咨询程序公正的态度。③

2. 在与理由附记的关系上,最高法院通过解释制定法,提出了对关于该程序法的意义的理解。④ 但是,当制定法上没有特别规定时,即使是侵害处分,在宪法上也不要求理由附记。⑤

3. 关于处分基准的设定和公布,最高法院在个人出租车案件中,没有引用宪法的个别条文作为《道路运送法》⑥的解释,从多数人中选择特定的少数人时,认为《道路法》"第6条只不过设定了抽象的执照基准而已,所以,即使是内部性的,也应该进而设定将其宗旨具体化的审查基准,公正且合理地适用之……"⑦,采取了在制定法中引入宪法宗旨的手法。

4. 此外,关于行政调查(《所得税法》上的盘问检查)的程序,最高法院指出,《日本国宪法》第35条、第38条对行政程序也具有适用的余地,但认为并不适用于该调查。⑧

5. 综上所述,最高法院虽然提出了从《日本国宪法》第31条中求得公正程序的宪法上的根据,但是,关于具体在什么情况下属于这种情形,由于还没有对之承认的判决,所以是不明确的。宪法直接关于刑事程

---

① 最高法院判决,平成4年10月29日,载《民集》第46卷第7号,第1174页;《行政判例百选Ⅰ》第81案件。

② 最高法院判决,平成5年3月16日,载《民集》第47卷第5号,第3483页。

③ 最高法院判决,昭和50年5月29日,载《民集》第29卷第5号,第662页;《行政判例百选Ⅰ》第126案件。

④ 最高法院判决,昭和60年1月22日,载《民集》第39卷第1号,第1页;《行政判例百选Ⅰ》第129案件。

⑤ 最高法院判决,昭和43年9月17日,载《讼务月报》第15卷第6号,第714页。

⑥ 《道路运送法》第6条、第122条之二。但这是平成元年法律第83号修改以前的条文。

⑦ 最高法院判决,昭和46年10月28日,载《民集》第25卷第7号,第1037页;《行政判例百选Ⅰ》第125案件。

⑧ 最高法院大法庭判决,昭和47年11月22日,载《刑集》第26卷第9号,第554页;《行政判例百选Ⅰ》第109案件——盐野著:《行政法Ⅰ(第六版)行政法总论》,第216页。在前述新东京国际空港案件中也提示了相同宗旨的判断。

序的规定,能够适用于行政程序的是极其有限的,这种推断也是能够成立的。但是,必须注意的是,最高法院认为,在存在制定法的情况下,解释制定法时,应该充分利用公正程序的理念。

也就是说,公正程序的实现,首先期待于立法者,在此基础上,期待通过裁判予以充实,这可以理解为最高法院的基本立足点,可以称为行政程序法理中最高法院的制定法准据主义。此外,虽然是作为意见而陈述的,也涉及一般行政程序法的制定(新东京国际空港案件中的园部、可部意见)。

(三)小结

从上述学说和判例的动向可以看出,关于日本法上的宪法问题的讨论,仅限于《日本国宪法》第 31 条是不合理的。关于《日本国宪法》第 31 条的范围,曾经在关于美国法和《日本国宪法》制定史的关系上提出过疑问。① 此外,与此相反,要求公正程序的行政程序及其内容,与刑事程序相比,富于极其浓厚的多样性,以《日本国宪法》第 31 条为根据的话,无论从解释论上还是从立法论上,都是有局限性的,这从上述论述中便可以清楚地看出。

因此我认为,在日本,关于宪法上的根据,应从程序性法治国原理中求得,并展开解释论和立法论的探讨,才更具有可操作性。作为行政法的基本原理的依法律行政的原理,以前一直是作为对行政机关的实体法上的拘束,这是事实。但是,这种原理被理解为日本所采取的法治国体制的体现,所以,并不一定是依据宪法的个别条文(应该回想起明治宪法下关于法律保留论争的立法事项说和市民侵害保留说的对立)。② 鉴于这一点,关于行政活动的程序性规制,从意味着充实法治国原理的法治主义的程序性理解这种观点出发,我认为可以推导出行政程序的整备是宪法上的要求这一结论。③ 在实体性规制之上加入程序性规制,绝对不是质的变化,而是同质的逻辑性归结,这正如西欧大陆法系诸国的程序性整备

---

① 参见田中英夫著:《关于宪法第 31 条(所谓适法程序条款)》,载《宫泽还曆》("日本国宪法体系"第八卷),1965 年版,第 165 页以下。

② 参见盐野宏著:《依法律行政的原理》(1964 年),载盐野著:《法治主义的诸形态》,第 105 页以下。

③ 在高田敏著:《法治主义观与行政程序观》(1990 年),载高田著:《社会法治国的构成》,1993 年版,第 473 页以下,已经见到了同样宗旨的见解。

并不是作为英美法的承继而展开的那样。此外,在这种观点上,某种行政决定和《日本国宪法》第 31 条所规定的刑事程序在多大程度上相分离,这种没有结果的讨论是不必要的。在综合地把握行政作用的基础上,可以分别构思适合于基于法治国原理的各种各样的行政程序的公正程序。

《日本国宪法》第 13 条说,也许其宗旨也是一样的。关于《日本国宪法》第 13 条的裁判规范性,在日本法上尚存在争论,此外,我认为,根据《日本国宪法》第 13 条,可为包括实体法、程序法在内的所有新人权提供根据的见解,是无视各种不同人权的历史意义和人权相互间的对立关系,是欠缺实证性的、没有说服力的解释学说。①

二、《行政程序法》②及其他相关法令

(一)《行政程序法》

即使从宪法上求得行政程序法的基本原理,其具体的存在方式也不能单义性地从宪法中推导出。也可能有人认为应等待判例的积累。可是,从日本最高法院关于行政程序法制的制定法准据主义③来看,不能对此寄予过高的期望。因此,立法上的整备是较为理想的。在这种情况下,也是按照不同的个别作用法不断积累整备的方略。并且,在现行《日本国宪法》制定后的日本立法例中,关于作为行政程序法中最为重要的原则的告知和听证,相当数量的法律都设置了规定。但是,其规定的方法却非常不统一,标准的听证程序到底应该是什么样的,曾经是不明确的。此外,关于其他程序法原则的制定法上的规定,也是极为匮乏的。因此,以前人们提出了不是在个别作用法中进行修补,而是制定原则上在所有行政领域适用的一般行政程序法的必要性。

---

① 例如,在德国,主要从法治国原理中求得程序法的宪法原理,并展开该法理(参见海老泽俊郎著:《行政程序法的研究》,1992 年版,第 89 页),所以不存在若没有像《日本国宪法》第 13 条那样的条文,便不能展开行政程序法的宪法论的问题。条文实证主义,根据其使用方法的不同,有时反而会失去实证性,这是必须引起注意的。

此外,关于行政程序法和宪法的关系的学说状况,参见高桥滋著:《行政程序法》,1996 年版,第 12 页以下;高桥滋、松井茂记著:《行政程序——与宪法的对话》,载宇贺克也、大桥洋一、高桥滋著:《以对话学习行政法》,2003 年版,第 111 页以下。

② 平成 5 年法律第 88 号。

③ 参见盐野著:《行政法 I(第六版)行政法总论》,第 226 页。

1993年(平成5年)11月12日终于公布了《行政程序法》,并自1994年(平成6年)10月1日起施行。① 进而,2005年(平成17年)6月29日制定公布了《关于行政立法的制定程序法修改法》。在该修改法中,行政立法得以在命令等用语之下进行定义。② 并且,伴随着《行政不服审查法》的全面修改,行政指导的中止等的请求,行政指导、处分等的请求等,具有新的要素的规定得以导入。③

---

① 在日本,行政程序的整备延长线上的制定一般行政程序法典的动向,实际上很早就存在了。不过,当初与其说是自发性的,倒不如说是根据联合国占领军的指示进行的,1949年在法制审议会中设置了行政程序法部会。其后的一个步骤是1952年议员提出的《国家行政运作法案》,该法案被提交第13次国会,尚未进入实质性审议,就不了了之了。其后,关于该系统的动向,有1953年行政审议会运作部会所制作的《国家行政运作法纲要》。这是关于行政内部运作的训示规定,即有关内部的规定,对于行政程序,规定得并不完善,在这种限度内,是欠缺体系性的规定。并且,也是由于这种缘故,在学界也存在强烈的批判,最终也没有结果而终了。于是,结果是至1993年《行政程序法》的制定,共用了40年的时间。关于这期间的经过,参见盐野宏著:《行政程序的整备和行政改革》(1981年),载盐野著:《行政过程及其统制》,第220页;盐野宏著:《现代行政程序的诸问题》(1985年),载盐野著:《法治主义的诸形态》,第206页;增岛俊之著:《围绕行政程序法立案实务担当者的制度立法化的判例》,载《公法研究》第56号,1994年,第174页以下;仲正著:《行政程序法的全部》,1995年版,第131页以下;高桥滋著:《行政程序法》,1996年版,第25页以下;伊藤修一郎著:《信息公开、行政程序规制的政策过程》,载《社会科学研究》第53卷第2·3号,2002年,第119页以下。成为《行政程序法》之基础的《公正、透明的行政程序部会会议录》等的资料集,有盐野宏、小早川光郎、宇贺克也编的"日本立法资料全集"《行政程序法制定资料》(1)至(16)(2012—2014年)。此外,关于与规制改革的关系,参见山田洋著:《行政程序法与规制改革》,载《法律时报》第80卷第10号,2008年,第12页以下。
这样,日本终于制定了一般行政程序法典。在其他国家及地区,很早以前就推进了统一的行政程序法典的制定。奥地利1926年《一般行政程序法》是其先驱性成果,而给日本学说带来巨大影响的,则是美国1946年《联邦行政程序法》(APA)。在德国,虽然没有采取直接承继美国法的形式,但是,在判例上形成了作为行政程序法的基本原理的听证、理由附记、有关材料的阅览等制度,以此为基础,1976年制定了《联邦行政程序法》,各州也陆续制定了统一的法典。在法国,虽然没有采取制定统一的行政法典的方法,但是,关于理由附记,有1979年的法律(关于上述各国及地区行政程序法制的动向,参见《行政法大系3》所收的论文)。在东亚,韩国于1996年制定了行政程序法(行节次法),中国台湾地区于1999年制定了"行政程序法"。盐野、高木著:《条解行政程序法》,对照各条,谈及了美国、德国、法国和韩国的行政程序法上的对应规定。
在日本的行政程序法的制定过程中,一贯是参照美国行政程序法理,而其所完成的法的存在方式,却呈现出诸多差异。关于这一点,论述了两者的行政程序观的出发点之不同,进行了饶有趣味的分析的成果,有中川丈久著:《行政程序和行政指导》,2000年版,第8页以下、第189页以下。

② 《行政程序法》第2条第8项。

③ 盐野著:《行政法Ⅰ(第六版)行政法总论》,第256页。关于《行政程序法》制定、修改的经纬,参见行政管理研究中心编:《逐条解说行政程序法》(平成27年改订版),第2页以下。

(二)《行政程序法》的特别法

《行政程序法》是从各种行政程序之中选择以处分、行政指导、备案和命令等为对象并规定关于其程序性共通事项的法律。但是,关于成为适用对象的处分等,鉴于该处分等的特殊性,法律有时当然会设置关于处分等的特别规定。① 这些对于《行政程序法》来说,称为特别法。其中,在《行政程序法》上被认为赋予作为简易程序的辩明机会便足够了的情况,有的设置了通过口头形式进行听证的机会②,有的规定了公开进行听证③(而《行政程序法》规定,原则上非公开)。这些规定大体上是维持《行政程序法》制定以前有关制度的规定(通过《程序法整备法》,对这些作出了处理规定)。

(三)《行政程序法》适用对象以外的行政程序法令

即使在定义上属于处分、行政指导、备案、命令等的行为,但是,鉴于该行为的特殊性,有时将其全部或者一部分排除在《行政程序法》的适用对象之外。④ 此外,根据整备法,在个别法律中规定不适用《行政程序法》的全部或者一部分的情况较多。但是,关于被规定适用除外的处分等,有时在制定法上另外设置程序性规范,这些规定在概念上本来也具有作为行政程序法的法源的资格。⑤

(四)《行政程序法》对象外的行政程序法令

关于在《行政程序法》对象范围之外的行政计划等,也个别地存在有

---

① 《行政程序法》第1条第2款就是关于这一点的确认性规定。
② 《关于风俗营业等的规制及业务的公正化等的法律》第41条。
③ 《矿山保安法》第40条第2款。
④ 《行政程序法》第3条、第4条作了列举。
⑤ 关于《行政程序法》的适用除外,有两种情形,即《行政程序法》本身[该法第3条→第二章至第四章——处分、行政指导;第13条第2款→该法第13条第1款——听证、辩明的机会;该法第39条第4款→第39条第1款——意见公募(平成17年修改)]和个别法(《国税通则法》第74条之十四、《儿童福利法》第33条之五等)规定《行政程序法》的全部或者一部分适用除外。关于适用除外基准,临时行政改革审议会答复提示了如下四点:(1)不能认为是本来的行政权行使的;(2)被认为是由特别的规范所规范的关系的;(3)处分性质上不适于适用《行政程序法》诸规定的;(4)关于特定的行政领域,形成了独自的程序法体系的。《行政程序法》及《程序法整备法》在内容上也准据这种基准,但在第128次国会上进行大臣说明时,只是依据这四个基准之中的(3)和(4)的区分进行的。参见《第128次国会众议院内阁委员会会议录》第1号,第2页。关于适用除外事项的详细情况,参见仲正著:《行政程序法的全部》,1995年版,第77页以下。

关其程序的制定法。关于这些制定法,是否应该制定统一的程序法典的问题,是今后的研讨课题,而已经存在的规定,从理论上说是行政程序法的法源。例如,《都市计划法》第 16 条以下所规定的城市计划决定程序——公开听证会,便是此类法源。

(五)条例

在《行政程序法》中,关于地方公共团体机关实施的处分、条例上有根据的登记以及行政指导、命令等的程序,被委任给地方公共团体来规定。① 因此,各个地方公共团体的行政程序条例也是重要的行政程序法的法源。国家的《行政程序法》制定后,地方公共团体大多制定了固有的行政程序条例(各个地方公共团体的行政程序条例,其内容原则上都与《行政程序法》相同)。

第四节 《行政程序法》②(1)——总论

一、对象、目的、性质

(一)对象

关于 1993 年制定的《行政程序法》的对象,有必要就其客观对象(法所适用的行政主体及私人的行为)和主观对象(承担法适用的行政主体乃至其机关)分别来论述。③

1. 客观性对象

《行政程序法》当初将该法所规范的范围限定为处分、行政指导和备案三种,但是,这并不意味着关于其他行为形式的行政立法、行政上的契约、行政计划(特别是土地利用计划、公共事业实施计划)等这些程序不需要有共通的规范,而是源于如下立法过程,即关于处分程序及行政指

---

① 参见盐野著:《行政法Ⅰ(第六版)行政法总论》,第 232 页"主观性对象"。
② 平成 5 年法律第 88 号。
③ 《行政程序法》在第 4 条中也从处分、行政指导的相对人及备案的主体方面加以限定。这是与国家的机关、地方公共团体(关于处分、登记,加有"固有资格"这一限定)、独立行政法人、特殊法人、认可法人、指定检查机关等的特殊性相对应的。此外,关于地方公共团体的固有资格,《行政不服审查法》第 7 条第 2 款有同义的规定。关于独立行政法人等在国法上的位置,参见盐野著:《行政法Ⅲ(第五版)行政组织法》,第 76 页"特别行政主体"。

导,从时间上来说应该优先整备。实际上在其后,与行政立法相关的命令等制定程序(意见公募程序)得以添加。

此外,从《行政程序法》第2条第2项的定义来看,暂且可以划归于处分之概念,具有不利效果的事实上的行为,以及为了明确实施该事实行为的范围、时期等而采取的程序之处分,即行政法学上的行政上的强制执行、即时执行、行政调查(进入土地等属于公权力的行使的事实上的行为),是该法适用对象之外的事项。① 以信息收集为直接目的的处分也是适用除外事项②,所以,关于行政调查,不适用该法。③

这些以前在行政强制的范畴中论述的诸制度的程序上的除外理由,人们也并不是认为没有必要健全和完善程序,而是认为各个领域分别具有固有的程序机制,因为应另作考虑的事项较多,姑且从健全和完善的对象中排除出去。

进而,即使给国民带来不利效果,只要不是以特定的人为相对人,例如,对土地利用的规制,也被排除在不利处分的概念之外,所以,从这一点来看,土地利用计划也不能成为《行政程序法》的对象。

2. 主观性对象

作为国家法而制定的一般行政程序法,当然要将国家的行政活动作为其对象。然而,它是否要包括地方公共团体的行政活动,则是值得研究的问题(在采取联邦制的情况下,行政程序法通常由联邦和州分别制定,如美国、德国等)。此时,关于地方公共团体的行政运作,如果也适用《行政程序法》则涉及宪法上地方自治的保障的观点,将产生宪法上的问题。但是,《日本国宪法》不能解释为进行了排除适用国家法规范的地方自治的事项保障④,所以,国家的《行政程序法》涉及地方公共团体的哪些活动,便成为立法政策论的问题。此时,或者依据根据法规范,或者按照组织区分等,可以考虑各种各样的方略对策,《行政程序法》采取了分别处理的方法,即对处分及备案着眼于根据法规范,对行政指

---

① 《行政程序法》第2条第4项。
② 《行政程序法》第3条第1款第14项。
③ 关于处分概念的详细情况,参见盐野著:《行政法Ⅱ(第六版)行政救济法》,第81页以下"处分性"。
④ 盐野宏著:《地方公共团体的法地位论备忘录》(1981年),载盐野著:《国家和地方公共团体》,第22页以下;盐野著:《行政法Ⅲ(第五版)行政组织法》,第203页以下。

导、命令等着眼于组织区分,分别予以整理。①

也就是说,《行政程序法》采取了如下处理方法:关于处分及备案,限于其根据是条例或者规则的,规定为适用对象之外;而关于行政指导、命令等,全部规定为《行政程序法》的适用对象之外。② 这被理解为,与基于国家法令的处分、备案相关的公正程序的存在方式,同样也是国家所关心的事情乃至责任的对象,而关于基于条例、规则的处分、备案,从尊重地方自治的观点来看,程序的具体存在方式应该在该地方公共团体内来考虑。此外,在这种情况下,关于适用《行政程序法》的地方公共团体的机关的有关处分及备案的事务,不问其种类(所以,除法定受托事务以外,自治事务也称为其对象)。③

与此相对,关于行政指导,不问是否有法律根据,只要是地方公共团体的机关进行的,就从《行政程序法》的对象中排除出去。这是因为考虑到如下两点:其一,从行政指导的性质来看,要区别该行政指导是否具有法律根据,或者是否属于该地方公共团体独自的事务,理论上姑且不论,实际上是难以解决的;其二,有必要考虑行政指导的方法因地域的不同而呈现出多种多样这一事实。此外,关于命令等,则依据地方分权推进的观点。

不过,如果从有关公正程序的宪法上的要求当然应该涉及地方公共团体的一般行政活动的观点来看,地方公共团体应该分别就行政程序的整备而作出某种对应。④ 其措施能够以条例规定则最为理想,而以规则或者纲要的形式也应该说足够了。从适用除外的宗旨来看,即使制定低于《行政程序法》标准的程序条例,也并不当然地违法。在这种意义上,《行政程序法》并不是规定最低国家标准的法律。⑤

（二）目的

《行政程序法》的目的,在于"确保行政运作中的公正,提高其透明

---

① 参见盐野、高木著:《条解行政程序法》,第 3 条[139]—[141]。
② 《行政程序法》第 3 条第 3 款。
③ 关于事务的种类,参见盐野著:《行政法Ⅲ(第五版)行政组织法》,第 137 页"地方公共团体的事务"。
④ 《行政程序法》第 46 条。
⑤ 关于《行政程序法(案)》和地方公共团体的课题,参见矶部力、小早川光郎编:《自治体行政程序法》,1993 年版,第 292 页以下。

性……以有助于国民的权利、利益的保护"①。法的目的,是不仅应依据目的规定,而且还应从包括该法律的总体构成在内的角度来判断的问题。从这种观点来看,关于《行政程序法》的目的,必须注意以下几点:

1.《行政程序法》是以保护国民(这并不限于具有日本国籍的人)的个人性权利、利益为目的的法,在这种意义上,法治主义的充实是其理念。所以,在这里看不出从行政程序中民主主义的观点进行的公众参与的理念及其法机制。关于申请程序中召开公开听证会的《行政程序法》第10条规定,与其说是居民参与,倒不如说具有强化关于行政决定所要考虑事项的信息收集的意思。

关于将《行政程序法》的目的归结为国民的个人性权利、利益的保护,源于将行政立法程序、计划策划制定程序等具有民主参与要素的程序制度,排除在对象范围之外这种立法技术性理由,而并不意味着民主主义的要素不适合于行政程序法。

2.《行政程序法》的中间目的,是确保行政运作的公正,提高其透明性。公正的观念也并不是单义性的,法律本身是以公正的观念作为一般社会的通常观念而存在为前提的。勉强在这里扩展开来说,就是行政决定不存在被怀疑为恣意、武断的要素;不是基于偏颇的信息,而是基于确切的信息。

关于透明性,《行政程序法》第1条本身对其加以注释:"关于行政上的意思决定,其内容及过程对于国民来说是明晰的。"可以推测,这是因为,透明性至今没有作为法令术语使用,即使在《行政程序法》上使用该术语,也只是限于比喻性的,所以加以注释。在这种意义上的透明性,也可以看作公正的一个要件,之所以特地加上它,反映了因日本行政决定在社会上受到不透明的评价,行政程序法的制定也可以作为纠正此种状况的一环来把握的这一立法过程的情况。

关于透明性,因为其是法律上的概念,所以便有对什么人来说是透明的问题。关于这一点,《行政程序法》并没有明确规定。但是,从该法的总体构成来看,可以理解为,其本来是对于程序关系人的透明。在这种意义上,必须注意的是,信息公开法制在与民主主义的关系上,与将所有人

---

① 《行政程序法》第1条。

都考虑到的观念是不同的。①

3. 被记述于《行政程序法》的目的规定中的理念和对象,皆具有如上的局限性。所以,日本行政程序法制的整备,无论在何种意义上,都不能说以《行政程序法》的制定为终结。此外,程序法也不是完结性的闭塞的法,我认为,可以从《行政程序法》中发现民主的或者更加开放的行政决定的契机并加以运用。在这一点上,命令等制定程序的引进,可以视为将民主性参与的要素加入制定法之内,这件事情在立法技术上并不会遭到妨害。

4. 行政程序法制和行政的效率性的关系,是不宜一律性把握的问题。特别是短期内将焦点集中于局部时,慎重的程序之导入,甚至成为阻碍效率性的重要原因。但是,例如,设定审查基准等,即使一次性地增加了行政的负担,如果同时也考虑申请人的费用的话,则减轻了社会性负担。此外,通过采取公正程序,如果能够防止事后的纷争,其结果也为实现效率性行政作了贡献。

(三)性质

《行政程序法》是关于《行政程序法》的适用对象的程序的一般法。② 但是,必须注意如下几点:

1. 是否设置特别的规定,将其内容设定成什么,这属于立法者的判断。但是,即使在这种情况下,具有宪法上根据的公正程序的理念,也必须经常得以参照。此外,在设置特别措施的情况下,必须存在设置与作为一般法的《行政程序法》不同的规定的合理理由。

2. 由于《行政程序法》是一般法,因而具有局限性。即行政活动多种多样,公正程序的内容也形形色色。因此,为了对应个别行政活动的特色,特别法的制定是理想的,而这种需求极为强烈的话,则必然会削减《行政程序法》作为一般法的意义。其结果,根据不同场合,有时从行政活动来看,实质上过于慎重的程序被作为一般法的要求而适用。另外,根据问题状况的不同,有时作为一般法的《行政程序法》形式上的适用,与宪法

---

① 参见盐野宏著:《法治主义的诸形态》(1992年),载盐野著:《法治主义的诸形态》,第121页。盐野、高木著:《条解行政程序法》,第1条(四)。有关一系列行政改革和透明性的观念之分析,参见纸野健二著:《关于现代行政和透明性的展开》,载《室井古稀》,第3页。

② 《行政程序法》第1条第2款。

要求的公正程序内容是不对应的。不能理解为《行政程序法》在这种情况下具有排除适合于宪法宗旨的解释之旨趣,所以,即使在《行政程序法》之下,也被解释为根据宪法原理进行的解释运用才是被允许的。

3. 关于被排除《行政程序法》适用的处分等,宪法上的公正程序的审查也涉及,这是当然的事情。此外,必须注意的是,形成了独自的程序体系的除外事由,从公正程序的角度来看,该程序体系并不意味着完成度极高,所以,在该独自的程序体系之下,程序的存在方式依然存在研讨的余地。①

二、《行政程序法》的构造及其特色

虽然说行政程序法是基于普遍性价值的,但是,由于各国的历史发展、国内行政法的发展形态的不同,而具有各种各样的内容上的特色。因此,如果要列举日本制定的《行政程序法》的所谓原初性的构造性特色的话,有如下几点:

(一)《行政程序法》由总则、对于申请的处分、不利处分、行政指导、备案、意见公募程序等、补则七章构成。其中,总则除目的、定义规定以外,还规定了适用除外;补则规定了地方公共团体的措施;内容性规定,是关于两种处分、行政指导和备案的程序。

(二)在这里,既没有所谓公法通则性的规定,也没有设置关于行政行为的实体法的规定,如行政行为的效力、撤销、撤回、附款等。在这种意义上,这是纯化为程序规定的法律(不过,行政指导另当别论)。②

(三)关于程序,也限定于事前程序。关于事后程序,只是涉及经过听证后的不服申诉限制。

(四)关于包括实体性规范的行政指导的规定及备案的程序等的存在,从比较法的角度来看是具有特色的。进而,对于申请的处分之程序规

---

① 在《行政程序法》适用除外的领域,最被人们所期待得以完善的领域之一是租税程序法(参见《租税法研究》第 22 号,1994 年),通过平成 24 年《国税通则法》的修改,实现了《行政程序法》理由附记提示条款之导入[《行政程序法》第 74 条之十四第 1 款。参见小幡纯子著:《关于税务程序的整备》,载《法学者》第 1441 号,2012 年,第 89 页;手冢贵大著:《租税程序法的解释与立法》,载《自治研究》第 89 卷第 8 号,2013 年,第 95 页以下、第 89 卷第 9 号,2013 年,第 88 页以下。关于行政调查程序,参见盐野著:《行政法Ⅰ(第六版)行政法总论》,第 217 页]。

② 盐野著:《行政法Ⅰ(第六版)行政法总论》,第 253 页。

定得很详细,也是《行政程序法》的构造性特色之一。

(五)如上所述,《行政程序法》一方面具有纯化为程序的内容,另一方面又具有注意了行政指导、备案、申请处理程序的内容,这是将这次《行政程序法》的制定过程作为日本的行政改革,特别是近来的规制缓和政策的一环来定位的忠实反映。

(六)有必要注意的是,《行政程序法》的基本构造维持了如上所示原初的形态,其后又不断地增加了新的要素。也就是说,在关于命令等的程序规定得以规定的同时,作为实体性规定,增加了在作出决定等之际的一般原则。① 此外,关于行政指导的中止等的请求之规定②,属于事后救济程序;关于处分等的请求之规定③,与其说是程序的公正透明性之确保,倒不如说是在适法的法执行之确保这种意义上的公益之追求。④ 从这种意义上说,在原初的构造之上添加了新的要素。换言之,在《行政程序法》制定当初的规制缓和之上,增加了行政过程中国民之参加的充实,可以说是作为实效性权利利益救济之要求的所谓承载体,而对《行政程序法》进行了整备。

三、程序关系人

《行政程序法》中关于参与程序的人(以下称为程序关系人),虽然没有设置总括性规定,但是,从其个别的规定可以看出,该法是将以下人员作为程序关系人来定位的。程序关系人限于以处分的相对人、行政指导的相对人为中心的利害关系人,而一般公众没有被作为对象,这与《行政程序法》的基本性质是相对应的。

(一)处分的相对人

其中有对于申请的处分(包括拒绝处分)的相对人和不利处分的相对人两种。这些处分的相对人是《行政程序法》中当事人的核心,《行政程序法》是以这类人为中心展开程序权利的保障的。进行申请的人,在《行政程序法》上称为申请人。⑤ 此外,不利处分的相对人参与辩明程序

---

① 《行政程序法》第38条。参见盐野著:《行政法Ⅰ(第六版)行政法总论》,第261页。
② 《行政程序法》第36条之二。
③ 《行政程序法》第36条之三。
④ 参见盐野著:《行政法Ⅰ(第六版)行政法总论》,第256页以下。
⑤ 《行政程序法》第7条。

及听证程序,在《行政程序法》上称为当事人。① 关于程序性权利的具体存在方式,将在后面分别论述。

(二)处分的利害关系人

其中有对于申请的处分(行政行为分类上的授益性行政行为)的利害关系人(主要是相反的利害关系人)和不利处分的利害关系人。对于前者,《行政程序法》预定了公开听证会的参与;对于后者,《行政程序法》预定了听证程序的参加。参加者,在《行政程序法》上称为参加人。②

(三)行政指导的相对人

关于行政指导,《行政程序法》主要就从事行政指导者职务上的义务设置了规定,在与该义务的关系上来把握行政指导相对人。③

(四)代理人

关于听证程序、辩明程序的当事人及听证程序的参加人,《行政程序法》设置了代理人制度。④ 此外,虽然没有明确设置关于申请人的代理制度,但是,这并不等于《行政程序法》的宗旨在于一概否定这种制度,而应该根据该申请制度的宗旨来作出判断。

(五)辅佐人

《行政程序法》上的辅佐人,是作为在听证之日辅佐当事人或者参加人的人来定位的。⑤

(六)意见提出人

关于在意见公募程序中提出意见的人,《行政程序法》没有设置特别的规定,所以,任何人都可以成为该程序关系人。在这一点上,可以说意见公募程序与其他的行政程序不同,包含民主性参与的契机(处分等的请求也是同样)。

---

① 《行政程序法》第 16 条。
② 《行政程序法》第 17 条第 2 款。
③ 《行政程序法》第 32 条以下。
④ 《行政程序法》第 16 条、第 17 条、第 31 条。
⑤ 《行政程序法》第 20 条第 3 款。

第五节 《行政程序法》(2)——处分程序

一、处分程序的基本原则

《行政程序法》对于处分程序的基本原则没有设置明文规定,但从其整体结构来看,《行政程序法》关于程序原则所采取的立场,可以概括为如下几点:

(一)职权主义的原则

职权主义,是相对于当事人主义的术语,本来是关于争讼程序中审理方式的概念。将这种概念作为决定机关具有主导权的主义来一般化的话,可以说,《行政程序法》基本上是以职权主义为原则的。即程序的进行被委任给行政厅——职权进行主义。行政厅可以自行收集为作出决定所必要的事实。也就是说,行政厅具有调查义务①——职权探知主义。②《行政程序法》是以行政厅的一般调查义务的存在为前提的。不过,在基于申请的处分的程序中,程序的开始依据申请人发起提议,处分的内容,包括一部分拒绝的情况,也限定在申请的范围内,当事人的主动性当然被认为必要,同时,从《行政程序法》的宗旨、目的来看,必须注意的是当事人的程序性权利受到重视。关于这一点,将按照程序的种类分别论述。

(二)书面审理主义和口头审理主义

在争讼程序中,一般都论述书面审理主义和口头审理主义的优劣问题③,而《行政程序法》仅在关于不利处分的听证程序中才采用口头审理主义,除此以外皆依据书面审理主义。可以说这是考虑到程序的迅速性的结果,对于个别的情况,并不妨碍行政厅充分利用口头审理主义的优点。

(三)文书主义和口头主义

关于处分本身,《行政程序法》并没有规定是否应该以文书作出。所以,采取何种形式,依据个别作用法的规定而定。但是,鉴于《行政程序

---

① 参见盐野著:《行政法Ⅰ(第六版)行政法总论》,第215页"调查义务"。
② 关于职权进行主义、职权探知主义,此外参见盐野著:《行政法Ⅱ(第六版)行政救济法》,第28页"职权主义"、第124页"诉讼资料的收集——辩论主义"、第127页"诉讼的进行——职权进行主义"。
③ 参见盐野著:《行政法Ⅱ(第六版)行政救济法》,第27页"书面审理主义"。

法》对于申请拒绝处分、不利处分要求提出理由(学术用语上的理由附记)的宗旨,以及行政决定应明确化的要求等,一般认为在个别法的解释运用时应当要求文书主义优先。

二、对于申请的处分的程序

对于申请的处分的程序,《行政程序法》采取了申请——申请的审查——作出处分决定这样的过程。从行政程序法的理念来看,有必要使该过程尽量公正、透明,同时考虑程序的迅速化,必须从这种观点出发来解释、运用《行政程序法》。

(一)适用对象

适用《行政程序法》上对于申请的处分的程序,是对于该申请,行政厅被赋课应允与否的应答义务的情况。[①] 换言之,申请人方面需要有法令上的申请权。申请人有无申请权,被委任给个别法规定,在这种意义上,《行政程序法》的制定,关于申请权是否存在本身,是中立的。所以,例如,《国有财产法》第18条第3款的行政财产的所谓目的以外使用许可的申请,是申请权的行使,还是单纯的事实上的行为,对于该申请的拒绝回答不属于行政处分,即是否应当作出其不能成为《行政程序法》的对象之解释的问题,被认为这不是《行政程序法》的解释问题,而是完全被委任给《国有财产法》相应规定之解释的问题(关于这个问题,青森地方法院判决[②]认为没有申请权。不过,将申请仅仅解释为处分的开端是有疑问的。我认为,即使行政厅的裁量幅度很广泛,目的之外使用的许可制度也应该解释为采用了行政厅对于申请予以应答的机制)。在这一点上,和《行政不服审查法》上的不作为的违法确认制度同出一辙。不过,在《行政程序法》上,只限于对自己的处分。

(二)行政厅的程序上的义务

《行政程序法》立足于确保程序的公正、提高程序的透明性这一角度,对行政厅赋课了作为义务。[③] 不过,严格地说,在和相对人的关系上,这里既有对行政厅赋课的作为义务(下列1、3、7部分),也有赋课的努

---

① 《行政程序法》第2条第3项。
② 青森地方法院判决,平成4年7月28日,载《行裁例集》第43卷第6·7号,第991页。
③ 《行政程序法》第2条。

力义务(下列4、5部分),还有规定内部事务处理上的努力义务(下列2、6部分)等,规定的法性质并不完全一样。

1. 审查基准的设定和公布

行政厅必须设定是否予以许可、认可等的判断基准(审查基准),除有行政上的特别障碍的情况以外,必须将该基准公布(《行政程序法》第5条)。公布的具体方法被委任给行政厅判断,而所公布的内容则必须是审查基准本身。① 在个人出租车案件中,最高法院虽然没有要求基准本身的公布②,但是,为了使申请人从起初就能够适时、确切地作出是否申请的判断,事先公布是理想的。这是作为公正程序内容的四原则之一的处分基准的设定和公布的制定法化。审查基准的设定是义务性的,但是,如果在法令阶段已将基准具体化了,并不一定要将该条文作为审查基准来设定和公布。此外,根据情况的不同,有时仅限于考虑事项的提示。《行政程序法》上的审查基准,不仅包括裁量基准,而且也包括解释基准。③ 审查基准在分类上属于行政规则,而不是法规,但是,通过《行政程序法》,可以在制定法上从正面予以定位。所以,行政厅以与其所公布的基准不同的基准作出决定的话,必须提出合理的根据。④

此外,关于审查基准的设定程序本身,《行政程序法》当初并没有设定特别的规定。不过,其后,在行政实务上,审查基准成为所谓公众评议程序的对象,并且,通过2005年(平成17年)的《行政程序法》修改,审查基准和处分基准一起成为意见公募程序的对象。⑤

---

① 关于明确谈及这一点的案例,参见东京高等法院判决,平成13年6月14日,载《判例时报》第1757号,第51页。

② 参见盐野著:《行政法Ⅰ(第六版)行政法总论》,第224页。

③ 针对具体事例进行的分析,参见盐野宏著:《关于审查基准——一个事例研究》(1999年),载盐野著:《法治主义的诸形态》,第259页以下。

④ 其前提是对作为裁量基准的审查基准进行弹性运用的容许性成为问题。关于围绕审查基准的适用的问题,参见盐野宏著:《关于审查基准——一个事例研究》(1999年),载盐野著:《法治主义的诸形态》,第259页以下;伊藤治彦著:《关于行政程序法中的审查基准的制定和适用的一点考察》,载《冈山商科大学法学论丛》第3号,1995年,第46页以下。

⑤ 参见盐野著:《行政法Ⅰ(第六版)行政法总论》,第261页。
在审查基准之外,还有是否成为该许认可制度的对象的解释基准,即适用基准,虽然并没有《行政程序法》上的设定和公布义务,但是,考虑到规制行政的透明性和申请者的便宜,实务上最好是积极地应对。参见盐野宏著:《关于审查基准——一个事例研究》(1999年),载盐野著:《法治主义的诸形态》,第272页以下。

2. 标准处理期间的设定

行政厅必须努力设定申请处理通常所需要的标准期间,并在设定后将其公布。① 标准处理期间的设定就是所谓努力义务,该义务的不履行,并不当然地构成《行政不服审查法》及《行政事件诉讼法》上的不作为违法。不过,这将作为法院判断中的一个要素而发挥作用。此外,没有设定标准处理期间且予以公布,并不能使申请拒绝处分违法。但是,没有理由而不服从这些努力义务的,将成为行政苦情处理及行政监察的对象,这是不言而喻的。

3. 审查应答

行政厅在申请到达之时即必须毫不迟缓地开始审查,当申请不符合形式上的要件时,必须要求补正,或者拒绝申请(驳回)。② 只要申请人具有法令上的申请权,对于申请的审查应答义务,可以说是当然的事情。但是,在日本的行政运作中,有时相对人不服从行政指导,申请或者被拒绝受理,或者被退还申请书等,因此,申请的审查被推迟,使相对人蒙受损害,此外,受理的拒绝、申请书被退还的法意义(是处分还是单纯的事实行为)有时也成为裁判上的问题。③ 审查应答义务,是为了排除这样的行政运作而确认性地规定的,同时,也是在不符合形式要件时,对于行政厅应采取措施义务的规定。

审查义务是从申请到达之时开始产生的,所以,实务上所进行的受理这种行为,没有被作为《行政程序法》上的概念来定位。④ 故此,在行政行为论上,将受理作为准法律行为的行政行为的一种,受理至少在《行政程序法》上是不具有法意义的。我认为,《行政程序法》的这种处理,是期待受理(拒绝)、接待(拒绝)、退还等事实上的行为不再进行,此外,即使进行这些行为,只要有了申请,就已经存在行政厅的审查义务,故而受理拒绝的状态在法律上意味着审查懈怠,需要有以此为前提的法的评价。判

---

① 《行政程序法》第6条。
② 《行政程序法》第7条。
③ 参见东京地方法院判决,平成2年10月15日,载《行裁例集》第41卷第10号,第1639页;千叶地方法院判决,平成4年10月28日,载《判例时报》第1471号,第84页;冈山地方法院判决,平成11年2月9日,载《判例地方自治》第194号,第84页。
④ 《行政程序法》制定之前,参见最高法院判决,昭和47年5月19日,载《民集》第26卷第4号,第698页;《行政判例百选Ⅰ》第67案件,针对处于先申请关系中的申请,认为应当以其提出之时为基准。

例也被认为在这种方向上固定下来。①

4. 信息提供

对应申请人等的请求,行政厅必须努力提供有关申请的审查之进行状况及申请所必要的信息。② 这是所谓努力义务,是为了申请人的利益而进行的,而不是行政指导范畴内的概念。

5. 公开听证会的举行

在审查对于申请的处分时,行政厅应该考虑申请人以外的人的利害成为许认可等的要件,根据需要,必须努力设置听取申请人以外的人的意见之机会。③ 在撤销诉讼上具有原告资格的人④,当然包括在其中,这是不言而喻的。如在进行公益事业的收费认可之际需要考虑消费者的利益的情况,也被解释为包括在其中。

这种规定的宗旨在于,通过从第三人那里广泛收集信息,以确保处分的公正,而不是从正面承认居民参与的规定。但是,必须注意的是,这种规定与《行政程序法》基本上着眼于行政厅和相对人两方面的关系相对,对所谓第三人的利益也给予考虑。此外,其圆满的灵活运用是理想的。

6. 共管事务的迅速处理等

申请属于复数的行政机关的共管事务(《石油管线事业法》第5条——经济产业大臣、国土交通大臣;《关于感染症的预防及对于感染症患者的医疗的法律》——厚生劳动大臣、农林水产大臣),或者在由同一申请人所提出复数的申请相互关联,而参与的行政厅也是复数的情况下(电源开发时的《农地法》的转用许可申请、《自然环境保全法》的许可申请等),由于回避责任等的缘故而征询其他行政厅的态度,有时会导致申请处理的延迟。行政厅必须防止这样的不合理的审查延迟,努力促进审查。⑤

7. 申请拒绝处分之理由的提示

针对申请从内容上予以拒绝时,行政厅原则上必须向申请人提示拒

---

① 除前述冈山地方法院判决外,还可参见浦和地方法院判决,平成7年2月24日,载《判例时报》第1546号,第74页;仙台地方法院判决,平成10年1月27日,载《判例时报》第1676号,第43页;名古屋高等法院金泽支局判决,平成15年11月19日,载《判例时代》第1167号,第153页;东京高等法院判决,平成19年5月31日,载《判例时报》第1982号,第48页。

② 《行政程序法》第9条。

③ 《行政程序法》第10条。

④ 参见盐野著:《行政法Ⅱ(第六版)行政救济法》,第101页以下"原告适格"。

⑤ 《行政程序法》第11条。

绝的理由。该理由在本体的拒绝处分依据文书主义的情况下必须根据文书主义以文书作出。① 这是理由附记原则在对于申请的处分的程序中的适用。

此外,关于以没有满足形式上的要件为理由而拒绝申请的,《行政程序法》上并没有设置明确的规定。但是,即使未作出补正命令而直接拒绝(驳回)的,将其理由以某种形式告知相对人,也被解释为《行政程序法》的宗旨。

关于理由附记的程度,《行政程序法》也没有特别规定。对于这一点,由于申请制度的宗旨不同而有所不同。② 但是,一般地说,根据理由附记原则的意义③,关于基于《护照法》的发给护照申请的拒绝处分(属于《行政程序法》上所说的对于申请的处分),最高法院认为:"基于何种事实关系、适用何种法规而拒绝发给一般护照,必须使申请人从该记载本身能够知晓。"④这也应该成为《行政程序法》下的基准。⑤ 仅提出根据规定,原则上是不充分的。⑥

(三)申请人的程序上的权利

行政厅一旦违反了从保护申请人的利益的观点规定的法律上的义务,就属于对申请人的程序上权利的侵害(行政厅的努力义务违反,在裁判上当然不能主张)。但是,实现权利的方法并不限于一种。与设定审查基准有关的瑕疵、理由附记的瑕疵,在拒绝处分之撤销诉讼的阶段都可以主张之。不过,这是否属于拒绝处分的撤销事由,留待后述。⑦

关于违反对于申请的审查应答义务,没有直接攻击(指控)的适当方

---

① 《行政程序法》第 8 条。
② 参见最高法院判决,昭和 38 年 5 月 31 日,载《民集》第 17 卷第 4 号,第 617 页。
③ 参见盐野著:《行政法Ⅰ(第六版)行政法总论》,第 223 页。
④ 最高法院判决,昭和 60 年 1 月 22 日,载《民集》第 39 卷第 1 号,第 1 页;《行政判例百选Ⅱ》第 129 案件。
⑤ 前述东京高等法院判决,平成 13 年 6 月 14 日,载《判例时报》第 1757 号,第 51 页,明确指出,《行政程序法》第 8 条第 1 款也和最高法院判决出于同一宗旨,进而,在与审查基准的关系上,关于就怎样的事实关系适用什么样的审查基准而实施了该处分的问题,判决指出,需要记载达到让申请人从该记载本身能够知晓的程度。该判决是值得参考的。
⑥ 此外,参见最高法院判决,平成 4 年 12 月 10 日,载《判例时报》第 1453 号,第 116 页;《行政判例百选Ⅰ》(第五版)第 126 案件。
⑦ 盐野著:《行政法Ⅰ(第六版)行政法总论》,第 264 页以下"程序的瑕疵与处分的效力"。

法(在前述东京高等法院判决的案件中,程序法违反被视为构成《国家赔偿法》上的违法)。不过,鉴于该义务的存在,即申请人对申请有审查要求权,关于拒绝受理、退还申请书等行政厅的行为,无视该权利而构成不作为的违法之期间的计算,从申请到达时算起。

在对于申请的处分的程序方面,《行政程序法》除预定由申请人提出申请书(包括附加材料,包括所谓在线申请①,《行政程序法》第 7 条)以外,没有设置听证及文书阅览的制度。在拒绝申请的情况下,属于对申请权的侵害,特别是在该申请制度涉及制约自由权的情况下,申请的违法拒绝,归根结底属于对自由权的侵害,对此应该保障听证等程序上的权利。这种见解也是完全可以成立的。不过,鉴于申请制度包括多种多样的内容,要从立法上区分应该听证等的情况和不应该听证的情况,是有困难的;关于申请,准备了审查基准的公布、信息的提供等制度;通过提出申请书,将申请人的信息提供给决定权者等,《行政程序法》对于申请并没有规定听证等程序上的权利。当然,像拒绝更新那样的场合,是剥夺申请人的既得利益的,所以,作为准撤回的不利处分来构成,也是可能的(制定法上也一样,《药事法》第 76 条规定,拒绝许可更新的情况应该被赋予辩明及提供有利证据的机会)。

(四)对于申请的处分的程序和行政指导

在《行政程序法》上,对于有关申请的行政指导,设定了特别的条款(《行政程序法》第 33 条)。《行政程序法》并不否定申请前或者申请后与申请有关的行政指导的存在本身。不过,在行政指导中,只要提出了申请,该申请便发生《行政程序法》上的效果,所以,行政厅的审查义务从那时也就发生了。另外,有必要注意的是,这并不否定承认行政指导的存在可以成为处分保留事由的最高法院判决。②

三、不利处分的程序——概述

(一)引言

行政程序中的公正程序,是以在程序上保护国民对于侵害处分的权利

---

① 参见盐野著:《行政法 I (第六版)行政法总论》,第 313 页"由私人进行的申请等的方法"。
② 最高法院判决,昭和 60 年 7 月 16 日,载《民集》第 39 卷第 5 号,第 989 页;《行政判例百选 I》第 132 案件。

和利益为出发点的。所以,适用以告知和听证为代表的行政程序的诸原则,可在典型的不利处分中得到最好体现。不过,侵害处分的内容多种多样,在成为《行政程序法》的适用对象的不利处分中也是一样。为此,作为一般法,《行政程序法》必须确保立法及解释运用的某种程度的灵活性。

(二)适用对象

成为《行政程序法》对象的不利处分,是以特定的人为相对人,赋课直接义务,限制其权利的行为。所以,在相对人不特定的情况(所谓一般处分)下,即使给国民带来不利效果,也不属于《行政程序法》上的不利处分。

进而,《行政程序法》本身也规定了从不利处分的概念中排除出去的事项。① 在这种意义上,其比行政法学上的侵害处分的概念更加限定了。

(三)程序的种类

不利处分的程序,基本上采取了作出处分的告知、被处分人的意见表明、处分的决定这样的过程。《行政程序法》根据不利处分的性质,将程序按照轻重等级分为听证和辩明机会的赋予两种。② 不过,除将处分基准的设定和说明理由作为共通的制度予以规定外,还有对辩明程序准用听证程序的规定,所以,处分的告知等共通的制度得以适用的情形较多。以下,考虑到叙述的方便,包括听证和辩明机会的赋予两者的共通事项在内,首先就听证程序进行考察,然后,就有关辩明程序的特别规定加以说明。

四、听证程序

(一)适用对象

听证程序,主要适用于不利处分之中的许可、认可等的撤销(包括行政行为论上的撤销和撤回两方面),相对人的资格或者地位的剥夺(其中有属于撤销和撤回的,也有像法人的解散命令那样,制定法上不采取撤销、撤回原行为形式的),干部等的解任命令等,可以说是不利程度严重的事项。对这些列举的事项,可以进行法定听证。③ 此外,行政厅根据其裁

---

① 《行政程序法》第 2 条第 4 项第 1—4 号。
② 《行政程序法》第 13 条。
③ 《行政程序法》第 13 条第 1 款第 1 项第 1—3 号。

量判断,对除此以外的不利处分,认为适当时,也可以采取听证的程序。这可以称为任意听证。

此外,即使是属于听证程序(及辩明程序)的处分,其中也有被排除在程序对象之外的处分。①

(二)行政厅的程序上的义务

在听证时,《行政程序法》上规定行政厅应该履行的程序,和对于申请的处分的程序一样,存在对于程序关系人的义务(下列2、3、4部分)和被解释为赋课努力义务的义务(下列1部分)之分。

1. 处分基准的设定和公布

行政厅必须努力制定关于是否作出不利处分、作出何种处分的判断所必要的基准(处分基准),并将该基准公布。② 这是努力义务。之所以没有作为法律上的义务来规定,是因为作为具体的基准进行整齐划一的规定,技术上有困难,通过公布,有时反而会助长对法的规避行为。但是,这种观点,在和审查基准的对比上,并不具有说服力。特别是和惩戒处分那样的情况不同,一般的许可、认可的撤销(撤回),是比例原则所涉及的,最终在很大程度上涉及先例拘束性。

这适用于所有的不利处分。但《行政程序法》上的处分基准之概念,不包括审查基准。

2. 听证的实施

行政厅必须将预定的不利处分之内容等,以书面形式通知不利处分的名义人,并实施听证。③ 在这里,告知和听证制度作为一般法而得以制度化。

3. 听证主持人的意见斟酌

行政厅作出不利处分的决定时,必须充分斟酌听证笔录及报告书④上记载的听证主持人的意见。⑤ 关于该义务的法意义,留待后述。⑥

4. 理由的提示

行政厅原则上必须在作出不利处分的同时向处分的名义人进行理由

---

① 《行政程序法》第13条第2款。
② 《行政程序法》第12条。
③ 《行政程序法》第15条。
④ 《行政程序法》第24条。
⑤ 《行政程序法》第26条。
⑥ 参见盐野著:《行政法Ⅰ(第六版)行政法总论》,第250页以下。

的提示。处分是以书面形式作出时,理由也必须以书面形式提出(《行政程序法》第 14 条)。这是作为公正程序的内容性原则之一的理由附记的制度化,是关于不利处分的共通制度。

关于理由的提示之程度,有必要按照处分的不同性质来判断。在与不利处分的关系上,关于蓝色申报书承认撤销处分,最高法院认为,理由的提示不仅限于根据法条,而且被撤销的"起因事实本身,也必须特定为使处分的相对人能够具体知晓的程度"①。对于蓝色申报承认撤销处分本身,不适用《行政程序法》②,这种观点被认为也适用于《行政程序法》适用对象的一般不利处分。此外,虽然处分基准公之于众,在该基准非常复杂,以至于被处分者对该处分被选择是以什么理由、根据怎样的处分基准之适用无法知晓的情况下,欠缺处分基准的适用关系的处分,比照《行政程序法》第 14 条的旨趣,最高法院判决认定其为违法。③

(三)不利处分的名义人的程序上的权利

受到侵害处分的人,为在处分程序中行使其防御权而具有一定的程序上的权利,这是公正程序的基本要求。对应行政厅的义务,《行政程序法》上承认的名义人的权利如下:

1. 接受告知和听证的权利

在听证程序中,当事人享有诸种程序上的权利。关于听证程序的构造,将在后面论述。告知和听证如有瑕疵,便构成处分违法,至于其对处分的效果将带来怎样的影响的问题,将在后面论述。④

2. 文书阅览权

当事人在听证期间,可以向行政厅要求阅览与该案调查结果有关的笔录等资料。在听证程序中,行政厅也可以基于职权继续进行调查,所以,与此相对应,文书阅览是随时可以请求的。⑤ 这是作为公正程序的内容性原则之一的文书阅览权的制度化。在与信息公开法进行比较的场

---

① 最高法院判决,昭和 49 年 4 月 25 日,载《民集》第 28 卷第 3 号,第 405 页。
② 《国税通则法》第 74 条之二第 1 款。
③ 最高法院判决,平成 23 年 6 月 7 日,载《民集》第 65 卷第 4 号,第 2081 页;《行政判例百选Ⅰ》第 128 案件,北岛周作解说。
④ 参见盐野著:《行政法Ⅰ(第六版)行政法总论》,第 264 页以下"程序的瑕疵与处分的效力"。
⑤ 《行政程序法》第 18 条。

合,在其公开的范围原则上也包括个人信息这种意义上,要宽广许多,在只限于该案件这层意义上则是狭窄的。①

(四)参加人的程序上的权利

参加人可经听证主持人的许可或者应其要求,参加听证程序。对其要求是否许可,授权主持人在考虑案件审理的必要性的基础上予以裁量。

参加人之中,因不利处分侵害自己的权利的参加人,享有文书阅览权。② 因该处分受到利益的参加人,没有文书阅览权。这是因为,《行政程序法》上的文书阅览是在对于不利处分行使防御权的限度内得以承认的。

(五)关系人的程序性权利保障的方法

关于听证当事人所作的文书阅览请求,辅佐人的出席许可请求,对于行政厅职员的提问许可请求,利害关系人的参加许可请求等,就对侵害这些人的程序性权利的行政厅及听证主持人的处分,不能基于《行政不服审查法》进行不服申诉。③ 这是因为,该权利可以说是程序过程所派生的权利,如果对这些权利设置通常的救济程序的话,便不能达到促进审理程序进行的目的。这种道理被认为也适用于撤销诉讼,就文书阅览请求等的拒绝处分,不能单独提起撤销诉讼。不过,既然是国民的法的权利,虽说是程序上的,亦必须谋求其救济,权利人可以在作为本体的不利处分的撤销诉讼中争议拒绝处分的违法(同样的问题,也存在于不服审查程序中)。④ 当然,在具体情况下是否属于撤销事由,则构成另外的问题。

(六)听证程序的基本构造

以上述行政厅的程序上的义务及程序关系人的程序上的权利为构成要素,《行政程序法》上的听证程序具有如下构造:

1. 听证程序根据行政厅的通知(告知)而开始。通知(文书)中必须记载预定的不利处分的内容、听证日期、场所等。⑤

---

① 关于两者的关系,参见宇贺克也著:《行政程序三法的解说》(第一次改订版),2015年版,14页以下。

② 《行政程序法》第18条。

③ 《行政程序法》第27条。

④ 参见盐野著:《行政法Ⅱ(第六版)行政救济法》,第28页"不服申诉人的程序上的权利"。

⑤ 《行政程序法》第15条。

2. 听证,由行政厅指定的职员及政令规定的其他人主持。还有关于与接受不利处分的人相关的人的回避规定。①。与此相对,关于行政厅的职员则没有限定。但是,从审理的存在方式(参照后述 3)及确保听证的信赖性等来看,直接参与案件的职员(担任调查者、草拟处分案者等),就事情的性质上说,应当予以排除。

3. 在听证日期内,行政厅的职员对处分的内容、成为根据的法条以及作为处分原因的事实进行说明,与此相对,当事人或者参加人则陈述意见,提出证据资料等,并向行政厅的职员提出有关问题,要求回答。在这期间,主持人也向当事人提出问题,要求行政厅的职员予以说明等。②

4. 听证日期内的审理,非公开是原则。不过,行政厅认为适当的情况下,根据其裁量,也可以公开进行。③ 之所以采取非公开原则,是为了保护当事人的隐私,不给行政厅方面增加负担(会场的确保、秩序的维持)。如果当事人要求公开进行,或者有保障社会公正更为重要的情况的,属于公开适当的事由。

5. 主持人在每次听证后都要制作记载听证审理经过的听证笔录。主持人在听证终结之后,制作报告书。报告书中记载主持人关于当事人等的主张是否有理由的意见。笔录、报告书都提交行政厅,当事人、参加人都可以请求阅览。④

6. 行政厅作出不利处分的决定时,必须充分斟酌笔录的内容和报告书中记载的主持人的意见。⑤

从以上《行政程序法》上听证程序的构造,可以看出如下几点:

(1)听证程序,是在听证期间,由行政厅的职员和当事人(或者参加人)围绕事实而提出证据、反证据(本证与反证),并由听证主持人以此为基础而就事实关系作出判定,因而不是由不利处分的相对人进行的单纯意见陈述。在与这一点的关联上,处分基准的适用关系不仅限于理由的提示⑥,作为前述 1 通知书之内容,进而被认为应当在 3 听证日期质疑的

---

① 《行政程序法》第 19 条。
② 《行政程序法》第 20 条。
③ 《行政程序法》第 20 条第 6 款。
④ 《行政程序法》第 24 条。
⑤ 《行政程序法》第 26 条。
⑥ 盐野著:《行政法Ⅰ(第六版)行政法总论》,第 247 页"理由的提示"。

过程中予以明确。①

（2）所以，我们说行政厅斟酌听证笔录及主持人的意见作出决定，并不是单纯地予以参考，行政厅当然不能基于笔录上没有记录的事实进行判断（这一点被作为通知的问题来处理），也不允许其基于使当事人等没有利用记录阅览请求机会之余暇的调查资料作出处分。如听证日期过后收集了新的证据那样的情况，成为重新举行听证的事由。②

（3）但是，鉴于行政厅并不像行政委员会那样得以保障行使职权的独立性，听证主持人是行政厅所指定的职员，并没有设置关于听证的特别职位，没有正式的证据调查程序等，所以，这种听证程序不能作为准司法程序乃至行政审判来定位。③

（4）在这种意义上，将经过听证程序的行政厅处分和实质性证据的法则及其他行政审判所特有的效果相联系，从立法论上看是不适当的，在解释论上也是困难的。关于这一点，《行政程序法》只是设置了行政上的不服申诉的限制规定。④

（5）关于在经过听证程序之后，行政厅作出不实施不利处分的判断的情况，《行政程序法》没有设置相应的规定，但是，行政厅应该将不实施处分的宗旨通知相对人。该通知被认为不属于不予追问这种意义上的处分。不利处分的决定的内容比听证的通知所提示的内容对相对人的侵害更轻，例如，听证的通知所提示的是营业许可的撤销，而不利处分的决定将其改为营业许可的停止，这是可以被允许的。

五、辩明程序

（一）适用对象

辩明程序的对象是成为听证程序对象的处分以外的不利处分。⑤ 概括地说，许可的停止、设施的改善命令等，与成为听证程序对象的处分相比较，对相对人的利益侵害程度轻微的即属于此类。由于立法技术的理

---

① 详细论述这一点的研究成果，有平冈久著：《处分基准的合理性与听证程序中的理由揭示》，载《法学杂志》第60卷第2号，2014年，第115页以下。
② 《行政程序法》第25条。
③ 关于行政审判，参见盐野著：《行政法Ⅱ（第六版）行政救济法》，第35页以下"行政审判"。
④ 《行政程序法》第27条第2款。
⑤ 《行政程序法》第13条第1款第2项。

由,关于物,一律适用辩明程序,所以,有必要根据对象物的不同而采取适当的立法对策。①

(二)辩明程序的特色

与听证程序相比,辩明程序是更加简式的程序。也就是说,在辩明程序中,处分基准的设定和公布②、不利处分的说明理由③均适用,也预定了相同宗旨的处分的告知④,但是,没有参加人、辅佐人的观念,完全是作为不利处分名义人的当事人(包括代理人⑤),通过提出辩明书、证据资料等来行使防御权(行政厅允许的情况下,也可以口头辩明)。此外,也没有承认文书阅览权。

听证,一般被认为是公正程序的内容中最为重要的原则。听证的方式也因处分的种类不同而各不相同。这是各国共通的现象。在这种意义上,《行政程序法》上的手法也是一种方法,而成为辩明程序对象的处分也在侵害程度、事后的恢复困难程度等方面存在多种多样的形态,所以,应该期待行政厅为充分利用听证程序⑥,容忍口头辩明等而采取适切的应对策略。

关于经过辩明程序之后的处置,与听证相同。

六、辩明程序与听证程序

《行政程序法》根据处分的种类将辩明程序和听证程序区别开来。对于许可业主等进行的违反法令等的行为,行政厅或者依据辩明程序来停止许可(暂扣执照),或者通过听证程序来撤销许可(吊销执照),有必要作出选择。不过,就听证程序的结果而言,行政厅可以取代许可撤销处分而作出许可停止处分。⑦ 与此相对,因许可停止而辩明程序正在进行,随着调查的推进发生了被判断为撤销许可更为妥

---

① 关于基于《建筑基准法》第 9 条第 1 款作出的建筑物拆除命令,不利处分的名义人可以取代意见书的提出而请求进行公开的意见听取——第 3 款。
② 《行政程序法》第 12 条。
③ 《行政程序法》第 14 条。
④ 《行政程序法》第 30 条。
⑤ 《行政程序法》第 31 条、第 16 条。
⑥ 《行政程序法》第 13 条第 1 款第 1 项第 4 号。
⑦ 参见盐野著:《行政法Ⅰ(第六版)行政法总论》,第 251 页(5)。

当的事态时,不能以辩明程序取代听证程序,有必要重新采取听证程序。

此外,不存在关于暂且停止许可,其后作出正式的许可撤销处分这样的临时不利处分的一般性法制(但是,作为个别法的应对事例,有《建筑基准法》第 9 条第 7 款所规定的临时的使用禁止命令,《道路交通法》第 103 条之二所设置的执照的效力之临时停止等。关于稍微有点类似的制度,有《国家公务员法》第 79 条第 2 项规定的公务员的起诉停职制度)。但是,《行政程序法》上的听证、辩明的制度如果作为标准制度而适当的话,在采取听证程序之前,通过临时的辩明程序来进行许可的停止等的必要性更大。将来,有必要在个别法中,进而在《行政程序法》中考虑临时不利处分程序的制度。如果不这样,《行政程序法》第 13 条第 2 款第 1 项的紧急性就会产生被不适当地扩大解释的危险。

第六节 《行政程序法》(3)——行政指导程序

一、引言

《行政程序法》对行政指导设置了规定,这并不表明该法对行政指导这一行政的行为形式的是非功过作出了特定的判断。换言之,《行政程序法》关于行政指导的存在本身是中立的。不过,鉴于行政指导的存在方式有时是极其不透明的,此外,其运用方法欠缺适当的事例在裁判上也可以见到,因而应在法律上规定其方法中的基本原则及方式中的明确性的原则,同时要设置明确性的保障手段。

二、行政指导的基本原则

关于行政指导,一般地说,没有根据法及规制法而实施的较多,即使在这种情况下,也应该在行政主体所掌管事务的范围内进行,比例原则等行政法上的基本原则也应该涉及,这在学说上是没有异议的,判例上也提示了其界限。[1]《行政程序法》将这种法理分为三种,即一般原则[2]、与申

---

[1] 参见盐野著:《行政法Ⅰ(第六版)行政法总论》,第 173 页。
[2] 《行政程序法》第 32 条。

请相关的行政指导①、与许认可等权限相关的行政指导②,设置了确认性的规定。这三条都是规定行政指导的实体性界限的,在这种限度内,属于实体法。必须注意如下几点:

1. 行政指导只有通过相对人的任意协力才能实现。这是基于行政指导在定义上不属于处分的当然结果。③ 这并不是说实施行政指导的人反复说服相对人应该服从行政指导,将一概被否定。④

2. 对属于禁止的以不服从行政指导为理由而给予的不利待遇的不利,法条上没有明确规定,所以说被委托给了解释。但是,这里除法的处理(例如,关于许认可的差别对待)以外,也包括事实上的行为(例如,拒绝提供信息)。对不服从行政指导的事实予以公布,当那样做对于公众来说是必要的信息提供时,虽然不是这里所说的不利待遇,但其作为制裁目的而实施,则是不被允许的。关于制裁性公布,从法律根据上来看也有问题。⑤

3. 关于行政指导的基本原则,在法律条文上,都是以对从事行政指导者即职员的法令上的职务义务的形式来规定的。行政指导本身,从定义上来说,是作为行政机关的行为来把握的。⑥ 不过,现实的行政指导正是由构成行政机关的具体职员来实施的,并且,他们的行为成为过度行使、不透明性、不明确性的批评对象,因此,《行政程序法》以直接从事行政指导者的职务义务的形式设置了规定。

三、行政指导的方式等

关于行政指导,由于责任所在的不明确、内容的不明确等理由,其不透明性成为批评的对象。

对于这一点,《行政程序法》第 35 条规定了行政指导明确性的原则。并且,鉴于行政指导的多样性,虽然没有一律采用文书主义,但

---

① 《行政程序法》第 33 条。
② 《行政程序法》第 34 条。
③ 《行政程序法》第 2 条第 6 项。
④ 参见最高法院判决,昭和 60 年 7 月 16 日,载《民集》第 39 卷第 5 号,第 989 页;《行政判例百选Ⅰ》第 132 案件。
⑤ 参见盐野著:《行政法Ⅰ(第六版)行政法总论》,第 200 页"公布违反事实"。
⑥ 《行政程序法》第 2 条第 6 项。

是,以相对人的要求为要件,规定了文书交付义务,以此试图保证明确性的原则(以第 1 款规定一般原则,以第 2 款规定许认可权限行使的特别原则)。这种义务,如果有行政上的特别障碍便可以免除,而这种情况并不是指单纯的事务量的增大,而是指更加实质性的,即由于交付文书,结果将行政指导的宗旨、内容向一般公众公布,使事务的执行严重困难的情形。

此外,行政指导的相对人是否基于这一规定而具有文书交付请求权,便成为需要研究的问题,这在学说上是存在争议的。① 关于行政指导的方式,鉴于《行政程序法》以从事行政指导者职务上的义务之形式设置了规定,而行政指导相对人的文书交付要求被作为文书交付这一职务义务发生的开端来规定这一现实,相对人依据该规定,不能直接以该职员或者行政主体为被告,在裁判上主张文书交付请求权。这样解释也是能够成立的。但是,考虑到作为职务上的义务予以规定是基于立法技术的理由,对于行政指导来说,不存在以撤销诉讼等其他手段追究违反文书交付义务之责任的途径(因为没有作为本体的处分)等,也存在将其作如下解释的余地,即以该规定为根据,以该行政指导所归属的行政主体为被告,可以行使文书交付请求权。不过,考虑到时间性要素等,其实效性并不很高。因而,通过行政苦情处理等请求纠正违反职务义务的方法或者制度的构筑是更加理想的。

行政指导有时以所谓纲要行政进行;有时不是直接对个别企业,而是通过行业进行行政指导。这样,在相对人为复数的情况下,为了防止不公平的事态,《行政程序法》对于这些情况原则上采取公布主义。②

进而,被导入《行政程序法》中的意见公募程序③,行政指导指针也是适用的对象,这实际上也开启了行政指导的国民参加之路。当然,对此,关于作为程序法的古典的制度之听证程序、辩明程序等,《行政程序法》没有设置一般性的规定,而是委任给个别法规定,这样做的原因,被认为是源自行政指导形式多种多样,不具有直接的法效果这种行政指导的特性(关于个别法的规定,有《关于感染症的预防及对于感染症患者的医

---

① 参见盐野、高木著:《条解行政程序法》,第 35 条[17]。
② 《行政程序法》第 36 条。
③ 盐野著:《行政法 I (第六版)行政法总论》,第 262 页"意见公募程序"。

疗的法律》第 19 条的说明义务,《社会福祉法》第 56 条第 5 款、第 58 条第 4 款的辩明之机会的提供等)。

四、行政指导的中止等的请求

鉴于行政指导的实际上的效果,作为事后救济的一环,新导入了行政指导的中止等的请求制度。① 申请人是行政指导的相对方,申请的客观要件是该行政指导违法。在这种限度内,是对应《行政事件诉讼法》上的撤销诉讼的制度,是行政过程中的事后救济制度。不过,对于该申请,要求行政机关必须进行必要的调查,在该行政指导存在法令违反时,必须采取必要的措施,而是否采取措施,采取怎样的措施,是否将其结果通知申请人,《行政程序法》上都没有特别的规定。鉴于其与后述处分等的规定(第七节)的条文之构成相等,哪一种都被视为对行政机关督促判断的契机,故而被解释为对行政机关没有赋课应答义务。② 不过,鉴于该申请是以申请人适格为前提的事后救济措施,被解释为可以考虑调查结果的通知义务等措施。③

第七节 《行政程序法》(4)——处分等的请求

一、导入新制度的经过

在这里,处分等的请求,是指存在法令违反事实的情况时,为了对其进行纠正而请求处分或者行政指导之发动的程序,这是伴随《行政不服审查法》的全面修改而新导入的制度。④ 新的制度,与其说是《行政程序法》的内在发展,倒不如说是在行政过程中也导入与通过修改《行政事件诉讼法》而实现的义务赋课诉讼⑤相对应的制度。在检讨过程中,2007 年总务省网站刊发《行政不服审查制度检讨会报告》,认为对

---

① 《行政程序法》第 36 条之二。盐野著:《行政法Ⅰ(第六版)行政法总论》,第 237 页。
② 行政管理研究中心编:《逐条解说行政程序法》(平成 27 年改订版),第 271 页以下。
③ 参见常冈孝好著:《行政程序法修改法案的检讨》,载《法学者》第 1371 号,2009 年,第 33 页。
④ 《行政程序法》第 36 条之三。盐野著:《行政法Ⅰ(第六版)行政法总论》,第 237 页。
⑤ 盐野著:《行政法Ⅱ(第六版)行政救济法》,第 191 页以下"义务赋课诉讼"。

义务赋课诉讼中的申请型,应当以《行政不服审查法》来应对;对所谓非申请型,应当通过《行政程序法》来处理,基于该报告的《行政程序法修改法案》于2008年被提交国会。但是,该法案未成立便成为废案。在民主党政权之下新创立的行政救济制度检讨团队于2011年在内阁府网站上提出了也包括非申请型在内的"义务赋课裁决"的新设方案,提案在《行政不服审查法》中处理与修改《行政事件诉讼法》平仄相合的制度之创设问题。但是,这个提案也由于政权交替而未达至实现。在重新进入自由民主党政权之下,与昭和37年《行政不服审查法》的全面修改法案一起,《行政程序法修改法案》被重新提出并获得通过。导入新制度经历了这样的过程。关于处分等的请求,在内容上,与2008年法案相比没有变化。

二、制度的概要

（一）能够请求处分等的主体,是"任何人",没有将所谓申请适格作为要件。从条文上看,似乎可以解读为地方公共团体也可以向国家的行政厅或者行政机关提出申请。

（二）在申请之际,要求提出揭示了"违反法令的事实之内容""处分或者行政指导的内容""成为处分或者行政指导之根据的法令的条款""推测应当作出处分或者行政指导的理由"的文书。

（三）接受申请的行政厅或者行政机关,被赋课了调查义务。其结果是,当认为有必要时,便要作出处分或者行政指导。但是,在作出处分或者行政指导时,或者没有作出处分或者行政指导时,无论是哪种情况,都没有从法条文上赋课对于申请人的通知义务(不过,在与修改《行政程序法》的施行相关的总务省行政管理局长通知中,指出"应当努力予以通知"[1])。

（四）处分等的请求,是"将来自一般人的申请看作由行政厅或者行政机关进行适正的规制、监督之契机"[2],所以,与属于原告的主观性权利利益之救济制度的非申请型义务赋课诉讼,在制度上的功能不同。进

---

[1] 行政管理研究中心编:《逐条解说行政程序法》(平成27年改订版),第421页。
[2] 行政管理研究中心编:《逐条解说行政程序法》(平成27年改订版),第275页。

而,在脱离了国民个人的权利利益之保护这种《行政程序法》本来的理念①这一点上,可以说是与行政立法程序一起,给《行政程序法》注入了新的要素。在这种意义上说,今后该制度将怎样由国民来利用,是令人注目的。并且,关于没有采用非申请型义务赋课审查请求制度的理由,行政不服审查制度检讨会中间汇总及该检讨会报告,无论哪一个都不明确,进而,在审议录中,从汇总案、报告案的任何一个中虽然可以看到个别的赞否之意见表明,但没有揭示多数、少数的统一性见解。在众参两院的国会审议中,甚至都没有成为审议的对象。在这种意义上,要求处分等的请求之法规范解释学提供证据以解明。

第八节 《行政程序法》(5)——备案程序

一、概念和适用对象

即使法令上使用备案这一术语,其法的意义也并不完全一样。② 从术语的通常用法来看,被解释为只不过是将单纯的某种事实通知行政厅的私人方面的单方性行为而已。但是,也建立了像婚姻登记那样,预定了行政厅方面要进行重婚、年龄等一定的要件审查的制度。在《行政程序法》上,像这种情况,是被作为实质上基于申请的处分的程序来处理的。从这一点来看,《户籍法》在将登记的受理(不受理)也作为处分的基础上,关于户籍案件的市町村长的处分,采用了《行政程序法》的适用除外措施——《户籍法》第 121 条(依据《居民基本台账法》作出的转入登记的不受理,同样大致属于《行政程序法》上的处分)。③

与此相对,在法律上只不过对私人规定了一定事项的备案义务而已时,在现实的行政事务处理上,则会发生备案的拒绝受理、备案的退还等

---

① 盐野著:《行政法Ⅰ(第六版)行政法总论》,第 234 页。
② 参见稻叶一将著:《备案制的法理》,载《行政法的争点》,第 52 页。
③ 参见《居民基本台账法》第 31 条之二。此外,作为以将转入登记不受理视为处分为前提来处理案件的判决,参见最高法院判决,平成 15 年 6 月 26 日,载《判例时报》第 1831 号,第 94 页。明确指出其是处分的判决,有东京地方法院判决,平成 13 年 12 月 17 日,载《判例时报》第 1776 号,第 32 页(第 37 页)。

和申请的情况下会发生的相同问题。① 鉴于此,《行政程序法》关于备案也从公正程序的观点出发设置了规定。

综上所述,成为程序法的对象的备案,是由行政厅方面对不具有内容性要件审查权限的备案。②

二、备案的效果

备案,只要满足了形式上的要件(文书等),从到达之时起,便视为法律上赋予私人的义务得以履行(《行政程序法》第37条),即具有作为备案的效果。在这种限度内,是没有将受理的观念填充进来的余地,这与申请的情况相同。③

如果备案不符合真实情况,该备案具有何种意义(是备案无效,还是由行政厅作出某种处分)的问题,是规定该备案的法令的解释问题,而不是《行政程序法》的问题。

进行了欠缺形式要件的备案,等于没有履行法的义务。关于其存在与否的争议,在《行政程序法》上,不是通过以没有满足形式性要件为理由作出的不受理处分、驳回处分的撤销诉讼(前述宇都宫地方法院判决作出了备案的受理拒绝撤销判决),由于行政厅本来不具有该处分权限,所以,作为诉讼的形式,应该采取以备案的存在、不存在为前提的诉讼形态。④

第九节 《行政程序法》(6)——命令、计划程序

一、命令程序

(一)程序整备的经过

《行政程序法》当初并未将行政立法作为其对象。可是,行政立法的程

---

① 关于产业废弃物处理设施的设置备案,参见宇都宫地方法院判决,平成3年2月28日,载《行裁例集》第42卷第2号,第355页。

② 《行政程序法》第2条第7项。

③ 采取这种旨趣的判例,参见福冈高等法院那霸支局判决,平成9年11月20日,载《判例时报》第1646号,第54页;名古屋地方法院判决,平成13年8月29日,载《判例时代》第1074号,第294页①。

④ 相同旨趣,参见室井力、芝池义一、浜川清著:《行政程序法、行政不服审查法》(第二版),2008年版,第273页(高桥正德)。不过,也有反对意见,参见前书同页。

序性统制的重要性,也包括比较法的研究在内,在学说上得以明确的同时①,在实务中也成为备受瞩目的问题,于是,以阁议决定(1999年3月23日)通过的《关于规制的设定或者改废的意见提出程序》(所谓公众评议程序)得以实行。② 该公众评议程序,从法的角度来看仅限于训示性的规定,同时,也被限定于规制性领域。这样,行政立法程序的不完备状态一直持续下来,在规制改革推进的过程中,相关程序的健全完善之重要性进一步被人们所认识,以进行有关行政立法程序法制化的专门性探讨为主要课题的行政程序法研讨会,在总务大臣之下得以召开。该研讨会于2004年(平成16年)12月提出了报告书。以该研讨会报告书为参考的修改法案,被提交第162次国会,于2005年(平成17年)6月29日公布了修改法(从公布之日算起,在1年的时间内,自政令规定的日期开始施行)。③

(二)适用范围

《行政程序法》表述其适用对象,并不是使用行政立法这种学术上的用语④,而是作为"命令等",在定义规定⑤中予以具体化的。关于适用范围的问题,有必要注意如下几点:

1. 命令是指政省令(不过,也包括规定处分之要件的告示在内),规则是指地方公共团体的执行机关(首长、委员会等)制定的规则。此外,由于议院规则、最高法院规则不是行政机关所制定的规则,所以不成为适用对象。成为适用对象的审查基准、处分基准和行政指导指针(参见

---

① 关于欧美诸国的动向和日本法的课题,有常冈孝好编:《行政立法程序》,1998年版。行政立法程序在美国尤其很发达,对美国和日本进行对比检讨的研究成果,有常冈孝好著:《公众评议与参加权》,2006年版;野口贵公美著:《行政立法程序的研究》,2008年版。前者是从国民的参加权的角度而后者是从公正程序的观点进行的分析,无论是作为美国法的理解,还是作为日本法的理解,都有必要注意两面性。此外,角松生史著:《程序过程的公开与参加》,载《行政法的新构想Ⅱ》,第307页以下,认为意见公募程序现实的功能,与其说是"对事务处理的介入",倒不如说在于"批评",即作为制度,意见公募程序是将重点置于说明责任。现实的功能到底呈现出怎样的形态,虽然并不明确,但是,无论如何都存在无法纳入从前的行政程序合法制之框架的情形。
② 包括阁议决定在内,参见《法学者》第1159号,1999年所刊载的论文等。
③ 关于修改法的概要,参见白岩俊著:《修改行政程序法的一部分的法律》,载《法学者》第1298号,2005年,第60页以下。
④ 参见盐野著:《行政法Ⅰ(第六版)行政法总论》,第76页"行政立法——法规命令和行政规则"。
⑤ 《行政程序法》第2条第8项。

后述相关内容),作为与国民的权利利益相关的规定,是实质性概念。与此相对,命令是政令和省令这种形式性概念。不过,组织性规范、财务会计性规范被作为适用除外事项(后述 4),所以,成为适用对象的行政立法与法规命令①在外延上是一致的。

2. 在讲学上,属于行政规则范畴的审查基准、处分基准②也是适用对象。这些已经在公众评议程序中成为对象,而将其纳入《行政程序法》的适用对象,我认为,对于超越规制性基准的范围,从制定法上谋求该程序性整备来说,具有重大的意义。并且,通过修改法,对审查基准、处分基准又新设定了定义规定。③

3. 关于以复数的人为对象的行政指导,以行政指导程序设置了共通事项的制定、公布等的特别规定④,而这种共通事项被命名为行政指导指针⑤,成为适用对象。

4. 与处分相同,关于命令等也规定了数个层次上的适用除外。即规定行政立法程序的《行政程序法》第六章意见公募程序等的适用本身存在被除外的事项。关于公务员的勤务条件而规定的命令等⑥,关于行政组织而规定的命令等⑦,就是这种情形。第六章中,关于作为其本体的意见公募程序本身,也列举了被适用除外的场合。⑧ 其中,有经过三方构成的审议会等的审议的命令等(第 4 项),与对于税作出规定的法律之制定、改废相关的命令等(第 2 项)。在这种情况下,不伴随法律的制定、改废而制定命令、通知等之时,被理解为不能成为适用除外)。被作为适用除外的理由各种各样,但有必要针对包括关于处分的适用除外事项在内的适用除外的合理性进行探讨。

---

① 参见盐野著:《行政法Ⅰ(第六版)行政法总论》,第 77 页"法规命令"。
② 制定行政的行动基准的具体动机及其领域是各种各样的。从《行政程序法》的角度来看,该法所规定的审查基准(该法第 5 条)、处分基准(该法第 12 条),对应于有关处分的个别法的规定之宗旨,有时是解释基准,有时是裁量基准(给付规则)。参见盐野著:《行政法Ⅰ(第六版)行政法总论》,第 224 页。
③ 《行政程序法》第 2 条第 8 项第 2—3 号。
④ 《行政程序法》第 36 条。
⑤ 《行政程序法》第 2 条第 8 项第 4 号。
⑥ 《行政程序法》第 3 条第 2 款第 5 项。
⑦ 《行政程序法》第 4 条第 4 款第 1 项。
⑧ 《行政程序法》第 39 条第 4 款各项。

5. 关于地方公共团体的机关所制定的行政立法,被从《行政程序法》的适用对象中排除出去,但是,地方公共团体必须遵循《行政程序法》所规定的旨趣,努力采取必要的措施。①

(三)进行行政立法的基本原则

从依法律行政的原理出发,行政立法必须服从法律。于是,《行政程序法》规定,制定命令等的机关,在制定命令等之际,必须努力使得该命令等适合于成为制定这些命令等的根据的法令的旨趣。② 进而,根据事情的变化,行政立法也有可能变得不再符合法律的旨趣③,所以,《行政程序法》规定,制定命令等的机关,在事后也要观察社会经济情势的变化等,就命令等的内容进行探讨,以努力确保其正确。④ 这虽然只是确认性规定,但是,从在制定法上明确规定这个角度来看,其意义巨大。此外,该规定与行政指导的基本原则一样,是实体性规定。

(四)意见公募程序

《行政程序法》上新规定的意见公募程序及附随于该程序上的程序,与从前是作为公众评议而付诸实行的程序,基本上是一样的。也就是说,行政机关(命令等制定机关)欲制定命令等之时,必须将方案及关联资料予以公示,广泛征求一般的意见(包括信息)。⑤ 意见提出期间为从公示之日起 30 日以上。⑥ 该行政机关必须充分考虑所提交的意见⑦,也必须公示所提交的意见以及对该意见予以考虑的结果。⑧ 针对各个阶段,设置了特别规定。理解意见公募程序,有必要注意如下几点:

1. 成为《行政程序法》的适用对象的命令等,是关于国民的权利利益

---

① 《行政程序法》第 46 条。
② 《行政程序法》第 38 条第 1 款。
③ 参见旧《监狱法施行规则》,最高法院判决,平成 3 年 7 月 9 日,载《民集》第 45 卷第 6 号,第 1049 页;《行政判例百选I》第 52 案件。《农地法施行令》,最高法院大法庭判决,昭和 46 年 1 月 20 日,载《民集》第 25 卷第 1 号,第 1 页;《行政判例百选I》第 51 案件。盐野著:《行政法 I(第六版)行政法总论》,第 79 页以下。
④ 《行政程序法》第 38 条第 2 款。
⑤ 《行政程序法》第 39 条第 1 款。
⑥ 《行政程序法》第 39 条第 3 款。
⑦ 《行政程序法》第 42 条。
⑧ 《行政程序法》第 43 条第 1 款。

的,其公正的确保、透明性的提升,有助于国民的权利利益之保护。① 不过,能够提出意见的人,并不限于利害关系人,其是向一般国民开放的程序,在这里,对日本的行政程序法制增加了一定程度的民主性要素。虽然说在修改之时并未曾对《行政程序法》的目的规定加以修改,但是,有必要注意的一点是,形式性、僵硬地解释目的规定,是无助于法的合理发展的。②

2. 意见公募程序,并不是代替所谓问卷调查乃至国民投票的制度,所以,关于所公示的命令等的方案的赞成与否的多寡,其本身并不能成为意见考虑之际的考虑要素。即使只是一种意见、信息,对其考虑的结果,也有可能会导致最初的方案被变更。

3. 意见公募程序是针对成为适用对象的行政立法而规定的程序,相对于行政机关的其他诸决定,处于中立地位。所以,对于实务上所进行的政策建议型审议会③的建议进行公众评议,修改法不会消极地发挥作用。

二、计划程序

鉴于对计划的裁量得以广泛承认④,为了行政计划内容的公正化,对其进行程序性规制,便具有极其重要的意义。在这种情况下,与行政行为的程序性规制目前只是在与处分的相对人的关系上来考虑相对,在行政计划中,基于目标的设定和为实现该目标的复合性手段的提出这种行政计划的性质,程序参加的根据也分为复数:计划的民主控制、利害关系人的参加、专门知识的导入等。⑤ 此外,作为其具体方法,可以考虑:咨询委

---

① 参见野口贵公美著:《行政立法程序的研究》,2008 年版,第 244 页。
② 在这一点上,常冈孝好著:《公众评议与参加权》,2006 年版,第 50 页,将目的规定之中未曾加入"参加"的术语视为问题,而这件事情与命令制定程序的参加权是否对国民予以承认,如何构成其诉讼上的主张方法(常冈孝好著:《公众评议与参加权》,2006 年版,第 147 页,展开了积极论),是不同的问题。此外,纸野健二著:《行政立法程序的整备和透明性的展开》,载《法政论集》第 213 号,2006 年,第 501 页,也是论述目的规定,认为通过行政立法程序的导入,添加了目的规定之透明性的观念之变更。该论文作为目的规定的替换解读,是有兴趣的说明,但被认为固执于目的规定的意义单薄。
③ 参见盐野著:《行政法Ⅲ(第五版)行政组织法》,第 71 页以下"审议会"。
④ 参见盐野著:《行政法Ⅰ(第六版)行政法总论》,第 179 页"行政计划与裁量"。
⑤ 参见盐野著:《国土开发》,第 235 页以下;佐藤英善著:《经济行政法》,1990 年版,第 352 页。

员会方式①、公开听证会方式②、协议方式③,进而还有居民直接参与方式(制定法上尚不存在这种方式)等。④ 可以说,行政程序中的现代课题也正在这里,而在《行政程序法》的立法过程中设置统一的规范,被留作今后的研讨课题。⑤

第十节 程序的瑕疵与处分的效力

行政行为不具备法定的实体性要件时,便具有无效或者应予以撤销的瑕疵,这是依法律行政的原理的当然归宿。与此相对,关于对程序规制的违反,问题则较为复杂。即如果说私人方面享有只接受依据公正程序的处分这种意义上的程序性权利的话,那么,违反程序,作为对私人权利的侵害,当然被解释为处分的撤销理由或无效事由。与此相对,如果认为程序是保障处分内容正确的,其本身并不在私人方面产生独立的程序性权利的话,那么,违反程序并不会当然地影响处分的效力。

进而,这个问题与法院对行政行为的审查范围问题也是相关的。即在日本,对行政行为的审查,通过承认实质性证据的所谓行政审判来进行审判的司法审查暂且不论,原则上法院不仅限于对法律问题,而且对事实问题也进行审理判断(在这一点上,与一般情况下司法审查不涉及有关事实问题的美国不同)。⑥ 因此,在法院审理过程中,关于该行政行为,便会出现虽然其程序有瑕疵,但行政厅的实体性判断却是正确的现象。在这种情况下,结果正确而程序错误,是否应该撤销处分即成为需要研究的问题。

---

① 《国土利用计划法》第 5 条、第 7 条,《都市计划法》第 18 条。
② 《都市计划法》第 16 条。
③ 《国土利用计划法》第 7 条、第 9 条。
④ 关于计划程序整备的诸论点,另外参见见上崇洋著:《行政计划的程序性统制》(1989年),载见上著:《行政计划的法的统制》,1996 年版,第 329 页以下;西谷刚著:《计划程序的立法判断》,载《成田古稀》,第 183 页以下。
⑤ 关于计划程序,行政程序法研究会(第一次)就土地利用规制计划制定程序、公共事业实施计划确定程序,曾经以纲要案的形式进行了提案(载《法学者》第 810 号,1984 年、第 53 页以下),在其后的行政程序法制定过程中,也是由于计划的多样性之原因,一直没有实现(也包括对纲要案的评价,探讨了现阶段计划策定程序之问题的研究成果,有交告尚史著:《计划策划制定程序》,载《法学者》第 1304 号,2006 年,第 65 页以下)。
⑥ 参见盐野著:《行政法Ⅱ(第六版)行政救济法》,第 39 页以下"审判的效力"。

的确,程序规制具有作为产生实体上正确决定之手段的意义。但在实体正确的情况下,如仅以程序的瑕疵而撤销,行政厅最终还会以公正程序作出同样的处分,这样会违反行政经济的原则。这种观点也是可能成立的。① 但是,问题在于何为正确的决定。基本上应该立足于只有正确的程序才能产生正确的决定这一前提。此外,纠正程序以后,行政厅是否作出相同处分,也不应该当然地作为前提。进而,如果认为只要实体没有错误就可以的话,便会导致程序上的规制之保障手段失去其存在的意义。

关于这一点,判例将理由附记看作独立的撤销事由。②

另外,关于听证程序的违法性,有明确将其作为与处分的实体合法性相独立的撤销事由的判例③,也有判定听证在法律上是必要的,在没有进行听证时作出处分则是具有重大瑕疵的判例④,而最高法院在个人出租车案件和群马中央公共汽车案件中认为,只有在听证程序的瑕疵具有影响结果正确的可能性的情况下,才带来处分的违法。⑤ 最高法院的这两个案件,都是有裁量判断余地的许可案件,在进入法院阶段知道了当初在听证程序中没有出现的证据资料,采取了请求行政厅再次判断的方法。不过,由于这两个最高法院判决是在《行政程序法》制定以前作出的,所

---

① 从这种观点出发,由制定法提示了一种解决方法的是德国《联邦行政程序法》上的观点。该法第 46 条(1996 年修改)规定:"根据第 44 条未被判为无效的行政行为之撤销,当(程序规定)违反对该案件的决定没有产生影响这件事情是明白的时候,不得仅以该行政行为违反了有关程序、形式、土地管辖的规定为理由,而提出请求。"关于围绕该条款的近年来的德国的状况,参见海老泽俊郎著:《行政程序的瑕疵与行政行为的效果》,载《小高古稀》,第 8 页以下。此外,高木的《行政法讲义案》在将德国的体系作为实体性统制进行整理的基础上,认为在日本,这个道理也是适当的(高木著:《行政法讲义案》,第 84 页以下、第 91 页、第 98 页),其根据并不明确(关于参考判例,列举了《行政程序法》制定前的两个最高法院判决)。

② 最高法院判决,昭和 60 年 1 月 22 日,载《民集》第 39 卷第 1 号,第 1 页;《行政判例百选 I》第 129 案件;最高法院判决,平成 23 年 6 月 7 日,载《民集》第 65 卷第 4 号,第 2081 页;《行政判例百选 I》第 128 案件。

③ 大阪地方法院判决,昭和 55 年 3 月 19 日,载《行裁例集》第 31 卷第 3 号,第 483 页。

④ 大阪高等法院判决,平成 2 年 8 月 29 日,载《行裁例集》第 41 卷第 8 号,第 1426 页。该案件是有关没有进行《道路法》第 71 条第 3 款所规定(当时)的听证而发布同条第 1 款工事中止命令之撤销请求的案件。

⑤ 最高法院判决,昭和 46 年 10 月 28 日,载《民集》第 25 卷第 7 号,第 1037 页;《行政判例百选I》第 125 案件——所谓个人出租车案件。最高法院判决,昭和 50 年 5 月 29 日,载《民集》第 29 卷第 5 号,第 662 页;《行政判例百选I》第 126 案件——所谓群马中央公共汽车案件。

以被认为对于《行政程序法》制定后的案件并不能当然地适用。①

在以上判例发展的基础上,《行政程序法》得以制定,此时,公正程序四原则之告知和听证、理由的提示、文书阅览、审查基准的设定和公布,都被明确地作为行政厅的行为义务而得以规定,由此可见,私人被赋予了要求行政厅遵循该行为义务而行动的程序上的权利,对该权利的侵害,作为处分的违法事由,被解释为可以在抗告诉讼中主张。②

---

① 田中健治著:《行政程序的瑕疵和行政处分的有效性》,载藤山雅行编:《新·裁判实务大系(25)行政争讼》,2004年版,第168页,介绍了如下观点:当程序法规范的宗旨不仅在于谋求处分的内容性公正,而且在于谋求程序本身的公正的时候,以及仅以程序的公正为目的的时候,与处分内容的公正与否无关,行政程序的瑕疵成为撤销的事由。认为可以从这种观点来整合、把握最高法院的两个判决及有理由附记的判决(对处分内容有无影响,成为程序违反是否损害了程序之公正的考虑要素之一)。这种观点是值得关注的。这是因为,如果立足于这种判例分析的话,那么,在《行政程序法》制定后,依然可以期待连续性的判例之发展。

② 在《行政程序法》之下,可以看出如下所述判例的展开:

一是在基于《药事法》的医疗用具的回收命令处分,没有采取辩明之机会的赋予程序而作出的场合,长野地方法院平成17年2月4日判决(载《判例时报》第1229号,第221页)指出:《行政程序法》的规定"被解释为从法上保障公正、透明的行政程序,以赋予行使自己的防御权之机会为目的而规定的(参见该法第1条第1款)",在此基础上认为,没有赋予辩明之机会的瑕疵,作为侵害程序全体之公正的瑕疵,与是否满足该处分要件(实体性要件)无关,该处分也构成违法,难免被撤销。此外,广岛高等法院松江支局平成26年3月17日判决(LEX/DB25503840),在关于出租车公司的汽车使用停止等的处分撤销诉讼中,起初就与公司行为的违法事实相关的处分厅的认定作出判断,认为对处分厅"可以认定不存在任何法解释上的错误",进而就处分程序进行事实认定,阐述了《行政程序法》第13条第1款、第30条第2项的旨趣,认为该案中处分的辩明程序构成对《行政程序法》的违反,所以,"基于该程序的本案处分,也被认定为构成违法的处分"(在该案中,法院对于命令书的理由附记,比照该法第14条第1款而认为其违法)。

二是关于阅览请求拒绝,大阪地方法院平成20年1月31日判决(载《判例时代》第1268号,第152页),在保险医疗机构指定撤销处分的中止之诉中,就原告的听证程序违反(部分文书阅览拒绝),作为一般论认为"处分厅拒绝了文书等的阅览,这件事构成该处分的撤销事由,限于不承认关于成为阅览请求之对象的文书等的阅览这件事情存在瑕疵,并且,听证当事人的防御权之行使实质上被妨碍得以认定的场合",就该事案认为,拒绝部分是与争点无关的,所以,对文书的部分阅览拒绝,不能说防御权的行使实质上被妨碍了。

三是关于理由附记(提示),最高法院平成23年6月7日判决(载《民集》第65卷第4号,第2081页;《行政判例百选Ⅰ》第128案件),鉴于在不利处分(执照撤销)的理由提示之际,没有提示处分基准的适用关系,比照《行政程序法》第14条第1款正文的旨趣,撤销了该处分。

四是关于审查基准的设定和公布,东京高等法院平成13年6月14日判决(载《判例时报》第1757号,第51页),在医师国家考试应考资格的认定申请驳回处分的撤销请求事案中,在揭示《行政程序法》所规定条款的基础上,认为《行政程序法》对于申请人,"通过该法所规定的公正程序,保障了接受行政处分的权利,这样解释才是相当的",不履践《行政程序法》规定(转下页)

不过,即便是程序法四原则违反,在程序的瑕疵被治愈的情况下,以及违反是轻微的场合等,有必要应对事案进行处理。此外,关于四原则以外的程序违反,应当根据该程序的旨趣目的,对是否该当处分的撤销事由作出判断。①

(接上页)的重要程序而作出的处分,不触及实体法上的适法、违法的问题,"除该申请是不适法的一眼就能明显看出等有特别情况的场合之外",便不能避免原处分的撤销。那霸地方法院平成20年3月11日判决(载《判例时报》第2056号,第56页),在港湾设施不许可处分的撤销诉讼中,也没有触及处分的实体法上的适法、违法的问题,而是斟酌《行政程序法》的旨趣,以审查基准的不公布为理由,容认了处分撤销请求。

五是如上所示,与实体法的违法不同,根据《行政程序法》上明定的关于程序四原则的违法之认定,原则上进行处分的违法判断,这种做法被理解为正在固定下来(前述与文书阅览请求相关的大阪地方法院判决,对带来处分之违法的情形看似施加了一定的聚焦,但是,需要注意的是,该案件本是关于并未成为阅览之对象的文书的事例判决)。对于《行政程序法》制定后的这样的裁判例之展开的整理,有的见解又添加上《行政程序法》制定前的判例之动向,对判例的动向进行分析,认为判例是通过个别法令的程序之旨趣的解释,来判断程序违反是否构成处分的瑕疵,所以说,这并未区分《行政程序法》制定的前后(参见户部真澄著:《行政程序的瑕疵与处分的效力》,载《自治研究》第88卷第11号,2012年,第55页以下、第73页以下)。即便姑且不论是否能够将与行政程序相关的判决全部以程序的旨趣解释来进行整理,本书作为公正程序四原则而揭示的,鉴于行政程序法理中最高法院的制定法准据主义[盐野著:《行政法Ⅰ(第六版)行政法总论》,第226页以下],根据《行政程序法》所明定的,的确是论者所揭示的"程序公正型"的程序之典型,故而作为结论,可以说是不存在不同之处的。此外,关于学说动向的详细情况,参见本多滝夫著:《关于程序性瑕疵的纠正诉讼》,载《室井追悼》,第159页以下(该论文不是在最终处分中论述程序的瑕疵,而是就争议具有该瑕疵的程序性行为本身的诉讼进行论述);神桥一彦著:《程序性瑕疵的效果》,载《行政法的争点》,第88页以下。

① 大浜著:《行政法总论》,第360页,认为程序的瑕疵构成无效乃至撤销事由,但承认程序的要件也存在价值的轻重。

第五章　行政信息管理

引　言

行政过程着眼于信息的话,可以说是信息的收集、积蓄、利用、提供的过程。以行政立法为代表的行政的法的行为形式就是对所积蓄的信息的利用,宣教则是信息的提供,公布有时则是对作为行政上的义务履行确保手段的信息的利用。行政调查正是信息的收集。

迄今为止,正像在任何法律学中都相通的那样,在行政法学中也不曾从正面来探讨信息的问题。可是,社会中的信息化现象的进展,不仅给行政内部关系,而且也给行政和私人的关系,带来了就像居民基本台账的网络所能够看到的那样巨大的影响。在这种意义上,行政过程中的信息化的进展及这种现象给行政法体系本身所带来的影响,其本身就是一个需要探讨的课题①,而在本书中,作为行政过程论中行政上的一般性制度的一种类型,来探讨行政信息管理的问题。具体而言,要探讨信息公开法制和行政机关个人信息保护法制。②

两种制度,无论哪一种都是围绕信息的现代行政法的重要课题,而关于个人的具体性的信息,两者的要求存在抵触,对此如何加以调整,也是行政信息管理法制的重要课题。

---

①　关于其先驱性尝试,参见多贺谷一照著:《行政信息化的理论》,2000年版。关于信息法整体的研究,参见浜田纯一著:《信息法》,1993年版。

②　在行政法学的体系中如何定位围绕信息的法制度,将哪些素材纳入其内容,关于这个问题,并不存在定论。包括信息的收集(行政调查)在内进行考察的方法等有各种各样的整理方法[野村武司著:《由行政进行信息的收集、保管、利用等》,载《行政法的新构想Ⅱ》,第315页以下;矶部哲著:《行政保持有信息的开示、公布与信息的行政手法》,载《行政法的新构想Ⅱ》,第343页以下,不限于本章中所述述的两种法制度(信息公开、个人信息保护),从新的视点展开了总括性考察]。

第一节 信 息 公 开

第一款 信息公开的理念、意义、展开

一、信息公开的理念和意义

这里所说的信息公开,是指无论是国家还是地方公共团体,根据私人的请求,将其行政机关所管理的信息予以公开宣布,以及从行政机关方面积极地提供信息的制度。

《行政程序法》中的处分程序的整备本身也存在行政过程公开的要素,例如公开的听证、处分基准乃至裁量基准的公开、文书阅览、理由附记等。此外,在那里,存在追求确保行政的公正、透明性的共通的课题。无论是哪一种,都是变革日本迄今为止的行政模式①的基本装备。但是,必须注意的是,信息公开和行政程序,在其理念、制度的构造上都具有不同之处。

也就是说,行政程序本来是从针对国家权力的防御权的思想出发,作为服务于保护国民的权利、利益不受国家权力侵害的制度而发展起来的,并且,在现代行政之下,进而加上民主参与的理念,呈现出新的发展。与此相对,信息公开是以宪法上的国民主权为其法理念性基础的。并且,其目的在于依据从这里所得到的信息,使对行政的公正参与和监督成为可能。在这种意义上,信息公开从其出发点开始就将其基础置于民主主义之上。从这种观点来看,谁都可以请求(限于该地方公共团体的居民则另当别论),在请求时,也没有必要明确表示请求该信息的宗旨(当然,像用于民事的损害赔偿案件那样,为了保护自己的权利、利益而要求行政信息的公开,作为制度利用的方法也是可能的)。

从制度的构成来看,与行政程序具有案件性的观念相对,信息公开并没有这种观念,在这一点上,两者是不同的。也就是说,行政程序的开始,本来是权利、利益由于某种具体处分而受到侵害这种意义上的案件

---

① 参见盐野著:《行政法Ⅰ(第六版)行政法总论》,第300页"补论——行政模式的变革"。

性。这通过对作为现代性问题的行政立法程序、行政计划程序的展开,扩大了程序参加者的范围。但是,成为程序开始契机的,则是某种具体的案件。与此相对,在信息公开的情况下,即使是与请求人的主观性利益无直接关系的文书,也能成为请求的对象,在这种意义上,没有像行政程序中那样的案件性。这样,关于具体的信息,虽然没有固有的主观性利益,但广泛地对居民承认请求该信息公开的权利。信息公开制度的特色就在这里。① 进而,有必要注意的是,信息公开法制的核心部分,是关于信息的公开、提供的实体性要件的规定,而其公开等的程序,则依据《行政程序法》(条例)的规定。

二、信息公开法制的展开

信息公开虽然与行政程序中行政的公开性不同,具有独立存在理由,但是,关于其实现,即使认为其宪法性根据是存在的,由此而直接引导出具体的信息公开请求权也是有困难的,所以只能等待立法者的积极行动。关于这一点,在日本,地方公共团体层面比国家层面更早地采取了行动,早在昭和57年前后就出现了制定信息公开条例的现象(在这一点上,与在行政程序法制方面国家先行是不同的)。此时,关于制度的详细的存在方式,各个地方公共团体分别予以了不同的规范,其制度实施后的运用状态也是形形色色的,但此种制度本身却在各地方逐渐得以固定下来。

与此相对,国家层面的信息公开法制的整备,直到平成11年,终于制定了《关于行政机关保存、持有的信息的公开的法律》(简称《信息公

---

① 关于基于《神奈川县关于机关公文书的公开之条例》的信息公开请求被拒绝的案件,横滨地方法院昭和59年7月25日判决(载《行裁例集》第35卷第12号,第2292页)认为,与该公文书没有直接利害关系的人,其自己的具体权利、利益并没有因请求拒绝处分而受到任何影响,所以驳回了起诉。与此相对,作为控诉审的东京高等法院昭和59年12月20日判决(载《行裁例集》第35卷第12号,第2288页)则认为,前述条例将在该县内具有住所的人,视为与县政府的行政具有利害关系,并且,立足于与县政府的行政具有利害关系的人对于公文书的阅览一般具有利益这种假设之上,认为赋予了这些人作为个别的具体权利的阅览请求权,承认了诉的利益。但是,也许根本没有必要让有关"看作"或者"假设"介入,对每个人直截了当地赋予公文书的阅览权,可以和县的设施之利用权被赋予每个人进行同样理解,所以,关于该利用拒绝,可以通过撤销诉讼进行争议。关于信息开示拒绝处分之撤销诉讼的其后的判例,都承认了原告的诉的利益之存在。

开法》）①，进而于平成 13 年制定了《关于独立行政法人等保存、持有的信息的公开的法律》(简称《独立行政法人等信息公开法》)②，姑且完成了制度整备③。

此外，在日本，迄今为止，并不是不曾存在关于行政机关保存、持有的信息的公开的个别的法律，但是，这些都不是基于知情权乃至政府的说明责任这种宪法上的理念来制定的，因此，在日本的信息公开法制的整备过程中，斟酌个别法的规定，与《行政程序法》的情况下不同，是不适当的。故

---

① 将《信息公开法》的制定过程置于和《行政程序法》的制定过程之比较中来进行探讨的成果，有伊藤修一郎著：《信息公开、行政程序规制的政策过程》，载《社会科学研究》第 53 卷第 2·3 合并号，2002 年，第 107 页以下。包括该法的制定过程的主要文献，参见行政改革委员会事务局监修：《信息公开法制》，1997 年版(该书中登载了行政改革意见的《信息公开纲要案》以及《信息公开纲要案的观点》。以下所说的《纲要案》《观点》，就是指这两个文件，页码则是依据该书)；藤原静雄著：《信息公开法制》，1998 年版；宇贺克也著：《新·信息公开法的逐条解说》(第六版)，2014 年版；宇贺克也著：《信息公开法的理论》(新版)，2000 年版；小早川光郎编著：《信息公开法》，1999 年版；畠基晃著：《信息公开法的解说和国会论争》，1999 年版；松井茂记著：《信息公开法》(第二版)，2003 年版；总务省行政管理局编：《详解信息公开法》，2001 年版(以下简称"行政管理局编：《详解信息公开法》")。

② 承担政府的说明责任的，当然并不限于国家和地方公共团体。除国家和地方公共团体以外，还有根据国民主权原理应当对国民承担说明责任的法人，现在，各国都将位于国家和地方公共团体周边的法人规定为信息公开法制的对象。参见宇贺克也著：《特殊法人、独立行政法人、认可法人等的信息公开》，载《法学者》第 1187 号，2000 年，第 28 页。在《信息公开法》中也认识到了这一点，关于应以怎样的法人为对象的问题，曾被作为该法制定后的探讨事项(旧法第 42 条)。《独立行政法人等信息公开法》正是为了应对这种探讨而制定的。该法将对象法人规定为独立行政法人及别表所列举的法人，而在别表中所列举的法人，是基于一定的基准来判断的特殊法人和认可法人。这些法人是从"被认为构成政府的一部分"这种观点遴选出来的。参见盐野著：《行政法Ⅲ(第五版)行政组织法》，第 99 页以下"特别行政主体概念的功能"。
该法在关于信息提供的部分具有与《信息公开法》不同的特色，而其法的结构却基本上相同。

③ 之所以说"姑且完成了"，是因为本来应当与信息公开法制平行整备的行政机关个人信息保护法制，只是停留在《关于行政机关保存、持有的与电子计算机处理相关的个人信息的保护的法律》(1988 年)的阶段。
《信息公开法》附则第 3 款规定，以施行后 4 年为分界，在就施行状况等加以检讨的基础上，采取必要的措施。基于该规定，平成 16 年设立了"关于信息公开法的制度运营的检讨会"，平成 17 年公布了报告(总务省网站)。该报告进行广范围的调查检讨，对公务员的姓名之公开范围的扩大等，提示了涉及多方面的改善措施，但是，并未提出修改《信息公开法》的建议，除进行伴随《行政不服审查法》修改的不服审查程序的修改等之外，保持了制定当初的原貌，直至今日。并且，这期间，在民主党政权下，包括知情权利的明确记述、特定范围内公开制度(in-camera)的导入等在内，向国会提出了广泛的修改案，但是，由于平成 24 年众议院解散而成为废案。成为前述修改法案之基础的《行政透明化检讨团队汇总》(内阁府网站)，除了宇贺克也著：《信息公开、个人信息保护》，2013 年版，第 26 页以下有详细的介绍、分析，关于提供给该团队讨论的《关于信息制度修改的方向性》(大臣试行方案)(内阁府网站)，藤原静雄著：《关于信息公开法修改案的备忘录》，载《法学新报》第 119 卷第 7·8 号，2013 年，第 41 页以下进行了评议。

而，作为当然的事情，作为关于信息公开法制的一般法而制定了现在的《信息公开法》。不过，关于《著作权法》《不动产登记法》等，有必要从其与《信息公开法》的关系的角度进行整理，所以，在该法制定的同时，制定了《关于伴随着信息公开法施行的相关法律的整备等的法律》。① 以下将以《信息公开法》为中心进行考察，对地方公共团体的信息公开条例（名称各种各样）也将适度谈及。

第二款 《信息公开法》②——总论

一、目的和基本构造

（一）目的

《信息公开法》和其他行政法令一样，在第 1 条规定了该法律的目的。③ 根据该条规定，《信息公开法》的基本目的是遵循国民主权的理念，通过承认对于政府保存、持有的信息的国民的开示请求权，以确保政府完全履行说明的责任和义务。在日本，作为《信息公开法》的宪法性基础，从前大多只是列举了《日本国宪法》第 21 条规定的表现自由的现代性发明的知情权。与此相对，在诸外国，即在信息公开法制的整备方面先行于日本的各国，信息公开法制的目的在于说明理由的责任之确保。另外，对作为主权者的国民与接受其信托的政府之间的基本关系进行规范这种观念，在日本未必得到自觉的探讨，以此为背景，"说明的责任和义务"才被纳入目的规定之中。④

1. 关于知情权，在政府保存、持有的信息的开示请求权这种意义上，尚未出现最高法院判决，关于知情权这个术语的理解，学说上也未必达成一义性理解，基于这些原因，没有被收入目的规定之中。但是，这并

---

① 平成 11 年法律第 43 号。详细内容参见行政管理局编：《详解信息公开法》，第 249 页。
② 平成 11 年法律第 42 号。
③ 在日本，在第 1 条记述法律目的是一直以来的通例。参见盐野宏著：《关于制定法中的目的规定的一点考察》（1998 年），载盐野著：《法治主义的诸形态》，第 51 页以下。
④ 其发端于行政改革委员会之信息公开部会的审议。在审议的过程中，发生了由来于说明责任的欠缺的数个事例，也成为这种观念受到重视的原因。参见《观点》，第 14 页。关于外国法，参见行政改革委员会事务局监修：《信息公开法制》，1997 年版，第 151 页以下。

不意味着《信息公开法》明确地排除了或者丢弃了知情权这个概念,也不能说因为知情权这个术语在法律的目的规定中不存在,所以与存在这种概念的场合相比较,在解释论上,开示范围就会变得狭窄。在《信息公开法》之下,作为法解释学而展开知情权论,本来就是可能的①(在信息公开条例中,有些是在前言或者目的规定中来规定知情权利的)。

2. 作为《信息公开法》的目的,除说明的责任和义务之外,还能期待哪些具体性功能的问题,观点并不一致。列举由国民进行参与、监督功能的较多。②《信息公开法》第 1 条将其表述为"确切的理解和批判",这是法制上用语的问题,在内容上应当是同义的。③

(二)《信息公开法》的基本构造

信息公开法制的核心是,国民方面提出了政府机关保存、持有的信息开示的请求时,该机关要对相关信息是否属于法定的不开示事由作出判断,只要不属于法定不开示事由,就要将其向请求人开示,作为体制是比较单纯的。这种基本框架,是各国的信息公开法制、各地方公共团体的信息公开条例所共通的,日本的《信息公开法》也采取了这种体系。以下对《信息公开法》上的基本概念分别予以说明。④

---

① 关于排除论,相同旨趣的参见栋居快行著:《信息公开法第 1 条——法律的目的》,载《法学者》第 1156 号,1999 年,第 30 页以下。关于目的规定功能论争,相同旨趣的参见平松毅著:《信息公开条例的解释》,1998 年版,第 6 页;栋居快行著:《信息公开法第 1 条——法律的目的》,载《法学者》第 1156 号,1999 年,第 31 页;小早川光郎编著:《信息公开法》,1999 年版,第 3 页以下(长谷部恭男)。此外,栋居快行著:《信息公开法第 1 条——法律的目的》,载《法学者》第 1156 号,1999 年,第 33 页所主张的"知情权利"的确是应当在《信息公开法》之下作为人权论而展开的概念。作为论述这个问题的前提,没有必要在目的规定之中存在"知情权利"这个术语。前述长谷部恭男的论文就是这方面的实践。必须注意的是,本来设置目的规定并不是普遍性的。参见盐野宏著:《关于制定法中的目的规定的一点考察》(1998 年),载盐野著:《法治主义的诸形态》,第 51 页以下。在这种意义上,作为制定法的《信息公开法》第 1 条是否明确记述了知情权之类的目的规定的论争,在论述作为普遍性制度的《信息公开法》之际,堪称具有日本特色的目的规定至上主义现象。

② 参见盐野著:《行政法Ⅰ(第六版)行政法总论》,第 269 页"信息公开的理念和意义";《纲要案(第一)》,第 5 页。

③ 参见《众议院内阁委员会上泷上信光政府委员答辩》(平成 10 年 5 月 15 日),载《平成 10 年 5 月 15 日内阁委员会会议录》,第 914 页;行政管理局编:《详解信息公开法》,第 15 页。

④ 日本的信息公开法令,有作为国家法的《信息公开法》和各地方公共团体制定的信息公开条例。所以,要把握信息公开法制的现实的运用整体,就不能限于与《信息公开法》相关的判决例,而且有必要将关于条例的判决例置入视野之中。关于判例乃至审查会答复的动向之详细情况,参见《季报・信息公开・个人信息保护》(行政管理研究中心)。

二、对象机关

《信息公开法》针对行政机关的信息公开作出规定,进而将这些行政机关具体化为设置于内阁的机关(如内阁官房。内阁本身由于没有进行文书管理,所以没有成为对象)及设置于内阁所辖之下的机关(人事院)、《内阁府设置法》上的机关(内阁府、宫内厅等)、《国家行政组织法》上的机关(各省各厅等)、会计检查院。①

(一)《信息公开法》就国家的行政机关的信息公开予以规定。所以,作为立法机关的国会、作为裁判机关的法院不是对象机关。对于这些国家机关也可以考虑信息公开制度,但是,包括所有的国家机关在内的制度,反而会变得复杂[不过,以国会、法院为范畴,将其从信息公开制度的对象机关中除外,不存在合理的理由,应对各种各样的机关之特殊性,在考虑非开示信息即救济组织的基础上,进行制度化的检讨(在地方公共团体的信息公开条例中,存在将地方议会作为对象机关的事例)]。地方公共团体也不是对象机关。在日本,也许是由于地方公共团体的信息公开法制整备先行的缘故,才采取了这样的措施,但这未必就是普遍性的。

即使文书本身本来是国会的机关、法院的机关、地方公共团体的机关所制作的,只要现在该文书(或者其复印件)处于行政机关之下,那么,这些文书(或者其复印件)就成为公开的对象。

(二)会计检查院在分类上是行政机关,是宪法上的机关,具有强烈的独立性。所以,《信息公开法》将其规定为对象机关,但将不服审查的机关设置于会计检查院内。②

(三)作为《信息公开法》上的对象机关的行政机关,成为开示请求程序、文书管理的单位。于是,警察厅、检察厅等,在组织运营、文书管理等方面与内阁府、各省进行不同对待具有合理的理由的情况下,根据政令的规定,被当作《信息公开法》上的行政机关。③

(四)关于独立行政法人等,依据与行政机关不同的法律,即《关于独

---

① 《国家行政组织法》第 2 条第 1 款。
② 《信息公开法》第 18 条、《会计检查院法》第 19 条之二。
③ 《信息公开法》第 2 条第 1 款第 2—5 项、《信息公开法施行令》第 1—2 条。

立行政法人等保存、持有的信息的公开的法律》,简称《独立行政法人等信息公开法》。①

三、对象文书

政府所保存、持有的信息,通常以文书的形式存在着。所谓保存、持有,是指什么样的状态,这一点并不明确。于是,《信息公开法》首先将开示的对象规定为"行政文书",在此基础上,扩大至电磁性记录,以此形式规定了公开的对象,进而,关于保存、持有,添加了"作为该行政机关的职员有组织地适用的"修饰语。② 这样规定是为了明确政府履行说明责任所必要的开示信息的范围。

(一)在官厅中的文书管理上,有称为"裁决""供览"这样的程序,《信息公开法》规定了与这种观念不同的对象文书。所以,即使没有采取裁决、供览的程序的文书,也具有作为对象文书的资格(在地方公共团体的信息公开条例中,也有使用了"裁断""供览"之概念的事例,这样一来反而导致有关对象文书之确定的问题③)。

(二)职员在职务上所见、所闻的事情,在头脑中考虑的事情,如何将其记录下来(是停留在记忆阶段,还是记入笔记本,或者暂且记录于电脑中),因职员个人不同而各异。无论是哪种情形,记录下来的信息都是行政机关作为组织而使用的信息的前阶段,所以,不能成为《信息公开法》的对象文书。另外,即使只是简单的记录,只要被组织使用了,就当然地属于行政文书,并且,恰好现在没有使用,放在另外房间的书架上保管的简单的记录性的文书,也属于"作为使用的东西,该行政机关保存、持有"的文书。

(三)官报及其他以出售为目的而发行的作为历史性、文化性资料及学术研究用的资料而进行特别管理的东西,从对象中排除出去。④ 后者依据政令或者一定要件下的总务大臣的指定。⑤

---

① 参见盐野著:《行政法Ⅰ(第六版)行政法总论》,第271页脚注②。
② 《信息公开法》第2条第2款正文。
③ 福冈高等法院判决,平成13年3月8日,载《判例时代》第1127号,第137页等。
④ 《信息公开法》第2条第2款第1—2项。
⑤ 参见《信息公开法施行令》第2—3条。

第三款 开 示

一、开示请求者的权利、义务

（一）权利

《信息公开法》规定,任何人都可以请求行政机关所保存、持有的行政文书的开示(第3条)。在这里,信息公开法制上提示了两个重要的原则。

1. 能够请求开示的主体,并不限于日本国民,也不以在日本居住为要件。所以,即使在外国居住的外国人,根据《信息公开法》,也能够请求日本政府所保存、持有的信息的开示。从国民主权的立场来看,开示请求权应当限定于国民。在这种意义上,对外国人也承认开示请求权,是立法政策性的考虑之结果。从现在正在活用美国联邦政府的信息公开法的旅日美国人很多这种状况来看,这也是适切的选择[在地方公共团体的条例上,存在对请求权者的属性加以一定限定(与该地方公共团体的关联性)的事例,这是需要再检讨的地方]。

2. 所谓能够请求开示,是指承认开示请求权的旨趣(《信息公开法》第1条明确地记述了这一点)。这种请求权,虽然是从公益性角度予以承认的,但是,也是能够接受裁判上的救济的个人的主观性权利。

（二）义务

《信息公开法》本身并未对请求者的义务设置制度滥用的禁止或者对公正利用的考虑之类的总括性规定(在行政法关系上也是一样,作为法的一般原理,权利滥用的法理发挥作用)①,但设置了若干个别规定。

1. 开示请求者在进行请求时,需要提交记载了姓名、住所及足以特定文书的其他事项的书面材料(该法第4条)。姓名、住所对于开示决定等具有联系方式的意义。请求开示怎样的文书,是开示请求者决定的事项,对于请求者来说,文书是以什么样的形式得以整理的,多有不明确的,所以,要求行政机关的首长要进行适切的信息提供及文书的适切管理。②

---

① 参见盐野著:《行政法Ⅰ(第六版)行政法总论》,第68页。
② 参见盐野著:《行政法Ⅰ(第六版)行政法总论》,第286页以下。

2. 对开示请求者所要求的书面记载事项仅限于上述内容。所以,请求的目的、使用方法等没有必要记载。必要的记载事项以外的关于请求人的属性(工作简历等)的信息的收集,构成信息公开事务所掌管范围之外的事项。①

3. 开示请求者在实际费用的范围内必须缴纳手续费。具体的数额以政令规定,但手续费的数额必须是在容易利用信息公开制度的限度内。②

二、行政机关首长的义务、权限

对应于开示请求权的是行政机关方面的开示义务。在这种情况下,除该文书中包含法定的不开示信息的情形外,行政机关都必须开示——原则上开示的原则。③ 相反,当包含有不开示信息时,行政机关的首长则负有不得开示的义务。④ 行政机关并未被赋予关于是否开示的裁量(效果裁量)权。这是因为,《信息公开法》保护不被开示的利益,关于基于公益上的理由进行的开示,另外设置了规定。⑤ 从权限的角度来看,行政机关的首长具有对与开示请求相关的信息是否属于不开示信息的判断权。作为该判断权的行使之开示决定、不开示决定,具有作为行政处分的性质。⑥《信息公开法》的规定大多是关于这种首长的处分权限的实体性要件、程序性要件的内容,下面尝试按照顺序来分析其主要

---

① 参见盐野著:《行政法Ⅰ(第六版)行政法总论》,第216页脚注④。
② 《信息公开法》第16条。
③ 《信息公开法》第5条正文。
④ 行政机关的首长的开示决定与《国家公务员法》第100条规定的保守秘密义务之间的调整,具有被视为问题的余地。关于这一点,《信息公开法》并未设置特别的规定,但是,只要基于《信息公开法》合法地进行开示,违反保守秘密义务的问题便被认为不会发生。《观点》第32页以下也采取该结论,在这样的理解之下,《信息公开法》及其整备法才没有设置特别的调整规定[参见盐野著:《行政法Ⅲ(第五版)行政组织法》,第284页"保守秘密义务"]。与此相对,违法地开示了的情况虽然构成违反法令遵守义务(《国家公务员法》第98条),但是,在该信息不属于实质性秘密的情况下,违反保守秘密义务的问题并不发生。即使是在该不开示信息属于实质性秘密的情况下,由于是错误地进行法令的解释适用,导致秘密泄露是制度上所预期的,所以,只要没有特别的状况,我认为,就不应该追究责任。
⑤ 《信息公开法》第7条。
⑥ 信息公开条例适用中的开示、不开示的决定,在判例、学说上一直是作为行政处分来理解的,《信息公开法》也没有采取与此不同的解释的构造。倒不如说,该法设置了以行政处分的存在为前提的规定(该法第18条)。

内容。

(一)不开示信息

在信息公开法制度中,在原则上开示的原则下,通常是列举不开示信息。在这种情况下,是限于设置概括性的条款,还是设置详细的不开示规定,这是立法政策问题。《信息公开法》分别规定了六种信息:关于个人的信息,关于法人的信息,关于国家的安全等的信息,关于公共安全等的信息,审议、探讨信息,事务、事业信息。

1. 关于个人信息,《信息公开法》只是以个人被识别为理由,规定原则上不开示。所以,不存在将该个人信息作为个人隐私权是否值得保护之判断介入其中的余地(在地方公共团体的信息公开条例上,则存在采用所谓隐私权型的事例)。与此相对,根据法令的规定或者作为惯例而公开了的信息,为了保护人的生命等而公布之被认为是必要的信息,公务员的职务及与职务推行的内容有关的信息,则作为例外,必须开示。① 这样的构造,是基于如下考虑,即隐私权的观念尤其是其范围尚不明确,故而可以客观地认定个人识别信息,确定不开示信息的范围,也就是扣上广泛的保护网,以有助于隐私权的保护。但是,那样原封不动地适用的话,便会产生无法应对信息公开要求的情形,故而揭示了例外的事项。②

2. 关于法人的信息,并不像个人信息那样作为事项,由于公布会侵

---

① 《信息公开法》第 5 条第 1 项。

② 关于个人信息,是否应当把公务员的姓名(关于职务的)作为开示的对象,很早以前就成为讨论的对象,而最后其被作为"根据法令的规定或者作为惯例而公布……的信息"(该法第 5 条第 1 项第 2 号)的解释问题,在立法政策上得以整理。是否将公务员的姓名作为非开示信息,在地方公共团体的信息公开条例上也成为问题,但是,在条例之中有将公务员的姓名作为原则公开的,也有作为条例的解释,最高法院判例否定职务推行之际的公务员个人信息(包括姓名在内)之非开示信息性的(参见最高法院判决,平成 15 年 11 月 11 日,载《民集》第 57 卷第 10 号,第 1387 页;《行政判例百选Ⅰ》第 41 案件,大贯裕之解说),从中可以看出公务员姓名趋向于开示的方向。此外,也有人指出行政机关的运用不统一。鉴于这样的动向,在政府方面(关于信息公开的联络会议碰头会,平成 17 年 8 月 3 日),关于包含在与公务员的职务推行相关的信息之中的该职员的姓名,只要没有特别的障碍(该法第 5 条第 2 项至第 6 项该当性、个人的权利利益侵害),一律予以公布。进而,关于这种信息的开示请求,该当该法第 5 条第 1 项但书第 2 号的情形,认为应当予以开示[碰头(说明)]。"惯行"乃至"预定"本来就是欠缺严密性的概念,其内容应当伴随将来的动向而定,而其在该当性的缩减之方向上被一举填充,这件事情作为法的运用之方法,是饶有趣味的。

害法人的正当利益的信息,所以不予公开这种条件是合理的。属于所谓任意提供信息的,被视为不开示信息。即使在这种情况下,也存在为了保护人的生命等的例外条款。①

3. 关于国家的安全等的信息,包括防卫关系信息、外交关系信息。不过,这些信息也不是作为事项而成为不开示信息,而是被限定在一定条件之下的不开示信息——由于公开,具有侵害国家的安全的"危险"的信息及"行政机关的首长认为具有相当的理由而承认的信息"。② 所以,包括成为《关于特定秘密之保护的法律》(简称《特定秘密保护法》)之对象的特定秘密在内的文书,也成为开示请求的对象。

4. 关于公共安全等的信息,包括有关犯罪的预防、镇压、搜查等的信息等。即使在这种情况下,也不是作为事项而成为不开示信息,而是以危害公益的"危险"这种定性的要件和行政机关的首长的认定相组合这种形式,规定为不开示信息。③

5. 在行政机关内部及行政机关相互之间,以各种各样的形式而进行审议、探讨、协议,关于这些审议、探讨信息,当公开具有危害公益的"危险"时,便成为不开示信息。在这种情况下,对于行政机关的首长的认定并未设置特别的规定。④

6. 关于事务、事业信息,在行政机关推行事务或者业务之际,在事项的性质上,有时公开可能会给该事业等的公正推行带来障碍。最为容易理解的事例,有未实施的考试问题的开示请求,交通取缔计划之开示请求等。《信息公开法》对这种信息,也和审议、研讨信息一样,分不同的场合,规定了不开示信息,并且采取了列示的方式。⑤

7. 不开示信息,在采取如同"具有侵害……危险的"这种定性的规定时,关于其"危险"的认定,存在是否对行政厅的判断承认裁量(要件裁量)的问题。关于这个问题,《信息公开法》针对有关国家的安全等的信息、有关公共安全等的信息,设置了以对行政机关的首长承认裁量(要件裁量)的余地为宗旨的规定。在其他情况下,由于没有这样的规定,所以,法

---

① 《信息公开法》第5条第2项。
② 《信息公开法》第5条第3项。
③ 《信息公开法》第5条第4项。
④ 《信息公开法》第5条第5项。
⑤ 《信息公开法》第5条第6项。

院可以就要件存在与否进行全面审查。① 不过,有必要注意的是,日本的判例动向呈现出裁量处分和羁束处分的相对化现象。②

8. 由于不开示信息是对于申请的消极性基准,所以,根据《行政程序法》,行政机关的首长必须事先制定并公布审查基准。③

(二)对于开示请求的应答

开示请求及对于该请求的应答,即开示、不开示的决定,是行政处分,但是,《信息公开法》并未设置《行政程序法》的适用除外条款,进而,除一部分外,也没有设置相对于《行政程序法》的特例性规定,所以,对于开示请求的应答,根据《行政程序法》上关于对于申请的处分的程序的规定来进行。但是,关于对于开示请求的应答的方法,则存在《信息公开法》所特有的问题。

1. 开示请求是在特定文书的基础上提出的,而对于开示请求者来说,该特定未必是容易知晓的。于是,便期待行政机关首长方面的积极的信息提供(该法第 4 条第 2 款的补正程序)。这种规定,即使与规定了对应请求的信息提供的《行政程序法》(第 9 条)相比较,也更有利于对申请人的厚重保护,反映了信息公开制度的特色。

2. 该行政文书中混杂着不开示信息和开示信息的情形很多。于是,在能够将不开示信息和开示信息的部分区分开来的情况下,不是全部不予开示,而是仅不公开不开示信息,这样才与制度的宗旨相一致。所以,《信息公开法》规定了所谓部分开示。④ 部分开示,即一部分拒绝的处分。

3. 从现象上看是部分开示,但与 2 所述事项在性质上不同,有除去个人识别信息的开示决定。例如,以个人为对象的问卷调查结果的信息,通过除去个人姓名、住所等,能够消除侵害个人隐私权的危险时,便可以考虑除去相关信息后的信息的公开。⑤ 当然,只要能够彻底贯彻自我

---

① 关于《信息公开法》第 5 条第 2 项第 2 号,最高法院判决,平成 23 年 10 月 14 日,载《判例时报》第 2159 号,第 59 页。
② 参见盐野著:《行政法Ⅰ(第六版)行政法总论》,第 106 页"要件裁量的承认"。
③ 《行政程序法》第 5 条。
④ 《信息公开法》第 6 条第 1 款。
⑤ 《信息公开法》第 6 条第 2 款。该款与第 1 款旨趣不同,不是单纯的确认性规定,关于这一点,参见盐野宏著:《信息公开法适用上的课题》(2003 年),载盐野著:《行政法概念的诸形态》,第 161 页以下;宇贺克也著:《新·信息公开法的逐条解说》(第六版),2014 年版,第 114 页。(转下页)

信息控制权的话,从第三人的角度看到的识别性的要素,也许就不会进入考虑的对象了。

4. 即使是不开示信息,也可以考虑因为公益上的理由而具有特别予以公开的必要的情形。与此相对应的是基于公益上的理由而进行的裁量性开示决定。① 这被解释为对行政机关的首长承认了效果裁量的事项。

5. 对于开示请求,仅回答该信息存在或者不存在,有时也会对不开示信息所保护的利益造成侵害。例如,在治疗某种特定的疾病的国立病院,有人提出开示特定人病例的请求时,该病例虽然存在,但是,以其属于个人识别信息为理由而作出开示拒绝处分的话,至少该人在该医院接受诊察这件事情得以明确,这将构成对《信息公开法》第 5 条第 1

(接上页)

与国家的信息公开不同,关于除去个人识别信息的部分开示并没有特别规定的信息公开条例,存在否定义务性开示的最高法院判决(最高法院判决,平成 13 年 3 月 27 日,载《民集》第 55 卷第 2 号,第 530 页)。在这种情况下,判决确立了"属于非公开事由的、独立的、一体性的信息"这种观念,可是,该观念由来于将非开示信息依据个人识别型,换言之,即以事项性非开示信息的类型作为依据,所以,对于立足于定性的非开示信息的观点的其他非开示信息,本来是不涉及的(参见盐野宏著:《信息公开法适用上的课题》,载《信息公开》第 11 号,2003 年,第 4 页以下)。其后,在同样是关于不具有个人识别信息的部分开示规定的信息公开条例的相关案件中,最高法院认为,该公文书中与公务员相关的识别信息,与公务员以外的人之信息不同,是应当公开的(最高法院判决,平成 19 年 4 月 17 日,载《判例时报》第 1971 号,第 109 页;《行政判例百选Ⅰ》第 43 案件)。平成 19 年判决的法庭意见并未谈及前述平成 13 年判决,所以,被认为是应对该文书中信息记载状况的事例判决。在这种意义上说,平成 13 年判决的"一体性的信息"(独立—体说、信息单位论)的观念并非被从正面所否定。但是,该概念的射程,仅涉及具有事项性非开示信息的范畴,并且,仅是关于不具有对应《信息公开法》第 6 条第 2 款的规定的条例之解释问题。所以,在进行国家的《信息公开法》的解释之际,不具有有用性。此外,即便是对成为问题的条例进行解释,关于从正面该当《信息公开法》第 6 条第 2 款的案件,也存在如下两种选择:作为条例的不完备来把握,将对此进行填补的作业委任给该地方公共团体的居民意思(条例的修改),或者在目的论解释之下,将《信息公开法》第 6 条第 2 款的旨趣读入条例。前者,在尊重作为地方政府的地方公共团体的意思决定的意义上,根据地方自治的本来宗旨,是适合的,但是,从作为宪法原理的说明责任、知情权的理念出发的话,后者的理解才可以说是适切的。总之,在这个问题解决之际,对抗"一体性的信息"本身的意义上所主张的"重层构造",双方[关于两者,参见宇贺克也著:《新·信息公开法的逐条解说》(第六版),第 115 页以下]都是无用的概念操作(参见盐野著:《行政法概念的诸形态》,第 161 页以下)。此外,宇贺克也著:《新·信息公开法的逐条解说》(第六版),2014 年版,第 115 页,在可以代替"重层性的"各阶层的把握,将全体的信息分为复数的单位的情况下,对于属于不开示信息的信息予以除去的单位,尝试了应当进行部分开示的说明,而即便这样,归根结底,在具体的行政文书面前,除去具有"担心"的部分,应当进行部分公开,这样也就道明了全部。

① 《信息公开法》第 7 条。

项的保护法益的侵害。因为没有来诊,故以文书不存在为理由而作出开示拒绝处分的情形,这件事情本身虽然不属于对法益的侵害,但是,对于存在病例的另外的人有请求时,既然一度基于真实情况以不存在为理由而作出不开示处分,那么此次便不能将存在作为不存在来对待而不开示,所以会产生同样的问题。为了应对这样的请求,《信息公开法》规定,行政机关的首长可以通过不明确存在与否的形式来拒绝开示请求(该法第 8 条)。此外,该条款是从前的信息公开条例中所不曾存在的,所以说是《信息公开法》制定之际新引进的。在条例中也存在学习这种规定的状况。

6. 在与开示请求相关的文书中记录了个人、法人等第三人的信息的情况下,是否公开,要通过对该信息是否属于不开示信息进行审查后作出决定。但是,这样的话,从程序上看,具有对第三人的利益保护方面的不足。《信息公开法》针对这一点将一般地赋予第三人提出意见书的机会规定为行政机关的首长的裁量权限,进而,关于为了保护人的生命、健康、财产而被认为有必要公开的信息,将赋予意见书提出的机会作为义务加以规定(该法第 13 条)。

此外,当包含了行政机关以外的作为国家机关的国会、法院、地方公共团体的信息时,《信息公开法》不是设置程序性规定,而是赋课了实体性考虑义务。①

(三)开示

开示决定是书面形式的要式行为。② 在开示拒绝处分(包括一部分开示)中,必须提示理由。③ 开示通过阅览或者复印件的交付而进行,今后,关于电磁性记录的适切的开示方法的开发,则是令人期待的。④

三、救济制度

对于针对开示请求的不开示决定,请求者具有行政上的不服申诉适格、原告适格。开示决定有时会侵害由《信息公开法》所保护的个人、法

---

① 《信息公开法》第 5 条第 5 项、第 6 项。
② 《信息公开法》第 9 条。
③ 《行政程序法》第 8 条第 1 款。
④ 《信息公开法》第 14 条。

人的利益,所以,这些第三人在开示决定撤销诉讼中具有原告适格。①《信息公开法》以此为前提,设置了关于行政上的不服申诉制度及行政诉讼制度的特别规定。

(一)行政上的不服申诉制度

关于行政处分的行政上的不服申诉的一般法,有《行政不服审查法》②③ 在《行政不服审查法》中,由承担对不服申诉(审查请求)进行审查的审查厅进行裁决。《信息公开法》上的开示决定等,基本上也接受《行政不服审查法》的适用,但也规定了若干的特则。也就是说,关于《信息公开法》上的开示决定等,与《行政不服审查法》上的行政不服审查会不同,设置了信息公开、个人信息保护审查会[以下简称"审查会"。从前曾是信息公开审查会,伴随着《行政机关个人信息保护法》的制定而被扩充改组了。参见《信息公开、个人信息保护审查会设置法》④(以下简称《审查会设置法》)],并规定,审查厅(处分厅)对此进行咨询,在获得答复的基础上作出裁决。⑤ 这样规定的原因被解释为基于两个方面:一方面,仅凭保存、持有该信息的处分厅或者作为其上级厅的审查厅,未必能够期待适切的判断,也需要第三人的判断;另一方面,一旦完全将判断权委任给第三人,则会由于开示、不开示的判断还存在裁量问题,导致行政责任的所在不明确⑥(这种方式本身,是从前就一直采取的方式,通过《行

---

① 对于国家的行政机关保存、持有的国会、法院、地方公共团体等的信息的开示请求,《信息公开法》虽然设置了实体性考虑规定(该法第5条第5项、第6项),但没有设置不服申诉的通知等对程序性保护的适用。所以,国会等是否能够在裁判上争议开示决定便成为问题。关于这一点,《纲要案》和《观点》都没有特别地触及,被委任给了解释,而《信息公开法》也可以理解为该旨能。国会、法院是国家的机关,所以,其不具有诉权,这是明显的。与此相对,地方公共团体,由于的确被侵犯了作为法主体的利益[该利益由《信息公开法》所保护(该法第5条第5项、第6项)],被解释为能够争议开示决定。在与此相反的场合,即关于国家对于根据地方公共团体的信息公开条例而进行的开示决定所进行的撤销诉讼,最高法院平成13年7月13日判决(载《判例地方自治》第223号,第23页)否定了国家的原告适格。关于这一点,我认为,国家这个法主体,由于那霸市的行政处分,其权利利益受到侵害,这种法律构成是充分可能的。

② 平成26年法律第68号。

③ 关于详细情况,参见盐野著:《行政法Ⅱ(第六版)行政救济法》,第10页以下"行政不服审查法"。

④ 平成15年法律第60号。

⑤ 《审查会设置法》第19条。

⑥ 该审查会对于独立行政法人等实施的与信息公开、个人信息保护相关的决定,也进行审查(《审查会设置法》第2条)。

政不服审查法》的修改,设置行政不服审查会之后,也得以维持)。地方公共团体也一样,设置了咨询型的第三者的救济机关(这种方式,正确地说,是地方公共团体先行采用的方式)。《行政不服审查法》上关于审理员的规定,也被视为适用除外。

审查会具有如下的构成和特色①:

1. 审查会由委员15人(其中,可以将5人以内设为常勤)构成,设于内阁府内,全国只有一个,事务所预定在东京,但是,考虑到居住在远离东京的地方的不服申诉人的便利,规定可以由审查会提名的委员进行意见陈述的听取等。

2. 审查会对于咨询厅,可以要求与开示请求相关的文书的提示。由此,审查会可以自己区分、判断该文书。在日本,由于没有承认在信息公开诉讼中法官的有限公开(in-camera)审理②,所以,看了文书而作出判断的中立的第三人,只限于审查会。在这种意义上,也表明审查会的作用之重要。《特定秘密保护法》也没有从范畴上否定审查会中的有限公开审理。

3. 审查会可以要求咨询厅根据审查会所指定的方法,对行政文书的内容进行分类或者整理,并提交审查会。由此,审查会可以进行高效率的审查,不服申诉人方面也容易就开示决定进行反论,并且,进入诉讼时也便于应对。

4. 不服申诉人具有意见的陈述权、意见书等的提出权。

5. 审查会对于咨询厅进行答复,在答复书的复印件被交付给不服申诉人等的同时,一般都要公开发表。《信息公开法》并未就答复书的存在方式设置特别的规定,但是,为了活用作为第三人的见解,有必要附记充分的理由。

6. 审查厅、处分厅在接受咨询之后,进行对于审查请求的裁决。从法的角度看,裁决厅并不受答复的拘束,但是,必须充分地尊重中立的第三人的判断,该宗旨,尤其是在不服从答复的场合应该在理由中提示。

---

① 《审查会设置法》第2—16条。
② 最高法院判决,平成21年1月15日,《民集》第63卷第1号,第46页;《行政判例百选Ⅰ》第45案件。此外,添附了关于通过立法来导入有限公开审理的补足意见。

(二)行政诉讼制度

开示决定等是行政处分,所以,围绕这些纷争之解决,要采取《行政事件诉讼法》上的抗告诉讼。与从前一样,可以提起不开示决定的撤销诉讼,而在修改《行政事件诉讼法》之下,作为义务赋课诉讼(申请满足型),还可以提起要求对被告行政主体赋课应当开示该行政文书的义务的诉讼。① 由于开示、不开示决定基本上不承认裁量②,所以,通常情况下应当合并提起义务赋课诉讼和撤销诉讼。③

当与该请求有关的行政文书中包含有第三人的信息时,该第三人可以提起开示决定的撤销诉讼,进而,根据状况的不同,有时也可以提起与开示决定相关的中止诉讼。④

第四款 信息提供

《信息公开法》将开示制度置于信息公开制度的中心地位,关于信息提供制度,仅限于就其对策的充实而对政府规定了抽象的努力义务(该法第 25 条)。在该法的目的规定中也没有直接体现这一点。这并不是意味着《信息公开法》轻视信息提供,而是该法制定的重点被置于承认国民的开示请求权的结果。关于信息提供,迄今为止虽然并没有在个别法中承认国民的开示请求权,但是,其并未限于努力义务,而是作为对政府赋课一定的信息制作和公开的义务的制度而存在的。⑤ 在这种意义上,《信息公开法》本身被认为包含了通过个别法设定义务的信息之提供,并且,与国民生活相关联的信息也预定了适时地向一般国民公布。⑥ 当然,对一般国民的信息之提供,由于也存在侵害私人的权利利益之虞,故而有必

---

① 《行政事件诉讼法》第 3 条第 6 款第 2 项。
② 参见盐野著:《行政法Ⅰ(第六版)行政法总论》,第 278 页以下。
③ 《行政事件诉讼法》第 37 条之三。
④ 《行政事件诉讼法》第 37 条之四。
作为信息公开诉讼的特色,从前有考虑原告之便利的特别管辖的特例,而在修改《行政事件诉讼法》之下,其作为一般性制度得以承认(《行政事件诉讼法》第 12 条第 5 款。不过,也有若干的特例,《信息公开法》第 21 条)。
⑤ 《环境基本法》第 15 条、《关于感染症的预防及对于感染症患者的医疗的法律》第 16 条。
⑥ 同样旨趣,宇贺克也著:《新·信息公开法的逐条解说》(第六版),2014 年版,第 174 页以下。此外,在该书中,被命名为信息公布义务制度。

要对信息提供的方法进行慎重考虑,当提供信息中存在错误时,也产生国家赔偿的问题。① 进而,即便在信息提供本身不存在错误的场合,也存在发生对于所产生损失的损失补偿之可能性。②

与《信息公开法》稍有不同,《独立行政法人等信息公开法》在将开示制度和信息提供制度作为车之两轮来定位的同时(该法第 1 条),将关于该独立法人的组织等的基础性信息,评价及监察的信息,出资法人等的基础性信息的制作及向国民的提供,作为义务加以规定(该法第 22 条)。这是基于独立行政法人等在其财物状况等方面存在与民间的法人相类似的地方,而关于其业务内容的不透明性被指出来了,因此将民间法人中的公开制度予以引进的结果。③

信息提供制度,特别是信息公布义务制度,是设定特定的信息的制作之义务的制度。所以,必须注意的是,该制度具有所谓信息创出功能,从政府的说明责任的充实这种观点来看,是极其重要的制度。

第五款　文书管理——《公文书管理法》④

行政机关在处理行政事务之际,当然应当注意进行文书的管理。在《信息公开法》的公正运用之中,文书的整备不可或缺。开示请求者进行开示请求之际,必须特定文书,而只要文书管理得以适切地进行,请求也会很容易地进行,对于接受了请求的行政机关,文书所在的检索也会很迅速,也可以防止围绕文书是否存在的争议于未然。可是,在日本,从前对文书管理的整备并未给予充分注意。所以,《信息公开法》规定了行政文书公正管理的原则,同时还规定,行政文书的分类、制作、保存和废弃等的

---

① 关于所谓大肠菌 O157 事件,东京高等法院判决,平成 15 年 5 月 21 日,载《判例时报》第 1835 号,第 77 页。
② 山本隆司著:《关于事故·突发事件信息之处理的论点》,载《法学者》第 1311 号,2006 年,第 183 页,解释指出,在公布是过剩的情况下,承认损失补偿的余地,而这种场合下也可以作为损害赔偿的问题来处理。关于信息提供、公布的诸论点,进而参见加藤幸嗣著:《行政上的信息提供、公布》,载《行政法的争点》,第 60 页以下。
③ 参见特殊法人信息公开研讨委员会:《关于特殊法人等的信息公开制度的整备充实的意见》,载《法学者》第 1187 号,2000 年,第 44 页、第 49 页以下。
④ 平成 21 年法律第 66 号。

基准以政令规定。① 此外,关于在公文馆保存的超过了保存期间的文书等,规定依据另外制定的《国立公文书馆法》②的规定,关于这一点,有的也不适用《信息公开法》③,因而必须是能够充分回应国民的利用。对此,《国立公文书馆法》的一般的阅览规定,关于不提供阅览场合的规定是极其概括性的,同时,也没有成为请求权的构成。④ 关于包括这一点在内的文书管理体制,有进行再探讨的必要。

鉴于这样的状况,人们希望制定关于公文书管理的总括性法律,在政府内部推进检讨的过程中,于 2009 年,关于公文书管理的法案被作为政府提案而提上国会的议程,同年通过了《关于公文书等管理的法律》(以下简称《公文书管理法》)。⑤

以下,通过与《信息公开法》的比较,来指出《公文书管理法》的特色。

(一)《公文书管理法》与《信息公开法》同样,以保全向国民说明的责任为目的,同时揭示了行政的有效率且公正的运用。⑥

(二) 与《信息公开法》仅以行政文书为对象相比,《公文书管理法》也以历史公文书(等)为对象,其中只要行政文书在定义上作为历史资料是重要的,那就包含其中。⑦ 并且,该法对行政机关以外的国家机关(立法机关、司法机关)的历史公文书等向公文书馆的移管,也设置了规定⑧,在这一点上,其规范对象也比《信息公开法》更广泛。

(三)《公文书管理法》的主要构造之一,在于就行政文书的管理等尤其是就现用文书的移管或者废弃作出规定这一点⑨,由此,与《信息公开法》相呼应,从行政文书的制作到废弃、保存,整备了首尾一贯的文书管理体制。

---

① 《信息公开法》第 22 条,该法施行令第 16 条。
② 平成 11 年法律第 79 号。
③ 《国立公文书馆法》第 2 条第 2 款第 2 项。
④ 《国立公文书馆法》第 16 条。在平成 21 年的修改中被删除了。
⑤ 关于以上经过的详细情况及法律的概要等,参见宇贺克也著:《逐条解说关于公文书等管理的法律》(改订版),2011 年版;高桥滋、齐藤诚、藤井昭夫编著:《条解行政信息关联三法》,2011 年版,第 2 页以下。
⑥ 《公文书管理法》第 1 条。
⑦ 《公文书管理法》第 2 条第 6 款。
⑧ 《公文书管理法》第 14 条第 1 款。
⑨ 《公文书管理法》第 8 条。

（四）《公文书管理法》确立了历史公文书等的观念，就历史资料设置了所需要的规定，把历史公文书中被移管或者委托至国立公文书馆的文书作为特定历史公文书等，就其公正保存和准用《信息公开法》的利用（相当于《信息公开法》上的开示）方法，设置了规定。此时，特定历史公文书等之中不包含现用的行政文件，"等"之中被认为也包含了法人及个人（私人）所保有的文书①，这一点受到注目。并且，《公文书管理法》在法律的题名及个别条文之中使用了"公文书"这个术语，但没有设置从正面进行定义的规定。不过，关于"公文书等"，其进行了对行政文书、法人文书、特定历史公文书等的限定列举②，故而可以推测，作出了没有必要设置公文书本身之定义规定的判断。公文书的范围比由职员"制作"的更广泛，"保有"是其要素，这件事情从该规定来看是明确的。

（五）另外，虽然是历史公文书等，但关于特定历史公文书等以外的文书，《公文书管理法》并没有就其保存、管理等而设置特别的规定。也就是说，个人（法人、个人）所保有的文书，即便作为历史资料是重要的文书，仅凭此点，尚不能触碰《公文书管理法》的网。并且，对于私人所有的文书，承认了向国立公文书馆的捐赠和寄托③（《独立行政法人国立公文书馆捐赠、寄托文书接受要纲》），但难以将其解释为对国立公文书馆赋课了契约缔结义务。在这种意义上说，即便是在全国散在的作为历史资料的重要文书，对其所有者（私人）并不涉及任何规范，并且，没有对行政方面赋予进行其所在调查、对保有者的指导等权限，所以，《公文书管理法》的规范对象具有限定性。

（六）关于对特定历史公文书等的利用请求之处分的不服，要求向公文书管理委员会进行咨询。④

（七）《公文书管理法》与《信息公开法》同样，对地方公共团体公文书管理，也设置了努力义务规定。⑤ 这一点也和《信息公开法》存在类似之处。在若干地方公共团体，先行于国家，制定了关于公文书的条例，或者

---

① 《公文书管理法》第2条第7款第4项。
② 《公文书管理法》第2条第8款。
③ 《公文书管理法》第2条第7款第4项。
④ 《公文书管理法》第21条、第28条。
⑤ 《公文书管理法》第34条。

创设了公文书馆,这种状况也有类似之处。①

第二节 行政机关个人信息保护

第一款 行政机关个人信息保护的理念、意义、展开

一、行政机关个人信息保护的理念和意义

这里所说的行政机关个人信息保护,是指关于国家、地方公共团体的机关所保存、持有的个人信息,规定行政机关的处理,保护个人的权利利益的制度。

从政府的说明责任的观点出发,在积极地收集行政活动所必要的信息的同时,应该将其向国民公开。可是,在该过程中成为收集、利用、公开的对象时,关于个人的信息的处理如果欠缺适切性的话,就会发生不当地侵害个人的权利利益的事情。在这种意义上,个人信息保护在行政过程中,具有和信息公开法制并行而得以整备的必要性。②

行政机关个人信息保护法制的确是保护个人的主观性权利利益的制度,其法理念性基础存在于宪法上的个人隐私权。从这种意义来看,行政机关个人信息保护法制构成了也包括私人之间在内的广泛的个人信息保护法制的一环。在这一点上,与信息公开法制是政府机关固有的法制度有所不同。

二、行政机关个人信息保护法制的展开

从行政机关个人信息保护法制的定位来看,其展开也与信息公开法制不同,可以考虑的是伴随与民间部门的个人信息保护法制的密切关联,现在在国外也能够看到其事例。与此相对,在日本,与《信息公开法》

---

① 关于详细情况,参见高桥滋、齐藤诚、藤井昭夫编著:《条解行政信息关联三法》,2011年版,第171页以下。

② 当然,在这种情况下,信息公开法制先行,无论在逻辑上还是在实践中,都不具有必然性。个人信息保护的必要性伴随社会上的信息化的推进,同样存在于公共部门和民间部门。在德国,制定共通的《联邦数据保护法》是在1977年,而一般的《信息公开法》的制定是在2005年。英国的《数据保护法》是在1984年制定,先行于2000年《信息公开法》的制定。

相同,由地方公共团体的条例进行保护先行,其主要内容是地方公共团体所保存、持有的个人信息的保护,关于民间的主体,曾以指导为中心。在国家法层面,《关于行政机关保存、持有的与电子计算机处理相关的个人信息的保护的法律》于 1988 年制定。正如其题名所示,该法律是以行政机关为对象的,并且,其保护的对象及内容也并不充分。与此相对,在民间部门,仅限于通过《关于贷款业的规制等的法律》那样的个别法律进行规范①的零散规定。② 针对这种法制度的状况,基于政府和民间双方对个人信息的利用显著扩大这种现实,个人信息保护法制整备的必要性被提了出来,终于在平成 15 年 5 月制定公布了《关于个人信息的保护的法律》(简称《个人信息保护法》)、《关于行政机关保存、持有的个人信息的保护的法律》(简称《行政机关个人信息保护法》)和《关于独立法人等保存、持有的个人信息的保护的法律》(简称《独立行政法人等个人信息保护法》)。③

与这样的个人信息保护法制并行,探索通过 IT 技术的活用,以谋求行政运营的效率化和国民方面的便利性的提升,2013 年制定了《关于为在行政程序中识别特定个人的番号之利用等的法律》(以下简称《番号法》)。④ 从法律的名称来看的话,该法似乎可以看作《行政程序法》的特别法,而实质上是以行政程序的在线化的动向为前提,将行政程序(广义)中处理的个人信息进行番号化,并为回避与之相伴随的风险而规定了措施,故而在法体系上是作为《个人信息保护法》的特别法来定位的。⑤

---

① 《关于贷款业的规制等的法律》第 30 条第 2 款。
② 参见藤原静雄著:《个人数据的保护》,载《岩波讲座现代的法(10)》,1997 年版,第 193 页以下。
③ 关于这三个法律的制定过程及条款解说,参见宇贺克也著:《个人信息保护法的逐条解说》(第四版),2013 年版;藤井昭夫著:《个人信息保护法的成立和概要》(一)至(三),载《自治研究》第 79 卷第 10 号至第 12 号,2003 年。此外,关于《个人信息保护法》及《番号法》,在第 189 次国会(平成 27 年)上提出了《修改关于个人信息的保护的法律以及关于为在行政程序中识别特定个人的番号之利用等的法律之部分内容的法案》,而与此相伴随的《行政机关个人信息保护法》的修改被委任给今后检讨(前述修法法案附则第 12 条第 1 款)。
④ 关于制定经纬,参见宇贺克也著:《番号法的逐条解说》,2014 年版,第 2 页以下。
⑤ 参见宇贺克也著:《番号法的逐条解说》,2014 年版,第 4 页以下;水町雅子著:《番号法的概要》,载《法学者》第 1457 号,2013 年,第 37 页以下。关于《番号法》的特色,参见盐野著:《行政法Ⅰ(第六版)行政法总论》,第 297 页"《番号法》的特色"。

下面，以《行政机关个人信息保护法》为中心，通过与《信息公开法》的对比，来概观其内容。①

第二款 《行政机关个人信息保护法》②

一、目的和性质

(一)目的

《行政机关个人信息保护法》也和《信息公开法》一样，在其第 1 条设置了目的规定，其终局目的在于"谋求行政的公正且顺利的运营，保护个人的权利利益"。在这里，提出了行政的公正且顺利的运营和个人的权利利益的保护这两个利益。有必要注意的是，前者是作为实现后者之际所要考虑的事项来规定的。该法的制定动因本身就在于个人的权利利益的保护，而谋求其适切的均衡，则是该法的解释运用上的课题。

此外，《行政机关个人信息保护法》属于《个人信息保护法》的所谓个别实施法[参见后述(二)"性质"]，所以，有必要将后者的目的也置于视野之中。也就是说，《个人信息保护法》作为其终局目的而提出了"考虑到个人信息的有用性，同时保护个人的权利利益"（该法第 1 条）。前段的考虑要素，可以说是《行政机关个人信息保护法》所提示的与行政的公正且顺利的运营相对应的目的。

在《个人信息保护法》中没有谈及所谓自我信息控制权，这一点也是和《行政机关个人信息保护法》共通的。但是，两者都具有以传统的个人隐私权概念所无法包摄的内容。

(二)性质

《个人信息保护法》，由于法律的题名中没有"基本法"的文字，故而不是形式意义上的基本法。并且，关于私人间的个人信息的处理，由于在该法中设置了与权利义务相关的具体的规定，故而与基本法之通常的存在方式不同。可是，该法第 6 条预定了实施法的制定，《行政机关个人信

---

① 立案者方面的逐条解说，有总务省行政管理局:《解说　行政机关等个人信息保护法》,2004 年版。
② 平成 15 年法律第 58 号。

息保护法》被视为该当这种情形,所以,《个人信息保护法》与《行政机关个人信息保护法》,实际上立于基本法与实施法的关系。① 此外,在《个人信息保护法》第 6 条所预定的实施法之中,关于国家的行政机关或者独立行政法人,如上所述,虽然制定了实施法,但是,成为讨论之对象的关于医疗关系等的实施法却并未制定。

二、对象机关

《行政机关个人信息保护法》的适用行政机关,与《信息公开法》的适用机关相同。《独立行政法人等个人信息保护法》的对象法人也与《独立行政法人等信息公开法》的对象法人相同,列举了被认为构成政府的一部分的法人,其范围虽有一部分除外,但基本上是一样的。

三、个人信息、保有个人信息、个人信息文件夹

在个人信息保护法制中,个人信息成为最为重要的概念,而《行政机关个人信息保护法》和《信息公开法》一样,将关于个人的信息规定为能够识别特定个人的信息(不过,明确规定是生存的人②)。

在《行政机关个人信息保护法》中,只是以行政机关保存、持有的这类个人信息为对象,该法在将其命名为"保存、持有的个人信息"的基础上,进行了与《信息公开法》所说的行政文书③相配合的定义。④ 开示、订正请求等,全部都是针对保存、持有的个人信息而进行的。

关于《行政机关个人信息保护法》固有的概念,有个人信息文件夹。这是指为了通过电子计算机等能够检索特定的保存、持有的个人信息而有体系地构成的文件夹。⑤ 这些文件夹,对于行政机关来说,其制作并未被规定为义务,但是,为了在制作的情况下不给个人的权利利益造成侵害,另外设置了将向总务大臣的事前通知、文件夹的制作公布规定为行政

---

① 关于基本法的观念,参见盐野著:《行政法Ⅰ(第六版)行政法总论》,第 48 页以下及所揭示的文献。
② 《行政机关个人信息保护法》第 2 条第 2 款。
③ 参见盐野著:《行政法Ⅰ(第六版)行政法总论》,第 275 页"对象文书"。
④ 《行政机关个人信息保护法》第 2 条第 3 款。
⑤ 《行政机关个人信息保护法》第 2 条第 4 款。

机关的义务。①

四、处理基准

《个人信息保护法》规定,"个人信息,鉴于其应当在个人的人格尊重的理念下得以慎重处理,必须谋求其公正的处理"(第3条)。在该基本理念之下,《行政机关个人信息保护法》更加具体地规定了行政机关的个人信息处理基准。即设置了保存、持有的限制和利用目的的特定等(第3条),利用目的的明示(第4条),正确性的确保(第5条),安全确保的措施(第6条),利用及提供的限制(第8条)等规定。

下面指出有必要予以注意的几点:

1. 前述处理基准,并不是日本独自的基准,其渊源在于OECD理事会劝告,从内容来看,也与作为其附属文件的所谓OECD八原则(收集限制的原则、数据内容的原则、目的明确化的原则、利用限制的原则、安全保护的原则、公开的原则、个人参与的原则、责任的原则)②相对应。这一点,对于《个人信息保护法》中的事业者规制来说也是一样。③

2. 在收集限制条款中,关于所谓敏感的信息的取得限制,并未设置特别的规定。立法理由有两点:其一是由于内容的不确定性及相对性,使得事先予以一律规定具有困难;其二是只要严格运用处理基准就足够了。④

3. 利用限制的原则不是无限定的,该法在一定的要件下承认了利用目的以外的利用(第8条第2款)。这一点,作为一般论,与"行政的公正且顺利的运营"这一法目的(该法第1条)相一致。但是,必须注意的是,一旦其运用被恣意地进行的话,就会不再与法的终局目的相一致。在这种意义上,作为承认该行政机关内部或者其他行政机关、地方公共团体等的利用要件的"相当的理由"之判断,不应委任给该行政机关的首长裁量,而是应当让司法性统制全面地予以涉及。

---

① 《行政机关个人信息保护法》第10条、第11条。
② 关于这些原则的详细情况,参见宇贺克也著:《个人信息保护法的逐条解说》(第二版),2004年版,第5页以下。
③ 参见藤井昭夫著:《个人信息保护法的成立和概要》(二),载《自治研究》第79卷第11号,2003年,第57页。
④ 参见总务省行政管理局:《解说 行政机关等个人信息保护法》,2004年版,第34页以下。

五、个人的权利

《行政机关个人信息保护法》是以个人的主观性权利利益的保护为目的的,所以,为了实现该目的,就不能止于对在前述四"处理基准"中所考察的行政机关的行为义务作出规定,而且还必须对个人也承认积极的权利。于是,该法不仅对个人的本人信息的开示请求,而且对订正(包括追加、删除)请求、利用停止请求作出规定,在这一点上,与《信息公开法》具有性质上的不同。下面,对权利的内容和问题,简单地进行考察。

(一)开示请求权

任何人都可以向行政机关的首长请求以自己为本人的保存、持有的个人信息的开示。① 根据该规定,个人可以将开示请求权作为自己的权利在裁判上主张自我信息的开示,对此不存在异议。以这一点为前提,该法沿袭了《信息公开法》的形式,设置了关于请求程序、原则上开示的原则、不开示事由(列举)、部分开示、裁量性开示、存废信息等的规定。

不过,与信息公开法制相比较,有必要注意如下几点:

1. 关于本人是未成年人或者成年的被限制行为能力人的场合,有承认由法定代理人进行请求的必要性。但是,由于向法定代理人开示该信息,有时也会给本人带来不利,因此,该法在承认由法定代理人进行的开示请求的同时,将开示具有给本人带来不利的危险的情况添加到不开示事由之中。②

2. 关于在所谓部分开示之中,能够容易区分并剔除那些属于不开示信息的部分的场合③,由于本来就是以行政文书为前提的对应措施,所以,其能否原封不动地在"保存、持有的个人信息"这个概念之下发挥作用便成为问题(能够容易区分的场合不是部分开示,作为请求对象以外来整理也是可能的)。不过,鉴于该法将保存、持有的个人信息限定在记录于行政文书之中的情形,所以,保存、持有的个人信息的开示请求,在实务上被理解为也可以作为包括保存、持有的个人信息在内的行政文书的开

---

① 《行政机关个人信息保护法》第 12 条。
② 《行政机关个人信息保护法》第 12 条第 2 款、第 14 条第 1 项。此外,参见盐野著:《行政法Ⅰ(第六版)行政法总论》,第 311 页。
③ 《行政机关个人信息保护法》第 15 条第 1 款。

示来处理。

3. 在同样的部分开示之中,通过剔除识别部分而进行的场合①,如果彻底贯彻开示请求者以外的个人的自我信息控制权立场的话,则存在再探讨的余地(这一点,与《信息公开法》的情况相同②)。

(二)订正请求权

当怀疑保存、持有的个人信息的内容不是事实时,可以请求该保存、持有的个人信息的订正(包括追加或者删除),对此,行政机关的首长负有订正义务,即个人具有订正请求权。③ 在这一点上,呈现出个人信息保护法制相对于信息公开法制的特色,同时也必须注意的是,这也提出了新的问题。

1. 以客观的事实为对象的订正,即使认为关于其认定具有困难,在概念上也应当是在任何情况下都能够作为请求而成立的。与此相对,关于评价的场合,本来就存在是否具有请求的对象性这种基本问题,同时,关于事务性应对的方法(例如,请求人方面的评价并行记载),也存在需要考虑的问题(这一点,在个人信息保护条例之下便已成为问题)。

2. 开示请求,所有的信息成为其对象,而关于订正请求,其范围有时候成为问题。对于基于条例(京都市)的国民健康保险诊疗报酬明细书(药方)的订正请求,鉴于对药方的内容,实施机关没有调查权限,药方可以明确关于疗养之给付的费用内容等药方的利用目的等,最高法院认为条例的订正请求制度并未预定药方的订正请求。④《个人信息保护法》与《信息公开法》不同,不是以文书本身而是以文书中所包含的信息为问题的,该信息是记录在具体的行政文书之中的,订正请求也是请求该文书的内容之订正⑤,故而与该行政文书的利用目的即信息的利用目的之间的关系被视为了问题。

3. 关于订正请求的时期,该法没有设置特别的规定。所以,该事实是行政处分的要件时,与行政处分的关系成为问题。即使是在处分前进

---

① 《行政机关个人信息保护法》第 15 条第 2 款。
② 参见盐野著:《行政法Ⅰ(第六版)行政法总论》,第 280 页。
③ 《行政机关个人信息保护法》第 27 条、第 29 条。
④ 最高法院判决,平成 18 年 3 月 10 日,载《判例时报》第 1932 号,第 71 页;《行政判例百选Ⅰ》第 46 案件。
⑤ 盐野著:《行政法Ⅰ(第六版)行政法总论》,第 292 页。

行的订正请求,也不具有处分权行使的中止效果,但是,在应对请求予以订正的情况下,便会根据订正后的事实作出处分。在处分作出之后进行订正请求,即使在应对请求而予以订正的情况下,也并不当然地给已经作出的处分的效果带来影响。只是成为职权撤销的契机而已。与个人信息相关的事实的存否或者正误即使会成为行政行为的无效原因,或者构成国家赔偿中的公权力行使的违法事由,那也是在该诉讼中进行争议就可以了,这是因为,关于个人信息的订正请求的路径,并不能理解为《行政机关个人信息保护法》的订正请求制度被赋予了排他性。这样的话,反过来说,处分之后,订正请求权消灭这样的问题便会产生,但是,我认为,个人信息保护的利益与处分无关而存续,这也与该法的旨趣相一致。

(三)利用停止请求权

在《行政机关个人信息保护法》中,与订正请求相并列,利用停止请求被作为个人的权利来规定。① 其要件是,关于该保存、持有的个人信息,行政机关方面存在违法事由。② 具体地说,是利用的停止或者撤销、提供的停止请求。该权利为个人信息保护法制所特有也是值得注目的,但在与行政处分的关系上,与订正请求存在同样的问题。

六、救济制度

关于《行政机关个人信息保护法》中对于个人请求的行政机关的首长的决定,该法以与信息公开法制相同的规定的方法作出了规定,同时设置了关于不服申诉的特别规定。③ 在这种情况下,关于开示请求等的行政机关的首长的决定具有行政处分的性质,该决定的救济措施也是与行政处分相对应的制度,这一点不存在异议。

具体而言,关于不服申诉程序,与《信息公开法》相同,准备了对于信息公开、个人信息保护审查会的不服申诉制度。作为诉讼程序,也与信息公开的场合相同,预定了《行政事件诉讼法》上的撤销诉讼、义务赋课诉讼和中止诉讼的利用。

订正、利用停止是信息公开法制中没有的权利,而关于诉讼法上的权

---

① 《行政机关个人信息保护法》第 36 条以下。
② 《行政机关个人信息保护法》第 36 条第 1 款。
③ 《行政机关个人信息保护法》第 42 条。

利主张的方法,则可以与关于开示请求的权利主张的方法进行相同的考虑。①

七、《番号法》的特色

《番号法》,以个人番号的指定、特定个人信息(包括个人番号在内的个人信息)的提供、特定个人信息的保护为主要内容。包括与行政法一般原则的关系在内,关于《番号法》的特色,指出如下几点:

(一)《番号法》的目的在于通过对日本国民每个人赋予番号这种手段,实现行政的效率和国民的便利这两个方面。关于与个人的隐私权的关系,通过宪法论上的立法过程,已经进行了讨论,而从行政法的基本原理来看,要求对其规范密度多加留意。

(二)《番号法》将行政程序中个人信息的利用和活用作为其目的之一,而这种利用和活用必须是对个人信息保护的公正且安全给予了充分考虑。于是,《番号法》设置了特定个人信息的利用范围之法定列举②、以条例进行规范范围的限定③、特定个人信息提供的范围之限定④等《个人信息保护法》的特则,并且,按照事项分别对例外的场合予以法定,尽量注意消除运用上的扩大解释之余地。不过,在基本理念上,限定列举了社会保障、税、灾害对策,倡导利用的促进,同时也揭示了扩展至其他的行政领域的利用可能性⑤,现在,对于法制定时点的法定列举事项来说,已经存在三领域该当性并不明确的情形。⑥ 此外,关

---

① 参见盐野著:《行政法Ⅰ(第六版)行政法总论》,第285页"行政诉讼制度"。
在信息公开条例之下,由本人提出个人信息开示请求,在其后制定了个人信息保护条例的情况下,最高法院判决认为,应该适用信息公开条例,承认本人开示请求(最高法院判决,平成13年12月18日,载《民集》第55卷第7号,第1603页;《行政判例百选Ⅰ》第44案件)。在国家层面,在立法过程中,信息公开法制和行政机关个人信息保护法制的区分是明确的,在与电子计算机处理相关的现行《行政机关个人信息保护法》中,虽然不是很充分,但毕竟承认了个人的信息开示请求权(该法第13条),所以,即使国家层面的行政机关个人信息保护法制维持现状,基于《信息公开法》的本人开示请求也可以消极地解释[《信息公开审查会答复》(平成14年3月25日咨询第238号)也是同样理解的]。
② 《番号法》第9条第1款。
③ 《番号法》第9条第2款。
④ 《番号法》第19条。
⑤ 《番号法》第3条第2款。
⑥ 别表第一之三十五(改良住宅的建设)、别表第一之八十一(学费的贷款)。

于地方公共团体,关于以法律列举的事项以外的事务,除作为示例而揭示了社会保障、地方税、防灾相关事务之外,还"以条例规定其他与之类似的事务"。① 在这一点上可以说,无论是国家法还是地方条例的哪个层级,关于由立法者本身进行将来的利用范围之扩大的束缚,现行法的框架并不一定是牢固的,所以,有必要留意今后的立法之动向(《个人信息保护法、番号法修改法案》②等已在谋求金融领域③、医疗等领域④利用范围的扩大)。此外,关于条例之范围的弹力性规定,被解释为依据地方的自主性判断余地的确保和对以条例这种法形式进行人权侵害的防御措施之确保,而在实务上,存在成为围绕其范围的地方公共团体与国家、居民之间争议的诱因之可能性。⑤

(三)在《番号法》上,在规定《个人信息保护法》的特则之际,并不是设立新的条文,而是通过解读替换规定在形式上推进⑥,在法条文上也将《番号法》的特则性质予以明确等,认真下了功夫这件事情本身也可以说是其特色。⑦

(四)关于个人信息保护,也与《信息公开法》同样,地方公共团体的施策先行了。并且,在法整备阶段,法律和条例处于所谓相互独立的并行性关系。不过,在信息公开法制中,法律曾对地方公共团体仅规定了努力义务⑧,与此相对,《个人信息保护法》则跟国家一起设置了地方公共团体的责任和义务规定⑨。这被解释为,在信息公开法制中,国家和地方公共团体独立承担各自活动的说明责任,与此相对,个人信息保护法制是与个人的主观性权利之保护相关的,故而与信息公开法制不同,也对地方公共团体设置了责任和义务规定。不过,在与具体施策的关系上,《个人信

---

① 《番号法》第9条第2款。
② 盐野著:《行政法Ⅰ(第六版)行政法总论》,第290页脚注③。
③ 《国税通则法修改案》第74条之十三之二"对存款储蓄账户的番号添加"。
④ 《个人信息保护法、番号法修改法案》别表第一之二"保健事业"、别表第二之十六之二"预防接种事务"。
⑤ 参见后述(四)。
⑥ 《番号法》第29条、第30条。
⑦ 参见水町雅子著:《番号法的概要》,载《法学者》第1457号,2013年,第37页。
⑧ 《信息公开法》第25条。
⑨ 《个人信息保护法》第5条。

保护法》仅限于规定努力义务。①

与此相对,《番号法》维持了法律与条例的并行性关系,但在设置地方公共团体的责任义务规定的同时②,关于《番号法》上的个别制度,设置了具体的规定。不过,为了回应隐私权的保护、地方公共团体的自主性应对之确保的要求,其构造变得相当复杂。

也就是说,个人番号的指定、交付,个人番号的卡片之交付等体系上要求全国一律的措施的事务,作为法定受托事务来处理。③ 除此之外的事务,作为自治事务来处理,但是,关于这些,也是就"地方公共团体保存、持有的特定个人信息的保护",设置了1个条款,要求地方公共团体确保其公正处理,"为……实施……个人信息的开示、订正、利用的停止、消除以及提供的停止而采取必要的措施"④。这不是单纯的努力义务,而是一定的措施之义务赋课,但是,措施的具体内容被解释为委任给了地方公共团体。⑤ 即便在这种情况下,关于事务处理,《番号法》上也明定要求制定条例⑥,不属于这种情形的,作为该法第31条的旨趣解释之结果,要求制定或者修改条例才是率直的理解。⑦

这样的构造,是作为旨趣被理解的,另外,必须注意的是,在地方公共团体的条例并未按照《番号法》所设定的要求来应对的情况下[例如,前述(二)的情形],针对国家和地方公共团体的纷争,或者是关于该条例的来自居民方面的与隐私权侵害相关的纷争,行政的、司法的处理之存在方式等,内在地包含了行政救济法、地方自治法上的新问题。

---

① 《个人信息保护法》第11条。此外,在第51条,预定了地方公共团体首长等处理的事务,但仅限于与管辖个人信息处理事业者等的事业法等所规定的事务处理方式平仄相合的事务。该法施行令第11条。
② 《番号法》第5条。
③ 《番号法》第63条。
④ 《番号法》第31条。
⑤ 参见篠原俊博著:《番号法施行对地方公共团体的影响》,载《法学者》第1457号,2013年,第56页以下。
⑥ 《番号法》第9条第2款。
⑦ 也包括需要条例规定事项的提示,参见水町雅子著:《地方公共团体根据番号法被要求的义务(下)》,载《居民行政之窗》第388号,2013年,第30页以下。

第三节　补论——行政模式的变革

这里所说行政模式,是指行政在和私人的关系上推行行政的实际上的存在方法。正如各国有各种不同模式的行政上的法制度一样,在制度之外,还有各种各样的行政模式。法制度和行政模式相一致,也是一种存在方式。

而要严格地规定日本的行政模式,则是困难的工作。非常粗略地可以说具有如下特征:

一、作为日本行政模式的特征,首先是行政指导的灵活运用。可以说,行政指导在行政过程的所有阶段得以运用。即在申请—处分的情况下,通常是在申请前阶段,对于申请的内容进行了行政指导(事前指导),服从该指导的申请书,行政机关才予以"受理"。在此之前,有时将材料"退还"反复进行。此外,私人方面如有违法行为,而行政厅对此具有监督上的权限时,行政厅并不直接行使该权限,而是姑且使用劝告、警告等更为温和的手法。进而,行政指导在没有法律上的监督权限及规制权限时也被使用,有时也要求进行适当的行政指导。[①]

二、和行政指导的灵活运用具有密切关系的另一个特点是,在日本,行政是在与相对人之间达成一定的意见一致的前提下实施的。行政指导,形式上是单方面的行政厅的意思表示,而实务上,大多保留了与相对人交涉的余地。交涉的结果,不是以契约或者协议的形式,而是以行政指导的形式来解决。这一点也有必要注意。

三、即使不是心甘情愿的,大致也是在取得相对人谅解的基础上实施行政,因而纷争很少被带进法院。日本的行政诉讼与欧美诸国相比较,案件数极少。这当然与日本的国民一般向法院提起诉讼较少有关,但与前面所述行政的存在方式也是有关系的。并且,与此相对,一般地说,行政并不是预想到提起诉讼而进行。换言之,并不是预想到提起诉讼,并在做好该准备的基础上,对相对人作出行政行为等决定。以前行政内部的文书管理并没有充分整理,被认为与这一点也是有关系的。

---

① 关于氯喹药害诉讼中国家行政指导的存在方式,参见东京高等法院判决,昭和63年3月11日,载《判例时报》第1271号,第425页以下。

四、在上述行政模式之下,行政过程,对于关系人,特别是对于局外人也一样,往往是不透明的。也有像宅基地开发指导纲要那样,向一般公众公布基准的事例,但在当事人之间,大多不依据文书,其结果也不作为记录而保留下来。

行政以非正式的形式来进行,被认为在各国都能看到①,并且,为了对应复杂的现代行政需要,那也是必要的。但是,在日本,正像行政指导的灵活运用所象征的那样,非正式行政活动的比重极大。并且,这样的行政模式之所以能够成立的重要因素,是作为相对人的私人、私企业也习惯这种方式。

对于日本的行政模式,不能一概地批判其为前近代的,或者批判其为温情主义、教条主义的体现,等等。因为从中也可以发现现代行政所必要的柔软性、机敏性。但是,过分地依赖于这样的行政环境,反而会失去行政相对人的信赖,甚至会失去一般国民的信赖,导致纠纷的恶化。我认为,随着行政环境的变化,行政模式到了必须变化的时候。

前面考察了行政程序法制、信息公开法制、行政机关个人信息保护法制,这些法制的宪法上的根据、法体系上的定位、具体的功能都是不同的。但是,必须注意的是,正是这些法制度,对于前述日本的行政模式,正在以各自不同的方式推动着其变革。也正是因为如此,对于这些法制度将如何在日本发展和完善,今后更有必要予以关注。②

---

① 参见盐野著:《行政法Ⅰ(第六版)行政法总论》,第 167 页脚注①。
② 本多滝夫著:《"行政模式"的变容和"说明责任"》,载《公法研究》第 65 号,2003 年,第 185 页,承认了透明性(《行政程序法》)、说明责任(《信息公开法》)是对于日本行政模式的行政法学之批判性的意识进行回应的观念。此外,关于《行政程序法》《信息公开法》《行政机关个人信息保护法》(对应这些法律的条例)给日本行政模式的变革带来了一定的效果,参见山田洋著:《行政程序法与规制改革》,载《法律时报》第 80 卷第 10 号,2008 年,第 25 页以下;户部真澄著:《信息公开法、个人信息保护法》,载《法律时报》第 80 卷第 10 号,2008 年,第 29 页。不过,以行政指导依存性为特征的日本行政模式,在行政的实务中依然可以看到根深蒂固之观念(盐野宏著:《日本的行政过程之特色》,载《日本学士院纪要》第 68 卷第 2 号,第 113 页以下、第 130 页)。

第三部 行政过程中的私人

第一章 行政过程中私人的地位

第一节 问题所在

在行政法学中,有时使用行政主体和行政客体这样一组概念。所谓行政主体,是指承担行政这种国家作用的行政机关所归属的法主体,具体地说,是指国家、地方公共团体及其他公共团体。① 与此相对,所谓行政客体,是指成为行政主体进行的行政之相对方的法主体,包括自然人、法人两方面,换言之,即只能是私人(当然,在国家和地方公共团体及其他公共团体的关系上,有时相互间也能成为行政客体)。这样,以行政这一概念为中心来看,私人被赋予了作为客体的地位,但是,这并不应理解为私人只能作为由行政任意支配的对象而存在。

像行政上的强制执行的情况那样,在明确体现为公权力的单方面行使时,成为其对象的私人,也根据宪法而享有自由权、财产权的保障,也正是因为这样,才要求公权力的行使要有严格的界限。此外,执照、许可的情况也一样,在立法技术上,作出许可的是行政主体,私人是其相对方,从这种意义上说,其是行政客体。但是,许可制度的前提是私人行动的自由,作为实现该行动自由的过程之一,申请、发放执照、许可等私人和行政厅的行为得以实施。故仅以发放执照、许可行为为例来论述行政过程中的私人之行政客体性,是不妥当的。进而,必须注意的是,在行政的给付性诸活动的基础上,许多情况下存在国民所享有的社会权。

这样,行政的诸活动是以人权享有主体的私人为对象的,所以,综合

---

① 行政主体观念的详细情况,参见盐野著:《行政法Ⅲ(第五版)行政组织法》,第4页以下。

地把握行政过程的话,最后有必要考察行政过程中私人的地位。

第二节 私人地位的各种形态

在行政过程中,私人在和行政主体的关系上处于各种各样的地位。

一、在行政过程中,私人首先作为自由权和财产权的主体,和作为公权力主体的行政主体相对峙。法律保留中的侵害保留的原则,也是以该关系为基础的。私人被要求只要有法律根据,就应该忍受侵害其自由和财产的行政活动。但是,在该行政活动违法进行的情况下,私人可以通过裁判来请求撤销该行为。在这种情况下,违法行为的撤销意味着恢复原状。[①] 从而将违法行为防止于未然的途径也得以论述[②],虽然是以金钱的形式,但通过损害赔偿要求纠正侵害行为的结果,也是可能的。[③] 虽然在制定法及判例上尚未得以实现,但是,学说上已经在主张导入意味着现状之恢复的结果除去请求权。[④] 此外,即使是合法的侵害行为产生了特别损失,通过损失补偿,虽然形式变换了,但私人也能够请求恢复原状。[⑤] 这样的地位,可以称之为私人的防御性地位。这种地位虽然在传统的法治国时代就有了,但是,在现代国家其依然占据重要位置。

另外,在现阶段,必须注意的是,私人已经不仅只作为行使公权力的直接名义人,而且可作为第三人,其法地位得以承认。具体地说,例如,旁边的土地上有建筑计划,虽然该计划并没有满足《建筑基准法》上的要件,但获得建筑确认,因此自己的生活利益受到侵害的人的地位;由于原子能发电所设置的原子炉许可(以《关于核原料物质、核燃料物质及原子炉的规制的法律》为根据)而具有受到侵害之危险的某地域居民的地位。这些确认、许可等行为被称为复效性行政行为或者二重效果的行政行为,作为现象,应该很早就存在着。但是,作为这些二重效果的行政行为的根据法,以前其规制法理的保护法益是一般的公益,由于处分的公正实

[①] 参见盐野著:《行政法Ⅱ(第六版)行政救济法》,第68页"撤销诉讼的功能"。
[②] 参见盐野著:《行政法Ⅱ(第六版)行政救济法》,第204页以下"中止诉讼"。
[③] 参见盐野著:《行政法Ⅱ(第六版)行政救济法》,第203页、第294页。
[④] 盐野著:《行政法Ⅱ(第六版)行政救济法》,第295页。新的总括性研究,有太田照美著:《德国公法上的结果除去请求权的研究》,2008年版。
[⑤] 参见盐野著:《行政法Ⅱ(第六版)行政救济法》,第298页以下"损失补偿"。

施而获得第三人的利益,被解释为法的反射性利益。这也是法治国的一个归宿。也就是说,在那里,个人的自由是最为重要的价值之一。在那里,例如建筑的自由通过法律受到规制,其自由的恢复,如果是在违法被拒绝的情况下,必须进行排除,假设违法地恢复了其自由,其纠正完全由作为公益承担者的行政厅本身来从事就足够了。所以,即使处分没有公正地实施,其结果侵害了第三人的利益,这些人也不能在裁判上争议处分的效果。

但是,这样将个人的利益一律解释为吸收进一般公益是否妥当,是有疑问的。特别是在将重点置于个人价值的《日本国宪法》下,即使在解释制定法时,也必须注意其是否对个人利益予以应有的保护。从这种观点出发,近年来,从前被解释为法的反射性利益的,逐渐被解释为法直接保护的利益,在诉讼法上也一样,对于建筑确认处分、原子炉设置许可处分等的撤销诉讼的原告适格,也对近邻居住者及附近居民予以承认。① 虽然作为努力义务,但毕竟在《行政程序法》上也规定了行政厅在进行许认可等时要根据需要听取利害关系人的意见(《行政程序法》第10条),此外,有关不利处分的听证,规定当事人以外的利害关系人也可以参加程序(《行政程序法》第17条)。必须注意的是,这样一来,私人的防御性地位得以扩大,现在已经超出了以前的自由和财产的范围。

二、在行政过程中,私人并不限于防御性地位,还立于积极地向国家、公共团体要求给付的地位。这可以称之为受益性地位。从《日本国宪法》的社会权诸规定来看,虽然关于在私人方面是否能够直接产生具体的请求权问题,是存在争论的,但是,在个别的法律中,私人对行政主体享有给付请求权的情况是广泛存在的。

在这种情况下,关于具体的给付请求权在私人方面的成立,在行政过程中有各种各样的方法。首先,有通过契约手段为给付请求权提供基础的方法。例如,自来水的供给,现在是根据《自来水法》的规定进行的,但那是通过和地方公共团体等自来水事业者之间的契约来实施的。在这种情况下,关于契约的缔结,在地方公共团体等方面存在缔结义务。②

---

① 参见盐野著:《行政法Ⅱ(第六版)行政救济法》,第115页"营业竞争者"、第115页"规制法上的附近居民"。

② 当然,这样的契约强制手段,见于煤气、电等生活必需品供给事业,自来水事业也是一样。此时必须注意的是,供给主体并不一定限于地方公共团体,有时也可能是私企业。

与此相对,法规范使行政行为介入其中,以实现私人所追求的目标的手法,在行政过程中也得以广泛承认。例如,以《生活保护法》为代表的各种社会保障关系中的给付,就是基于对申请的保护决定或者给付决定这种行政行为而进行的。基于《信息公开法》《个人信息公开法》的信息的开示,则依据作为对于开示请求的行政行为的开示决定而进行。在这种情况下,私人要通过诉讼来满足自己的申请或者请求,则必须提起对于申请等的拒绝的决定(行政行为)的撤销诉讼,进而还规定了向法院请求令行政厅进行积极处分的义务赋课诉讼的方法①(申请满足型义务赋课诉讼)。②

三、在向国家要求一定的行为这一点上,和受益性地位是相等的,但作为超过了传统的法治国范围的权利,有必要注意的是,有时私人立于要求对第三人行使一定的公权力的地位。即在对于处分的名义人来说是侵害行为,而对于第三人来说却具有授益性作用的情况下,获得该利益的第三人请求实施该侵害行为。例如,建筑物附近的人要求对违反《建筑基准法》的建筑物的建筑业主发布建筑物拆除命令,附近居民要求对公害发生原因者采取行政上的规制措施。

这些请求,可以说以前是在行政法学的视野之外的事项。这是因为,在明治宪法下的行政法学自不必说,即使在《日本国宪法》下,从国家的侵害行为中确保自由领域,是人们基本关心的事情。因此,从这种观点出发的话,规制侵害行为的行使,是与法治国原理相对应的。所以,即使因此而存在受益者,只要不对特定的人作出具有侵害效果的处分,就不违反法治国的基本理念。

也就是说,即使依据法律,行政厅被授权施行侵害行为,是否现实地行使该权力,也是行政厅的裁量。此外,要求国家介入的情况大多是以私人间的纠纷为契机的。所以,其解决被委托给私人间的纠纷处理,行政厅应该在私人间的纠纷处理之外,依据公益判断来行使该权限。这是忠实于传统的法治国原理的理解。

但是,行政主体应追求的公益和个人的利益并没有显著的区别。因

---

① 《行政事件诉讼法》第 3 条第 6 款第 2 项、第 37 条之三。盐野宏著:《无名抗告诉讼的问题》(1983 年),载盐野著:《行政过程及其统制》,第 308 页。

② 参见盐野著:《行政法Ⅱ(第六版)行政救济法》,第 118 页以下、第 202 页以下。

为只有通过维持、增进每个人的生命、健康,才能够保全公益。这样一来,个人请求行使公权力,并不等于单纯为了个人利益而利用公权力。此外,虽然说存在处理私人间纠纷的司法方法,但行政的介入更能够期待符合实际的案件解决。

综上所述,我认为,当为行政厅设定应当作出一定处分的义务的制定法上的机制存在时,对于因该行政处分的行使而获得利益者,便可以承认其积极的法的地位。在国家赔偿案件中,判例承认了以规制权限不行使的违法性为前提的国家的赔偿责任。① 进而,对于行政权的不作为,可以作为享有请求发动该处分的法地位来理解。②《行政事件诉讼法》上的直接型义务赋课诉讼③,是以相关私人的法的地位为前提而规定的制度。④ 当然,在日本,迄今为止甚至连申请满足型义务赋课诉讼都没有能够充分发挥其作用,在这种状况下,直接型义务赋课诉讼更是这样,必须在诉讼法、实体法层面推进相关探讨。

四、关于行政过程中私人的地位,在和日本现状的关系上,必须特别注意的是对行政决定的参与性地位。说私人不仅是客体,在这里也得以明确承认。此时,有必要注意存在两种类型。其一是传统意义上的行政程序中的参与,这是程序性法治国的参与。关于这一点,在日本也终于制定了《行政程序法》,可以期待其灵活运用。

另外一种是在现代行政中,基于民主主义观点的程序参加,是从利害调整的角度进行程序参加的问题。这可以从行政立法程序、行政计划程序的参加中发现其事例。进而,信息公开法制则不限于个别的行政决

---

① 参见盐野著:《行政法Ⅱ(第六版)行政救济法》,第253页以下"要件(3)——公权力的行使"。

② 关于行政介入请求权,原田尚彦著:《行政责任和国民的权利》,1979年版,是日本的先行成果。高木光著:《行政介入请求权》,载《原田古稀》,第115页以下,是在将直接型义务赋课诉讼予以法定了的修改《行政事件诉讼法》之下,试图对其进行发展的研究。本书的志向与之相同,但是,像该论文那样,过度依存于德国的"基本权保护义务论",鉴于宪法学上对于该理论的反映之状况,我认为必须慎重。必须注意的是,"基本权保护义务"并未像防御性地位那样获得普遍性。此外,作为判例,关于请求对于公寓的纠正命令权(《建筑基准法》第9条)的行使的诉讼,东京地方法院判决,平成13年12月4日,载《判例时报》第1791号,第3页,以其欠缺一义性、明白性的要件为由而予以排斥,但对于请求"不行使纠正命令权限是违法的之确认"之诉,一方面承认了诉的利益,另一方面也承认了请求。

③ 《行政事件诉讼法》第3条第6款第1项、第37条之二。

④ 参见盐野著:《行政法Ⅱ(第六版)行政救济法》,第194页以下。

定,而是广泛地将对于行政活动的参与性地位作为行政文书开示请求权来加以保障。

五、有人认识到以"参加"的概念无法包摄的市民对于行政之关联关系的出现,进行了试图以"协动"这个概念来把握这种关系的尝试。① 作为事例所列举的是环境行政及社会福祉行政的领域,在那里,市民对于行政并不限于参加,而且还具有作为主体来进行一定的作用分担的认识。②

在这种意义上的协动之理念,对于国家、地方的行政的哪一类都是妥当的,不过,跟信息公开相同,在这里也是地方公共团体的尝试先行,实现了通过条例的制度化。③ 进而,在法律上也于平成20年代出现了"协动""协动的处理"之概念。不过,制定法上的"协动"概念本身并不一定具有具体内容,是仅限于理念性的。这也由来于使用了协动术语的法律具有所谓基本法性质,如《小规模企业振兴基本法》④及《体育基本法》⑤等。在与协动相关联,在法律层面设置唯一定义规定的《关于通过环境教育等促进环境保全之处理的法律》⑥中:所谓"协动处理","是指国民、民间团体等,国家或者地方公共团体,各自适切地分担作用,立于对等的立场,互相协力,实施环境保全活动、环境保全的意欲增进、环境政策及其他环境保全的相关处理"⑦。"协动处理"这个术语在法制定时已经存在了,在伴随平成23年的题名修改的法修改时才设置了定义规定。

协动的概念,如上所述,是指公的主体和私的主体在组织上协动,也就是对外部成为一体,来应对特定的政策目的,这是通例。⑧ 与此相

---

① 参见山田洋著:《参加与协动》,载《自治研究》第80卷第8号,2004年,第25页以下;户部真澄:《通过协动对环境风险的法的制御》(上)至(下),载《自治研究》第83卷第3号、第4号,2007年。
② 关于"参加"和"决定"的理论性分析,有角松生史著:《程序过程的公开与参加》,载《行政法的新构想Ⅱ》,第299页以下。
③ 参加大久保规子著:《市民参加、协动条例的现状与课题》,载《公共政策研究》第4号,2004年,第24页以下。
④ 平成26年法律第94号。
⑤ 平成23年法律第78号。
⑥ 平成15年法律第130号。
⑦ 该法第2条第4款。
⑧ 以这一点为中心展开论述的研究成果,参见大久保规子著:《协动的进展与行政法学的课题》,载《行政法的新构想Ⅰ》,第234页以下。

对,也有人在如下意义上来阐述这个问题,即从前由行政主体独占性地行使的事务,也由私的主体应对其所实施的作用而予以承担。① 总而言之,协动是以脱离行政主体对公的事务独占之思考为目标,在行政法的基本原理之妥当范围论,协同程序的存在方式,作为协议之结果的协定的存在方式等行政过程论,公的主体、私的主体之责任分担论,围绕私的主体的行政组织论等方面,为今后提供了应当推进检讨的多种多样的课题。

六、以上所指出的参加、协动,对于行政决定来说,就是私人参与策划或者进行作用分担的场合。与此相对,存在私人自己承担公权力的行使的场合,也存在考虑到公共利益而自主地对自己的行动进行规制的场合。关于前者,从前也有作为委任行政的问题、受任者的法的地位论来论述的,伴随从促进规制缓和的观点出发而广泛使用,问题的所在便显在化了,被认为需要更加严密的分析。②

后者的自主性规制,是迄今为止行政法学没有从正面展开研究的,这种现象被认为是在日本以外的国家也能够看到的普遍性现象,也面临和规制行政中与日本的行政模式具有密切关系的问题,是正在重新开拓的领域。③ 行政,因为是行政主体实施的,或者是通过行政主体进行委任或者委托,才能够成其为行政,所以,自主规制本身不作为本书从正面论述的对象,而进行自主规制的团体和国家的多样的关系,当然能够成为考察的对象。

七、私人与行政的关联方式是各种各样的,哪种方式都表明私人不再像以前那样作为行政的单纯的客体,而是以各种各样的形式,实现了与行政活动保持密切的关系,这是现代行政的普遍性特征。同时,这种特征将会给依然根深蒂固存续的日本行政模式带来怎样的冲击,是与行政法学的范围论、体系论如何无关的、一个极好的研究课题。

八、私人,在与行政主体的关系上保有各式各样的法的地位,在法治国家体制下,在裁判上主张该法的地位得以承认。此时,在裁判过程

---

① 山本隆司著:《民间的营利、非营利组织和行政的协动》,载《行政法的争点》,第188页以下;大久保规子著:《协动的进展与行政法学的课题》,载《行政法的新构想Ⅰ》,第224页以下,将前者称为多元的协动,将后者称为分担的协动。

② 参见米丸恒治著:《由"民"进行的权力行使——由私人进行权力行使的诸形态及其法的统制》,载《田村古稀》,第52页;盐野著:《行政法Ⅲ(第五版)行政组织法》,第105页以下。

③ 原田大树著:《自主规制的公法学研究》,2007年版。

中,私人需要主张应对各种各样的地位之权利。也就是说,地位论,在与诉讼的关系上,是作为权利论而得以具体化的。从这种意义上说,地位论其自身并不是完结型的,在三分册中,权利的形态将在救济法①中进行探讨。

---

① 盐野著:《行政法Ⅱ(第六版)行政救济法》。

第二章　行政过程中私人的行为

第一节　私人的法行为与适用法规范

一、权利能力

在行政法关系中,能够成为权利能力主体的,一般地说,和民法一样,是自然人和法人。不过,必须注意的是,在具体的法律关系中,由于国籍、年龄等,有时不能成为权利、义务的主体。就国籍来说,并不是绝对的无能力,而是基于相互主义,但外国人不具有根据《国家赔偿法》的赔偿请求权。① 此外,矿业权者,只要条约上没有特别的规定,必须是日本国民或者日本国法人。② 进而,即使在没有明确规定的情况下,有时在解释上,外国人的权利能力也成为问题。外国人担任公务员的能力问题就是这种情形,进行公权力的行使,或者作出关于重要施策的决定,又或者是以这些参加策划为职务者,认为原则上被设定为具有日本国籍的人的,是最高法院的判决。③

此外,法人在行政法关系上具有权利能力,也和民法相同。但是,在公团等特殊法人实质上被看作政府的一个分支单位的情况下,即使在与私人的关系上享有通常的权利能力,但在和国家的关系上,最高法院有判决不承认其独立的人格。④ 此外,对无权利能力的社团,有时在法律上设置规定,承认其在行政法关系中的权利、义务主体的地位。⑤

---

① 《国家赔偿法》第6条。
② 《矿业法》第17条。
③ 最高法院判决,平成17年1月26日,载《民集》第59卷第1号,第128页。该案件是关于地方公务员的,而该法理对国家公务员也是妥当的。详细内容,参见盐野著:《行政法Ⅲ(第五版)行政组织法》,第250页以下"国籍要件"。
④ 参见最高法院判决,昭和53年12月8日,载《民集》第32卷第9号,第1617页;《行政判例百选Ⅰ》第2案件。此外,参见盐野著:《行政法Ⅲ(第五版)行政组织法》,第101页。
⑤ 《国税通则法》第3条、《行政不服审查法》第10条。

二、行为能力

《民法》上关于行为能力的规定,被解释为也适用于行政法关系。但是,《民法》上的行为能力的规定,是从无行为能力者的财产法的角度进行的保护,所以,在行政法关系中,许多情况下需要进行另外的解释。例如,驾驶执照、护照发放的请求等,被解释为未成年人也可以单独进行。此外,纳税申报也是财产法上的关系,但纳税义务是客观成立的,和作为对方的税务署长之间的交易之观念,在法律上是不存在的,所以,不需要法定代理人的同意。① 另外,在个人信息保护法制之下的开示请求权的法定代理人所进行的开示请求,基于请求权的性质,只限于以法律规定的场合②,并且,从本人的个人隐私权的保护的角度出发,该代理权的行使要服从相应的限制。③

三、意思表示的瑕疵

关于行政过程中私人的意思表示有瑕疵时,其效果应该如何评价的问题,行政法上没有通则性规定。一般地说,可以适用民法上关于法律行为的规定。④ 例如,关于基于强迫的退职申请的撤回之瑕疵的评价,是适合于适用民法的。⑤ 国家、地方公共团体等行政主体也可能成为《消费者契约法》上的事业者⑥,在该限度内,该法关于意思表示的规定也适用于这种关系。

但是,在行政法关系中,有必要按照规范该关系的法律构造来处理案

---

① 参见新井隆一著:《行政法中私人的行为之理论》,1980年版,第49页以下。
② 《行政机关个人信息保护法》第12条第2款、第27条第2款、第36条第2款。不过,在《番号法》上,任意代理被承认(第29条第1款。参见宇贺克也著:《番号法的逐条解说》,2014年版,第129页以下)。
③ 《东京都个人信息保护条例》第16条第6项有明确的规定。此外,包括个人信息保护在内,主张不仅限于行为,而且对与该行为相关的法的体系全体予以考虑并进行考察的成果,有横田光平著:《行政法上的未成年人的法的地位》,载《盐野古稀》(上),第613页以下。
④ 参见田中著:《行政法》(上),第111页。对第三人的权利利益进行更进一步的分析,并将其置于考虑之中来论述问题的研究,参见石井升著:《所谓私人在公法行为中的错误及欺诈、强迫》,载《甲南法学》第36卷第1—4合并号,1996年,第41页以下。
⑤ 东京地方法院判决,昭和57年12月22日,载《行裁例集》第33卷第12号,第2560页,认为自卫官的退职申请是被强迫而为,承认其撤销。
⑥ 参见落合诚一著:《消费者契约法》,2001年版,第55页。

件,在这种情况下,有时也存在未必将重点置于行为人的内心意思的情形。例如,纳税申报中有错误,在比实际应申报额多申报并缴纳税款的情况下,不是依据《民法》第 95 条规定以要素的错误而主张申报的无效,进行返还请求,而是只要没有特别的情况,就必须依据法定的更正请求之制度①来进行。②

在制定法上,有时设置关于私人方面的意思表示之效果的特别规定。例如,《地方自治法》上,关于直接请求的署名,考虑到其属于由多数人进行的联合行为这一特殊性,对其效果规定:不依据法令规定的正式程序进行的署名、无法确认是何人所为的署名无效。关于基于诈骗或者强迫而为的署名,市町村的选举管理委员会作出提出异议是正当的决定,是无效的(该法第 74 条之三第 1 款、第 2 款)。进而,《地方自治法施行令》规定,即使一度署名、盖章的人,在一定期间内,不问任何理由而承认其署名及盖章的撤销(该施行令第 95 条)。所以,在这种情况下,不是依据《民法》上的意思表示的瑕疵论,而是完全依据制定法所规定的基准来处理,可以说是通过立法来解决的一个事例。

第二节　私人的行为与行政过程

一、私人的行为

私人在行政过程中进行各种各样的行为。此时,既有对应已经作出的行政厅的命令而为之行为,也有像对应行政指导那样被动的行动。但是,私人并不仅仅限于这样立于被动立场采取行动,行政过程依据申请、备案等私人的积极行为而开始,应该说这才是通常的现象。在私人和行政主体的关系以契约关系来规范的情况下,该关系中的私人的行为要服从民法的原则(包括《消费者契约法》等民法特别法在内)。所以,下面探讨行政过程中特有的问题。

---

① 《国税通则法》第 23 条。
② 参见最高法院判决,昭和 39 年 10 月 22 日,载《民集》第 18 卷第 8 号,第 1762 页;《行政判例百选Ⅰ》第 133 案件。

二、由私人进行的申请等的方法

从前,由私人进行的申请、备案等,是以书面或者口头形式(无论是哪一种,都是依据个别的根据法的规定)为前提的,而作为行政信息化的一环,平成14年新制定了《关于行政程序等之中信息通信技术的利用的法律》,对于以书面形式进行的申请等,承认了在线申请的方式。① 这种申请,在其被记录于行政机关方面的电子计算机中所准备的文件夹时,被视为到达了行政机关(该法第3条第3款),因此具有一种附带效果,即在窗口进行的受理拒绝等事实上的行为发挥作用的余地是不存在的这种效果。② 进而,《番号法》③作为其目的之一揭示了申请等程序的简明化④,具体地在国税的纳税申告书中要求番号的记载等⑤,信息通信技术的发展,也给由私人进行申请的方法带来了变化。另外,此时有必要考虑尽量使个人信息的保护没有遗憾。

三、私人的行为的法效果

关于申请、备案的《行政程序法》上的法效果,《行政程序法》上有一般性规定。⑥ 由于这是所谓确认性规定⑦,所以,关于《行政程序法》的适用对象外的申请、备案也是一样,只要没有特别的规定,就可以认为,同样的法理发挥作用。

与此相对,作为行政过程的一环,有时将私人的自主性活动编入其中。例如,像租税行政过程中的纳税申报那样,有时会具有称为租税债务

---

① 该法第3条。除该法之外,关于相关认证业务的法律,参见宇贺克也著:《行政程序三法的解说》(第一次改订版),2015年版,第203页以下、第230页以下。申请程序的在线化成为行政信息化的一环,关于从更加广泛的视角进行的对行政信息化的分析,参见多贺谷一照著:《行政信息化的理论》,2000年版;宇贺克也著:《电子化时代的行政和法》,载《法学者》第1215号,2002年,第8页以下。

② 当然,在线申请的到达其本身的技术性问题另外存在着。参见多贺谷一照著:《通知、受理、公证》(1995年),载多贺谷著:《行政与多媒体的法理论》,1995年版,第41页。

③ 盐野著:《行政法Ⅰ(第六版)行政法总论》,第290页。

④ 《番号法》第1条。

⑤ 《国税通则法》第124条。

⑥ 《行政程序法》第7条、第37条。

⑦ 参见盐野著:《行政法Ⅰ(第六版)行政法总论》,第239页、第256页。

的自我确定的实体法上的效果。① 进而,作为基准、认证制度的一环,与迄今为止的政府认证相并列的或者替代品,有民间第三人认证、自我确认,这些都是通过私人的行为来实现制品及服务的安全性之确保这种法目的的制度。

四、私人的行为与行政行为的效果

申请等行为其本身并不是完结行政程序的程序,当然预定了其后要作出行政行为。此时,私人的行为给其后的行政行为带来怎样的影响,或者说其后的行政行为已经发生效果时,会给先行的私人行为带来什么影响,这是需要研究的问题。

(一)在私人的行为已到达行政厅的情况下,该行为能够撤回吗？如果能够撤回的话,则产生至何时能够撤回的问题。在民法关系中,意思表示到达相对方以后便不能撤回。② 与此相对,在行政法关系中,在作出行政行为之前,即使私人行为已经合法地到达相对方处,也可以撤回。③ 虽然是法律关系的变动中行政行为中心主义的一种表现,这种理解也有助于私人的利益。与此相反,以私人的行为为前提作出处分之后,由于法律关系已经完成了,所以便不能撤回。例如,交付了退职辞令之后,便不能撤回退职申请。此外,在成为前提的私人行为被合法地撤回,而处分依然作出的情况下,该处分是违法的。④

(二)在私人的行为具有无效瑕疵的情况下,以该行为为前提而作出的行政行为当然也具有瑕疵。此外,欠缺作为前提要件的私人行为的情况也一样。不过,该行政行为是具有无效瑕疵还是仅具有应予以撤销的瑕疵,根据该私人行为在行政行为的要件中所占的比重不同而各异。例如,脱离国籍的无效,导致其后所作出的行政行为之无效。⑤ 与此相对,关于作为道路位置废止处分前提的私人的承诺,最高法院有判决认

---

① 《国税通则法》第 16 条第 1 款。
② 参见《民法》第 521 条、第 524 条、第 540 条第 2 款。
③ 关于公务员退职请求的撤回,参见最高法院判决,昭和 34 年 6 月 26 日,载《民集》第 13 卷第 6 号,第 846 页;《行政判例百选Ⅰ》第 136 案件。当然,该撤回违反信义的情况则应另当别论。参见盐野著:《行政法Ⅰ》(第六版)行政法总论》,第 68 页脚注②。
④ 前述最高法院昭和 34 年 6 月 26 日判决的案件,就是这种情形。
⑤ 最高法院大法庭判决,昭和 32 年 7 月 20 日,载《民集》第 11 卷第 7 号,第 1314 页;《行政判例百选Ⅱ》(第四版)第 135 案件。

为,从该案件来看,缺乏该承诺的处分并不无效。①

（三）关于附带在私人行为上的瑕疵,不是无效原因而属于撤销原因的情况,当存在该撤销的意思表示时,以此为前提而作出的行政行为便带有瑕疵。例如,公务员的退职申请被作为基于强迫的申请而撤销后,基于该退职申请而作出的退职处分便构成违法。②

---

① 最高法院判决,昭和47年7月25日,载《民集》第26卷第6号,第1236页;《行政判例百选Ⅰ》(第四版)第90案件。

② 东京地方法院判决,昭和57年12月22日,载《行裁例集》第33卷第12号,第2560页。

判 例 索 引

● 大审院、最高法院*

大判大正8年4月18日,载《民录》第25辑第10号,第574页 …………… 27
昭和24年5月18日(大),载《民集》第3卷第6号,第199页 …………… 54,131
昭和28年2月18日(大),载《民集》第7卷第2号,第157页 …………… 25
昭和28年3月3日,载《民集》第7卷第3号,第218页 …………………… 134
昭和28年9月4日,载《民集》第7卷第9号,第868页 …………………… 144
昭和29年1月21日,载《民集》第8卷第1号,第102页 ………………… 133
昭和29年5月14日,载《民集》第8卷第5号,第937页 ………………… 134
昭和29年7月19日(大),载《民集》第8卷第7号,第1387页 …………… 139
昭和29年7月30日,载《民集》第8卷第7号,第1501页(京都府立医大
　案件) ……………………………………………………………………… 31,107
昭和29年8月24日,载《刑集》第8卷第8号,第1372页 ………………… 141
昭和29年9月28日,载《民集》第8卷第9号,第1779页 ………………… 142
昭和29年11月24日(大),载《刑集》第8卷第11号,第1866页 ………… 56
昭和30年6月24日,载《民集》第9卷第7号,第930页 ………………… 70,111
昭和30年9月30日,载《民集》第9卷第10号,第1498页 ……………… 32
昭和30年12月26日,载《民集》第9卷第14号,第2070页 ……………… 120
昭和31年4月13日,载《民集》第10卷第4号,第397页 ………………… 106
昭和32年7月20日(大),载《民集》第11卷第7号,第1314页 ………… 314
昭和32年12月28日(大),载《刑集》第11卷第14号,第3461页 ……… 52
昭和33年3月28日,载《民集》第12卷第4号,第624页(老虎机球游器
　案件) ……………………………………………………………………… 53
昭和33年4月30日(大),载《民集》第12卷第6号,第938页 ………… 202,203
昭和33年5月1日,载《刑集》第12卷第7号,第1272页 ………………… 79
昭和33年7月1日,载《民集》第12卷第11号,第1612页 ……………… 107

＊ 日期后面附有"(大)"字样的,表示是最高法院大法庭判决;日期后面附有"(决)"字样的,表示是最高法院决定。——译者注

昭和 33 年 9 月 9 日,载《民集》第 12 卷第 13 号,第 1949 页 ·················· 144
昭和 34 年 6 月 26 日,载《民集》第 13 卷第 6 号,第 846 页 ··················· 314
昭和 34 年 9 月 22 日,载《民集》第 13 卷第 11 号,第 1426 页 ················ 136
昭和 34 年 12 月 16 日(大),载《刑集》第 13 卷第 13 号,第 3225 页 ········· 67
昭和 35 年 3 月 18 日,载《民集》第 14 卷第 4 号,第 483 页 ···················· 32
昭和 35 年 3 月 22 日,载《民集》第 14 卷第 4 号,第 551 页 ···················· 29
昭和 35 年 3 月 31 日,载《民集》第 14 卷第 4 号,第 663 页 ·············· 26,129
昭和 35 年 10 月 19 日(大),载《民集》第 14 卷第 12 号,第 2633 页 ········· 31
昭和 36 年 3 月 7 日,载《民集》第 15 卷第 3 号,第 381 页 ···················· 137
昭和 36 年 4 月 27 日,载《民集》第 15 卷第 4 号,第 928 页 ···················· 107
昭和 36 年 7 月 14 日,载《民集》第 15 卷第 7 号,第 1814 页 ·················· 139
昭和 38 年 4 月 2 日,载《民集》第 17 卷第 3 号,第 435 页 ···················· 152
昭和 38 年 5 月 31 日,载《民集》第 17 卷第 4 号,第 617 页 ···················· 244
昭和 39 年 1 月 24 日,载《民集》第 18 卷第 1 号,第 113 页 ····················· 99
昭和 39 年 5 月 27 日,载《民集》第 18 卷第 4 号,第 711 页 ···················· 125
昭和 39 年 6 月 5 日,载《刑集》第 18 卷第 5 号,第 189 页 ···················· 208
昭和 39 年 10 月 22 日,载《民集》第 18 卷第 8 号,第 1762 页 ················ 312
昭和 39 年 10 月 29 日,载《民集》第 18 卷第 8 号,第 1809 页 ················ 116
昭和 41 年 2 月 23 日(大),载《民集》第 20 卷第 2 号,第 271 页 ············ 181
昭和 41 年 2 月 23 日(大),载《民集》第 20 卷第 2 号,第 320 页 ············ 186
昭和 41 年 11 月 1 日,载《民集》第 20 卷第 9 号,第 1665 页 ··················· 24
昭和 42 年 5 月 24 日(大),载《民集》第 21 卷第 5 号,第 1043 页(朝日诉讼) ········ 29,81
昭和 42 年 9 月 26 日,载《民集》第 21 卷第 7 号,第 1887 页 ·················· 133
昭和 43 年 9 月 17 日,载《讼务月报》第 15 卷第 6 号,第 714 页 ············· 226
昭和 43 年 11 月 7 日,载《民集》第 22 卷第 12 号,第 2421 页 ················ 144
昭和 43 年 11 月 27 日(大),载《刑集》第 22 卷第 12 号,第 1402 页 ········· 47
昭和 43 年 12 月 24 日,载《民集》第 22 卷第 13 号,第 3147 页 ················· 86
昭和 43 年 12 月 24 日,载《民集》第 22 卷第 13 号,第 3254 页(东京
　第十二频道案件) ·· 149
昭和 46 年 1 月 20 日(大),载《民集》第 25 卷第 1 号,第 1 页 ········ 82,92,262
昭和 46 年 4 月 22 日,载《刑集》第 25 卷第 3 号,第 451 页 ····················· 56
昭和 46 年 10 月 28 日,载《民集》第 25 卷第 7 号,第 1037 页(个人出租车
　案件) ··· 88,113,224,226
昭和 47 年 5 月 19 日,载《民集》第 26 卷第 4 号,第 698 页 ···················· 242
昭和 47 年 7 月 25 日,载《民集》第 26 卷第 6 号,第 1236 页 ··················· 315

昭和 47 年 11 月 22 日(大),载《刑集》第 26 卷第 9 号,第 554 页(川崎民商案件) ·················· 46,217,226
昭和 47 年 12 月 5 日,载《民集》第 26 卷第 10 号,第 1795 页 ················ 139
昭和 48 年 4 月 25 日(大),载《刑集》第 27 卷第 3 号,第 418 页 ··············· 211
昭和 48 年 4 月 26 日,载《民集》第 27 卷第 3 号,第 629 页 ·················· 138
昭和 48 年 7 月 10 日(决),载《刑集》第 27 卷第 7 号,第 1205 页(荒川民商案件) ································ 216,218
昭和 48 年 12 月 20 日,载《民集》第 27 卷第 11 号,1594 页 ··············· 165
昭和 49 年 2 月 5 日,载《民集》第 28 卷第 1 号,第 1 页 ···················· 148
昭和 49 年 4 月 25 日,载《民集》第 28 卷第 3 号,第 405 页 ················· 248
昭和 49 年 12 月 10 日,载《民集》第 28 卷第 10 号,第 1868 页(旭丘中学案件) ········ 139
昭和 50 年 2 月 25 日,载《民集》第 29 卷第 2 号,第 143 页 ···················· 24
昭和 50 年 5 月 29 日,载《民集》第 29 卷第 5 号,第 662 页(群马中央公共汽车案件) ································ 226,265
昭和 50 年 6 月 27 日,载《民集》第 29 卷第 6 号,第 867 页 ···················· 141
昭和 52 年 3 月 15 日,载《民集》第 31 卷第 2 号,第 234 页 ····················· 31
昭和 52 年 12 月 20 日,载《民集》第 31 卷第 7 号,第 1101 页(神户税关案件) ········ 107
昭和 52 年 12 月 20 日,载《民集》第 31 卷第 7 号,第 1225 页 ··············· 112
昭和 53 年 2 月 23 日,载《民集》第 32 卷第 1 号,第 11 页 ····················· 29
昭和 53 年 5 月 26 日,载《民集》第 32 卷第 3 号,第 689 页 ··················· 41
昭和 53 年 6 月 16 日,载《刑集》第 32 卷第 4 号,第 606 页 ··················· 129
昭和 53 年 9 月 7 日,载《刑集》第 32 卷第 6 号,第 1672 页 ················· 214
昭和 53 年 10 月 4 日(大),载《民集》第 32 卷第 7 号,第 1223 页(马库林案件) ································ 2,89,106,111,112
昭和 53 年 12 月 8 日,载《民集》第 32 卷第 9 号,第 1617 页(成田新干线案件) ·· 310
昭和 54 年 12 月 25 日,载《民集》第 33 卷第 7 号,第 753 页(税关检阅案件) ······ 99
昭和 55 年 7 月 10 日,载《劳动判例》第 345 号,第 20 页 ··················· 174
昭和 55 年 9 月 22 日(决),载《刑集》第 34 卷第 5 号,第 272 页 ············· 214
昭和 56 年 1 月 27 日,载《民集》第 35 卷第 1 号,第 35 页 ········· 69,174,175,182
昭和 56 年 2 月 26 日,载《民集》第 35 卷第 1 号,第 117 页(Strong Life 案件) ······ 3
昭和 56 年 3 月 27 日,载《民集》第 35 卷第 2 号,第 417 页 ··················· 141
昭和 57 年 3 月 9 日,载《民集》第 36 卷第 3 号,第 265 页(第一次石油联盟案件) ·· 167
昭和 57 年 4 月 22 日,载《民集》第 36 卷第 4 号,第 705 页 ················· 181

昭和 57 年 4 月 23 日,载《民集》第 36 卷第 4 号,第 727 页 …………………… 109
昭和 57 年 7 月 15 日,载《民集》第 36 卷第 6 号,第 1146 页 ………………… 141
昭和 57 年 7 月 15 日,载《民集》第 36 卷第 6 号,第 1169 页 ………………… 206
昭和 59 年 2 月 24 日,载《刑集》第 38 卷第 4 号,第 1287 页(石油卡特尔刑事
　案件) ………………………………………………………………………… 174
昭和 60 年 1 月 22 日,载《民集》第 39 卷第 1 号,第 1 页 …………… 223,226,244
昭和 60 年 1 月 22 日,载《判例时报》第 1144 号,第 67 页 …………………… 216
昭和 60 年 7 月 16 日,载《民集》第 39 卷第 5 号,第 989 页 ……… 167,170—172,245,254
昭和 62 年 10 月 30 日,载《判例时报》第 1262 号,第 91 页 …………………… 69
昭和 63 年 3 月 31 日,载《判例时报》第 1276 号,第 39 页 …………………… 217
昭和 63 年 6 月 17 日,载《判例时报》第 1289 号,第 39 页(斡旋亲生孩子买卖,
　被撤销指定医师资格案件) ………………………………………………… 145,146
昭和 63 年 10 月 28 日(决),载《刑集》第 42 卷第 8 号,第 1239 页 ………… 129
平成元年 6 月 20 日,载《民集》第 43 卷第 6 号,第 385 页(百里基地诉讼) ……… 26
平成元年 11 月 8 日(决),载《判例时报》第 1328 号,第 16 页 ……………… 200
平成 2 年 2 月 1 日,载《民集》第 44 卷第 2 号,第 369 页 ……………………… 80
平成 3 年 3 月 8 日,载《民集》第 45 卷第 3 号,第 164 页(渔港铁桩拆除
　案件) ………………………………………………………………………… 63,195
平成 3 年 7 月 9 日,载《民集》第 45 卷第 6 号,第 1049 页 …………………… 80,262
平成 4 年 7 月 1 日(大),载《民集》第 46 卷第 5 号,第 437 页 ……………… 225
平成 4 年 9 月 22 日,载《民集》第 46 卷第 6 号,第 1090 页(文殊诉讼) …… 128
平成 4 年 10 月 29 日,载《民集》第 46 卷第 7 号,第 1174 页(伊方原子能
　发电诉讼) ……………………………………………………… 88,89,107,226
平成 4 年 12 月 10 日,载《判例时报》第 1453 号,第 116 页 …………………… 244
平成 5 年 2 月 18 日,载《民集》第 47 卷第 2 号,第 574 页 ………… 173,174,175
平成 5 年 3 月 16 日,载《民集》第 47 卷第 5 号,第 3483 页(第一次教科书
　诉讼) ………………………………………………………………… 80,107,226
平成 5 年 4 月 23 日,载《判例时代》第 823 号,第 137 页 ……………………… 171
平成 7 年 3 月 23 日,载《民集》第 49 卷第 3 号,第 1006 页 …………………… 162
平成 8 年 3 月 5 日,载《税务诉讼资料》第 215 号,第 803 页 ………………… 219
平成 8 年 3 月 8 日,载《民集》第 50 卷第 3 号,第 469 页 ……………………… 114
平成 10 年 10 月 13 日,载《判例时报》第 1662 号,第 83 页 …………………… 203
平成 11 年 1 月 21 日,载《民集》第 53 卷第 1 号,第 13 页(志免町供水拒绝
　案件) ………………………………………………………………………… 200
平成 11 年 7 月 19 日,载《判例时报》第 1688 号,第 123 页 …………………… 89

判例索引

平成 11 年 10 月 22 日,载《民集》第 53 卷第 7 号,第 1270 页 ·················· 141
平成 13 年 3 月 27 日,载《民集》第 55 卷第 2 号,530 页 ·················· 281
平成 13 年 7 月 13 日,载《判例地方自治》第 223 号,第 23 页 ·················· 283
平成 13 年 12 月 13 日,载《判例时报》第 1773 号,第 19 页 ·················· 160
平成 13 年 12 月 18 日,载《民集》第 55 卷第 7 号,第 1603 页 ·················· 297
平成 14 年 1 月 31 日,载《民集》第 56 卷第 1 号,第 246 页 ·················· 82
平成 14 年 7 月 9 日,载《民集》第 56 卷第 6 号,第 1134 页 ·················· 185
平成 14 年 9 月 30 日(决),载《刑集》第 56 卷第 7 号,第 395 页 ·················· 195
平成 15 年 6 月 26 日,载《判例时报》第 1831 号,第 94 页 ·················· 258
平成 15 年 9 月 4 日,载《判例时报》第 1841 号,第 89 页 ·················· 117
平成 15 年 11 月 11 日,载《民集》第 57 卷第 10 号,第 1387 页 ·················· 278
平成 15 年 11 月 27 日,载《民集》第 57 卷第 10 号,第 1665 页(象棚诉讼) ·················· 225
平成 16 年 1 月 15 日,载《民集》第 58 卷第 1 号,第 226 页 ·················· 29
平成 16 年 1 月 20 日(决),载《刑集》第 58 卷第 1 号,第 26 页 ·················· 216
平成 16 年 2 月 24 日,载《判例时报》第 1854 号,第 41 页 ·················· 29
平成 16 年 7 月 13 日,载《判例时报》第 1874 号,第 58 页 ·················· 138
平成 17 年 1 月 26 日,载《民集》第 59 卷第 1 号,第 128 页 ·················· 310
平成 17 年 4 月 14 日,载《民集》第 59 卷第 3 号,第 491 页 ·················· 128
平成 17 年 7 月 15 日,载《民集》第 59 卷第 6 号,第 1661 页 ·················· 171
平成 17 年 11 月 8 日,载《判例时报》第 1916 号,第 24 页 ·················· 87
平成 17 年 11 月 21 日,载《民集》第 59 卷第 9 号,第 2611 页 ·················· 24,39
平成 18 年 2 月 7 日,载《民集》第 60 卷第 2 号,第 401 页 ·················· 114
平成 18 年 2 月 21 日,载《民集》第 60 卷第 2 号,第 508 页 ·················· 186
平成 18 年 3 月 1 日(大),载《民集》第 60 卷第 2 号,第 587 页 ·················· 60
平成 18 年 3 月 10 日,载《判例时报》第 1932 号,第 71 页 ·················· 295
平成 18 年 10 月 24 日,载《民集》第 60 卷第 8 号,第 3128 页 ·················· 88
平成 18 年 10 月 26 日,载《判例时报》第 1953 号,第 122 页 ·················· 158
平成 18 年 11 月 2 日,载《民集》第 60 卷第 9 号,第 3249 页(小田急高架
　诉讼) ·················· 114,179
平成 19 年 2 月 6 日,载《民集》第 61 卷第 1 号,第 122 页 ·················· 69,88
平成 19 年 4 月 17 日,载《判例时报》第 1971 号,第 109 页 ·················· 281
平成 19 年 12 月 7 日,载《民集》第 61 卷第 9 号,第 3290 页 ·················· 114
平成 20 年 9 月 10 日,载《民集》第 62 卷第 8 号,第 2029 页 ·················· 181
平成 20 年 10 月 3 日,载《判例时报》第 2026 号,第 11 页 ·················· 29
平成 21 年 1 月 15 日,载《民集》第 63 卷第 1 号,第 46 页 ·················· 284

平成 21 年 7 月 10 日,载《判例时报》第 2058 号,第 53 页 ················· 161,186
平成 21 年 12 月 17 日,载《民集》第 63 卷第 10 号,第 2631 页 ··········· 126
平成 22 年 6 月 3 日,载《民集》第 64 卷第 4 号,第 1010 页 ··············· 124
平成 23 年 6 月 7 日,载《民集》第 65 卷第 4 号,第 2081 页 ······ 248,265,266
平成 23 年 9 月 22 日,载《民集》第 65 卷第 6 号,第 2756 页 ·············· 55
平成 23 年 10 月 14 日,载《判例时报》第 2159 号,第 59 页 ··············· 280
平成 24 年 2 月 28 日,载《民集》第 66 卷第 3 号,第 1240 页 ··············· 81
平成 24 年 4 月 2 日,载《民集》第 66 卷第 6 号,第 2367 页 ················ 81
平成 25 年 1 月 11 日,载《民集》第 67 卷第 1 号,第 1 页 ·············· 51,80
平成 25 年 7 月 12 日,载《民集》第 67 卷第 6 号,第 1255 页 ··············· 83
平成 26 年 10 月 23 日,载《判例时报》第 2245 号,第 10 页 ·············· 173

● **高等法院**

名古屋高等法院判决,昭和 35 年 12 月 26 日,载《高刑集》第 13 卷第 10 号,
　　第 781 页 ··· 32
大阪高等法院决定,昭和 40 年 10 月 5 日,载《行裁例集》第 6 卷第 10 号,
　　第 1756 页(茨木市厅舍案件) ··· 194
东京高等法院判决,昭和 42 年 10 月 26 日,载《高民集》第 20 卷第 5 号,
　　第 458 页 ·· 194
名古屋高等法院判决,昭和 48 年 1 月 31 日,载《行裁例集》第 24 卷第 1·2 号,
　　第 45 页 ··· 216
东京高等法院判决,昭和 48 年 7 月 13 日,载《行裁例集》第 24 卷第 6·7 号,
　　第 533 页(日光太郎杉案件) ··· 113
东京高等法院判决,昭和 54 年 9 月 20 日,载《高刑集》第 32 卷第 2 号,第 179 页 ····· 206
大阪高等法院判决,昭和 57 年 6 月 9 日,载《行裁例集》第 33 卷第 6 号,
　　第 1238 页 ·· 139
高松高等法院判决,昭和 59 年 12 月 14 日,载《行裁例集》第 35 卷第 12 号,
　　第 2078 页 ·· 108
东京高等法院判决,昭和 59 年 12 月 20 日,载《行裁例集》第 35 卷第 12 号,
　　第 2288 页 ·· 270
大阪高等法院决定,昭和 60 年 11 月 25 日,载《判例时报》第 1189 号,第 39 页 ····· 185
东京高等法院判决,昭和 63 年 3 月 11 日,载《判例时报》第 1271 号,第 425 页
　　以下(氯喹药害诉讼) ·· 300
福冈高等法院判决,平成元年 7 月 18 日,载《判例时代》第 721 号,第 139 页 ············· 52
大阪高等法院判决,平成 2 年 8 月 29 日,载《行裁例集》第 41 卷第 8 号,

第 1426 页 ………………………………………………………… 265
东京高等法院判决,平成 2 年 11 月 29 日,载《判例时报》第 1367 号,第 3 页 ……… 196
福冈高等法院判决,平成 3 年 8 月 22 日,载《判例时代》第 787 号,第 148 页 ……… 152
大阪高等法院判决,平成 5 年 10 月 5 日,载《判例地方自治》第 124 号,第 50 页……… 168
仙台高等法院判决,平成 7 年 7 月 31 日,载《税务诉讼资料》第 213 号,
　　第 372 页 ………………………………………………………………… 219
福冈高等法院那霸支局判决,平成 9 年 11 月 20 日,载《判例时报》第 1646 号,
　　第 54 页 …………………………………………………………………… 259
东京高等法院判决,平成 11 年 3 月 31 日,载《判例时报》第 1689 号,第 51 页……… 147
高松高等法院判决,平成 12 年 9 月 28 日,载《判例时报》第 1751 号,第 81 页……… 158
福冈高等法院判决,平成 13 年 3 月 8 日,载《判例时代》第 1127 号,第 137 页……… 275
东京高等法院判决,平成 13 年 6 月 14 日,载《判例时报》第 1757 号,
　　第 51 页 ………………………………………………………… 241,244,266
东京高等法院判决,平成 15 年 5 月 21 日,载《判例时报》第 1835 号,第 77 页……… 286
名古屋高等法院金泽支局判决,平成 15 年 11 月 19 日,载《判例时代》第 1167 号,
　　第 153 页 ………………………………………………………………… 243
东京高等法院判决,平成 16 年 9 月 7 日,载《判例时报》第 1905 号,第 68 页 ……… 144
东京高等法院判决,平成 19 年 3 月 29 日,载《判例时报》第 1979 号,第 70 页
　　………………………………………………………………………… 31,159
东京高等法院判决,平成 19 年 5 月 31 日,载《判例时代》第 1982 号,第 48 页………… 243
名古屋高等法院判决,平成 20 年 6 月 4 日,载《判例时报》第 2011 号,第 120 页
　　……………………………………………………………………………… 27
东京高等法院判决,平成 23 年 11 月 15 日,载《判例时报》第 2131 号,第 35 页
　　以下(伊莱萨诉讼) …………………………………………………… 176
知识产权高等法院判决,平成 24 年 6 月 6 日,载《判例时报》第 2157 号,第 90 页 …… 110
广岛高等法院松江支局判决,平成 26 年 3 月 17 日,LEX/DB25503840 ………… 266

● 地方法院

德岛地方法院判决,昭和 31 年 12 月 24 日,载《行裁例集》第 7 卷第 12 号,
　　第 2949 页 ……………………………………………………………… 123
长野地方法院判决,昭和 32 年 5 月 28 日,载《行裁例集》第 8 卷第 5 号,
　　第 912 页以下 …………………………………………………………… 52
东京地方法院判决,昭和 35 年 4 月 20 日,载《行裁例集》第 11 卷第 4 号,
　　第 872 页 ………………………………………………………………… 137
东京地方法院判决,昭和 36 年 2 月 21 日,载《行裁例集》第 12 卷第 2 号,

第 204 页 ··· 137
东京地方法院判决,昭和 38 年 12 月 25 日,载《行裁例集》第 14 卷第 12 号,
  第 2255 页 ·· 110
东京地方法院判决,昭和 39 年 6 月 23 日,载《判例时报》第 380 号,第 22 页
  ·· 127
东京地方法院判决,昭和 41 年 10 月 5 日,载《行裁例集》第 17 卷第 10 号,
  第 1155 页 ·· 195
东京地方法院判决,昭和 42 年 5 月 10 日,载《下刑集》第 9 卷第 5 号,第 638 页
  (寺尾判决) ·· 154
熊本地方法院玉名支部判决,昭和 44 年 4 月 30 日,载《判例时报》第 574 号,
  第 60 页 ·· 182
东京地方法院决定,昭和 44 年 6 月 14 日,载《行裁例集》第 20 卷第 5·6 号,
  第 740 页 ·· 195
东京地方法院判决,昭和 44 年 7 月 8 日,载《行裁例集》第 20 卷第 7 号,
  第 842 页 ·· 111
东京地方法院判决,昭和 48 年 8 月 8 日,载《行裁例集》第 24 卷第 8·9 号,
  第 763 页 ·· 219
东京地方法院判决,昭和 48 年 9 月 10 日,载《行裁例集》第 24 卷第 8·9 号,
  第 916 页 ·· 195
东京地方法院判决,昭和 51 年 8 月 23 日,载《判例时报》第 826 号,第 20 页 ············ 175
横滨地方法院判决,昭和 53 年 6 月 26 日,载《行裁例集》第 29 卷第 6 号,
  第 1197 页 ·· 149
大分地方法院判决,昭和 54 年 3 月 5 日,载《行裁例集》第 30 卷第 3 号,
  第 397 页 ·· 181
鸟取地方法院判决,昭和 55 年 1 月 31 日,载《行裁例集》第 31 卷第 1 号,
  第 83 页 ·· 168
大阪地方法院判决,昭和 55 年 3 月 19 日,载《行裁例集》第 31 卷第 3 号,
  第 483 页(微笑出租车案件) ·· 265
札幌地方法院判决,昭和 55 年 10 月 14 日,载《判例时报》第 988 号,第 37 页 ············ 161
东京地方法院判决,昭和 56 年 10 月 28 日,载《行裁例集》第 32 卷第 10 号,
  第 1854 页 ·· 133
大阪地方法院判决,昭和 57 年 2 月 19 日,载《行裁例集》第 33 卷第 1·2 号,
  第 118 页 ·· 79
东京地方法院判决,昭和 57 年 9 月 22 日,载《行裁例集》第 33 卷第 9 号,
  第 1846 页 ·· 144

东京地方法院判决,昭和 57 年 12 月 22 日,载《行裁例集》第 33 卷第 12 号,
第 2560 页 ··· 311,315
东京地方法院八王子支局判决,昭和 59 年 2 月 24 日,载《判例时报》第 1114 号,
第 10 页 ··· 167
东京地方法院判决,昭和 59 年 3 月 29 日,载《行裁例集》第 35 卷第 4 号,
第 476 页 ··· 110
横滨地方法院判决,昭和 59 年 7 月 25 日,载《行裁例集》第 35 卷第 12 号,
第 2292 页 ··· 270
大阪地方法院判决,昭和 59 年 11 月 30 日,载《判例时报》第 1151 号,第 51 页 ········ 219
水户地方法院判决,昭和 60 年 6 月 25 日,载《行裁例集》第 36 卷第 6 号,
第 844 页 ··· 108
东京地方法院判决,昭和 61 年 3 月 31 日,载《判例时报》第 1190 号,第 15 页 ········ 219
大阪地方法院堺支局判决,昭和 62 年 2 月 25 日,载《判例时报》第 1239 号,
第 77 页 ··· 175
浦和地方法院判决,平成元年 12 月 15 日,载《判例时报》第 1350 号,第 57 页 ········ 134
大阪地方法院判决,平成 2 年 4 月 11 日,载《判例时代》第 730 号,第 90 页 ········ 219
东京地方法院判决,平成 2 年 10 月 15 日,载《行裁例集》第 41 卷第 10 号,
第 1639 页 ··· 242
宇都宫地方法院判决,平成 3 年 2 月 28 日,载《行裁例集》第 42 卷第 2 号,
第 355 页 ··· 259
东京地方法院判决,平成 3 年 8 月 27 日,载《判例时代》第 777 号,第 221 页
 ·· 168
东京地方法院判决,平成 4 年 2 月 7 日,载《判例时报临时增刊》平成 4 年 4 月
25 日号,第 86 页 ·· 172
神户地方法院判决,平成 4 年 6 月 30 日,载《判例时报》第 1458 号,第 127 页 ········ 33
青森地方法院判决,平成 4 年 7 月 28 日,载《行裁例集》第 43 卷第 6·7 号,
第 991 页 ··· 240
千叶地方法院判决,平成 4 年 10 月 28 日,载《判例时报》第 1471 号,第 84 页 ········ 242
东京地方法院判决,平成 5 年 2 月 16 日,载《判例时代》第 845 号,第 240 页 ········ 87
浦和地方法院判决,平成 7 年 2 月 24 日,载《判例时报》第 1546 号,第 74 页 ········ 243
仙台地方法院判决,平成 10 年 1 月 27 日,载《判例时报》第 1676 号,第 43 页 ········ 243
冈山地方法院判决,平成 11 年 2 月 9 日,载《判例地方自治》第 194 号,
第 84 页 ··· 242
奈良地方法院葛城支局判决,平成 11 年 3 月 24 日,载《判例时代》第 1035 号,
第 190 页 ··· 52

神户地方法院姬路支局判决,平成 12 年 7 月 10 日,载《判例时报》第 1735 号,
　　第 106 页 ·· 101
东京地方法院判决,平成 12 年 7 月 13 日,载《讼务月报》第 47 卷第 9 号,
　　第 2785 页 ··· 87
名古屋地方法院判决,平成 13 年 8 月 29 日,载《判例时代》第 1074 号,
　　第 294 页① ··· 259
东京地方法院判决,平成 13 年 12 月 4 日,载《判例时报》第 1791 号,第 3 页 ·········· 306
东京地方法院判决,平成 13 年 12 月 17 日,载《判例时报》第 1776 号,第 32 页 ······· 259
长野地方法院判决,平成 17 年 2 月 4 日,载《判例时代》第 1229 号,第 221 页········ 266
东京地方法院判决,平成 19 年 6 月 27 日,载《判例时报》第 1978 号,第 27 页 ········· 33
大阪地方法院判决,平成 20 年 1 月 31 日,载《判例时代》第 1268 号,第 152 页
　　··· 266
那霸地方法院判决,平成 20 年 3 月 11 日,载《判例时报》第 2056 号,第 56 页 ········ 267
埼玉地方法院判决,平成 25 年 9 月 25 日,载法院网页 ································· 112

事 项 索 引

B

保守秘密义务 277
保有个人信息 292
保障行政 9
备案 230,258—,312
备案程序 258
本人开示请求 297
本质性理论 65
比例原则 35—,53,69—,95,111,
112,174,194,218,247
变更处分 153
便宜裁量(自由裁量) 106
辩明程序 252—
标准处理期间 242
补偿契约 162
补助金 63—,89
不成文法源 46,52
不开示信息 277—
不可变更力(行政行为的) 115,132—
不可代替性作为义务 197
不可争力(行政行为的) 115,130—
不利处分 245
不确定概念 105
不作为义务 198
部分公开 281
部分性秩序 31,84—,106

C

裁量 2,95,102—,179

裁量基准 41,88—,224,241
裁量权的逾越和滥用 110
裁量行为 96
参与性地位 307
撤回权的保留 153
撤回权的限制 146—
撤销权的保留 153
撤销权的限制 143—
撤销诉讼的排他性管辖 121—,135
成文法源 46,49
程序的裁量 110
程序的瑕疵 265
程序上的权利 244,248
程序性法治国 225,227,306
筹措行政 9
处分 93,231,277
处分程序 231,239,269
处分基准 247,248,261
处分基准的设定和公布 222—,
241,252

D

代执行 188—
代执行令书 194
第三人认证 314
调查义务 215
订正请求 295—
动机违反 111
独立行政法人 271—,274

《独立行政法人等个人信息保护法》 292

E

二重处罚 204
二重效果的行政行为 96,303
EU 法(欧盟法) 17

F

法的体系 73—
法的支配(rule of law) 16,59—
法定附款 150
法定外抗告诉讼 129
法关系论 75
法规命令 76—,261
法国行政法院(Conseil d'Etat) 11
法律(的)保留 58—,94
法律的法规范创造力 58
法律的溯及适用 54
法律的优位(优先) 58
法律的支配 58
法律问题 109
法律效果的部分除外 153
法律行为的行政行为 98—,154
法源 46
法治国(Rechtsstaat) 13,58,67,225
法治主义 30,58,82
《番号法》 297—
反射性利益 304
返还 28,128
防御性地位 304
放置违反金 207
非权力行政 7
负担 151—
负担保留 152
负担金的缴纳契约 162

附款(行政行为的) 149—
复效性处分 96

G

告诫 194—
告知和听证 222,225,248,266
个人信息 278
个人信息保护(法) 33,213,289—,297
个人信息文件夹 292
个人隐私权 278,280,291
根据规范 61—,172,179,189
更新 149,245
公布违反事实 200
公定力(行政行为的) 99,115,120—,132
公法、私法二元论 21,37
公法和私法(的区别) 22—,40,156
公法上的不当得利 27
公法上的当事人诉讼 35,39
公法上的法人 25—
公法上的契约 41,156
公法上的事务管理 27
公法上的债权 23
公法上的住所 28
《公共服务改革法》 163
公共事业实施计划 181
公害防止协定 160,186
公开听证会 243
公企业的特许 97
公权力的行使 38
公权属性论 29,34
公示送达 141
公私协动(论) 36
公文书管理(法) 286—
公益概念 35
公证 98—

公正程序(due process)　88—,222,227—
公众评议　260—
共管事务　243
官房司法(Kammerjustiz)　12
管理关系　21,34
规范力(行政行为的)　99,116—,132,134
规制规范　61—,95,173,189
规制缓和　9—,308
规制行政　6—,160—
规制性行政指导　168
国立大学　31,159
《国立大学法人法》　31,159
国外犯　55
过错罚款　207

H

回答　168—

J

基本法　48—,291
基准、认证　314
羁束裁量(法规裁量)　105
羁束行为　96
即时强制　209
即时执行　184,197,209—,232
给付规则(补助纲要)　89
给付拒绝　199—
给付行政　6,60,158
计划策划制定程序　234
既存不适格　55
加算税　201
间接强制　196,197—,215
交换契约　161
交通案件即决裁判程序　206
教示　168

接待　242
结构解释　50
解释基准　85,241
进入现场　215
禁止翻供的法理　53,68
警察　7,9
拘束力(行政行为的)　115
拒绝供水　175
决定裁量　105

K

开示请求权(信息公开法)　276—
开示请求权(行政机关个人信息保护法)　294
可代替性作为义务　188—,193
课征金　202—
口头审理主义　239
口头主义　239
《会计法》第30条　23

L

理由的提示　243,247,266
理由的替换　139
理由附记　223—,226,244
历史公文书　287—
立法者意思　51
立法作用　1
利用停止　296
列举主义　14,67
令状　212,217
逻辑解释　50

M

美浓部三原则　105
免除　97

《民法》第 177 条　25
民事上的强制执行　185—
命令　49
命令程序　259
命令行为　100
命令性行为　97—,99
目的规定　50,273
目的论解释　50
目的违反　111

N

纳税申报　311—
农地收买处分　25

O

OECD 八原则　293

P

PFI(Private Finance Initiative)　162—
盘问　214
盘问检查　217
判断过程统制(论)　81,113,114
判例法　53—
平等(对待的)原则　35—,53,70—,
　82,89—,111,159,174

Q

期间计算　21,68
期限　148
起诉期间　130
强行法规范　32
强制出境　211
侵害保留　62—,94,146—,172,179,
　200,211,214,303
侵害处分　96

取缔法规范　32
权力保留　64
权力分立(制)　11,58
权力行政　7
权利滥用　21
权利滥用的禁止　68
权利能力　310
全部保留　64
全球化　18—
确定行为　101—
确认　98—
确认保留　172—,175
确约　168—

R

人事院规则　78
认可　97,101
任意调查　214—
日光太郎杉案件　113

S

社会保留　64
社会观念(审查)　112,114
申请　240,312
申请拒绝处分　243
审查基准　241,261,280
审查基准的设定和公布　266
审查密度　113—
审议会　261
时期的裁量　109—
实质上的当事人诉讼　39
实质上的法治国　59
实质性确定力　132
实质性证据的法则　251
事前照会　169

事前指导　170
事情判决（特别情况下的驳回判决）
　　140
事实问题　108,204
事务委托　164
受理　98,242—,259
受益性地位　304
授益处分　96,146
书面审理主义　239
说明的责任和义务　272—
说明责任　53,68,70,115,272,286
司法国家　12
司法性执行　183—
司法作用　3—
私经济行政　6—
私人的地位　302
私人的法行为　310
私人的行为　310,312

T

他事考虑　113
特别权力关系　30—,84—,106
特定历史公文书　288
条件　151
条例　49,56,231
条约　47
调整行政　9
调整性行政指导　9,168
听证程序　246—,250—
听证日期　250
听证主持人　247,252
通告处分　206
通知　85—
通知行为　99
同意　163

透明性　70,234,263
土地利用规制计划　181
退还　242—,258
退去强制　210
退职请求的撤回　314

W

违法行为的转换　138
违法性的承继　124
违反公法法规范的法律行为　32
违反公法法规范的法律行为的效力　32
违反规则金　206—
违反交通规则金　206
违反金　201,203,204
委任立法　78
委任命令　49,78—,95
文理解释　50
文书管理　286
文书交付请求权　255
文书阅览（权）　223,249,266
文书主义　239
无效的瑕疵　135
无效的行政行为　136
无效确认诉讼　128

X

习惯法　52—
瑕疵的治愈　138
下达命令　97
宪法　46
宪法和行政法　57
校规　84
效果裁量　104—,180
协动　307
协议　168,170

携带物品的检查 214
信赖保护 53,89,168,169,174,182
信息公开 68,200,216,269—
信息公开、个人信息保护审查会 283
信息公开诉讼 284
信息提供 243,280,285—
信义诚实的原则 21,53,69—
形成裁量 105,150,180
形成行为 100—
形成性行为 97—,99
形式上的当事人诉讼 38
形式上的法治国 59
行动基准 85
行为能力 311
行为形式 73,74,213
行政裁量 95
行政裁判 11
行政程序 46,67,220,269
行政程序法(典) 48,231
行政程序上的诸原则 53
行政处分 116
(行政)代执行(法) 188,189,190—,193
行政的分类 6
行政(的)概念 1—,66
行政的行为形式 76—
行政调查 41,184,213,226,232
行政罚 205
行政法的解释 49
行政法的效力 54
行政法典 47
行政犯 205
行政规则 76,82—,261
行政过程论 45—,72—
行政机关的行动基准 85—

行政机关个人信息保护(法) 289—,290—,296
行政计划 41,177—,231
行政计划程序 306
行政客体 302—
行政立法 41,76,231,259,262
行政立法程序 220,234,306
行政模式 300—
行政强制 41
行政上的法的一般原则 53
行政上的契约 155,231
行政上的强制征收 188,198
行政上的强制执行 188,207,232
行政上的强制执行程序 220
行政上的一般性制度 72
行政上的秩序罚 205—,207—
行政上确保义务履行的制度 183
行政审判 251
《行政事件诉讼法》 37—
行政司法(Administrativjustiz) 12
行政私法 36
行政委员会 16
行政先例法 52,86
行政刑罚 205—
行政行为 41,92—,220
行政行为的撤回 145—,187
行政行为的撤销 142—
行政行为的附款 149—
行政行为的概念 92
行政行为的内容 152—,154
行政行为的瑕疵 135
行政行为的效力 115
行政行为的种类 95
行政行为效力的发生 141
行政行为效力的消灭 142

行政性执行 184—
《行政执行法》 184,196
行政指导 8,41,166—,199,231,
　245,253—,300—
行政指导程序 220,253
行政指导的基本原则 253
行政指导的中止 256
行政主体 10,302
行政主体间的契约 164
许可 97
选择裁量 105,150

Y

药方 295
要件裁量 104—,280
一事不再理 133—
一事不再议 134,142
医师的诊疗义务 32
依法律行政的原理 53,58
义务赋课诉讼 130,257,285,305,306
议员的报酬请求权 29
意见公募程序 261,262—
意见提出程序 260—
隐私权 278
应予撤销的瑕疵 135

Z

再委任 80
支配关系 21
知情权 68,272
执行罚 188,190,197—

执行力(行政行为的) 115,131
执行命令 49,78
执政 5,10
直接强制 188,190,196—,210—
职权主义 239
职务盘问 214
指导纲要 90,173,175,199,301
指针性计划 178
制裁 145,187,203
制定法准据主义 227
制定规章(rule making) 224
制度性契约论 36,160
治安法官 15
秩序罚 207—
重大明显说 136
助成性行政指导 167,168
住所 28
准备行政 157
准法律行为的行政行为 98,154,242
准立法权能 16
准司法程序 251
准司法权能 17
咨询程序 226
资金交付行政 89
自力救济 183,188
自然正义(natural justice) 67
自我确认 314
自我信息控制权 291,295
自由裁量 104,153
组织规范 61—,171

合订本中文版译后记

经过整整一年的艰苦努力,终于将《行政法》翻译完毕,并最终付梓,我如释重负。

本书是当代日本著名行政法学者盐野宏先生的力作《行政法》第一册、《行政法》第二册和《行政法》第三册的中文全译本。盐野宏先生立足于其长期以来所主张的行政过程论,通过行政过程论、行政救济论和行政手段论这三部曲,完成了行政法教科书的体系架构,与传统行政法学体系(行政组织法、行政作用法和行政救济法)相比,呈现出较为鲜明的特色。其中第一册已被翻译成繁体中文在我国台湾地区出版,并被翻译成韩文在韩国出版;第二册也已被翻译成韩文在韩国出版。可见本书不仅具有很高的学术价值,而且其影响甚广。

客观、冷静、理性,重视引述他人的研究成果并加以吸收,同时加以检证,展开剖析,使自己在他人研究成果的基础上取得更大的突破。这是大多数日本行政法学者的共通特点,当然也是盐野宏先生治学态度的真实写照。通过翻译《行政法》,我深深地敬佩盐野宏先生在著书立说方面所表现出的那种严谨。例如,为了展开行政过程论的体系架构,他详细列举了各种不同观点,并逐一予以分析。列举不同观点,不局限于"有人认为",而是进一步标明出处。又如,在列举参考文献时,除列明编者外,还在括号中具体表明撰稿人[南编:《逐条解释行政事件诉讼法》,第526页以下(春日伟知郎)]。这样,既是对撰稿人的尊重,又责任分明……总之,我认为,目前我国学界应借鉴日本法学者的实证研究方法,尽快建立起严谨、科学的学术研究规范。仅从这层意义上讲,《行政法》的翻译出版也具有重大意义。

有幸参与"早稻田大学·日本法学丛书"的翻译工作,我首先要感谢本丛书发起人、早稻田大学教授大须贺明先生。大须贺先生热心于中日两国法学文化交流,为使本丛书出版计划付诸实施,不仅在日本国内奔走筹资,而且不辞辛苦数次访问中国,其精神令人钦佩。同时,我也要向本丛书的实际组织者林浩先生表示衷心感谢,感谢他为本丛书出版计划得以实现所做的许多重要的工作,为中日法学交流做出了贡献。北京大学教授姜明安先生在百忙之中抽时间对本书译文进行了审阅和校对,提出了许多宝贵意见,并逐字逐句地加以修改,使本书中的理论术语和习惯用语更加准确、规范,在此表示衷心感谢。在《行政法》的翻译过程中,法律出版社蒋浩先生经常给予督促,并及时给予必要的技术性指导,确保了本书能够如期和读者见面,衷心感谢蒋浩先生的大力支持。最后,我还要感谢我的夫人陈衍珠女士,在我翻译本书期间,她不仅承担了全部家务,而且作为本书译稿的第一位读者,对全书译文进行了初步校对,付出了辛勤劳动。

  翻译,是一项极其艰辛的劳动。尤其是翻译较有影响的专著,更是如此。只要以认真、负责的态度,而不是以沽名钓誉的态度进行翻译,那么,翻译专著便可称为一项严谨、科学的学术研究。然而,目前国内著述却表现出一种倾向,即在引用文献时省略译者。仿佛外国学者直接用中文著述,又仿佛引用者直接引用外国原版文献,导致责任不明。我认为应该学习日本法学者的做法,采取客观、冷静、理性的态度:标明原作者的同时,也应标明译者。这样,责任分明,也是对译者的起码尊重。

  由于翻译专著是一项严谨、科学的学术研究,因而存在一个不断发展、不断完善的过程。由于时间的限制,更重要的是由于译者素质方面的制约,尽管从主观上尽了十二分的努力,也难免存在不尽如人意的处理。若书中翻译有不妥乃至错译或漏译之处,还望读者批评,有待今后改正。若本书简体中文版对中国学者了解当代日本行政法及行政法学,乃至促进我国行政法及行政法学的发展有所帮助,我将感到十分欣慰。

杨建顺

1998 年 8 月 1 日于中国人民大学静园

三分册中文版译后记

2008年8月5日,这是一个值得纪念的日子。

这一天,我终于为最新版"盐野宏行政法教科书三部曲"的中文翻译工作画上了句号。当我点击"发送"键,将全部校对完毕的翻译书稿传给杨剑虹编辑时,全身心充满了无比的舒畅之感。

1998年,拙著《日本行政法通论》由中国法制出版社出版。转眼间将满十周年,一直没有修订。这期间,日本行政法的制度和理论研究皆发生了巨大的变化,并且,最近数年一直在变化着。我一直致力于拙著《日本行政法通论》的修订,并试图将这种变化反映于修订版之中。虽然已经拟定了从诸多意义上都值得纪念的2008年出版《日本行政法通论》修订版的计划,但是,相关工作却处于缓慢进行之中。

1999年,盐野宏先生的力作、被称为"盐野宏行政法教科书三部曲"的《行政法Ⅰ》(第二版)、《行政法Ⅱ》(第二版)和《行政法Ⅲ》(初版)由我翻译,由法律出版社以中文全译合订本的形式出版。之后,这三册书一直处在补订和改版的状态之中,经过多次补订印刷,内容或者形式的变化累积到一定程度之后,才是改版。与此相比较,拙著十年未改,真是汗颜!

先于拙著改版而推出"盐野宏行政法教科书三部曲"的三分册中文版,是我经过仔细考虑和斟酌之后才作出的决定。首先,根据我的判断,在目前中国行政法学界,尚没有能够与这套书比肩的成果。无论是从体系的完整性和科学性的角度,还是从内容的广泛性和深刻性的角度,抑或从学术研究的规范性和扎实性的角度,这套书都堪称力作。正如我曾经在自己的博客中给予该套书的评价——三册在手,融会贯通,行政法学,行家里手。这么好的著作,当然应尽快介绍给中国的同仁。其次,我在拙著修订过程中借鉴了该著作的许多内容,希望在注释中标注出可供中国同仁查阅的出处,而不是日文原版的出处。这样,可以为读者提供更多比较思考的便利,有助于形成更为客观的学术评价和批评的氛围,助推中国行政法学研究的发展。再次,我觉得在拙著修订之前,应该全面、系统而深入地追踪学习近年来日本行政法的制度和理论,而经过对诸多日本行政法学者的研究成果的追踪和比较,更使我确信,通读、精读并有重点地阅读该著作具有极其重要的意义。翻译该著作,恰好是我强迫自己做到"通读、精读并有重点地阅读"的最佳方式。最后,我认为再度翻译该著作是作为译者的责任和荣誉。1999年有幸参与"早稻田大学·日本法学丛书"的翻译工作,我被大须贺先生热心于中日学术交流的热情和激情深深感动,为自己有机会翻译盐野宏先生的力作而感到无比的荣幸和自豪。然而,数年来,日本行政法的制度和理论不断变化和发展着,自己却很少有时间对这些变化和发展进行跟踪研究。翻译"盐野宏行政法教科书三部曲"的最新版,尽快将其介绍给中国学界,可以弥补自己在这方面的欠缺,也是我心中一直期盼且引以为荣的事情。基于上述考虑,我选择了先完成这项翻译工作,然后再致力于拙著的修订工作。

然而,正如我在合订本中文版的"译后记"中所说的:"翻译,是一项极其艰辛的劳动。"合订本中文版的翻译工作,我用了一年的时间,而此次翻译工作我用了两年的时间。当然,我必须对其间因诸种事情而分心的"缺乏定力"进行检讨和反思。不过,我也为此次翻译过程中的"读书"而欣慰。

很长时间了,我在"读书"方面处于"选择阅读"的状态,很少能通读,更谈不上精读一本专业书籍。而此次翻译,迫使我对日文版"盐野宏行政法教科书三部曲"通读了三次(三个版本),精读了一次(翻译过程),有重点地阅读了两次(根据盐野先生的手写修订稿);对中文翻译稿精读了数次(翻译过程),通读了一次(校对),有重点地阅读了一次(根据责任编辑和诸位校对者的校对意见)。此外,我根据该书中的注释和参考文献,参考比较阅读了大量新的日文版文献资料。真的是受益匪浅。

从确定翻译到完成翻译,我共使用了三个版本,准确地说是四个版本(加上未正式出版的盐野宏先生的手写修订稿的话)。

2005年秋,在日本访学的我的学生王丹红发来邮件,告诉我盐野宏老师的《行政法Ⅰ》和《行政法Ⅱ》出了第四版,《行政法Ⅲ》出了第二版,并为我购买了一套。当时我正在致力于拙著《行政规制与权利保障》的写作,该书拖了很长时间,迟迟不能交稿,甚是苦恼。盐野宏先生的力作有新版面世,这实在令我兴奋不已,为我最终完成拙著提供了巨大的动力。2006年年初,丹红回国,带回了我期盼已久的这套书。于是,我在撰写拙著的同时,开始了第一次通读。

2006年3月,和北京大学出版社第五图书事业部主任蒋浩先生就翻译出版该套书的事宜达成意向性共识,并于同年6月中旬正式确立了翻译出版计划。于是,我于6月18日给盐野宏先生去信,谈了有关翻译授权事宜。7月10日,收到了盐野宏先生热情洋溢的回信,他不仅非常高兴由我再度翻译"盐野宏行政法教科书",而且告诉我《行政法Ⅲ》已出了第三版,《行政法Ⅰ》和《行政法Ⅱ》也将进行第四版的修订印刷,他已在相关部分用红笔标识出来了。他希望我用最新版来翻译,且按照相关修订标识来翻译,中文翻译版可以先于日文补订版出版发行。多么令人感动啊!之后不久,我收到了盐野宏先生委托有斐阁奥贯清先生寄来的、添加了修订标识的《行政法Ⅰ》和《行政法Ⅱ》的第四版、《行政法Ⅲ》的第三版,以及《行政法判例百选Ⅰ》和《行政法判例百选Ⅱ》的第五版。于是,我又开始了"盐野宏行政法教科书"的通读。随着时间的推移,我陆续收到了奥贯清先生寄来的数封航空信,里面装的是盐野宏先生再度作了修订标识的书页的复印件。这些都是我重点阅读的重要依托。

2008年春节前,《行政法Ⅰ(第四版)行政法总论》翻译、校对完毕,提交给了出版社。5月初,《行政法Ⅱ(第四版)行政救济法》和《行政法Ⅲ(第三版)行政组织法》也都翻译完毕,然而,由于之后的两个月忙于学生论文的指导、评阅、答辩等事宜,再也没有余暇来校对书稿,以至于这项工作不得不拖至暑假了。恰好在此期间,5月中旬,我又收到了盐野宏先生委托有斐阁寄来的2008年最新补订版"盐野宏行政法教科书"。于是,暑假期间,在对后两册翻译书稿进行校对的同时,我通读了最新补订版"盐野宏行政法教科书"日文版三分册。

盐野宏先生对于中日学术交流的热忱,对待自己作品的认真负责,几次无偿地邮寄赠书,都令我感佩至深。一次次书信往来,一次次电话交谈,还有传真、Email交流,盐野宏先生总是不厌其烦地给予我热情的支持和鼓励。此次翻译过程中的交流,让我在学术研究之外充分感受到了盐野宏先生高尚的人格魅力。衷心感谢您,盐野宏先生!

其实,在再度翻译"盐野宏行政法教科书三部曲"的过程中,除作者盐野宏先生之外,还有许多人曾给予我慷慨的帮助。

前面提到的有斐阁的奥贯清先生,一次又一次地给我寄来书籍及有关修订的复印件,来信询问翻译出版的进展情况;有斐阁的编辑总务伊东晋先生,为出版合同事宜亲自进行协调,并在百忙之中发来热情洋溢的邮件,给予我诸多支持和鼓励。我和两位先生都未曾谋面,但是,和他们的交流,总能够感受到似曾相识的亲切。

我的学生王丹红博士,不仅为我购买并从日本带回新版"盐野宏行政法教科书三部曲",而且还对照我的中文全译合订本查找新版的相关修订部分,列出了《行政法Ⅰ》和《行政法Ⅱ》的修订对照表,为我提供了诸多便利。

我的学生张步峰博士,博士生刘亚凡、栾志红、白贵秀、高卫明、何倩,硕士生梁瑞辉、唐莹祺、王拓,他(她)们分别承担了部分书稿的文字校对工作,并提出了许多有益的建议。

在此,我必须特别提到蒋浩主任和本书的责任编辑杨剑虹女士。是他(她)们的果敢判断和鼎力支持,促成了最新版"盐野宏行政法教科书三部曲"三分册中文版的出版,而他(她)们对我迟延交稿总是表示理解,为我用更加充分的时间对翻译书稿进行斟酌和完善提供了支持。

对于前面提到的诸位的支持和帮助,借此写"译后记"的机会,表示我最诚挚的谢意!

此外,著名行政法学者姜明安先生对合订本中文版的审校,为该书翻译行文更加流畅,反映的专业知识更加准确,阅读起来更少困难,提供了重要的支持。此次翻译,由于时间等诸方面的原因,没有再度劳烦姜明安先生审校。但是,先生前次的审校同样也为三分册中文版提供了重要的基础。再次感谢姜明安先生的鼎力支持!

最后,还是要对我的妻子陈衍珠女士说声"感谢"!她从一开始就劝我先放下拙著的修订工作,优先完成最新版"盐野宏行政法教科书三部曲"的翻译工作,并在最后的翻译书稿完善阶段给了我巨大的帮助,承担了三册书最后的事项索引和判例索引的核对、排序工作。这项工作很烦琐,费时间却成就感很少。但是,有了准确的排序,才能确保该套书更好地发挥其"行政法百科全书或行政法学专业词典的功用"。

杨建顺

2008 年 8 月 14 日

于中国人民大学明德法学楼研究室

2025 年三分册中文版译后记

"盐野宏行政法教科书三部曲"2025 年三分册中文版的翻译工作全部完成了。想到这套书即将付梓,我实在不知道该用什么语言来表达自己内心的激动。衷心感谢诸位的关注、鼓励和鞭策!同心协力一路走来,满是收获,满是感谢!继续奋楫前行,才能更好体悟幸福。

之所以承担这套书的翻译工作,除诸多偶然的因素外,更具决定性的因素在于这套书本身具有里程碑式的地位和灯塔般的价值。这套书对于行政法学(包括日本行政法学、中国行政法学乃至比较行政法学)研究具有极其重要而深远的意义,这使得我真心觉得能够翻译这套书实在是我的荣幸。的确是这样,数十年来,我一直将自己有此荣幸引以为豪;这种自豪,也化作我不断努力向上的巨大动力,催我奋进,不断去遇见更好的自己。

盐野先生在《写给中国读者的话》中提及南博方著行政法教科书《行政法》(第六版)由我翻译并在中国出版,他认为"盐野宏行政法教科书三部曲""是作为展示其后日本行政法及行政法学之展开的一例而被选中的"。诚如盐野先生所言,这套书的翻译出版的确具有这方面的意义。不过,也不完全是这样,或者说,主要的并不是这样。前后三次全译"盐野宏行政法教科书三部曲",除展示其后的发展情况之意义外,还有更为重要、更为深远的无可置疑的意义。

这套书的特点,除我在之前的两次"译后记"中所阐述的那些外,还可以追加归纳为如下几点:(1)内容浩瀚,180 多万字的鸿篇巨制,篇章结构安排科学,条理清晰,逻辑严密,说理透彻;(2)旁征博引,资料翔实,有不胜枚举的注释,又注重扎实检证,以内链接增强互相印证;(3)体系宏大,囊括现代行政法学体系的所有领域、阶段和层次,辑各家主张,集各派成果,评实务案例之利弊得失,守正出新,全面展开又细致入微。作者盐野先生做到了这几点,完成了其"行政法教科书三部曲",并不断加以修订完善、改版扩容,与时俱进,笔耕不辍,这着实令人钦佩至极。这套书第一册、第二册已经出了第六版,第三册也出了第五版,这是盐野先生扎实治学精神的生动写照。我有幸第三次全译"盐野宏行政法教科书三部曲",感觉自己也随之成长了许多,怎能不为之自豪!

盐野先生于 2015 年推出《行政法 I (第六版)行政法总论》后,我便跟北京大学出版社学科副总编辑蒋浩先生联系"盐野宏行政法教科书三部曲"最新版的翻译出版事宜,得到蒋先生的理解和支持。当时的最新版即《行政法 I (第六版)行政法总论》《行政法 II (第五版补订版)行政救济法》和《行政法 III (第四版)行政组织法》。2016 年 1 月 7 日,盐野先生回信,非常高兴地表示同意"盐野宏行政法教科书三部曲"最新版的翻译出版计划,并且给予温馨提示:目前正准备对《行政法 II (第五版补订版)行政救济法》进行修订改版,至于是对目前版本进行翻译,还是等出了新版再翻译,请自行定夺。我跟蒋先生商量决定,先翻译《行政法 II (第五版补订版)行政救济法》,待第六版出版后再对照修改完善即可。与盐野先生的修订工作同步,我的翻译工作扎实推进。盐野先生于 2019 年推出《行政法 II (第六版)行政救济法》,我在这之前已完成了第五版补订版的翻译工作。于是,按照既定计划,在已有翻译的基础上,又展开了查漏补缺的翻译完善工作。

2021 年 1 月,三册书的翻译工作基本完成,进入全面校稿阶段,不出意外的话,当年 8 月便可出版。1 月 7 日,我向盐野先生汇报了这个情况,并邀请他为"盐野宏行政法教科书三部曲"最新版翻译出版写序。盐野先生欣然答应,同时,先生告诉我一个好消息:《行政法 III (第五版)行政组织法》很快就要刊行了。四个月后的 5 月 15 日,我收到盐野先生亲自填写寄送信息的国际航空邮包,真的是非常感动。德高望重的盐野先生赠书,而且是通过国际航空邮包的形式邮寄赠书,这对于作为晚辈和译者的我来说,真的是莫大的鼓舞和鞭策。于是,我开始了《行政法 III (第五版)行政组织法》的翻译工作。

本以为会像《行政法 II (第五版补订版)行政救济法》到《行政法 II (第六版)行政救济法》那样进行查漏补缺,很快就可以完成翻译工作。然而,《行政法 III (第五版)行政组织法》的修订幅度之大,已远超对照第四版进行查漏补缺所能应对的范畴,必须扎实开展全面翻译工作。这样一来,既定的许多计划便不得不推迟了。

2021 年 6 月,盐野先生完成了《写给中国读者的话》,遗憾的是我却未能在短时间内完成翻译任务,再加上由于各种主客观原因,三分册中文版的出版工作未能按照原计划推进。

从"盐野宏行政法教科书三部曲"最新版翻译出版计划正式启动到现在,转瞬过去了九年。这期间,如前所述,盐野先生推出了《行政法Ⅱ(第六版)行政救济法》和《行政法Ⅲ(第五版)行政组织法》,我对这两册书则是分别翻译了两个版本,最后呈现在读者面前的当然是其真正的"最新版"。这期间,这套书最新版的翻译工作一直得到诸多朋友的关注、鼓励和鞭策。有的在微信朋友圈点赞、留言,有的发微信、短信或者邮件等,一次次问询,一声声鼓励,路径不同,形式各异,都助力我及早完成翻译任务,让我倍感亲切、温暖。在"盐野宏行政法教科书三部曲"合订本中文版出版发行二十六年后,三分册中文版出版发行十七年后,能够推出2025年三分册中文版,我感到非常高兴和无比幸福!借此机会,再次对盐野先生及有斐阁的信任表示衷心的谢意!对蒋浩先生及北京大学出版社的鼎力支持表示衷心的谢意!对王建君、焦春玲、关依琳、陈晓洁四位编辑的辛劳付出和专业建议表示衷心的谢意!对姜明安教授百忙之中拨冗审读书稿、给予莫大支持表示衷心的谢意!还要感谢我指导的博士生叶益均、张天翔和田一博对书稿的读校!对诸位朋友一直给我关注、鼓励和鞭策表示衷心的谢意!

在这里,要特别感谢我的妻子陈衍珠女士一如既往地给予鼎力支持!陈衍珠女士承担了日文版最新版本跟2025年三分册中文版内容的比对标记工作。她认真对照日文原版和中文版,逐字逐句审读,列出原版和中文版的内容对照表,发现问题,提出修改完善建议,为我顺利开展查漏补缺工作提供了便利,为确保翻译用词的前后呼应、协调一致提供了重要参考。为进一步提升"盐野宏行政法教科书三部曲"中文版的翻译质量,2025年三分册中文版在各分册之间的"内链接"及判例索引、事项索引等页码处理上,一如既往地从方便读者查对的角度出发,尽可能以每册的最新版为基准,以中译本页码进行准确比对标示。对应较早出版的书中的注释,查找较晚出版的书中的页码,往往存在较大难度。这样处理的工作量增大了许多,相关工作一如既往地得到陈衍珠女士的全程相助。再次表示衷心感谢!

我一直认为,"盐野宏行政法教科书三部曲"值得反复研读。这套书对于研究探索中国自主行政法学知识体系和助力中国式现代化与法治,具有重要的参考和借鉴价值。我虽然前后三次翻译了这套书,但是,离达到对其切实掌握、深入理解的程度,依然存在很远的距离。数十年来,我反反复复地翻阅该书,而且和我的硕士生、博士生弟子们一起研析这套书,逐步加深对这套书的内容和体系的理解,因而敬佩之情更真、更深。翻译过程中,对"盐野宏行政法教科书三部曲"的高水准,对盐野先生精益求精的治学态度,更是无比敬佩。

最后,衷心祝愿盐野先生健康快乐,福如东海,寿比南山!衷心祝愿这套书为中国自主行政法学知识体系的构建提供更多参考和借鉴!

杨建顺

2025 年元旦

于北京海淀世纪城